吕世辰 等／著

农村土地流转制度下的农民社会保障

Social Security for
the Farmers
in the System
of Rural Land Circulation

社会科学文献出版社
SOCIAL SCIENCES ACADEMIC PRESS (CHINA)

本书系国家哲学社会科学基金资助项目成果

目　录

绪　　论

第一节　农村土地流转制度下农民社会保障研究的意义

一　农村土地流转制度下农民社会保障研究的背景

农村土地流转制度下的农民社会保障是一个全新的重大研究课题。农地流转是指我国农民所承包的集体农地在用役权上的流转，坚持自愿依法有偿的原则。农地流转是各国农业集约化经营和社会化生产的必然结果。农地是我国的稀缺生产要素，农地流转是我国农业集约化经营和社会化生产的必然，是实现我国农业现代化和保证我国粮食安全的必然。我国农民有惜土的情结，现阶段农地又是我国农民社会保障的重要依托。我国的农地流转既不同于早期发达国家又不同于一般的发展中国家，要经历一个艰难的过程。在这个过程中，逐步实现农地由农民的社会保障依托向稀缺生产要素的全面转换。

农民社会保障是我国党和政府近年来着力解决的民生问题。长期以来，中国农民以家庭和土地作为保障依托。现阶段，我们要建立的是以社会为主、家庭为辅的农民社会保障体系。通过农地流转，使其逐渐弱化，直至最终退出社会保障功能的领域，充分发挥其稀缺生产要素的作用。我国农民社会保障是在城乡二元社会结构的背景下启动的，过去农村社会保障几乎是一片空白，而且这种城乡二元社保制度是用法律法规的形式肯定的；我国农民社会保障制度是在农村人口仍占全国人口的多数、未富先老的背景下开始的。据第六次人口普查数据显示，全国总人口为 13.4 亿人，乡村人口为 6.7 亿人，占总人口的 50.32%，60 岁以上的人口占 13.6%，65 岁以上的人口占 8.8%，我国已经进入了老年社会①，农村老年人口所占比例更高。我国的农民社会保障是在农村 40% 的人口仅创造 10% 左右的 GDP 的情况下开始实施的，工业反哺农业、城市带动农村的压力太大。因为我国的工业和城市还有一个追赶和赶超世界先进水平的任务。总之，与早期发达国家实现城乡社保一体化时的情况相比，我们的差距很大。

农民社会保障是我国一项系统的社会工程，面临的困难很多。第一，资金不足。我国有 8 亿农民，② 在农民基本生活保障方面以政府出资为主，如新型农村合作医疗和新农保等，特别是新型农村合作医疗在实施过程中农民只是象征性地出点资。第二，制度滞后。我们没有建立全方位、广覆盖的农民社会保障制度，上升到法律层面的农民社保制度更少。许多农民社保方面的制度处于构建和试点过程中。第三，组织机构不健全。组织机构是制度实施的依托。农民社保组织具有临时和不正规特性，有的甚至是空白，致使一些农民社保制度在实施过程中走样。第四，农民社保的管理人才缺乏。现阶段，农民社保主要以县级为单位，保费的筹集有困难、社保基金的保值增值更难。对党和政府的社保政策精神吃不透，执行过程中存在许多问题。第五，农民的社保观念落后。农民的基本保障一般主要由政府出资农民受益，但农民参加社保项目还要宣传、动员，这就加大了实行农民社保的成本。第六，用社保换土地十分困难。农村基本社保制度建立之后，农民没有了后顾之忧，应该将处于闲置和半闲置的承包地流转，而且流转了承包地不仅给流转费，还保留对流转承包地的承包权，但我国农地流转的步履却十分艰难。

二　中国农民社会保障的特点

发达国家建立农民社会保障的一些特征：在社保方面各国都有一个城乡二元化的历史阶段，都有一个由二元社保向城乡社保一体化发展的过程；农民社会保障建立的时间比较晚，一般情况下是在城市基本实现了社会保障之后的 40 年左右，才开始建立农村社会保障；建立农民社会保障时该国人均

---

①　数据来源：马建党 2011 年 4 月 28 日第六次人口普查主要数据汇总情况说明。
②　按市民户和农村户的户籍性质计算，农村户的人口是 8 亿。

GDP 基本都超过了 3800 美元；农业占 GDP 的比重在 7% 左右，农村人口和农业劳动力少于城镇，农地初步实现了集约化经营，有的国家给离开农业的人口发放离农津贴；农民社会保障的待遇一般比城镇人口的低；一般是城市工业有能力通过自身积累反哺农业，而农业实现集体化经营和社会化生产之后才开始实行社保一体化。① 在中国，在农民社保制度构建时除了也具有一些国外农民社保制度的特征外，还有一些自身的特点。

第一，中国农民社会保障具有超前性。即我国是在不完全具备农民社会保障条件的情况下构建农民社会保障制度的。从人口和劳动力比例看，我国农村人口和农业劳动力是在远高于发达国家构建农民社保时的比例的情况下构建社会保障制度的；从人均 GDP 的数量看，近年来我国人均 GDP 达 3800 美元左右，数量初步达到发达国家实现城乡社保一体化的水平，但问题是时隔四十多年时间，现在 3800 美元的实际货币购买力远低于 40 年前；从城乡社保建立间隔的时间看，发达国家一般经历四十年左右，我国在改革开放前城镇大部分居民实行社会保障，而农村居民实行土地保障。我国城镇职工的现代意义上的社会保障制度是在改革开放以后的一段时间开始的。从这个意义上说，我国城乡社会保障制度构建的间隔时间远小于一般发达国家，我国农民社保具有超前性。也许我国农民社保制度建立的问题也带有超前性，这一点我们也要有充分的思想准备，要防患于未然。

第二，中国农民社会保障的复杂性。主要表现为：历史遗留的城乡二元社保结构的影响，本来二元社保结构的一体化难度就很大，现在又增加了处于城乡之间的农民工社保问题，有人称之为三元社保结构；地区之间的农民社保差别很大，如农民社会养老保险方面东、中、西三地区和城郊村三种社区之间的地方政府和农村集体的补贴的差别很大；与农村人口和劳动力相关的各种社保制度的衔接十分困难，如农民转变为农民工、农民或农民工转变为城镇居民、农民或农民工转变为城镇职工和公务员的缴费年限、缴费数量、享受的待遇等，有的在制度层面没有着落，有的即使有规定但操作起来很困难；如何处理农民社会保障与土地流转之间的关系，农民的社会保障制度基本建立起来之后，承包地怎么办等一系列问题难以解决，承包集体土地

---

① 参阅石宏伟《中国城乡二元化社会保障制度的改革和创新》，中国社会科学出版社，2008，第 149 页。李迎生：《社会保险与社会结构转型》，中国人民大学出版社，2001，第 67 页。

的农民工参加城镇居民或职工社保后承包地怎么办;农民社保与城镇居民、职工、事业单位人员、公务员的社会保障如何实现一体化和均等化;等等。这些都是农民社保制度构建需要处理好的现实问题,极其复杂。

第三,农民社会保障的福利性。即农民基本生活保障方面具有社会福利的性质。这里的社会福利性是从农民社会保障的整体上体现出来的特点。主要表现为:有关农民社会救助和社会福利的资金基本由政府出资,新型农村合作医疗中农民的出资只具有象征性,新农保中如果农民按政府设计的五个档次缴费,到给付时各级政府的出资仍高于农民的出资;若从大社保的角度看,三农投入、农村义务教育免费、扶贫等主要由政府出资或免除交税费,这些实际具有福利性;农地流转费也具有福利性质。农民承包集体土地,并可以自愿依法有偿流转。平均每个农村人口可获得 2 亩以上承包地,据调查每亩承包地流转费至少在 120 元以上,农民人均土地流转费在 300 元左右。① 这笔钱可保证农民通过土地流转选择中等以上社会养老保险的缴费标准。

第四,农民社保体系的构建与农地流转关系密切。发达国家在建立农村社会保障时,农村人口和劳动力所占比例较小,农地集约经营和社会化生产的程度较高,对仍需要转业的农业劳动力实行了一段时间的离农津贴,同时对进行规模经营的农场给予技术扶持和贷款优惠,农业很快实现了集约经营和现代化。我国目前农村人口和农业劳动力仍占全国的多数,农村人口基本都承包有集体土地,各地开始探索处理承包地与农民社保的关系。如 2009年义乌市政府出台了《土地承包经营权流转农民养老保险暂行办法》,将土地承包经营权流转与农民的养老保险挂钩;上海浦东新区制定了《浦东新区关于农村承包土地流转补贴试点实施办法(试行)》,规定区财政对符合规定的流转土地,以每年每亩 500 元标准给予补贴。但全国性的承包地流转与农民社保挂钩的政策还没制定。在中国农地流转与农民社保有内在的联系,需要认真研究和解决。

第五,大社保。大社保是党和政府对农民社保的制度创新,是对农民积极的、全方位的社保。大社保包括发展保障和生活保障两个方面。发展保障,即保障农民的发展,通过发展提升农民的自我保障能力,使其脱贫致

---

① 见本书第五章第三节之(四)农民社会养老保障替代率。

富、走上小康之路，如我们对农村实行的三农建设、公共服务建设倾斜、扶贫等政策极大地增强了农村、农民、农业的发展能力。从而为根本改变我国城乡社保二元结构奠定了坚实的基础。生活保障，即一般意义上的社会保障，如新型农村合作医疗、新农保、农民救助和福利方面的社保事业等。中国特色的大社保具有激励性、福利性、全面性等特点。具有"造血"功能，产生了积极的社会效益，体现了党和政府对农民的关怀。

第六，农民社会保障实施的渐进性。中国城乡二元结构是历史形成的，要在发展中逐步加以解决，不能一蹴而就。农民社保制度的构建要从中国的社保国情出发，中国国家大，人口多，农村人口更多，社保的底子薄，农村社保的底子更薄。农民要有一个从家庭保障、土地保障向适应社会保障转变的过程，政府对农村社会保障要有一个从无到有向从少到多的转变过程，并保持其可持续性，要戒急求稳。在农民社保制度构建中，先要做到从无到有，再从少到多；先进行制度全覆盖，再实施人口全覆盖；先实行最急需人口的全覆盖，再实施全体农民的全覆盖；先实现最需要项目的全覆盖，再实现全部项目的全覆盖。最终实现城乡社保一体化。

三　农民社会保障的意义

农地流转和农民社会保障制度的构建是相辅相成的。农地流转、农业规模经营和现代化是各国发展的必然。农民社会保障是中国农民的多年期盼，而农地曾是我国农民社会保障的重要依托。通过构建农民社会保障制度解除农民的后顾之忧。鼓励农民流转地，将农地从社会保障的功能中解脱出来，充分发挥其稀缺生产要素的作用，使农地流转和农民社保事业的发展相互促进。

实践意义：实现农民社会保障有利于改变我国二元社保结构状况，实现城乡社保一体化；有利于维护社会公平正义，提升农民社保程度；让农民共享改革开放的成果，促进社会的秩序稳定与和谐；有利于防范市场经济风险和金融危机的冲击，使农民有尊严地生活；有利于解除农民的后顾之忧，放心消费、拉动内需、促进经济发展。农民社保制度的实施有利于加速土地流转，有利于促进生产要素的优化组合，实现农业的集约化经营和社会化生产，实现农业现代化和保证我国的粮食安全。

理论意义：这一研究有利于总结国内外有关农地流转和农民社会保障制度构建的经验，探索有中国特色的农地流转和农民社保制度构建的理论，指导我国农地流转实施和农民社会保障制度构建的实践，推动中国城乡居民社保一体化的实现。

第二节　农地流转制度下农民社会保障研究的方法

社会学是一门真正理论联系实际的学科，并且要求理论和实践有机地结合，不能偏颇。对实际的了解要客观、真实，不能蜻蜓点水、捕风捉影；对理论的抽象概括要深邃、透彻，不能空泛议论、装腔作势，要"悟"出一定的道理。本项目在研究过程中努力做到理论联系实际。在研究过程中，全面运用了调查研究、理论研究、文献分析和比较研究的方法。

一　深入的调查研究

本项目在研究过程中进行了多项深入的调查研究，也借鉴和引用了一些专家的调研材料。由于我们调查研究的农地流转和农民社会保障状况在迅速变动中，加上调查内容中有一些涉及敏感的社会问题，等等，调研活动十分艰难。首先，土地流转比例和农民社保情况不断变动。如农民社会养老保险，2009 年在全国 10% 的县开展试点工作，2010 年在 23% 的县展开试点工作，2011 年就计划在 60% 的县开展试点工作，原计划 2020 年实现全覆盖，近期决定本届政府内实现制度全覆盖。再如农地流转比例、农民的参保率等方面也在不断变动中。其次，调查问题难以在一个问卷中设计、难以在一个地点完成。如农民参加新农保，我们主要在山东、山西、内蒙古三地的三个农业村进行了调查，而有关农村五保户、低保户情况仅这三个村的十几户人家的材料就不能说明问题，只好再扩大调查面；有的社保项目在一些农村开展了，有的农村没开展，如新农保、农业保险和部分农民福利事项有的农村就没有开展。再次，有些涉及敏感问题的调查极难深入。有的情况农民不知道；有的情况农民知道一些，但不愿告知。最后，部分农民误报和错报。如对农地流转数量、流转费用一般是少报，农地流转中农民很少办正式手续，主要是担心土地政策变化。土地流转多少，流转费是多少，完全由农民个人说了算。还有对自己家庭的经济收入状况，一般都比实际收入报得少。面对这些情况，我们只好找熟人进行访谈、了解和验证。

进行问卷调查和访谈的内容主要有：在土地流转方面，我们对一般农民、农民工、五保户低保户的承包地流转情况分别进行了问卷调查和访谈；在农民社会养老保险方面，我们对农民和农民工的社会养老保险进行了问卷调查和访谈；新型农村合作医疗制度在 2009 年已有 90% 以上的农民参与，我们主要对未参加或中途退出新型农村合作医疗的农民的情况进行了调查研究；对失地农民的社会保障问题进行了问卷调查，对其中一些敏感问题进行了访谈了解；对农业保险和农民社会福利等进行了访谈。

在调查中，我们尽量找亲朋好友、研究生做调查员，认真指导受调查对象填写调查表，使所要调查的情况真实、可靠。对调查问卷进行统计分析，对访谈资料进行综合整理。对统计和整理出来的材料进行验证。经验证，对出入较大的材料进行重复调查。对农民提供的数据与有关统计材料进行比对并作适当的调整。

二　缜密的理论研究

理论研究是运用辩证唯物主义的观点和方法揭示事物的本质和一事物与他事物的内在联系，即"悟"出一定的道理。理论研究要引领政策的取向和社会发展的潮流。现实中有两种应引起关注的倾向：一种是只注重调查、数据堆砌，没充分对调查材料进行提炼和升华；一种是习惯和拘泥于解读和体会，忘记了理论创新，只唯书、"唯上"，显得非常被动，甚至表现为思想僵化。应该将实证研究和理论分析有机地结合起来。

理论研究要以客观实际为依据，客观实际要以坚实的社会调查和严密的社会实验为基础。实际材料要客观、真实和可信。理论研究要有驾驭数据、材料的能力，使这些材料和数据充分为研究目的和结论服务。理论研究源于经验，但不能拘泥于经验，要进行理论建构和创新。对前人的理论进行借鉴和批判。对现有的制度进行总结和反思。对在研究中闪烁的灵感及时地捕捉和提炼，并生发开来。

本文在研究过程中努力进行理论创新的尝试：我们对中国农村社会保障具有超前性、福利性等特点的概括；我们关于中国农地集约经营应走社会主义的"普鲁士式"道路的思想；我们提出的有关中国农村大社保制度构建的思想；我们关于新型农村合作医疗向社会医疗保险发展的构想；我们关于农村社会养老保险制度构建中，坚持刚性的制度建设与浓郁的人文关怀相结合的思想；我们有关以土地租金为切入点构建农民工社会保障体系等思想都具有一定的理论创新性。

三 文献研究与比较研究

本项目在研究中，查阅了大量的相关文献资料。这些文献资料包括：官方的统计资料、政策法规、规章制度和公告等；二次文献资料，主要阅读了报纸杂志相关专家的文章、硕博士论文等；历史文献主要查阅了中外史学家有关土地流转和农民社保制度构建方面的书籍和资料；还收集了一定的原始资料，如一些农村关于宣传新型农村合作医疗和新农保的自编宣传材料和相关事项的原始记录等。

全面运用了文献分析的方法。运用现有统计资料分析法，对新型农村合作医疗、新农保、农民社会救助、农民社会福利等进行了全面系统的研究。运用二次分析法对诸如农地流转等问题进行了研究，如提出了中国农地规模经营应走社会主义的"普鲁士式道路"的思想；通过对大量有关新型农村合作医疗文献的研究，提出了新型农村合作医疗应以社会医疗保险为取向的思想。在有关农地流转取向变迁的研究中，通过查阅大量有关史料，对发达国家农地流转价值取向由公平为取向转向效率为取向，再到以粮食安全为取向的转变方面运用了内容分析的方法。

比较研究一方面有利于烘托某一事物的特征，另一方面通过比较可以获得一定的启示。研究中，一是进行了一系列的纵向比较研究，如对新中国成立前后和改革开放前后的合作医疗、五保户供养等进行了比较研究。二是进行了一系列的横向比较研究，如对中国和发达国家的农民社保和国内中东西三个区域的农民社保进行了比较研究。这样，使中国农村土地流转制度下的农民社保特点更加明显。如日本在 1971 年建立农民年金保险时人均 GDP 是 3802 美元，中国建立农民社会养老保险时我们人均 GDP 也在 3800 美元左右，但中国农民社会养老保险是在日本农民年金建立 40 年后，同样是 3800 美元左右的人均 GDP，但其含金量的差别很大，这就突显了中国农民社会保障制度构建的超前性。再如发达国家为了实现农地规模经营而实行的农民离农津贴对我们实现农业规模经营有一定的启示。

第三节 本书的结构和主要内容

一 本书的主线和篇章结构

本书围绕农地流转和农民社保这一主线展开研究工作，将农地流转与农民社保有机地结合起来进行研究。指出农地流转和农民社保制度的构建是相辅相成、相得益彰的。对农民社会保障作了深入、全面、系统的研究，探索了中国特色的农民社会保障的理论和实践。对农地流转情况作了全面探讨。过去，农地的重要功能是社会保障。现在，农民社会保障制度基本建立，如何使农地从社保的功能中逐步解脱出来，实现农业的集约化经营和社会化生产，充分发挥其在我国稀缺生产要素的作用，使农地流转和农民社会保障相互促进、全面发展。

全书共由五部分组成：第一部分是绪论，绪论对全书的基本内容和研究方法作了概括。第二部分主要对土地流转情况作了深入的探析。第三部分对农村一般社会保障制度做了研究。主要研究了新型农村合作医疗、新农保、农民社会救助和农民社会福利。第四部分对农村特殊群体和行业的社保制度做了研究，主要对农民工社保、失地农民的社保和农业保险作了探索。第五部分研究了中国城乡居民社保一体化问题。

如此安排书的篇章结构是基于项目研究对象的展开和逻辑顺序的一致的考虑。绪论对项目的研究意义、研究方法、篇章结构和创新之处作了说明。农地流转是本项目研究的背景和内容之一部分。新型农村合作医疗、新农保、农民社会救助和社会福利是农民社会保障的基本内容。农民工社保、失地农民社保、农业社会保险是对农村特殊社会群体和行业的社会保障。城乡居民社保一体化是我国社会保障发展的取向和归属。

农业保险和农村扶贫虽然不属于严格意义上的农村社会保障的内容，但属于农民大社保的重要措施。农业灾害是一些农民致贫和返贫的重要原因，农业保险与农地流转和农民社保之间的关系都很密切，我们对农业社会保险作了专章探析。农村扶贫是我国改变农民贫困状况的战略措施之一，取得了巨大的成就。农村扶贫注重对农民"造血"功能的培育，有利于增强农民社会保障的能力，我们列专节对农村扶贫做了研究。农业保险和农村扶贫是从农民大社保的角度认识农民社保问题的。

二 主要的研究内容

绪论指出了项目研究的意义、研究方法、研究的内容和创新之处。

第一章，农地流转的理论和实践。探析了发达国家农地流转的取向。发达国家农地流转经历了公平取向、效率取向和安全取向三个发展阶段。现阶段发达国家农地流转定位在安全取向上。我国农地的公平取向已经实现，现在应定位在生产效率和粮食安全上。研究了中国农地流转的意义和历史过程。对相关研究进行了理论综述。对党和政府有关土地流转的政策进行了概述。对中国农地流转现状进行了调研，发现中国农地流转实际已接近30%左右，只是一部分流转土地没有办正式手续。了解到农地流转中还存在一系列的问题要解决。得出的结论是：中国的农地制度安排优于资本主义的农地制度；提出制定《中华人民共和国承包土地流转法》的建议；认为中国应走社会主义的"普鲁士式"农业发展道路。

第二章，农地流转中的农民利益诉求。指出目前中国农地流转的特点：农民对国家有关土地流转的政策和法律已经很了解；农地流转的现象已很普遍；承包、出租和转让是农地流转的主要方式；农地流转的规范化程度有所提高；农地流转过程日趋市场化；农地流转的年限较短，不利于流入方对农地的投入。认为农地流转中农民的利益诉求受阻，表现为七个方面：农地流转中土地使用权主体之间产权关系模糊以及土地流转利益虚化是导致农民利益诉求受损的产权制度障碍；土地流转中忽视农村土地使用权流转的区域性差异是导致农民利益受损的认识观念障碍；农地流转中的农村社保制度缺失是导致农民利益诉求受损的社会体制障碍；农业劳动力进入城市面临的非农就业机会的缺失以及非农收入的不稳定是影响农地流转收益的经济障碍；农地流转中的立法滞后及执法不力是导致农民土地流转利益受损的法律制度障碍；农地流转中农民主体地位的弱化是导致农民利益受损的思想意识障碍；农地流转市场不完善是导致农地流转中农民利益受损的内在因素。

提出农地流转中实现农民利益诉求的建议。农地流转中实现农民利益诉求的两个基本前提：一是明确集体农地的性质，在稳定农村土地承包经营权的基础上让农民完全拥有对土地自由处分的权能，逐步消除农地流转过程中农民利益受损的产权制度障碍；二是不断消除地域差异导致的土地流转效益的差别，用一只"看得见的手"来纠正农地流转中因地域差异所导致的农民利益受损。实现农地流转过程中农民利益诉求的两个基本保障：一是建立起能够初步覆盖我国广大农民的社会保障体系，为农地流转过程中农民利益诉求受损筑起第一道防线；二是切实有效地增加农民的非农就业机会，为农地流转过程中的农民利益诉求受损筑起第二道防线。实现农地流转过程中农民利益诉求的基本原则是自愿、依法和有偿。

第三章，农民社会医疗卫生保障研究。本章研究了农村医疗卫生保障的实践和理论意义。概述了党和政府对发展农村医疗卫生保障事业认识的深化过程。新型农村合作医疗制度的历史沿革和现实状况。对未加入和中途退出新型农村合作医疗的农民的情况进行了调查研究。对新型农村合作医疗和传统农合进行了比较研究。总结了新型农村合作医疗的创新之处。探析了新型农村合作医疗存在的问题并分析了问题的原因。提出了新型农村合作医疗向社会医疗保险迈进的构想。探索了农村的公共卫生事业，农民医疗扶贫和救助工作。

第四章，农民社会养老保险研究。本章研究了农民社会养老保险的意义和研究意义，国外农民社会养老保险的理论和实践。中国农村社会养老的实践和理论。新型农村社会养老保险制度的内容。新农保的参保现状。新农保实施中存在的问题及原因。提出完善和发展新农保制度的建议。新农保参保现状是本章的研究重点之一：总结了各地对新农保制度宣传的经验；分析了农民对新农保的有效需求；探析了农民年龄与参保状况的关系；精算了农民养老替代率，得出农民社会养老替代率 40% ~ 50% 的科学结论；对农地流转与农民社会养老保险相关性进行了实证分析；概述了全国农民社会养老保险的共同特点。有关完善和发展新农保制度的思考也是本章研究的重点之一：分析了我国社会养老所面临的挑战；提出了解决农民社会养老保险问题的建议；提出了农民社会养老保险管理体制机制改革的意见；对提高农民新农保有新需求、参保率、替代率提出了一系列建议；对实现农地流转与农民社会养老保险良性互动关系作了探析。

第五章，农民社会救助体系研究。农民社会救助实质是反贫困，目标是让贫困人口同全国人民一样早日进入全面小康社会。中国的贫困线的标准在不断提高，这一方面表明政府帮扶贫困人口的力度在加大，另一方面表明政府尽可能让比较贫困人口共享改革开放的成果。中国的社会救助的主要项目已经实现了全面覆盖，对长期陷入困境的贫困人口的救助有五保制度，对阶段性陷入贫困的人口有低保制度，对临时性陷入困境的有救济制度；对大面积连片陷入困境的人口有扶贫制度。中国的社会救助制度不是养懒汉，而是激励和扶持贫困人口发展。如对现阶段性陷入困境的低保户给予支持和帮助，以增强其发展后劲，使其脱贫致富；又如对临时陷入困境的人口给予及时救助，使其尽快从天灾人祸中摆脱出来，得到恢复和发展；特别是扶贫工作，经历了救济式扶贫、开放式扶贫、全面扶贫三个阶段，开发式扶贫是增强贫困人口"造血"功能，全面扶贫是全方位的扶贫，不只是扶贫主体多元化，还要关注扶贫对象收入以外的状况，包括其享有文化、教育、卫生等多方面的服务。这部分内容中我们还特别探索了农村五保户、低保户与其承包地的关系问题。总之，中国特色的农民社会救助体系初步形成。

第六章对农村社会福利进行了研究。农村社会福利是指主要由政府主办，集体经济组织、企业和社会各界参与的，主要为了满足农村特殊人群需要的事业。研究了农村福利事业发展的意义；农村社会福利事业发展的历史和现状；农村社会福利存在的问题与对策。指出要改变我国城乡二元的社会福利结构，加大对农村社会福利事业的投入。动员社会力量支持农村社会福利事业发展。近期急需解决农村老年人、残疾人、儿童和妇女的社会福利需求问题。在市场经济体制下，农村社会福利事业要坚持计划为主、市场为辅的运行机制，建立相应的制度，用制度规范农村社会福利事业运行和保障农村社会福利事业的发展。

第七章，农民工社会保障体系构建。对相关农民工社保问题的理论进行了综述，论述了农村土地流转制度下农民工社会保障制度构建的可行性，农民工基本社会保险制度等内容。农地流转制度下的农民工社会保障制度构建的可行性论述是本章的重点。调查资料显示，农民工的社会保障状况很差，大多数进城农民愿意成为市民和获得市民的社会保障。大多数农民赞同他们的承包地流转，接受土地换社保的政策。提出以土地租金为切入点构建农民工社会保障体系的思想。指出经济环境、制度约束和主观因素是影响农民工社保制度构建的障碍。提出应有重点、分层次地建立农民工的社保制度，加大有关农民工社保政策的落实力度。提出了近期主要构建农民工工伤保险、医疗保险、养老保险、失业保险和社会救助的制度设想。

第八章，失地农民社会保障制度构建。失地和部分失地农民已是一个大的社会群体。我们对失地和部分失地农民的安置方式有：货币安置、留地安置、入股安置、招工安置、住房安置、移民安置和社保安置等。失地农民社会保障现状及存在的问题有：对失地农民社会保障覆盖范围狭窄、水平低下、筹资方式不合理、运行的机制不成熟。引发这些问题的原因有：一是社会保障供给城乡分配不均匀，二是建立失地农民社会保障存在诸多障碍因素。这些因素有主观方面的、客观方面的和体制方面的。对失地农民社会保障的安排：从一般意义来说，最低生活保障、养老保障、医疗保障、就业保障和教育培训是必需的。从宏观角度来说，保障的方式采用渐进方式，内容可逐步扩大，不同年龄段失地农民采取因年龄而异的保障方式，不同区位失地农民采取不同的保障方式。从微观层次来说，先安排低保，然后依次安排医疗保障、养老保障、失业保障、教育培训、社会救助等。失地农民社会保障已有六种模式：纳入城镇社会保障体系的北京模式、纳入城镇社会保险体系的上海模式、纳入农村社保体系的青海模式、建立失地农民社保制度的天津模式、纳入商业保险体系的重庆模式、建立失地农民基本生活保障制度的江苏模式。解决失地农民社保问题要确立正确的观念，以城市保障的思维解决失地农民的社保问题；从充分利用农村人力资源和促进社会稳定的角度考虑失地农民社保问题；在构建失地农民社保中要树立政府主导的观念；对失地农民的社保要依靠法制和制度解决。构建失地农民社会保障制度的基本原则，要坚持公平性、有效性和可持续性的原则；以城乡统筹作为构建失地农民社会保障的前提条件；从基本保障、补充保障、附加保障三个层次构建失地农民社会保障；理顺失地农民社会保障制度与城乡社保制度的衔接关系；以明晰的筹资方式与责任分担作为失地农民社保制度构建的长效机制。

第九章，农业社会保险研究。农业保险属于准公共产品，既不能由政府主导，又不能完全实行市场化，应该用激励相容机制把农户、保险公司和政府的发展利益和价值取向融为一体。在设计组织体系、增强内生动力和出台服务举措时通盘考虑三者之间的紧密关系，以形成外部环境和内生动力、政府服务和市场运作、自治组织和公司治理的有效合力。农村土地流转制度下的农业保险的模式应该是农业生产经营组织制度、保险公司变革和政府服务创新三个方面的整体发展战略和系统集成模式，形成以新型农民产业合作经济组织为依托，农业互助合作保险组织为纽带，政策性农业保险与商业性农业保险相结合，组织形式多样化、组织体系合理化的多元化经营、多主体经济的组织制度模式。开发区域产品和加强技术创新双轮驱动，保险文化传播和科研人才培养双策并举，促进保险公司外部环境与内生动力良性互动和农业保险可持续发展，建立政府诱导型农业保险运行机制，坚持政府与市场结合、地方与中央结合、正负激励结合、服务合作经济组织与服务农业保险公司统一，推动农村土地流转制度下农业保险快速健康发展。

第十章，中国社会保障一体化。本章提出了大社保的思想，大社保是中国特色农村社保的制度创新。大社保包括发展保障和生活保障两部分。发展保障是指我国采取的三农建设、农村扶贫、四免四补贴等措施，是改变农村、农业和农民贫困状况的根本措施。生活保障是指一般意义上的社会保障。大社保的推行有利于增强我国农民的自我保障能力，有利于改变我国二元社保结构状况，有利于促进我国城乡居民社保一体化。

中国城乡居民社保一体化要从中国社保国情出发，中国社保考虑的三大国情是：我们属于社会主义初级阶段的发展中大国；我国人口多，农村人口更多，社保的底子薄；形成了城乡二元的社保结构。我国实现城乡居民社保一体化条件基本成熟：中国人均 GDP 约 3800 美元，农业产值占 GDP10% 左右，国内生产总值以年均 8% 以上速度发展，我们有三万多亿美元外汇储备和两万亿美元的国有资产作后盾，我们还可以通过开征所得税、继承税和实行累进税制的收入作为社保资金。我们还有系统的城乡社保组织体系、法律法规制度和城乡居民社保一体化的其他基础。

实现城乡居民社保一体化的原则：以人为本、公平正义；国民待遇和基本保障均等化；坚持保基本、广覆盖、可持续、多层次原则；先解决有无问题，再解决多少问题；公平与效率兼顾；城市与农村统筹；政府、企业（集体）、个人均负一定责任；因地制宜、因业制宜、不搞一刀切。

改革户籍管理制度，彻底开通城乡关系，鼓励农民工参加城镇居民或职工社会保障，分流农村人口，减轻农民社保的压力；实现土地换社保，鼓励和动员享受城镇居民或职工社保的农民工交出自己的承包地；在已有的社会救助、城乡居民医保和低保基本一体化的基础上，实行社保管理监督体制的城乡一体化、社保法律制度的城乡一体化；逐步缩小城乡居民社保待遇的差距。2020 年前实现社保管理体制、法律制度的一体化，并逐步缩小城乡居民职工社保待遇差距，2020 年之后全面推进城乡居民社保一体化，并将在 2030 年实现城乡居民社保一体化。

三 研究中努力做到理论创新

研究中，我们发现农地流转与农民社保制度构建有内在的联系。发达国家和地区随着农业现代化进程的推进农地经营规模越来越大，从事农业生产的人越来越少，农民和农场主的社会保障越来越健全。在中国，越是富裕地区，相应的农业规模经营的程度越高，农民的社会保障越充分。而且，在中国沿海发达地区，一些地方政府开始采取农地流转和农民社会保障挂钩的措施，经济和社会效益都很好。可见，农地流转同农民社保是相辅相成、相得益彰的。

在农地流转方面，我们研究了农民、农民工、五保户低保户农地流转问题。在充分调查研究的基础上，指出实现农地流转中农民利益诉求的两个基本前提和两个基本保障的建议。两个基本前提是：明确集体土地的性质，在稳定农村土地承包经营权的基础上让农民完全拥有土地自由处分的权能；逐步消除地域差异导致的土地流转效益差别，用一只"看得见的手"来纠正土地使用权流转中因地域差异而导致的农民利益受损情况。两个基本保障是建立农民社会保障体系和增加农民非农就业机会。提出了制定《中华人民共和国农地流转法》和中国农地流转应走社会主义的"普鲁士式"的农业集约化经营和社会化生产道路等思想。制定农地流转法主要是考虑到我国土地产权的特殊性和农地流转的任务艰巨，必须要有比较权威的法律制度调整。所谓社会主义的"普鲁士式"农业发展道路的关键是通过农地的自愿依法有偿流转分化出"大农"，实现农业的现代化和保证我国的粮食安全。还提出了实现农地流转和农民社会保障良性互动的一系列制度构想。

在农民社会医疗卫生保障研究方面，一是通过对新型农村合作医疗和传统农合的比较研究，全面阐述了新型农村合作医疗的创新之处，主要表现为制度创新、运行机制创新和实施方法创新等方面。二是提出了新型农村合作医疗向社会医疗保险发展的思想，指出新型农村合作医疗向社会医疗保险发展有利于克服新型农村合作医疗的制度缺陷和解决新型农村合作医疗运行中存在的问题，提出了新型农村合作医疗向社会医疗保险发展的对策建议。三是探究了未参加或中途退出新型农村合作医疗的农民的情况，提出了实现新型农村合作医疗全覆盖的思想。

在农民社会养老保险研究中，探析了新农保的管理体制和运行机制，提出了改革我国社会保障"碎片化"管理体制的设想；比较分析了我国中东西三个地区农民社会养老保险的有效需求；探究了不同年龄段农民社会养老保险的参保意愿；通过精算，得出了农民社会养老综合替代率为40%～50%的科学结论。提出了尽快实现农民社会养老保险全覆盖的一系列对策和建议。针对中国社会保障碎片化状况，提出了改革我国农民社会保障管理体制的思想，提出了在基层建立"全科"社保员的主张，即在基层建立综合落实民政部、人社部、卫生部等有关社保部门工作的"全科"社保员制度的建议。

在农民社会救助和社会福利方面：社会救助近期主要是反贫困问题，中国的社会救助正在全面展开。在有关五保户的供养中，提出了加强对五保户人文关怀的思想。在低保户的扶持中，提出了增强低保户自我发展的能力，畅通低保户退出机制思想。认为社会救助是防范市场风险和社会风险的最后一道防线，要实现社会救助，由适应计划经济向适应市场经济体制转轨。指出扶贫工作的实质是中国特色社保制度的有机组成部分，扶贫标准要逐步与国际接轨，扶贫不仅是要解决温饱问题，而且是要让贫困人口迈向小康社会。在农民社会救助和社会福利实施方面，提出了坚持计划和市场机制相结合的思想。

在分群体分行业的涉农社保研究方面：在对农民工社保体系构建研究中，从农民工的年龄结构、从业企业性质、户口类型和婚姻状况入手，分析农民工土地换社保的意愿，提出以土地租金为切入点构建农民工社会保障体系，并建立相对独立、以纳入城镇社会保障体系为最终目标的农民工社保体系。并就建立农民工的工伤、医疗、养老、失业保险和社会救助制度提出了具体建议；在失地农民社保制度构建方面，提出政府主张和主导，依法有序解决失地农民社会保障问题，以城镇居民身份安排失地农民社会保障。构建基本保障、补充保障和附加保障三位一体保障体系。根据失地农民年龄段和其他具体情况分别实行失地农民社会保障，使失地农民社会保障由农民社保平滑地向城镇社保过渡；在农业保险方面提出了农地流转制度下农业保险的路径和模式：路径为用激励相容机制把农村土地流转承包户、保险公司与政府的农业发展战略有效地结合起来。模式为以新型农民专业合作经济组织为依托，农业互助合作保险组织为纽带，政策性农业保险与商业性农业保险相结合，组织形式多样化，组织体系合理化的多元化经营，多主体共济的组织制度模式。

在中国社会保障一体化方面：提出了大社保的思想。大社保是中国特色的农民社保模式的重要思想，包括发展保障和生活保障两个方面。发展保障主要指三农建设、农村公共事业发展、农村扶贫等，是全面推动农村、农业、农民发展的保障措施。生活保障是指一般意义的社会保障。二者有机结合，形成中国农民积极的、全方位的社会保障体系。通过发展保障激活农民的发展动力，使其迅速脱贫致富，增强自我保障能力，从根本上改变我国城乡二元社会保障结构的状况，实现中国特色的社会保障制度的创新。在实现城乡居民社保一体化中，要从中国的社保国情出发，坚持以人为本，体现国民待遇和均等化要求，做到公平和效率并举。政府通过计划实现农民社保的保基本、广覆盖和可持续。农民借助市场增加活力，实现保障上档次。逐步实现土地换社保，平衡城乡居民的利益关系。加强社保法律制度建设，进行社会保障管理体制、经办模式、资金筹措方式的改革，改革中国社保制度碎片化的状况。先实现社保制度的统一，逐步实现社保待遇的统一。

第一章
中国农地流转的理论和实践

第一节　中国土地流转的研究意义和理论综述

一　中国农地流转的研究意义

农地流转是指农民家庭承包土地经营权的依法自愿有偿流转。其主要形式有转包、出租、互换、转让和专业合作等。土地经营权的流转不得改变土地集体所有的性质，不得改变土地的农业用途，不得损害农民的利益。

农地流转，使其与农业生产相关的生产要素——资金、技术、人才和土地实现优化组合，规模经营，有利于实现农业的现代化。土地流转，使农业在三次产业中所占比重降低，农业劳动力在劳动力结构中的比例下降，农村人口在全部人口中的数量减少，实现经济结构和社会结构的现代化。发达国家农业劳动力占全部劳动力只有5%左右，农业产值在三次产业中的比重约3%，城市化率达70%以上，大规模的土地流转集中基本结束。发展中国家的土地流转正在进行。

农地流转在中国意义深远。土地是中国的稀缺生产要素，中国人均耕地约1.45亩，劳均耕地约4.4亩，中国的人均耕地占有量和劳均耕地占有量均少于世界平均值。中国人口众多，存在粮食安全的隐患。通过农地流转实现农业规模经营，使土地作为稀缺生产要素发挥应有的作用，是中国农地适度规模经营，农业现代化的唯一出路。

中国农地流转面对着极其严峻的形势。中国农村劳动力过剩，急需要转移。而中国农村富余劳动力的转移面对的是由于科技进步，二、三产业对要转移出来的农村劳动力由吸纳到排斥的状态，农村富余劳动力的转移十分困难。劳动力转移不顺，土地流转就困难，遇上经济不景气，农民工大批返乡，已流转的土地可能要返还；中国农村社会保障的基础脆弱。医疗保障保费太低，养老保险刚开始试点，土地成了农民生活保障的依托。没有坚实的社会保障基础，转移就业又困难，土地流转步履维艰；农村是中国社会稳定的基础。中国农村人口众多，又比较贫困，转移就业的压力很大，土地是农民生存的基础，如果土地出了问题，不仅影响农民的生活，而且会影响农村社会稳定。

中国农地流转中有许多经验要总结和推广。从总体上说，东部沿海地区农地流转的速度较快，约有1/3的农地实现了流转，初步实现了土地规模经营，富余劳动力的转移比较顺利，农民的收入普遍增加，农业现代化的步伐加快。农民的社会保障也有了一定的基础。如上海市郊区、深圳市、中山市等地，在实现土地流转和农民社会保障制度建设方面有许多经验要总结和推广。中部地区农民主要靠农业生产和外出打工增加经济收入，外出打工农民的承包地流转是这一地区土地流转的主要组成部分，有丰富多彩的内容和形式，有本地区的特点需要认真研究。西部省区的土地流转缓慢，且不规范，要研究和推动。

农地流转中有许多问题需要研究和解决。一些村集体经常调整农民的承包地引发许多矛盾；部分农民工起初不愿承包土地，但农业免税和种粮补贴政策实施后，返乡要求承包土地引发一些矛盾；一些村集体采用反租倒包的形式与农民争利，或借土地流转的名义，改变土地的农业用途；一些企业或公司"以租代征"农田，改变了农地的性质和用途，还滋生了社会腐败；有一些承包地处于抛荒和撂荒状态；土地流转的手续不规范等。对这些问题要开展深入的调查研究，逐步地加以解决。

中国特色的农地流转理论需要探索。关于中国特色的农地流转理论，在总结我国农地流转实践的基础上，我们党的相关方针政策、全国人大的相关法律、国务院的相关法规已初步形成体系。如坚持农地自愿依法有偿转让；土地流转不得改变其集体所有性质、不得改变农业用途、不得损害农民的利益；农地流转不得强迫进行，也不准妨碍自由流转；农地流转主要应在农民之间进行；尽量引导农民将土地流向专业大户，家庭农场和专业合作社等方面的政策和法律法规已经比较成熟。但还需要进一步探索，如怎样使农地流转与农民社会保障制度构建相结合。再如是选择农业发展的"美国式道路"，还是"普鲁士式"的道路。还有，对即将离开农业生产的老年农民和农民工是否像日本和法国等国那样发给离农津贴等，这些都需要认真地研究和探索。

二　中国土地流转的实践

新中国成立前中国处于半殖民地半封建社会，封建土地占有关系占主导地位，资本主义的土地关系和农业经营方式在沿海一些地区也出现了。当时的土地流转表现为两个方面：一是土地所有权的买卖，二是所有权与使用权分离的出租等。当时的土地流转比较自由，也比较活跃，出售、出租、抵押、典当等形式都存在，并通过市场进行。当时，相对于土地占有的不平等，农地使用权分布呈现均等化特征。1928年富农租入土地多于中农和贫农，到新中国成立前夕，贫农租入土地多于中农，中农租入土地多于富农；以富农、中农为代表的自耕农，是土地的主要租佃者。[①]但当时的地租非常高，租地者交租之后所剩无几，农业劳动生产率低下。

土地改革时期。新中国成立前的老解放区已经完成了土地改革，中华人民共和国成立后，中央人民政府政务院对新解放区实行土地改革，到1952年结束。土地改革以没收和征收的方式进行，将没收和征收的土地公平合理地分配给无地、少地的农民，农民拥有全部产权，实现了耕者有其田，是一次土地产权的大变革。[②]土地改革调动了广大农民的生产积极性，使土地与生产者和生产资料有机结合，提高了农业生产的效率。当时土地私人拥有，土地无论在所有权还是经营权上都可以流转，由于土地的流转很活跃，农民分化很快。

农业生产互助合作时期，又称初级农业合作社时期。农业生产互助合作在新中国成立初就开始了，大致到1955年结束。到1955年全国参加农业生产互助合作的农户占全国总农户的65%。[③]农业生产互助合作的基本做法

---

①　谬洪禾：《中国农村土地制度六十年》，中国财政经济出版社，2008，第24页。

②　谬洪禾：《中国农村土地制度六十年》，中国财政经济出版社，2008，第36～38页。

③　谬洪禾：《中国农村土地制度六十年》，中国财政经济出版社，2008，第43页。

是：在允许社员有小块自留地的情况下，社员的土地必须交农业生产合作社统一使用；合作社进行有组织的共同劳动和评分记工，农民的生产资料由合作社统一使用，分别付给适当报酬；合作社按照社员的入社土地和劳动，按比例分红，主要是分实物和现金。初级农业合作社中土地由农民所有、农民经营转变为农民所有、合作社集体经营，土地使用权和经营权分离。[1] 互助合作使农业生产要素处于流动状态，使土地、劳动力和生产工具实现了优化组合，使土地实现了使用权上的规模经营，效益比较好。

高级农业合作社时期。高级农业合作社在 1956～1958 年实行。高级农业合作社使土地农民所有、集体经营发展为集体所有、集体经营，农村土地制度完全具有社会主义性质。社员私有的生活资料和零星的树林、家禽、家畜、小农具、经营家庭副业所需的工具仍属社员所有。农业生产合作社抽出当地每人平均土地数的 5% 左右的土地分配给社员，作为自留地，由社员自主经营。取消了土地分红，按工分进行分配。[2] 高级农业合作社的实行是人为政策推动的结果，结束了我国土地在所有权和使用权上的流转，无论从所有制社会化占有的程度还是以经营方式的集约程度都超过了当时农业生产支撑能力的社会化程度，超过了农民对这种制度安排的承受能力，也不适合农业生产特点的要求，再加上按工分分配的计酬方式，社会监督的成本高，工分不能从劳动成果中体现出来，窒息了农业生产的活力。

人民公社时期。1958 年各地农村掀起了合并高级社办大社的高潮，后又进一步发展成大型的、综合性的人民公社化运动。由于中央决策的推动，在几个月的时间实现了人民公社化，实现了土地等生产资料的公社所有制。土地在所有权和使用权上自由流转彻底结束。有些地方还把给农民的自留地也收归集体经营，使农地的占有制和经营制度的社会化程度远远超越了当时农业生产社会化程度，分配制度远远地超越了农民的心理承受能力。后来改为"三级所有，队为基础"，只是生产成果的核算单位社会化程度有所下降，但基本的制度没有根本的改革，农业生产效率极其低下。

1978 年安徽省凤阳县小岗村开始实行家庭联产承包责任制，到 1983 年

---

① 王克强等：《土地经济学》，上海财经大学出版社，2005，第 27～29 页。

② 谬洪禾：《中国农村土地制度六十年》，中国财政经济出版社，2008，第 29～30 页。

实行联产承包责任制的生产队占全国的99.4%。[1] 家庭联产承包责任制的推行，使集体土地的所有权和使用权分离，为土地在使用权方面的流转留下了伏笔，农民承包地的流转逐步展开。尽管当时宪法不允许土地转让和流转，但事实上从家庭联产承包责任制实行以来土地流转就开始了。当时农村的"四属户"中的一部分、外出务工经商农村劳动力一部分、无劳动力的家庭都存在土地流转的现象。当时土地流转的主要形式有：一是家内流转，儿子外出务工经商，父亲为其代耕土地，利益也不需要分成；二是由亲戚、邻里、朋友代耕，采用代耕方式的一般实行实物分成的利益分配方式，如到秋收后代耕者给承包者一定的粮食等；三是当时农村中一些聪明人开始悄悄地扩大耕作面积，雇人租用别人的土地扩大生产，出现了一批专业户和万元户。1988年的宪法修正案，允许土地使用权依法转让。1993年农业部进行的抽样调查资料显示，1992年全国土地流转发生率为2.9%，实际实现了流转的土地比例更高。[2]

　　1992年邓小平南方谈话发表后，中国社会主义市场经济体制确立，乡镇企业异军突起，大批农村劳动力进城务工经商，土地在使用权上的流转合法。这时的流转方式主要有代耕、互换、出租、反租倒包、股份合作等，沿海发达地区出现了转让等流转形式。当时由于乡镇企业大发展的吸引，农村农业税费、乡村的统筹和提留都比较高，而承包地转让的费用一般比较低，因此有一些农民工放弃了承包土地，或者将部分承包地撂荒。期间部分涉农企业开始参与农业开发，主要采用公司+农户的形式。这一时期的农户承包地使用权流转存在着一些问题，如随意改变土地承包关系、强迫流转等影响农民正常生产和生活的事经常发生。也有借土地流转之名改变土地农业用途的现象发生。2001年12月，中共中央下发了关于做好农户承包地的使用权流转工作的通知，规范农户承包地使用权流转。当时全国土地流转面积达6854.2万亩，占农户承包地面积的5.46%。[3] 2005年1月，农业部发布了《农村土地承包经营权流转管理办法》，对农村土地承包经营权流转管理作了比较详细的规定。

---

① 孙佑海：《土地流转制度研究》，中国大地出版社，2001，第38页。
② 陈卫平等：《农户承包土地流转问题探讨》，《经济问题探索》2006年第1期。
③ 陈卫平等：《农户承包土地流转问题探讨》，《经济问题探索》2006年第1期。

2005 年以来，农户土地承包经营权的流转出现了加速发展的趋势。2005 年 12 月，第十届全国人民代表大会常务委员会第十九次会议通过《关于废止〈中华人民共和国农业税条例〉的决定》对农业开始实行"两免、三补贴"政策，减轻了农民负担，提高了农民收入。随着世界粮食危机的产生，粮食价格提高了。农民的种粮积极性提高了，土地流转费用增加了。农村五保、低保和新型合作医疗制度的实施，农民社会养老保险在全国展开试点，使农民的社会保障有了一定的基础。土地流转合同趋于正式，运作比较规范，农民流转土地心里比较踏实了。到 2008 年 8 月，全国农村土地承包经营权流转面积达 1.06 亿亩，占家庭承包耕地面积的 8.7%。[1] 据韩俊对 2749 个村庄的调查，有 23% 农户已经把一部分土地甚至全部土地转包出租给他人耕种。[2] 据我们调查和访谈所知，东部沿海地区农民承包地流转实际已达 1/3 左右，中部地区也达 1/4 以上。[3] 只是流出承包地的部分农民为了留条"退路"，而没有和受让人办理正式的流转手续而已。由于承包地流转的加速、部分已流转承包地没有办理正式手续；由于金融危机爆发，部分农民工返乡索要承包地，农村承包地流转的纠纷近年有所增多。

三　农村承包地流转的理论综述

国内学者关于土地流转的论述很多，我们主要从 5 个方面加以综述。即一般意义的土地流转理论；农民工与土地流转；土地流转与社会保障；区域间土地流转的差异和土地流转中农民权益的保护。

1. 一般意义的土地流转研究

王克强等在《土地经济学》一书中对农村土地流转作了较系统的论述。对农村土地市场的概念、特征、土地市场机制作了概述；对农村土地市场分类、市场体系作了描述；对农村土地交易的形式作了简释，指出农村土地交易主要是土地使用权，其形式主要有转包、租赁、入股、抵押、转让、互换、土地"储备库"机制、土地使用权买卖等。探析了土地使用权流转过程中的利益分配。分析了土地市场竞争不足的原因，认为土地市场竞争不足

---

[1]　杨乃芬：《农民工返乡土地纠纷可能升温》，《文摘报》2008 年 12 月 14 日。

[2]　韩俊：《三中全会勾画新一轮农村改革路线图》，中国社会网，http://www.sociology.cass.cn.2009 - 01 - 09。

[3]　据 2009 年 10 月，我们对全国东、中、西部 100 多个农村的调查和访谈资料结果。

的主要原因是：长期不承认农地市场，供给主体和需求主体发育虚弱，以及对市场行为的干预造成的。[①]

孙佑海在《土地流转制度研究》一书中对我国土地流转作了全面系统的论述。简述了土地流转的概念，总结了国内外有关土地流转的历史，概括地叙述了土地流转的理论。提出了农用地初次流转和再次流转的概念。指出农民家庭向集体承包经营土地属初次流转，而承包集体土地的农民将所承包的土地在承包期间再次转移属于再次流转。论述了土地流转的形式、存在的问题，并提出了解决问题的对策。他指出在二、三产业比较发达、农用地使用权流转比较活跃的地区抓紧建立、健全农用地使用权流转市场体系；抓紧研究制定农用地使用权的抵押制度，帮助农户筹集信贷资金，促进农业生产的发展；要为加快农业劳动力从农业中的转移创造条件，为务农者进行规模经营创造条件。[②]

党国英在其系列论文和访谈材料中提出了关于土地流转的看法。提出了永佃制思想，即你永远可以承包土地，使用权永远属于你，你可以永远使用。指出我们要通过土地流转 30 年内户均达到 5 公顷，就是说到时大约 70% 的农户要变成城市居民。主张总体上我国要实行多元化的土地制度，在一定历史时期，该国有的可以国有，该集体所有的就集体所有，该私有的可以私有。[③] 提出我国农地适度规模经营的三种尺度的思想：一是技术的尺度，二是社会经济关系能够承载的尺度，三是方法上的尺度。他反对搞"股田制"（即大农场），认为实行"股田制"如果把握不好，可能在更大的程度上损害农民的利益。[④]

钱忠好在其系列论文中对农村土地承包经营权流转作了深入分析。他针对我国农地承包经营权市场发育缓慢、农地承包经营权市场流转陷入困境的问题指出，必须改善农地承包经营权市场流转的外部条件，积极创造条件促进形成农地有效供给的形式。他系统地研究了农地承包经营权残缺对农地市场流转的影响，指出应按物权理论规范我国农地承包经营权制度，通过法律

---

① 王克强等：《土地经济学》，上海财经大学出版社，2005，第 141～166 页。
② 孙佑海：《土地流转制度研究》，中国大地出版社，2001，第 137～170 页。
③ 参阅《党国英谈土地流转与农村改革》，中国社会网：http：//www. sociology. cass. cn. 2009 - 01 - 09。
④ 党国英：《农村土地制度改革大有文章可作》，《中国青年报》2009 年 3 月 23 日。

制度的建设，从产权安排上克服我国农地市场发育的产权制度瓶颈。他研究了乡村干部行为对农地承包经营权市场流转方式的影响作用。提出既要在经济利益上降低或消除土地行政性调整给乡村干部带来的收益，又要借助于农村综合改革，建立起有效的约束和监督机制。他系统地研究了我国农村土地市场问题，指出要加速我国农地市场建设的步伐，就必须紧紧围绕创立农地市场经营主体、健全农地市场结构、完善农地市场运行机制、加强宏观调控和管理力度开展工作。①

从一般意义上对我国土地流转进行论述的专家学者，分析了我国土地流转中存在的问题，指出我国土地流转的发展方向，有一定的理论意义，如王克强指出了我国土地市场竞争不足的问题，孙佑海提出了农业规模经营思想，党国英指出30年内我国农业生产规模应达到户均5公顷的观点，钱忠好希望改善农地流转的外环境想法，都对我国制定有关土地流转的政策和法规有一定的借鉴意义。

2. 关于农民工与承包地的关系

赵阳指出，过去由于农业税和各种费用的原因部分农民工失去土地，但这些问题不是当前农村土地问题的主体。当时涉及农民工土地承包问题的政策和法律规定基本是明确的。但个别法律条款之间存在一些矛盾，尤其是关于耕地撂荒问题，如《土地管理法》与《农村土地承包法》有相抵触的内容。他认为农民工失地问题的主要原因有：一是第二轮土地承包时部分农民工没有分配到承包地；二是因为农民工欠交税费而被集体收回承包地；三是承包地长期撂荒而被集体收回；四是强迫土地流转造成农民工权益受到损害。他认为撂荒是农民对农产品市场供求状况的理性反应，不能作为收回承包地的法理依据。他提出了妥善处理好农民工土地问题的三点建议：进一步完善农村土地承包的法律法规；不折不扣地贯彻执行党在农村的基本政策和有关土地承包法律法规；加快发育农地市场，尽快完善流转机制。②

钱忠好认为，中国农村土地流转及农业生产专业化程度并没有随着农业劳动力转移速度的加快而提高，农户家庭成员中往往是青壮年劳动力外出非

① 钱忠好：《中国农村土地制度变迁和创新研究（续）》，社会科学文献出版社，2005，第3～6页。

② 赵阳等：《关于农民工的土地承包政策问题》，《中国农民工调研报告》，国务院研究室课题组，中国言实出版社，2006，第287页。

农就业，老人、儿童、妇女留在家中从事农业生产，中国农业显著地呈现出"半工半耕"、"男工女耕"的农户兼业化特征。他认为农户在进行生产经营决策时，将最大限度地利用家庭成员的分工优势，实现家庭收益最大化。当非农就业机会出现后，家庭决策不一定是流转农地，农户更有可能选择兼业化的生产方式。他认为中国农村土地流转率低、农户兼业化是农户的理性选择。因为农户拥有的土地资源有限；农户的农业劳动能力富余；农户兼业经营有着相对较高的比较利益。[①]

黄海认为土地财产权是农民工流动的前提和基本保障。他提出了双重产权制的思想。即将地权分割为"田面权"和"田底权"两种。具体含义是：第一，坚持实行土地的国有和集体所有，明确农地的田底所有权归属国家和集体，保障国家的产权主体和社会主义性质，这种所有权是农地产权的主产权；第二，坚持实行农村土地承包经营制，明确农地的田面价值所有权归属农民，在农民工流动中保障农民的财产积累和财产转移交换的财产主体地位，由于田皮（田面）是附着在田骨（田底）之上，具有实体的不可剥离性，这种所有权是农地产权的附产权，所以田面价值权，又可称为"附加土地所有权"；第三，由于农民拥有这种田面附加土地所有权，因此农民目前的承包经营权应该是一种具有使用权的扩大和物权化倾向的权利，拥有使用权、收益权和部分处置权的特殊土地财产权。[②]

农民工与耕地的关系问题是各国工业化、城市化和现代化中面临的共同命题。农民工土地流转是我国农业规模经营和农业现代化的唯一正确选择。近期主要是要创造农民工土地流转的条件，包括放宽城镇户籍管理、完善土地流转的法律法规、健全社会保障体系等。现阶段可能会出现大批农民工以兼业的方式出现的现象，这是必然的，等到城乡一体化社会结构改革取得重大进展后，大批农民工会在城镇安居乐业。黄海提出的土地双重产权制的思想有一定的科学性，但执行起来成本比较高。由农民工引起的土地纠纷问题，要根据相关法律和政策具体问题具体解决，有的相关法律和法规要根据新的形势的变化进行修改，要保持政策、法律和法规的一致性。

3. 土地制度改革与农村社会保障

杜静静认为农民社会保障构建的路径应选择以土地保障为基础。她提出

① 钱忠好：《非农就业是否必然导致农地流转》，《新华文摘》2009年第2期。

② 黄海：《土地财产权：农民工流动的前提和基本保障》，《中国改革报》2005年6月1日。

深化农村土地制度改革，充分发挥农民工承包地的积极作用的思想。要确保农民工的土地承包权长期不变，延续土地保障功能；促进农民工土地使用权的流转和合理补偿，实现农民工对土地的收益权及土地的规模经营；从土地保障中寻找农民工的部分社会保障资金。① 陶然指出，长期以来土地是中国农民的社会保障，但由于人口增长，土地成了我国生产经营的稀缺要素，并成为人们的深层心理观念，即使离开农村的农民工，因缺乏城镇户口和相应的社会保障使得他们无法切断与土地的关系，这种"离乡不放土"的迁移模式对现行农地制度的稳定性提出了挑战。他主张通过在城市中建立一个有效的融资机制，为迁移人口提供基本社会保障和相应的居住、子女教育服务，从而使后者能够在自愿基础上放弃农村土地，而被释放土地将能够用于应对农村内部人口变动需要，使土地承包权稳定成为可能。②

曾祥炎等认为农民工市民化受三种约束，即身份地位约束、社会保障约束和门槛约束，而社会保障是制约农民工市民化的关键所在。认为土地换保障是一种可行的农民工社会保障制度安排。这样有利于农民工市民化，并不会给国家财政造成过大的压力，有利于农村土地的整合和流转。他提出了土地换保障的方案：第一，改革土地制度，给予农民永佃权或产权；第二，农民工以土地的永佃权或产权换取现代社会保障体系中的社会保障账户，以达到与城市一体化的保障水平，实现市民化。③ 郭正模提出以土地资本化为核心构建农村社会养老保障制度的思想。他指出实现农转非的家庭，通过与集体签订放弃承包土地和宅基地的协议，便可以以彻底放弃家庭承包的农用地和宅基地为交换条件，取得由政府财政提供的法定劳动年龄结束后养老金的合约；被征地农民可获合理经济补偿，对广大留地农民家庭要通过建立土地租赁合作社等方式，结合农业产业化经营，"以公司＋合作社"方式将耕地等作为股份投资，获取土地股金收益；也可以由农户与产业化公司签订土地租赁合同，收取土地租金。出租土地的农民既可在当地农业公司中作农业工人获取工资收入，也可外出务工。④

---

① 杜静静：《农民工社会保障体制构建的路径选择》，《南华大学学报（社科版）》2007 年第 3 期。
② 陶然：《城市化、农地制度与迁移人口社会保障》，《经济研究》2005 年第 12 期。
③ 曾祥炎：《土地换保障与农民工市民化》，《晋阳学刊》2005 年第 6 期。
④ 郭正模：《以土地资本化为核心构建农村社会养老保障制度》，《中共山西省级机关党校学报》2008 年第 2 期。

王克强论述了农民社会保障从土地保障向社会保障过渡的必然性和紧迫性。指出土地对农民基本生活保障的效用有：基本生活保障、就业机会、直接经济效用、子女继承、征地后可以得到补偿和避免重新获得时支付大笔费用等。他认为土地的保障功能十分有限，短期内难以提高。因为农地的减少或丧失，土地对一部分农民的社会保障作用将减弱甚至丧失。而且以土地基本生活保障功效为主的土地关系已经阻碍了工业化、城镇化和农业现代化的发展。社区保障、社会保险的发展为逐步替代土地基本生活保障创造了条件。农村老龄化趋势急切需要建立保障。城乡社会保障一体化是农民享受国民待遇的社会保障的必然要求。他探析了实现从土地基本生活保障向社会保险过渡亟待解决的困难问题。这些困难主要有：经济收入比较稳定的工作难找、房子太贵、转非农户口难，社会保障没有或不足、集体对自己放弃土地不给予经济补偿，一旦没有找到工作生活就没有保障、不习惯城镇生活等。①

韩克庆反对土地可以承担农民社会保障的观点。他认为社会保障分为自我保障和社会保障。自我保障自古就有，是一种基本需要最低层次需求的保障，是个人或家庭保障。而社会保障是近代社会文明进步的表征，比自我保障层次高，是一种国家行为。他觉得农民土地换保障的观点值得商榷。他认为那样就等于默认了城乡二元社会保障体系的合法性；违背了社会保障公平与公正的基本概念；用土地的经济（生产）功能代替农民的社会保障功能，而经济行为常常是一种有风险的行为；忽视了社会转型过程中农村社会急剧变化和农民群体分化对社会保障提出的新需求；在现实操作中容易引起误导。他指出，农民社会保障应通过逐步建立城乡一体的社会救助制度；改革和完善农村医疗保障制度；积极推进农村养老保险制度来实现。②

长期以来，土地是农民的基本生活保障。农业家庭联产承包责任制实行后，土地仍然承担农民基本生活保障的任务。近年来，开始构建农村社会保障体系。学界一批学者提出了土地换保障的观点。我们认为那些构想太笼统，无法操作。我们提出了由承包制转向承租制，承租农地的农民要向集体

---

① 王克强：《农村土地基本生活保障向社会保险过渡存在的困难》，《社会科学战线》2005 年第 2 期。

② 韩克庆：《土地能承载农民的社会保障吗？》，《学海》2004 年第 5 期。

交一定的租金，租金的大部分用于交付相当于城市企业所承担的职工社保基金的费用，真正实现城乡社保一体化。这样做类似于发达国家的租地农场主制度。租地农场主交的地租给了土地所有者，而我们是交给集体，集体将其中的大部分用于农民的社会保障，具有一定的现实操作性。

4. 关于地区间土地流转差别的研究

包宗顺等人以江苏省为例对土地流转进行了研究，他的研究结果在东部地区有普遍代表性。2007 年底，江苏省土地流转面积达 736.74 万亩，占第二轮承包土地面积的 14.6%，在苏南已达 30.95%，土地流转速度加快了。江苏省土地流转的形式主要以出租和转包为主，转包占 47.58%，出租占 35.15%。土地流入方以种养大户为主，其流入面积占土地流转总面积的 48.61%，流向农业龙头企业的面积占 26.17%，流向工商企业、外资和港台资企业等的面积占 25.22%。他指出土地流转组织化的程度日趋增强。土地流转价格逐步提高，2007 年全省亩均土地流转价格为 550 元，集中连片的土地流转价格一般比农户间自发流转每亩高出 200 元左右。土地流转年限以中短期为主，土地流转在 5 年以下的占 49.44%，21 年以上的占 10.94%。土地流转的目的以发展高效农业为主。他得出的结论是：劳动力文化素质越高，非农产业发展越发达，居民的收入越高，农村社会保障覆盖率越高，土地流转率越大，而农业生产结构越落后，即种植业产值比重越高，土地流转率越低。[①]

叶剑平对 17 省土地流转情况进行了调查，得出如下结论：中国农地市场初步形成，但发育缓慢。从农户参与比例看，转出过耕地的西部为 14.6%，东部为 27%；从耕地流转期限看，不定期流转的中部为 49.6%，西部为 52.4%，东部沿海地区为 28.1%，东北地区为 6.7%；从交易价格看，中西部地区不收报酬或采用粮食补偿的比例高于东部地区，而东部地区更倾向于现金补偿；从签订合同情况看，东部地区签订合同的比例最高，达 25%，中部最低，为 9.6%。[②] 明拥军等研究分析了新疆农地流转不畅的原因。指出新疆 2003 年农户承包地流转总面积为 7.5 公顷，流转总面积占总耕地面积的 4.09%，与东部地区相差很大。新疆农地流转规模小、速度慢、

① 包宗顺：《农村土地流转的区域差异与影响因素》，《中国农村经济》2009 年第 4 期；王克强：《农村土地基本生活保障向社会保险过渡存在的困难》，《社会科学战线》2005 年第 2 期。

② 叶剑平：《中国农村土地流转市场的调查研究》，《中国农村观察》2006 年第 4 期。

收益低、规范差、隐性流转比较盛行。他认为新疆农地流转不畅的原因是农地所有权主体界定不清楚，侵权容易维权难，抑制了农地的合理流转，内部流转效益低，外部流转风险大，合理流转难形成。①

土地流转的地区差异主要表现为东部地区土地流转比例高，实际流转面积比调查人员了解的比例还要高，中部地区土地流转的速度也在加快，西部土地流转速度缓慢。造成这种差异的原因是多方面的：流转费用的高低，流转费高土地流转的就多；流转土地的用途，如东部土地流转的流向主要为高新农业，效益好流转的就既快又多；自然环境、气候、降雨量等对农业影响很大，自然环境好土地流转的就多；社会环境对土地流转也有很大影响，经济发达地区土地流转的比较多。

5. 关于土地流转中如何保护农民权利的研究

田宝玉探索了土地流转中农民利益的流失与政府的关系。他认为土地流转中农民利益的流失主要源于：土地产权制度缺位；乡村组织做流转决策；由于经济利益的驱动，低价征地、高价出让；监督机制弱化；基层制度建设不完善；群众监督不到位等。他探讨了土地流转中政府如何把握角色定位的问题。主张政府要发挥组织协调职能、提供服务的职能、市场监督的职能、保障权利的职能、维护稳定的职能、扶贫救助的职能。提出了解决土地流转中农民利益流失问题的建议，主张用法律规范政府行为，推进土地流转市场化，健全民主监督机制等。②

甘庭宇指出土地流转中农民利益受侵犯的表现有：越俎代庖，农民没有成为土地流转的主体；土地流转中政府职能定位不当，暗箱操作，农民利益受损；以土地规模经营为借口，采用行政命令强行收回农民的承包地搞"反租倒包"；强制规定较长的租期；土地流转价格太低，农民不能从流转中获得利益。他分析了土地流转中农民利益受损的深层原因：对农业产业化规模经营的认识误区，认为产业化和规模经营就是归大堆和片面扩大规模；农地产权制度的缺陷使农民作为所有权主体的地位难以实现；集体"代理人"取代了农户作为土地流转主体的地位。③

① 明拥军等：《新疆农地流转不畅的原因分析》，《农业经济问题》2006 年第 3 期。

② 田宝玉：《农村土地流转中政府的角色定位与农民利益的保护》，《农业经济》2004 年第 9 期。

③ 甘庭宇：《土地使用权流转中的农民利益保障》，《农村经济》2006 年第 5 期。

土地流转中农民的权利受损的主要原因有：农民比较分散、受教育程度低、维权的能力差，其自身的利益经常受到侵害；农地家庭联产承包经营责任制本身有一些缺陷；社会主义土地集体所有制是新生事物需要探索。中央已经了解到农民利益受到侵害的问题，在有关土地流转的文献中，专门规定土地流转中不得损害农民的利益。应该相信随着家庭联产承包责任制的完善和维护农民利益的政策的贯彻落实，农民的正当利益会得到保护。

第二节　中国农村承包地流转现状

一　党和政府对农村承包地流转的认识历程

1988 年以前，除了转包之外，农民承包地不允许流转。1982 年《全国农村工作会议纪要》指出："社员承包的土地，不准买卖，不准出租，不准转让、不准荒废，否则，集体有权收回。"[①]《中共中央关于 1984 年农村工作的通知》中允许承包农地转包，该通知指出："鼓励土地逐步向种田能手集中。社员在承包期内，因无力耕种或转营他业而要求不包或少包土地的，可以将土地交给集体统一安排，也可以经集体同意，由社员自找对象协商转包，但不能擅自改变向集体承包合同的内容。转包条件可以根据当地情况，由双方协定。"文件同时指出"自留地，承包地均不准买卖，不准出租，不准转作宅基地和其他非农用地。"[②] 1988 年宪法修正案允许农村承包地在使用权上依法流转，使农地流转有了一定的法律基础。

1993 年《中华人民共和国农业法》规定："国有土地和集体所有的土地的使用权可以依法转让。在承包期内，经发包方同意，承包方可以转包所承包的土地、山林、草原、荒地、滩涂、水面，也可以将农业承包合同的权利和义务转让给第三者。"[③] 江泽民曾指出："适当延长土地承包期，承包期内

---

① 《中共中央1982年1月1日全国农村工作会议纪要》，新华网，http：//news. xinhuanet. com/politics/2008 - 10/08content10162735. htm. 2009 - 07 - 27。

② 《中共中央关于 1984 年农村工作通知》，中国网：http：//www. china. com. cn/aboat china/dota/2gncggkf30n/2008 - 04/09/contewt14685167. htm. 2009 - 07 - 27。

③ 《中华人民共和国农业法》，摘自 http：//www. chinacourt. org/flwk/show. php？file - id = 17607，2009 - 07 - 27。

经发包方同意，在农民自愿、互利的原则下，土地使用权可以依法有偿转让。"① 至此农地流转得到党的政策、宪法和法律的充分肯定。党和政府对农地流转的认识不断深入，对农地流转的指导更加科学。

1995 年《国务院批转农业部关于稳定和完善土地承包关系意见的通知》对农地流转政策作了较全面的阐述。指出要建立土地承包经营权流转机制。认为农村集体土地承包经营权的流转，是家庭联产承包责任制的延续和发展，应纳入农业承包合同管理的范围。在坚持土地集体所有和不改变土地农业用途的前提下，经发包方同意，允许承包方在承包期内，对承包标的依法转包、转让、互换、入股，其合法权益受法律保护，但严禁擅自将耕地转为非耕地。土地承包经营权流转的形式、经济补偿，应由双方协商，签订书面合同，并报发包方和农业承包合同管理机关备案。在承包经营权转让时，必须保护实际耕地者的权益，各地要制定土地承包经营权转让费用最高限额。债务人不得以土地抵顶债款。② 这表明国务院关于农地流转有了系统的全面的管理法规。

党中央、全国人大和国务院对土地流转的原则作了明确的规定。"要建立健全土地承包经营权流转市场。土地承包经营权流转，不得改变土地集体所有性质，不得改变土地用途，不得损害农民土地承包权益。坚持自愿依法有偿原则，尊重农民的土地流转主体地位，任何组织和个人不得强迫流转，也不能妨碍自主流转。按照完善管理、加强服务、规范土地承包经营权流转。"③《中华人民共和国物权法》规定："土地承包经营权人依法对其承包经营的耕地、林地、草地等享有用益物权。"④ 从而使农地流转有了明确的政策和法律依据。对于农地流转的范围作了原则性的规定，在《中共中央关于做好农户承包地使用权流转工作的通知》中指出："农村土地流转应当主要在农户间进行。工商企业投资开发农业，应当主要从事产前、产后服务和'四荒'资源开发，采取公司加农户和订单农业的方式，带动农户发展

---

① 江泽民：《要始终高度重视农业、农村和农民问题》，新华网：http：//news. xinhuanet. com/ziliao/2005 - 03/17/content2709816. htm2009 - 07 - 27。

② 百度：http：//law. baidu. com/pages/chian lawinfol4/89/cd44cf7ffcdebdc599cb376c8df80040. htm. 2009 - 07 - 27。

③《中共中央国务院关于 2009 年促进农业稳定发展农民持续增收的若干意见》，2009 年 2 月 2 日《山西日报》。

④《中华人民共和国物权法》，中央政府门户网：www. gov. cn. 2009 - 07 - 27。

产业化经营。为稳定农业，稳定农村，中央不提倡工商企业长时间、大面积租赁和经营农户承包地，地方不要动员和组织城镇居民到农村租赁农户承包地。外商在我国租赁农户承包地，必须是农业生产、加工企业或农业科研推广单位，其他企业或单位不准租赁经营农户承包地。"① 这些原则规定完全符合我国国情。因为我国农业劳动力富余，我国农业只能一边转移富余劳动力，一边通过农民内部的分化发展农业。

《中共中央关于做好农户承包地使用权流转工作的通知》中明确指出了农地流转中存在的问题。"一些农村推行的土地流转，存在不少违背农民意愿、损害农民利益的问题，需要引起足够重视。有的随意改变土地承包关系，强迫流转，侵犯了农民的承包经营权，有的强行将农户的承包地长时间、大面积转租给企业经营，影响了农民正常的生产生活，有的借土地流转之名，随意改变土地农业用途。这些问题如不加以纠正，将引发许多矛盾，甚至动摇农村基本经营制度"，"由乡镇政府或村级组织出面租赁农户的承包地再进行转租或转包的'反租倒包'，不符合家庭承包经营制度，应予制止。"② 针对农地流转中存在的问题，国务院指出："法定承包期内，任何组织和个人不得干预农民的生产经营自主权，不得违法调整和回收承包地，不得违背农民意愿强行流转承包地，不得非法侵占农民承包地""任何组织和个人不能以欠缴税费和土地撂荒为由收回农户承包地，已收回的要立即纠正，予以退还""要坚决制止和纠正各种违背农民意愿、强迫农民流转土地的做法"。③

中央关于引导农民土地流转的方法十分科学。温家宝指出："可以通过产业化经营等方式引导农民进入市场。这是一个渐进的过程，不能不顾条件强行推行。"④ 就是说农地流转和规模经营要在主客观条件成熟情况下逐步推进。中央指出要"严格执行土地承包经营权流转的各项要求，尊重农民的主体地位，建立健全土地承包经营权流转市场"⑤。土地流转要通过市场充

---

① 《中共中央关于做好农户承包地使用权流转工作的通知》，中国农业信息网：http://www.agri.gov.cn/2cfg/t2002110521513.htm，2009-07-27。

② 《中共中央关于做好农户承包地使用权流转工作的通知》，中国农业信息网：http://www.agri.gov.cn/2cfg/t2002110521513.htm，2009-07-27。

③ 《国务院办公厅关于妥善解决当前农村土地承包纠纷的紧急通知》，中央政府门户网：http://www.gov.cn（国办发明电〔2004〕21号）。

④ 温家宝：《关于当前农业和农村工作的几个问题》，《新华月报》2006年2月号记录。

⑤ 《中央农村工作会议在京召开》，《新华月报》2009年1月号记录。

分发挥价值规律的作用。"农村土地承包经营权流转要坚持协商、依法、自愿、有偿的原则。"① 土地流转以协商的办法，坚持自愿的原则，依法有偿进行流转。中央特别强调："土地使用权流转一定要坚持条件，不能刮风，不能下指标，不能强制推行，也不能用收走农民承包地的办法搞劳动力转移。在承包期内，村集体经济组织无权单方面解除土地承包合同，也不能用少数服从多数的办法强迫农民放弃承包权或改变承包合同。"② 就是说不能采用改革前搞政治运动的方式推进土地流转。中央还指出："农村土地流转应当主要在农户间进行。"③ 这是由中国的国情决定的，中国的农业现代化走的是社会主义的"普鲁士式"道路，主要通过农民素质的提高和农民内部的分化来实现。

中央明确指出，农地流转的方向是农业的社会化生产、集约化经营和组织化管理。早在1988年中央就指出："少数确实具备条件的地方，在尊重群众意愿的情况下，可以引导农民实行适度的规模经营，以进一步提高农业劳动生产率。"④ 1998年国务院指出："在二、三产业比较发达，大部分劳动力转向非农产业并有稳定收入，农业社会化服务体系比较健全的地方，在充分尊重农民意愿的基础上，可以采取多种形式，适时加以引导，发展农业适度规模经营。"⑤ 中央支持农民采用现代组织形式经营农业。《中共中央国务院关于1998年农业和农村工作意见》指出："鼓励农民采取合作制或股份合作等办法自办龙头企业。鼓励国内外大型工商企业进入农业领域投资开发。鼓励农业科技单位和技术人员以股份制、技术承包等方式参与农业开发经营。"⑥ 《中共中央关于推进农村改革发展若干重大问题的决定》指明了农地承包经营的发展方向。"家庭经营要向采用先进科技和生产手段的方向转

① 《农村土地承包经营权流转管理办法》农业部第47号令，农业部网：http://www.agri.gov.cn，2009-07-27。
② 《中共中央关于做好农户承包地使用权流转工作的通知》，中国农业信息网：http://www.agri.gov.cn/zcfg/t2002110521513.htm，2009-07-27。
③ 《中共中央关于推进农村改革发展若干重大问题的决定》，《新华月报》2008年11月号记录。
④ 《中共中央国务院关于夺取明年农业丰收的决定》，新华网：http://news.xinhuanet.com/z:liao/2005-02/25/content2619152.htm，2009-07-27。
⑤ 《国务院批转农业部〈关于稳定和完善土地承包关系意见〉的通知》，百度 http://law.baidu.com/pages/dhian law iufo/4/89/cd44cf7ffcdebdc599cb376c8clf80040.htm，2009-07-27。
⑥ 《中共中央国务院关于1998年农业和农村工作意见》，百度：http://law.baidu.com/pages/chinalawinfo/1/97/871292346cd3735f57afcdao.966e70290.htm，2009-7-27。

变，增加技术资本等生产要素的投入，着力提高集约化水平；统一经营要向发展农户联合与合作，形成多元化、多层次、多形式经营服务体系的方向转变，发展集体经济、鼓励龙头企业与农民建立紧密型利益联结机制，着力提高组织化程度，按照服务农民、进退自由、权利平等、管理民主的要求，扶持农民专业合作社加快发展，使之成为引领农民参与国内外市场竞争的现代农业经营组织。有条件的地方可以发展专业大户、家庭农场、农业合作社等规模经营主体。"① 2009 年中央经济工作会议指出："要推动农村改革创新，加快健全有利于农业农村发展的制度体系，完善农业经营体制，引导家庭经营向生产集约化方向发展，鼓励农户运用现代科技和物质装备，加快发展农民专业合作组织，培育发展专业化、市场化的农业社会化服务体系。"②

党中央国务院特别重视保护农民工的农地承包权益。2004 年中共中央国务院就指出：要"尊重和保障外出务工农民的承包权和经营自主权"。③2006 年国务院又强调指出："保障农民工土地承包权益。不得以农民进城务工为由收回承包地，纠正违法收回农民工承包地的行为。"④ 针对金融危机引起的大批农民工返乡现象，2008 年国务院进一步指出："农民工是流动在城乡之间的特殊群体，耕地仍然是他们的基本保障。违法流转的农民工承包地，农民工要求退还的要坚决退还；因长期占用不能退还的，要负责安排返乡农民工就业。"⑤ 2009 年中共中央国务院要求："保障返乡农民工的合法土地承包权益，对生活无着的返乡农民工要提供临时救助或纳入农村低保。"⑥

二 土地流转的现状分析

（一）关于流转主体的考察

现实中土地流转由于频率较快，而且一般情况下无正式手续，调查

---

① 《中共中央关于推进农村改革发展若干重大问题的决定》，《新华月报》2008 年 11 月号记录。

② 《中共中央国务院关于进一步加强农村工作提高农业综合生产能力若干政策的意见》，新华网：http://news.xinhuanet.com/zhengfu/2005－01/31/content 2529073.htm，2009－07－27。

③ 《国务院关于解决农民工问题的若干意见》，《新华月报》2006 年 5 月号记录。

④ 《中央经济工作会议在北京召开》，《光明日报》2009 年 12 月 8 日。

⑤ 《国务院办公厅关于切实做好当前农民工工作的通知》，《新华月报》2009 年 1 月号记录。

⑥ 《中共中央国务院关于 2009 年促进农业稳定发展农民持续增收的若干意见》，《山西日报》2009 年 2 月 2 日。

了解十分困难。事实上，已经流转的耕地面积已经接近农民承包土地的1/3。流出方一般是家庭没有男性劳动力的、外出打工的农民工、农村户口的个体工商户和部分乡镇企业职工。当然也大量存在家庭内部流转的现象，父辈时承包土地，由于其年龄或身体状况不从事或少从事农活的，由儿子或女婿接着耕种。流入方一般是亲戚、朋友、邻居以及一个队或村内的农业大户，其中，中西部地区以专业大户和家庭农场居多，东部以种养大户为主，也有相当比例流向农业合作社、涉农企业和外资企业。如江苏土地流向种养大户的占土地流转面积的48.61%，流向龙头企业的占26.17%，流向工商企业、外资、港台资企业的占25.22%，主要还是流向种养大户。①

（二）合同形式

家庭内部流转的、流向亲戚朋友的、流向邻居的，一般没有书面合同，只有口头协议。对流转的大致时间和价格有个约定，也都是个大概说法。村集体反租倒包的，有两方面协议，一方面是村集体与村民的协议，一方面是村集体与倒包者个人或企业的协议，一般都是书面的和正式的。专业农业合作社有一个初步的章程，对各方的权利义务关系作些初步规定，对合作社运作和负责人权限作些规定。涉农企业和外资涉农企业一般采取"公司＋农户"形式，公司章程、组织系统、运行机制、权利和义务关系等都比较明确，有正式的书面合同。手续一般东部比较正式规范，中西部比较模糊笼统，比如山西土地流转过程中形成口头协议的比例为60.95%。② 有关书面合同的签订情况，详见表1-1。

表1-1　书面合同签订状况

是否签订书面合同	东部		中部		西部	
	频数	有效百分比	频数	有效百分比	频数	有效百分比
有	20	24.1	22	25.0	5	17.9
没有	62	74.7	66	75.0	28	84.8

资料来源：根据山西调查问卷整理。

①　包宗顺等：《农村土地流转的区域差异与影响因素》，《中国农村经济》2009年第4期。

②　根据本课题组2008年对山西7个市70个村农民工与土地关系调查资料整理所得数据。该调查发放问卷235份，其中有效问卷228份。本文在下文引用时标明山西调查问卷资料。

（三）利益关系

包宗顺对江苏调查资料显示，2007 年全省亩均土地流转价格为 550 元，最低的连云港平均为 295 元，最高的南通平均为 640 元。连片集中的土地流转价格较高，其中最低的盐城、连云港平均为 500 元，最高的南通为 1360 元，集中连片的土地流转价格一般要比农户间自发流转每亩高出 200 元左右。① 我们对山西的调查资料显示，一般情况接受流转土地的受让方向转让方平均每亩支付 196 元。政府的种粮补贴款由原承包人领取的占 71.7%，由受让人领的占 17.1%，由转让人和受让人各拿一半的占 5.7%。利益关系由受让方和出让方双方协商确定，价值规律在其中起到了一定的作用。

2009 年调查的结果显示，土地流转的租金主要以实物或现金方式支付。其中，以现金支付的标准，平均每亩年租金东部为 357 元，中部为 211 元，西部为 272 元②。详见表 1 - 2。

表 1 - 2　土地流转租金支付方式

租金支付方式	东部		中部		西部	
	频数	有效百分比	频数	有效百分比	频数	有效百分比
租　　金	42	54.5	46	56.8	28	58.3
实物(蔬菜、粮食等)	25	32.5	24	29.6	10	20.8
其　　他	10	13.0	11	13.6	10	20.8

资料来源：根据全国 113 个村的调查问卷整理。

（四）流转期限

农民之间自发进行的土地流转随意性比较大，伸缩幅度也大，双方以口头协议为准，若第二年要收回耕地，则第一年冬季告知。东部地区如江苏等一些城郊外来人员租地种瓜果蔬菜等一般以季节出租为主，时间比较短。采用反租倒包形式的土地流转，一般由村经济组织或乡（镇）政府与企业签订流转协议，期限比较长。江苏调查资料显示，全省土地流转年限在 5 年以

---

① 包宗顺等：《农村土地流转的区域差异与影响因素》，《中国农村经济》2009 年第 4 期。
② 2009 年，我们对全国 113 个村和 113 个村中的 451 户进行了问卷调查，其中 113 个村的问卷全部有效，451 户中的 417 户问卷有效，表 1 - 2 的数据即为对全国 113 个村调查的结果。本文在引用时标明"全国 113 村调查问卷资料"。

下的占49.44%①，21年以上的占10.94%。2005年叶剑平等对17省土地流转情况调查资料显示，有半数的土地流转未约定期限，在流转出土地的农户中，有86%的农户在转出土地时没有签订书面合同②。我们的调查资料显示流转年限在1~5年的居多，详见表1-3。

表1-3　土地流转期限

流转年限	东部		中部		西部	
	频数	有效百分比	频数	有效百分比	频数	有效百分比
1年以下	3	3.8	4	4.5	5	16.1
1~5年	33	41.3	54	60.7	16	51.6
5~10年	12	15.0	11	12.4	4	12.9
10~15年	5	6.3	2	2.2	3	9.7
15~20年	6	7.5	5	5.6	1	3.2
20年以上	21	26.3	13	14.6	2	6.5

资料来源：根据全国113个村的调查问卷整理。

（五）农民工与承包地的关系

对山西的调查结果显示，13.8%的农民工没有承包地。在拥有承包地的农民工中58.6%的耕地继续由家人耕种，全部由他人耕种的占20.7%，转让和出租是农民工土地流转的主要形式，分别占土地流转总数的32.5%和23.6%。在流转土地的农民工中有书面流转合同的约为3.9%，每亩流出土地租金一年均值为196元。有73.9%的农民工流转土地没有年限规定。农业免税后有39.9%的农民工希望收回耕地自己种，41.9%的农民工考虑具体情况而定，只有15.8%的农民工愿意让耕地继续流转。耕地流转有了纠纷后，16.7%的人找村里德高望重的人协商，60.1%的人找村干部协调，5.4%的通过仲裁途径解决，14.3%的人到法院寻求法律解决。我们对全国113个村的调查资料显示：东、中、西部农民工承包土地的比例分别为27.3%、42.4%和51.6%。表1-4是山西省外出务工农民工承包土地流转情况。

---

① 包宗顺等：《农村土地流转的区域差异与影响因素》，《土地农村经济》2009年第4期。

② 叶剑平等：《中国农村土地流转市场的调查研究》，《中国农村观察》2006年第4期。

表 1 – 4　山西省农民工家庭承包土地流转状况

处　置　方　式	频率	百分比	有效百分比
继续由自家全部耕种	130	57.0	57.3
自己耕种一部分,其余的流转给其他人耕种	36	15.8	15.9
部分摞荒	11	4.7	4.8
全部由他人有偿耕种	27	13.6	13.8
全部由他人无偿耕种	14	6.1	6.2
其他	9	3.8	4.0
合　　计	227	99.6	100.0
缺　失　值	1	0.4	
总　　计	228	100.0	

资料来源：根据山西问卷调查整理。

（六）流出耕地的原因分析

影响土地流出的原因很多，本文采用多元逐步回归方法得出如下结果：原因1：从事二、三产业在城镇站住了脚，为了留有退路；原因2：年纪大了离开村到子女处居住需要处理耕地；原因3：自己种地不划算，领了种粮直补，申请些低保也能生活；原因4：无青壮年劳力；原因5：村里搞反租倒包；原因6：入了农业合作社，土地入股无法经营。其标准化回归系数 Beta 值依次为 0.538、0.325、0.255、0.227、0.135 和 0.130。详见表 1 –5。

表 1 – 5　土地流出原因多元逐步回归结果

影响因素	B	Beta	P 值
原因 1	0.365	0.538	0.000
原因 2	1.161	0.325	0.000
原因 3	2.364	0.255	0.000
原因 4	0.131	0.227	0.015
原因 5	0.100	0.135	0.002
原因 6	0.114	0.130	0.022

资料来源：根据全国 113 个村的问卷调查整理。

（七）受让耕地的原因

土地流转的受让人主要包括农民种粮大户、家庭农场、企业等。关于受让土地原因的分析，我们的方法仍然以多元逐步回归为主。主要的结果如下：原因1：耕地太少，一些劳动力不能满负荷工作，想多种点地；原因2：种粮形势看好，政府政策支持，粮价在上升；原因3：规模大一点生产经营效益好；原因4：合作社、分工协作好；原因5：农业公司连片开发农业效益好；原因6：外资开发农业前景看好。其标准化回归系数 Beta 值依次为0.612、0.443、0.312、0.181、0.153 和 0.120。详见表1－6。

表1－6　土地受让原因多元逐步回归结果

影响因素	B	Beta	P 值
原因1	1.125	0.612	0.000
原因2	0.561	0.443	0.000
原因3	3.164	0.312	0.005
原因4	1.221	0.181	0.000
原因5	0.130	0.153	0.002
原因6	0.124	0.120	0.015

资料来源：根据全国113个村的问卷调查整理。

（八）东、中、西部农地流转情况比较

表1－7　2001年我国农村土地流转的区域分布情况

地　区	土地流转面积(万亩)	土地流转面积占全国承包地总面积的比重(%)	土地流转面积占本区域承包总面积的比重(%)
东　部	2264.25	1.31	5.78
中　部	3752.87	2.99	6.77
西　部	837.12	0.66	2.73

资料来源：陈卫平、郭定文：《农户承包地流转问题探讨》，《经济问题探讨》2006年第1期。

表1－8　2009年农村土地流转的区域分布情况

地　区	土地流转面积(亩)	土地流转面积占本区域承包总面积的比重(%)
东　部	17522.29	40
中　部	145018.43	33
西　部	5446.28	20

资料来源：根据全国113个村的调查问卷计算。

准确地了解全国承包地流转数据十分困难。因为目前的承包地流转很多情况不办正式手续，没有纠纷也不必仲裁和诉讼。部分已流转承包地的农民怕声张出去被集体收回，而不愿如实填写调查表。总体看中部土地流转是全国的平均值，东部实际流转的土地更多。主要原因有：东部家庭有较精确的成本核算，目前从事农业只有适度规模经营才有经济效益，所以不选择流入，就是选择土地流出；东部市场经济发达，外出务工经商的机会多；东部许多地区农业可收2~3茬，东部土地流转费用高于中、西部；东部发展高新农业的条件好，有资金、技术和人才优势，规模经营有利可图。

（九）　土地承包纠纷调处

《中华人民共和国农村土地承包经营纠纷仲裁法（草案）》指出：据农业部统计，从2004年到2008年3月，四个农村土地承包经营纠纷仲裁试点县（区市）受理仲裁的纠纷就达五万余件[1]。可见，由于粮价上升、农业免税、种粮补贴政策实施和金融危机的冲击大批农民工返乡等原因，承包地纠纷增加。这些纠纷大致分三类：第一类是前些年第二轮承包时放弃承包土地的农民工返乡要承包地引发的纠纷；第二类是农村集体调整耕地，反租倒包耕地引起的纠纷；第三类是转让人和受让人之间纠纷，包括转让人和受让人个人之间，转让人和受让涉农公司企业之间纠纷。这些纠纷有可能影响农业生产和农村稳定，需要认真加以调处。

（十）　地方政府与土地流转

各级地方政府正在进行积极探索，按中央完善管理、加强服务的要求，规范土地承包经营权流转，构建土地流转环境。各地开始探索推动土地流转，如河南洛阳规定，弃地农民进城定居后最高每人可获一万元补偿；福建三明市规定，农户土地承包经营权可抵押贷款；甘肃成立首个土地股份合作社；北京拟试点集体土地流转，村民可共同搬进楼房。温州市为破解市场经济活跃地区"有地不种，想种没地"的难题，创新耕地流转模式，实现农田向种粮能手、村组集体、专业合作社集中，并实施全程机械化服务，不仅遏制了耕地抛荒现象，还成功稳定了粮食生产。山东省宁阳县探索土地承包经营流转新机制，建立起"股份协作"的土地流转组织，采用"底金＋分

---

① 十一届全国人大常委会第六次会议发布于中国人大网：http：www.npc.gov.cn，2008年12月27日。

红＋劳务收入"的土地流转利益分配机制。安徽省小岗村，从"分田到户"到新型合作化。各地的探索有许多经验可以总结和推广。

（十一）相关的经验

我国的承包地流转，坚持的是社会主义的"普鲁士式"农业发展道路。这既是中国农民的选择，又是党和政府的科学决策。我国人均耕地少，农村富余劳动力多，我们坚持社会主义制度，农业内部的种田能手应该是推动我国农业规模经营和农业现代化的主角。他们了解农村和农业的情况，有创造性地改造传统农业的能力，他们的发展有利于农业发展和农村社会稳定。他们在农村确实得到了长足的发展，农村出现了一大批以他们为主的种粮大户、家庭农场和农业专业合作社。农村承包地流转中的大多数流转土地都集中在他们手中。中央对他们非常支持，指出："农村土地流转应当主要在农户间进行。工商企业投资开发农业、应当主要从事产前、产后服务和'四荒'资源开发，采取公司加农户和订单农业的方式，带动农户发展产业化经营。外商在我国租赁农户承包地，必须是农业生产、加工企业或农业科研推广单位，其他企业或单位不准租赁经营农户承包地。"[1] 这是符合我国国情的农业现代化道路的正确选择。

现行的农村承包地流转有强大的支撑动力。土地出让人可以得到一笔可观的租金，可以部分或全部享受政府对农业的"两免、三补贴"政策优惠。还可以从事二、三产业，享受城镇文明和产业比较利益；受让人可以满负荷地从事农业生产，可以得到农业规模经营的效益，还可以享受政府支农惠农的各项优惠政策；政府通过农民承包地流转减少农地的荒芜和浪费，实现农业的集约化经营和社会化生产，可以使土地作为稀缺生产要素同资本、技术和人才实现有机结合，发挥更大作用。由此可见，农地流转是件一箭三雕的事，有足够的动力源，而且是由三方的动力形成的合力。这种合力必将加速我国农业现代化的进程。

推动农村承包地流转的方法科学：首先，坚持有偿流转，流转承包地的农民可以获得利益补偿。而且如上所述，使出让人、受让人和政府均有利可图，实现的是 $1+1+1>3$ 的效益，是一种更高层次的利益；其次，坚持自

---

① 《中共中央关于做好农户承包地使用权流转工作通知》，中国农业信息网：http：//www. agri. gov. cn/2cfg2002110522513. htm，2009 - 07 - 27。

愿原则，尊重农民作为承包地的主人之一的主体地位，以市场为中介，出让人和受让人通过市场平等协商；再次，坚持承包地依法流转，政府主要通过制定和执行一系列相关的法律法规规范农村承包地流转。"按照完善管理，加强服务的要求，规范土地承包经营权流转，鼓励有条件的地方发展流转服务组织，为流转双方提供信息沟通，法规咨询，价格评估，合同签订，纠纷调处等服务。"① 同时，政府加快了农村社会保障体系构建的步伐，为流转土地的农民的正常社会生活提供社会保障。

因地制宜、分类指导，不搞一刀切。早在 1995 年《中共中央国务院关于做好 1995 年农业和农村工作的意见》就曾指出："在沿海经济发达地区，要根据条件和农民的意愿，积极稳妥地发展多种形式的粮田适度规模经营。"② 希望沿海经济发达地区在农业规模经营方面先行一步，但要充分考虑条件。为此，《中共中央国务院关于 1997 年农业和农村工作的意见》指出："发展土地适度规模经营，必须坚持具备条件，并充分尊重农民的意愿。目前，除少数经济发达地区外，大多数地区条件还不成熟，不能不顾条件，用行政手段硬性推进。"③ 就是说土地流转适度规模经营要有一定的经济技术条件，要根据条件成熟的情况分类指导，不能盲目推进。

第三节　农村承包地流转中存在的问题及解决建议

一　农村承包地流转中存在的问题

农地流转全面启动前，农村土地承包中存在的问题主要有：一是土地荒芜，特别是在农业免税和种粮补贴前，农村中的农业税、各种提留费、统筹费用很高，农民种地呈现零收入或负收入，部分外出务工经商人员承包的耕地荒芜比较严重；二是耕地细化，造成农业外部不经济，农民不愿对耕地进行投入；三是集体经常调整承包地，收回或变更农民承包地，影响农民对承

---

① 《中共中央国务院关于 2009 年促进农业稳定发展农民持续增收的若干意见》，《新华月报》，2009 年 2 月号记录。

② 百度法律：http://law.baidu.com/.pages/chinalawinfo/1/23/42 4a98758328616484de3886co658c40.htm/2009 - 07 - 27。

③ 摘自 http：//www.iliu.cn/htm/200702/07/142213918htm，2009 - 07 - 27。

包地的长期稳定投入,《中华人民共和国农村土地承包法》颁布实施以来,农民承包地有了"土地证",集体调整农民承包地的情况有所减少。

　　土地流转政策启动后,农村土地流转中存在的一些问题。一是以租代征,即通过出租、承包等"以租代征"方式非法使用农民集体所有土地进行非农业项目建设行为。对此,《国务院办公厅关于严格执行有关农村集体建设用地法律和政策的通知》已经明令禁止。二是存在一些侵犯农民土地承包经营权的"反租倒包"现象。对此,《中共中央国务院关于切实加强农业基础建设进一步促进农业发展农民增收的若干意见》要求依法制止。该《意见》指出:"坚决防止和纠正强迫农民流转,通过流转改变土地农业用途等问题,依法制止乡、村组织通过'反租倒包'等形式侵犯农户土地承包经营权等行为。"① 三是在村庄整治撤并中变更土地承包关系,国务院也已采取了相应的措施。《国务院关于加强土地调控有关问题的通知》指出:"要注意防止在发展现代农业推进规模经营、村庄整治撤并中,随意收回农民土地或变更土地承包关系,引起农村不稳定。"② 四是《中共中央关于做好农户承包土地使用权流转工作的通知》指出的:"一些乡村推行的土地流转,存在不少违背农民意愿、损害农民利益的问题,需要引起足够重视。有的随意改变土地承包关系,强迫流转,侵犯了农民的承包经营权;有的把土地流转作为增加乡村收入的手段,与民争利,损害了农民的利益;有的强行将农户的承包地长时间、大面积转租给企业经营,影响了农民正常的生产生活;有的借土地流转之名,随意改变土地农业用途。这些问题如不加以纠正,将引发许多矛盾,甚至动摇农村基本经营制度。"③ 针对这些问题,《通知》要求农户承包地使用权流转要在长期稳定家庭联产承包经营制度的前提下进行。必须坚持依法自愿和有偿的原则,规范企事业单位和城镇居民租赁农户承包地,要求加强对农户承包地使用权流转工作的领导。五是土地流转的手续不规范,这是我们深入农村调研时发现的问题。土地流转组织领导不健全,特别是在中、西部地区,有的有组织机构,但形同虚设。农民间的土地流转很少有正式合同,也很少经过中介组织,一旦有了纠纷很难说清。

---

①　《新华月报》2008 年 3 月号记录。

②　《新华月报》2006 年 10 月号记录。

③　中国农业信息网: http://www.agri.gov.cn/2cfg/t2002110521h3.htm, 2009 - 07 - 27。

因此农村承包地流转的管理组织和管理制度要加强。六是农村土地承包经营权流转速度慢，地区间发展不平衡。据我们了解东部地区农村有近1/3的承包地实现了流转。这与东部地区经济发达，农民非常重视承包地的效益有关；也与东部地区对农业的技术、资本投入多，规模经营的效益好有关；还与东部自然环境好有关。中部地区约有1/3的承包地实现了流转，但内部发展不平衡，一般是城郊土地流转多，外出务工经商人员多的地方承包地流转多。西部地区承包地流转缓慢，主要是由于西部自然气候恶劣和土地贫瘠等原因造成的，接受了流转的土地经济效益不太好。而且西部地域广大，有荒地可开垦，自主开垦出的土地不比接受别人的承包地差多少，但不必出地租。

现阶段农村承包地流转仍存在一系列问题。一是引发的纠纷多。引发纠纷的原因主要有两方面，一方面是"两免、三补贴"政策实施前，撂荒或放弃承包农地的人，其中主要是外出务工经商的人，在"两免、三补贴"政策实施后，回村要求承包土地，而有的农村把那些原本应该由他们承包的地和由他们承包而撂荒收回的地转包给了别人，一时无法抽回来由他们承包而引发的纠纷。这方面中央的政策十分明确，温家宝总理指出："坚持农村基本经营制度，保障农民工土地承包权益。"[1] 国务院也指出："不得以农民进城务工为由收回承包地，纠正违法收回农民工承包地的行为。"[2] 另一方面是由土地出让利益关系引发的纠纷。"两免、三补贴"政策的实施和世界粮食危机的出现，粮价提升，粮价提升引起流转土地的出让人和受让人的新的利益博弈，出让人要求提高出让费，受让人希望执行原有的协议，产生争执和纠纷。这些纠纷一般通过村集体调解、土地管理部门仲裁或者人民法院审理解决。二是土地流转效益不明显，土地流转缓慢，特别是在中西部地区比较突出。我国的土地流转限制较多，不得改变集体所有制性质、不得改变农业的用途、不得超过承包期限，甚至有的集体在承包期内进行调整。这些不确定因素和限制也一定程度上影响了对土地的投入，也就影响了土地的效益，因此土地流转十分缓慢。针对这种情况有提出"永佃权"制的建议。问题是这代人永佃了，后代怎么租佃。为了保障对土地的投入，应对流转土

① 温家宝：《关于当前农业和农村工作的几个问题》，《新华月报》2006年2月号记录。
② 《国务院关于解决农民工问题的若干问题》，《新华月报》2006年5月号记录。

地进行监测。土地流转时进行质量监测，土地退出流转时再进行质量监测。在退出流转时若土地质量降低，受让人要负一定的责任。

二　关于中国承包地流转的思考

（一）中国的农地制度是中国特色农业现代化道路的重要组成部分，优越于资本主义的农地制度

从所有权的角度看：首先，农村土地"属于村农民集体所有，村集体经济组织或者村民委员会代表集体行使所有权"。[①] 集体所有是一种初步的社会化占有，这种初步的社会化占有与农业初步社会化生产相适应，是农业初步社会化生产的内在要求。其次，集体所有的土地由三种权力监管。国家通过《中华人民共和国土地管理法》《中华人民共和国农村土地承包法》等法律法规对农村集体土地实行管理。集体依法对所有的土地实行具体管理。农民是农村集体土地的所有者之一，农村土地的承包方案、农村土地的调整方案、本集体所有土地承包给本集体成员以外的方案，都要依法经本集体经济组织成员的村民会议 2/3 以上的成员或者 2/3 以上的村民代表的同意。再次，农民作为集体土地的所有者之一，在承包期内，在依法经营的情况下，事实上土地所有权处于一种虚置的状态，有利于激发农民对利益追求的原始冲动。这样的制度安排，在发展经济方面三方的根本利益一致，形成了合力；在出现了问题的时候，三种权力相互制约，将其解决在萌芽之中。资本主义国家为了改变农地私人占有的状况，普遍采用租地农场的形式，也许也是为了将土地的所有权和使用权分开，使其在一定程度上适应农业生产社会化的需求。

从经营权的角度看：资本主义国家也部分地采用租地农场的形式，实现了土地所有权与经营权的分离。但资本主义的租地农场制仍无法与我国的土地承包责任制相比较。首先，我国农地实行承包责任制，而且这种承包责任制坚持长期不变。在承包期内，承包者只要合法经营、依法流转、土地所有权处于虚置状态，事实上承包经营者就是在自己的土地上从事生产经营活动，既实现了劳动者与生产资料的有机结合，又激发了承包者生产经营的积极性。其次，我国的农地承包经营者又是农地的所有者之一，他们不仅会从

经营者的角度对所承包的农地负责，还会从所有者之一的角度对所承包的农地负责，其责任心远比租地农场主的强，从而避免农地经营中的短期行为。再次，中国的农地承包者既不向国家交税，又不向集体交租，还享受政府的种粮补贴，远比资本主义的租地农场主享受的权利和利益多，承包经营者有很高的生产经营积极性。我国的承包经营责任制是一种农地经营制度的创新，使农地作为我国农业生产的稀缺要素同生产者有机地结合，使农业这种与自然状况密切联系的产业找到了家庭经营的最佳模式。

从土地流转的角度看：首先，西方早期发达的资本主义国家的土地流转和集中主要是通过"羊吃人"、殖民掠夺和市场竞争等方式实现的。我国承包地流转坚持依法自愿和有偿的原则实现农地流转。并通过农村富余劳动力的分流培训和建立农村社会保障体系为农地流转创造条件。其次，我们通过土地流转，使土地逐步集中到专业大户、家庭农场、农业专业合作社和涉农的企业手中，使作为稀缺生产要素的农地同资本、技术和人才实现更高层次的有机结合，充分发挥其稀缺要素的作用。再次，中国土地流转中，由于政府让利于民，流转双方谈判的成本低，还有利于受让方满负荷工作，沿着农业生产专业化的方向发展，有利于解决承包农地地块划分细碎的问题，获得规模经营的效益。

正是由于我们在农地制度安排上的优势所在，我们在占世界约7%的耕地上养育了占世界20%以上的人口，实现粮食自给。

（二）中国应走社会主义的"普鲁士式"农业发展道路

普鲁士式农业发展道路是列宁对德国农业资本主义发展特点的精辟概括，是指德国封建地主经济在没有经过资本主义革命的情况下，逐步经过改良发展为资产阶级——地主经济的道路。在德国，"中世纪的土地占有关系不是一下子被消灭掉的，而是慢慢地适应资本主义"。[1] 德国"农奴制地主经济缓慢地转化为资产阶级的容克式的经济，同时分化出'大农'"。[2] 就是说德国农业资本主义的发展是通过改良的方法，通过地主经济逐步转化为资产阶级的容克式经济，分化出农业资产阶级。我们是社会主义国家，我们的土地坚持集体所有制，我们的土地流转是用益权上的流转，是以社会主义的

---

① 《列宁全集》第15卷，人民出版社，1987，第114页。
② 《列宁全集》第13卷，人民出版社，1987，第219页。

土地关系、生产关系和政治原则为基础的。我们的土地流转、农业规模经营制度在形式上有类似于普鲁士式农业发展道路的某些特点。我们应主要通过农民内部分化实现农业规模经营；我们的农地流转要经历较长的过程，我们的土地流转集中要通过改革的方式实现。

这是由我国的基本国情决定的。我国是个人口大国，农村人口更多，农村富余劳动力转移就业的压力很大，要通过发展二、三产业逐步转移农村劳动力，要通过土地的逐步流转实现农业规模经营；我国农业富余劳动力的转移，处在第二、第三次科技革命过渡之际。这一时期城市和二、三产业由于科技进步对农业富余劳动力处在由普遍吸纳到全面排斥的状态，城市和二、三产业对农业富余劳动力短时期内难以全部吸收和消化；我国的社会保障水平较低，农村的社会保障水平更低，"承包地不仅是农民重要的生产资料，而且是农民最基本的生活保障"。① 我们只能一边构建社会保障体系，一边让部分农民自愿地流转其承包的土地；我国农民有精耕细作的传统，我国农业的发展空间相对较小，所以除对农业发展有重要影响和示范作用的工商企业和外资外，一般的工商企业不宜涌入农业；本来近些年来由农地承包和流转引起的矛盾和纠纷就处于增加状态，如果我们再人为地推动承包地流转，会引起更多的社会矛盾，甚至影响全国的社会稳定。

中央的指导思想是对承包地流转和农业规模经营要循序渐进，温家宝指出："在家庭承包经营的基础上，可以通过产业化经营等方式引导农民进入市场，可以在土地承包经营权自愿、依法、有偿流转的基础上逐步扩大土地经营规模。这是一个渐进的过程，不能不顾条件强行推行。"② 农业的规模经营主要通过农民内部分化实现，并对工商企业和外资企业作为受让人作了一些限制。《中共中央关于做好农户承包地使用权流转工作的通知》指出："农村土地流转应当主要在农户间进行。随着农村第二、第三产业发展和城镇化步伐加快，离开土地的农民会越来越多，他们腾出来的土地应当主要由其他从事农业生产的农户来经营，以扩大农户的经营规模，增加务农收入，缓解人地矛盾，这也有利于保护耕地。""为了稳定农业，稳定农村，中央不提倡工商企业长时间、大面积租赁和经营农户承包地，地方也不要动员和

---

① 温家宝：《关于当前农业和农村工作的几个问题》，《新华月报》2006 年 2 月号记录。
② 温家宝：《关于当前农业和农村工作的几个问题》，《新华月报》2006 年 2 月号记录。

组织城镇居民到农村租赁农户承包地。""外商在我国租赁农户承包地，必须是农业生产、加工企业或农业科研推广单位，其他企业或单位不准租赁经营农户承包地。"① 《中共中央关于推进农村改革发展若干重大问题的决定》指出："有条件的地方可以发展专业大户、家庭农场、农民专业合作社等规模经营主体。"② 2009 年中央经济工作会议指出："引导家庭经营向生产集约化方向发展，鼓励农户运用现代科技和物质装备，加快发展农民专业合作组织，培育发展专业化、市场化的农业社会化服务体系。"③ 就是说主要要农民家庭或农民的专业合作组织通过集约化经营和社会化生产发展现代农业。由此可见，我们在对国外农业现代化的借鉴中要更多地关注德国农业现代化的发展理论和实践。

借鉴普鲁士式的农业现代化道路。首先，要培养中国的从事现代农业的"大农"。要积极支持献身于中国农业现代化事业的年轻有为、有文化、懂技术的新型农民在农业领域创业。无偿地对他们进行技术培训，包括生物工程技术、水利知识、土壤知识、气候知识、农业防灾减灾知识和农产品加工知识等的培训；鼓励他们在经营权上集中更多的耕地；指导他们采用现代企业制度从事农业生产经营；帮助他们走向市场，同国际农业生产经营接轨。其次，畅通承包地流转的渠道。制定并执行相应的承包地流转的法律法规；培育土地流转的中介组织和市场；切实加强对承包地流转的组织指导，使农村承包地依法、自愿、有偿和有序地流转，实现农业的适度规模经营。再次，全面创造实现农业现代化的条件。坚持城市支持农村，工业反哺农业的政策；加快城镇化步伐，"放宽城市和城镇户籍限制"④，吸纳更多的农业富余劳动力；完善社保制度，实行土地换社保，使转业农民、老年农民和家庭无劳动力的农村人口脱离同承包地的关系；"完善强农惠农政策，增加涉农补贴规模，加快发展现代农业"⑤；为农业发展提供资金、技术和人才支持；制定和实施完备的与农业相关的法律法规体系，特别是要制定和实施《中

① 《中共中央关于做好农户承包地使用权流转工作的通知》，中国农业信息网：http：//www.agvi.gov/cn/zcfg/t 2002110521513.htm/2009－07－27。
② 《中共中央关于推进农村改革发展若干重大问题的决定》，《新华月报》2008 年 11 月号记录。
③ 《中央经济工作会议在北京召开》，《光明日报》2009 年 12 月 8 日。
④ 《中央经济工作会议在北京召开》，《光明日报》2009 年 12 月 8 日。
⑤ 《中央经济工作会议在北京召开》，《光明日报》2009 年 12 月 8 日。

华人民共和国土地流转法》。

（三） 制定和实施《中华人民共和国承包土地流转法》

我们需要尽快制定和实施《中华人民共和国承包土地流转法》。第一，从立法调整的对象看，我国现有的农业生产条件和留在农业中的劳动力的满负荷工作要求现有农村承包地的2/3实现流转。农村土地承包制实施之后，中国农业的规模经营和农业现代化的关键之一是实现承包地的流转。农业承包责任制的实施将土地划分得十分细碎，农业承包责任制实施时，农地承担着重要的社会保障任务，无劳动力的家庭、老弱病残农村人口都按人均承包一定数量的农村土地，随着农村社保体系的构建和大批农村富余劳动力转向二、三产业和进入城镇，农村原家庭承包的土地要大批流转，这一流转过程需要法律调整和监控。第二，就我国农用土地的法律体系来说，从静态看，我国有关农用土地的相关法律已经很完善，我们颁布和执行着《土地管理法》《农业法》和《农村土地承包法》等法律，还有一系列政策法规。但从动态上看，有关承包地流转的法律不健全，特别是有关土地流转的管理，只有《中共中央关于做好农户承包地使用权流转工作的通知》、农业部的《农村土地承包经营权流转管理办法》，而没有国家权力机关颁布的相关法律。而且在一些政策、法规和法律中的用语也不统一。中共中央通知用的是"农户承包地使用权流转"[①]，农业部的管理办法用的是"农村土地承包经营权流转"[②]，物权法用的是"用益物权"[③]。流转中的农村承包地的流转名称和权属要统一。第三，2009年6月全国人大通过了《中华人民共和国农村土地承包经营纠纷调解仲裁法》。这部法律的颁布实施有利于调处土地流转中大量存在的纠纷，也只是在纠纷产生后在问题的下游解决和调处问题，具有应急性，显得被动。应尽快出台《中华人民共和国农村承包土地用益权流转法》，以规范和指导农村承包地的流转，将可能由承包地流转引发的纠纷调处在萌芽状态。第四，党中央国务院充分认识到了这一点，要求尽快制定相关法律。中共中央指出："抓紧完善相关法律法规和配套政策，规范推进农村土地管理制度改革。"[④] 中共中央国务院指出："农村土地管理制度改

---

① 《中央经济工作会议在北京召开》，《光明日报》2009年12月8日。
② 《农村土地承包经营权流转管理办法》，农业部网：http：//www.agri.gov.cn.htm，2009－07－27。
③ 《中华人民共和国物权法》，中央政府门户网：http：//www.gov.cn.htm，2009－07－27。
④ 《中共中央关于推进农村改革发展若干重大问题的决定》，《光明日报》2008年10月20日。

革要在完善相关法律法规、出台具体配套政策后，规范有序地推进。"①

《中华人民共和国农村承包地用益权流转法》的主要内容应该有：

总纲：农村承包地流转的用益权。农村承包地用益权流转是中国特色农业现代化道路的重要组成部分。农村承包地用益权流转是转变经济发展方式、农业集约化经营和社会化生产的内在要求。农村承包地用益权在承包期内流转，流转中坚持自愿依法和有偿的原则。农村承包地用益权流转不得改变土地的集体所有性质，不得改变土地的农业用途，不得损害农民的利益。农村承包地用益权流转应主要在农民之间进行。流转中的土地应保质和提高质量。县级以上人民政府农业行政主管部门依照同级人民政府规定的职责负责本行政区内农村承包地用益权流转的指导和管理工作。

流转当事人：流转当事人为出让承包地的出让人和接受承包地的受让人。鼓励农民流转承包地，鼓励家庭经营向生产集约化方向发展，鼓励农民运用现代科技和物质装备，鼓励发展农民专业大户、家庭农场和农民专业合作社等规模经营主体。工商企业投资开发农业，应当主要从事事前、产后服务和"四荒"资源的开发，采取公司加农户和订单农业的方式，带动农户发展产业化经营。外商在我国租赁农户承包地必须是农业生产、加工企业或农业科研推广单位。承包地流转可以在双方当事人之间，也可以以当事人所在集体组织或社会中介组织为中介，协商确定双方当事人的权利、义务和相关事宜。

流转方式和程序。农村承包地用益权流转可以采取转包、互换、出租、转让、入股农业专业合作社等形式。流转的程序应包括资格审查、权利义务商定、合同签订、登记备案等。农民之间的小宗承包地用益权流转程序可简化，双方当事人认可即可；大宗农村承包地用益权流转应对受让方资格、当事人的合同、受让土地的运营方案报乡（镇）政府审批，县农业行政主管部门备案。

流转合同。流转合同可分为口头和书面两种。农民之间的小面积、短期的承包地用益权流转可以通过口头协议进行。较大面积的、且约定流转较长时间的承包地用益权流转须签订书面合同。合同的内容分为约定性内容和规

---

① 《中共中央国务院关于 2009 年农业稳定发展农民持续增收的若干意见》，《新华月报》2009 年 2 月号记录。

定性内容。约定性内容是双方当事人商定的内容，如转让费用、转让期限、返还约定等。规定性内容主要指政策、法律和法规所规定的内容，如流转土地不得改变集体所有的性质和农业用途等，还有有关土地流转前后的质量要求等内容。

流转管理。流转管理应包括土地流转前质量监测、流转过程的管理、流转土地返还的质量监测全过程。是否进行土地质量监测由当事人双方约定。各级行政管理部门对农村承包地流转的管理分工应该是：村级集体组织对承包地流转有知情权，并向乡（镇）政府汇报本集体土地流转情况。乡（镇）政府设立土地助理员，指导土地流转，县农业行政主管部门对长时间大宗农村承包地流转进行审查和管理，对因承包地用益权流转产生的纠纷进行仲裁。管理的内容主要有：承包地流转管理、承包地流转前和归还后土地质量监测、因承包地用益权流转所引起纠纷的仲裁等。

法律责任。包括程序违法责任和实体违法责任。实体违法责任又包括违反合同责任和违反法律的责任。对程序违法、违反合同规定、违反法律规定的要作出相应的处罚。

附则。一是对与农村承包地相关的"四荒"用益权流转作相关的规定的内容。二是对农村承包地用益权流转的承包、互换、转让、出租、入股专业合作社等作比较详细又明确的解释的内容。

（四）创造农村承包地用益权流转的社会条件

留住并增加农村的优质资源。首先，留住农村有文化、懂技术的青壮年农民。免费对他们进行技术培训，生产经营的贷款给予优惠，政治上培养他们中优秀者出任基层组织中的干部，使他们成为农业现代化的中流砥柱。其次，创造农业生产的宽松金融环境。"抓紧制定鼓励县城内银行业金融机构新吸收的存款主要用于当地发放贷款的实施办法，建立独立考核机制"① "培育农村新型金融组织，解决好农村融资难问题"②。再次，实行严格的耕地保护制度，严格禁止基本农田用于非农用途，守住18亿耕地这条红线。"牢牢把握推动资源要素向农村配置这个重要着力点"③。

---

① 《中共中央国务院关于2009年促进农业稳定发展农民持续增收的若干意见》，《山西日报》2009年2月1日。
② 《中央经济工作会议在北京召开》，《光明日报》2009年12月8日。
③ 《中央农村工作会议在京召开》，《光明日报》2009年12月29日。

加大对农业专业大户、家庭农场和农业专业合作社的支持力度，培育中国的"大农"。增加对种粮农民的补贴力度，特别是对经营5公顷左右土地农民的补贴力度；对实现了规模经营的"大农"实行免费的绿色证书培训和技术服务；"加快发展政策性农业保险，……加大中央财政对中西部地区保费补贴力度，加快建立农业再保险体系和财政支持的巨灾风险分散机制，鼓励在农村发展互助合作保险和商业保险业务。"① 保障"大农"在发生农业灾害时不受或少受损害。鼓励"大农"接受更多的流转土地。

实施服务承包地流转的配套改革措施。"发展流转服务组织，为流转双方提供信息沟通、法规咨询、价格评估、合同签订、纠纷调处等服务。"② 以方便土地流转，减少流转成本；改革户籍制度，"要把解决符合条件的农业转移人口逐步在城镇就业和落户作为推进城镇化的重要任务，放宽中小城市和城镇户籍限制。"③ 与此相配套要改革用工制度，经济制度和社会保障制度等；拓宽就业渠道，吸纳更多的农民工进城务工经商，并鼓励其同承包地脱钩；构建农村社会保障体系，使年老农民和无劳动力农民家庭同承包地脱钩，"抓紧制定适合农民工特点的养老保险办法，解决养老保险关系跨社保统筹地区转移接续问题，"④ 探索土地换社保的办法；尊重农民在承包地流转中的选择。首先，要进行有关承包地流转的政策法规的宣传，让承包土地的农民和农民工了解承包地流转的利弊得失；其次，要进行实例示范，介绍出让土地后，在第三产业发展的外出务工经商人员的成就，展示流入土地，发展农业规模经营前景，让土地承包者自己作选择；第三，"尊重农民的土地流转主体地位，任何组织和个人不得强迫流转，也不能妨碍自主流转。"⑤

（五）农村承包地流转和农业现代化的进程

农村承包地的流转与社保体系的建设、农村富余劳动力的转移和城镇化的进程密切相关。农村社保体系建设的越快，农村老年农民和无劳动力的家

---

① 《中央农村工作会议在京召开》，《光明日报》2009年12月29日。
② 《中央农村工作会议在京召开》，《光明日报》2009年12月29日。
③ 《中央农村工作会议在京召开》，《光明日报》2009年12月29日。
④ 《中共中央国务院关于2009年促进农业稳定发展农民持续增收的若干意见》，《山西日报》2009年2月1日。
⑤ 《中共中央国务院关于2009年促进农业稳定发展农民持续增收的若干意见》，《山西日报》2009年2月1日。

庭承包地可能流转的速度越快；城乡社保体系一体化的实现，农民工的社会保障有了着落，农民工所承包的土地的流转速度也会加快；农村富余劳动力的就业形势越好，他们彻底离开农村农业的决心越大。城镇化的速度越快，农村进入城镇的人口越多，农村人口承包的土地的流转速度越快。目前农村社保体系正在构建，农村的五保、低保、新型农村合作医疗已经初步实现，农村社会养老保险制度正在全国60%的县试点，2012年将实现制度全覆盖。农民工社会保险转移接续工作也在探索，成都市和广东市农民工社会保险转移接续手续已达成协议，有望在近期在全国推开；2009年中央经济工作会议已决定"放宽中小城市和城镇户籍限制"，并"把解决符合条件的农业转移人口逐步在城镇就业和落户作为推进城镇化的重要任务"[①]。到2015年老年农民、无劳动力的农民家庭、农民工逐渐淡化土地情结，如果我们再采取一定的土地换社保的措施，使这些人的承包地实现流转，可能农村会有一半以上的土地实现流转，农业规模经营会上一个档次，届时户均耕地会达到3公顷左右。再经过10年左右的努力，城乡社保一体化了，城乡社会一元化了，城市化速度加快，实现60%左右城市化，农业不仅规模经营，而且初步实现了现代化。

---

① 《中央经济工作会议在北京召开》，《光明日报》2009年12月8日。

第二章
农地流转中的农民利益诉求

第一节　承包地流转概述

一　引言

始于 1978 年的改革开放，其根本要义在于解决农业、农村和农民这一"三农"问题，而"三农"问题的核心则在于土地。这是因为，长期以来，土地这一生产要素的经济产出为我国广大农村地区的农民提供了最为基本的生活保障，因而农村的土地制度及其政策也就被看做是稳定农村社会的重要基础。然而，随着国家工业化和城市化进程的不断推进，以小规模分散经营为基本特征的家庭联产承包责任制，已越来越难以适应以市场化、规模化和产业化等为主要特征的现代农业的发展要求。这样一来，在现有的制度框架下，寻求农地制度变迁的最佳路径就成为一种理性使然。

从经济学的角度看，农地流转市场的形成以及农地的自由流转[①]，有利于农地这一要素的边际产出在各个农户之间趋于一致，从而实现土地资源的优化配置。在这一过程中，产权的清晰界定则是上述市场机制能够有效发挥作用的基本前提。清晰的产权及其自由流转，再辅之以一个合理的制度安排，将会降低市场的交易费用，进而提高经济运行的效率。因此，制度约束对于农地流转市场功能的发挥及其经济效益的提升具有显著影响。然而，在

---

① 此处所指的"农地流转市场"是一种狭义的界定，也就是指不改变农地用途的流转市场，简单说来也就是指农地承包经营权的转包、出租、互换、转让或者其他方式的流转交易。

产权界定不清、制度安排不合理，从而市场机制不能有效发挥作用的情形下，应该如何界定市场、集体和政府的合理边界？怎样才能使农地以及其他要素在现有的制度框架下达到优化配置以实现我国农业的现代化？则是学术界必须为当前中国经济尤其是农村经济发展作出的理性回答，因为"9亿中国农民站在全面小康社会的人口处，这将是整个21世纪中国的基本问题。同时，这也是向中国社会科学提出的主要问题"①。

客观地讲，始于1979年的中国家庭联产承包责任制以及之后的农地制度改革，其主旨是将农地按人头平均分配给各个农户家庭。然而，现实中由于每个劳动力实际拥有的禀赋不同，加之诸如婚丧嫁娶等外部冲击的影响，这种平均分配土地的方式必然会在事实上导致农户之间的土地及劳动力的边际生产率异化，更为重要的是，自20世纪80年代中后期以来，伴随着中国经济的持续高速增长以及工业化和城市化进程的不断加速，农村剩余劳动力不断从农业流出而转入非农领域（即所谓的农民工进城），这样一来，原先的土地分配方式就给农业资源的合理配置带来了新的冲击。从本质上讲，土地、劳动力及其他要素在农户间的市场交易可以提高经济效益②，但中国的这种要素市场交易在改革伊始却受到了制度的刚性约束。

正是基于这种考虑，2008年10月12日，十七届三中全会通过的《中共中央关于推进农村改革发展若干重大问题的决定》明确指出，要健全严格规范的农村土地管理制度，加强土地承包经营权流转的管理和服务，建立健全土地承包经营权流转市场，按照依法自愿有偿的原则，允许农民以转包、出租、互换、转让、股份合作等形式流转土地承包经营权，发展多种形式的适度规模经营。从深层次的意义上讲，"保留承包权，转让使用权"应该是此次土地流转制度构建的核心内容。事实上，就我国广大农村地区而言，在现有的土地制度框架下，土地使用权的流转早已开始了不同程度、不同形式的探索和实践。

始于农民实际生产经营需要的自发、自主行为，其最初目的基本上都是

① 韦林珍、钟海：《基于人地关系视角下的"三农"问题管窥》，《中州学刊》2007年第2期。
② 林毅夫：《禀赋、技术和要素市场：中国农村改革中关于诱致性制度创新假说的一个自然试验》，《美国农业经济学杂志》1995年第77卷第2期，转引自林毅夫《再论制度、技术与中国农业发展》，北京大学出版社，2000；姚洋：《土地、制度和农业发展》，北京大学出版社，2004。

为了稳定和增加农民收入，或是为了让因农村劳动力外出务工而闲置的土地不至于撂荒。但在客观上这种土地流转却提高了土地产出率、资源利用率和劳动生产率，为农业规模化、产业化和现代化经营以及"以工带农、以城带乡"的国民经济发展布局提供了基本的和有利的条件。

总体而言，农村土地制度的变革以及农地流转市场的发展，基本上体现了中国渐进式改革的主要特征。其实从制度的视角来看，农地使用权的可转让性早在1984年的中央农村工作1号文件中就有所体现，并在1988年的《宪法修正案》和修订后的《土地管理法》①中得到了进一步的发展，但事实上直到2002年8月《农村土地承包法》②通过之后，才从法律层面上认可并正式开启了中国农地流转市场之通道。自20世纪80年代末以来，全国各地自发地开展了一系列土地流转的创新实践，其根本目的都是克服因家庭分散经营所引发的农业生产效率低下的问题。而2003年3月颁布实施的《农村土地承包法》中的相关条款为此后的土地流转实践提供了必要的法律基础。此外，2005年3月颁布实施的《农村土地承包经营权流转管理办法》，又为最近的土地流转管理工作提供了较为具体的指导办法。

二　承包地流转研究综述

伴随着农地流转创新实践的开展及其相关制度和政策的实施，学术界对中国农地制度改革及农地使用权流转等问题进行了深入研究，并得出了若干适合中国农村社会经济发展的有益结论和启示。王景新考察了1987年以来各地政府通过行政手段强制推行的土地流转改革试验。③而常金海等人则对我国一些地区自发进行的土地流转制度创新的实践经验进行了总结，这些经验主要有"两田制""反租倒包""土地信托""土地股份合作"等形式。④此外，党国英认为法律制度建设方面的缺陷导致我国农村土地所有权模糊，其

---

① 该法明确提出"国有土地和集体土地使用权可以依法转让"。随后，《城镇国有土地使用权出让和转让暂行条例》（即国务院55号令）于1990年颁布，中国城镇土地市场基本开放，而农地制度改革特别是农地流转市场的制度建设严重滞后。

② 该法用了一整节（第二章第五节）共12项条款，较详细地规定了农地承包经营权的流转方式和其他内容。

③ 王景新：《中国农村土地制度的世纪变革》，中国经济出版社，2001。

④ 常金海、刘建军：《当前农地流转中存在的主要问题及成因分析——以潍坊市为例》，《理论学刊》2005年第1期。

结果是在农村社区内没有一个明晰的土地"所有集体"或其代理人可以得到"所有者"应该得到的收益权和完整的处置权。[1] 而张红宇则从土地承包经营权的期限与土地政策执行的有效性等角度解析了农地使用权不稳定的原因。[2] 徐汉明进一步指出农地产权制度安排的缺陷在事实上破坏了有效农业投入和积累机制的形成。林毅夫则认为,土地的初次分配由社区成员身份决定的规定使得农民一旦选择离开农村社区而进入城市定居,就会永久丧失一切土地权利。[3] 并且法律还规定农民不能长时间荒弃土地,这也违背了农民根据市场情况作出是否耕作土地的选择权利。这些政策规定都在一定程度上破坏了土地财产权的完整性。事实上,除了土地产权这一核心问题以外,制约土地流转的因素还有很多。[4] 此外,一些学者还指出农村经济市场化程度不高也影响着土地流转的效率。[5]

而其他一些学者还对我国农地使用权流转的作用和意义进行了探讨。如Besley 认为土地交易程度的提高不但能够增加土地拥有者在不需要土地时找到土地需求者的概率,而且也能够增加土地投资实现其价值的概率,从而提高农民进行土地投资的积极性。同时,土地的自由流转还可以促使土地边际产出较小的农户将土地转租给土地边际产出较高的农户,进而提高资源配置效率。[6] 相反,如果土地的转让权受到限制,则潜在的资源转让以及由此所导致的经济增长就会受到阻碍。[7]

尽管农地使用权的流转能够提高资源配置效率及农业生产效率,但是其在我国广大农村地区并未得到普及。[8] 因此一些学者开始关注影响农地使用权流转的各种因素。其中国外学者主要认为信贷、家庭劳动力以

---

① 党国英:《当前中国农村土地制度改革的现状与问题》,《华中师范大学学报(人文社会科学版)》2005 年第 7 期。

② 张红宇:《中国农村的土地制度变迁》,中国农业出版社,2002。

③ 林毅夫:《农村现代化与城市发展》,《领导决策信息》2001 年第 9 期。

④ 钱文荣:《农地市场化流转中的政府功能探析——基于浙江省海宁、奉化两市农户行为的实证研究》,《浙江大学学报(人文社会科学版)》2003 年第 5 期。

⑤ 吴雨才、叶依广:《农村土地制度改革与农村经济发展》,《农村经济》2005 年第 8 期。

⑥ 姚洋:《中国农地制度:一个分析框架》,《中国社会科学》2000 年第 2 期。

⑦ 周其仁:《农地产权与征地制度:中国城市化面临的重大选择》,《经济学(季刊)》2004 年第 4 期。

⑧ Turner, M., L. Brandt and S. Rozelle, "Property Rights Format ion and the Organization of Exchange and Production in Rural China", 1998, Working paper, Department of Economics, University of Toronto. 叶剑平、蒋妍、丰雷:《中国农村土地流转市场的调查研究——基于2005 年 17 省调查的分析和建议》,《中国农村观察》2006 年第 4 期。

及交易成本等是影响农地流转的主要因素。就国内学者而言，林毅夫检验了农民在农村要素市场上的参与率与其禀赋及技术之间的关系。而姚洋则证实了异质的人群以及更加自由的劳动力市场将会促进土地租赁的繁荣。①

近年来，随着我国农地使用权流转制度的不断发展和完善，相应的流转交易量也在日趋增加，这就为学者们进行相关实证研究提供了基本的经验基础。俞海与黄季焜等对于地权的稳定性、农户间非正式的土地流转等社会经济及政策因素如何影响农地土壤的可持续生产能力进行了实证检验。② 而陈和午与聂斌则对经济发展水平不同地区的农户土地租赁行为进行了分析，并指出了目前农户土地租赁行为的一些特征。③ 许庆和章元以及贺振华对农地流转与农民长期投资的关系也进行了实证分析，他们认为保持一个稳定的地权关系有助于促进农民对于土地长期投资的积极性。④ 叶剑平等人基于中国人民大学和美国农村发展研究所（RDI）2005 年组织的 17 省农村土地调查的数据，对中国农地流转市场的现状和特点进行了描述，并分析了农地流转的主要影响因素。⑤ 黄祖辉和王朋则以浙江省 56 个行政村（社区）和 320 个农户的实地调查为例，考察了农村土地流转的现状及存在的问题，并据此认为必须以农村土地"三权分离"的现状为出发点，在完善土地产权关系、土地治权结构以及土地流转中介服务组织的基础上，建立一个高效、有序的土地流转模式。⑥ 而董国礼等人则针对我国土地流转的现状，以对六省各县市的大量实地调研为基础，总结了三种土地流转模式：私人代理、政府代理

① 转引自姚洋《集体决策下的诱导性制度变迁——中国农村地权稳定性演化的实证分析》，《中国农村观察》2000 年第 2 期。

② 俞海、黄季焜、Scott Rozelle、Loren Brandt、张林秀：《地权稳定性、土地流转与农地资源持续利用》，《经济研究》2003 年第 9 期。

③ 陈和午、聂斌：《农户土地租赁行为分析——基于福建省和黑龙江省的农户调查》，《中国农村经济》2006 年第 2 期。

④ 许庆、章元：《土地调整、地权稳定性和农民长期投资激励》，《经济研究》2005 年第 10 期；贺振华：《农户外出、土地流转与土地配置效率》，《复旦学报（社会科学版）》2006 年第 4 期。

⑤ 叶剑平、蒋妍、丰雷：《中国农村土地流转市场的调查研究——基于 2005 年 17 省调查的分析和建议》，《中国农村观察》2006 年第 4 期。

⑥ 黄祖辉、王朋：《农村土地流转：现状、问题及对策》，《浙江大学学报（人文社会科学版）》2008 年第 2 期。

和市场代理模式，并对各种模式下的土地代理绩效做出比较分析。[①] 此外，还有一些学者就农地流转对农村劳动力转移以及农地转移的意愿所可能产生的影响分别进行了调研，并给出了相应的实证研究结论。[②]

很明显，从理论上讲，农地流转市场的建立和完善以及由此所导致的农村土地使用权的有序流转通常会带来农业规模化经营、农业生产率提高及农村经济发展，然而，在具体的农地流转实践中，农民的土地流转意愿为何没有得到充分尊重，农地的市场交易价格为何仍未充分显化，为什么不规范的农地流转仍然占到很大比重？这是在农地使用权流转过程中我们对农民利益诉求难以落到实处的成因进行理论分析并进而求得破解之道的关键所在。

一方面，从政治经济学的角度看，一个社会的生产力发展水平决定着其生产关系等制度因素。由于在改革开放之初，当时的生产力发展水平决定了家庭联产承包责任制的产生有其客观基础，因此为了调动农户生产的积极性，就需要将土地均分给农户，以对农户个体的生产行为形成一种内在激励。实际上这种土地制度必然会导致农地的细碎化，从而导致农业生产出现规模不经济进而降低农业产量，由于很多劳动时间被浪费在各地块之间的交通上，以及由此带来的农地有效面积的浪费等，使得土地的细碎化对农民收入产生了较为明显的负面影响。尽管这一制度安排也会在一定程度上促进农民收入，但是随着宏观环境的变化和科学技术的进步，制度变迁过程中的"路径依赖性"将会产生更大的负面效应。

另一方面，从产权经济学和制度经济学角度考虑，农民的个体经济权利在原有的政策法规框架下受到比较明显的限制。产权经济学家认为，稳定的土地产权是市场交易的基础，但现实中的土地频繁调整却导致了农户缺乏稳定的地权，因此农地经营使用权市场的发育受到了阻碍。[③] 此外，由于土地

---

① 董国礼、李里、任纪萍：《产权代理分析下的土地流转模式及经济绩效》，《社会学研究》2009 年第 1 期。

② 刘晓宇、张林秀：《农村土地产权稳定性与劳动力转移关系分析》，《中国农村经济》2008 年第 2 期。董国礼、李里、任纪萍：《产权代理分析下的土地流转模式及经济绩效》，《社会学研究》2009 年第 1 期；何国俊、徐冲：《城郊农户土地流转意愿分析——基于北京郊区 6 村的实证研究》，《经济科学》2007 年第 5 期。

③ 钱忠好：《农村土地承包经营权产权残缺与市场流转困境：理论与政策分析》，《管理世界》2002 年第 6 期；钱忠好：《农地承包经营权市场流转：理论与实证分析——基于农户层面的经济分析》，《经济研究》2003 年第 2 期；邓大才：《试论农村地产市场发育的障碍及对策》，《中国软科学》1997 年第 11 期。

承包期限等的限制，当重新均分以进行土地的行政性调整成为村民所在社区的一种正式制度安排时，它就会完全取代农地的市场流转，导致市场流转机制根本不能发挥其应有的作用。[①] 而根据我国目前的有关法律规定，土地承包经营权除"四荒地"外，一般只能由家庭享有和行使，这样一来，就相应忽视了农民作为微观经济个体所应具有的基本经济权利——农地承包经营权，从而不利于真正建立起家庭经营基础之上的股份式合作经营模式。此外，在产权理论没有引进国内的时候，学术上和政策上就不能将农地的所有权与经营使用权区别分开，而这些在很大程度上都会影响农地流转过程的农民利益诉求。

三 承包地流转的一个基本框架：现状、特点和趋势

就制度框架而言，以家庭承包经营为基础、统分结合的双层经营体制，是我国现阶段农村的基本经营制度。然而，近些年来，随着农业和农村经济的发展以及农业产业化和农村劳动力转移的推进，农村土地使用权的流转速度在加快，规模也在不断扩大。其中的原因在于，从实际情况来看，我国现行的农村土地制度使得现代化的农业耕作方式很难得到大范围的推广，并且土地粗放式经营、大量闲置、抛荒严重现象也极大地阻碍了农业生产力的提高，同时也导致我国农业生产成本的居高不下和农产品商品率的持续低迷。而农业的产业化、规模化和集约化经营则是现代农业发展的必由之路，可以增强农业的营利能力，提高农业的竞争力，实现农业整体素质和效益的提高。因此，通过土地使用权的合理流转，建立起有偿的农地使用权流转市场，让土地向一些有种田技术、经营有方、愿意继续扩大经营规模的大户集中，才能发展适度规模经营，推广现代农业耕作方式从而提高农业综合生产力。

其实，我国的农村土地流转实践在 20 世纪 80 年代中期就已经开始显现。具体表现为当时由于卖粮难，务农的比较利益太低而出现的"民工潮"。当时一些农地被抛荒，一些农地被转包、转租等。并且一开始主要以自发的形式出现在农民之间或村集体与农民之间，后来由于政策的逐步完善

---

① 钱忠好：《农村土地承包经营权产权残缺与市场流转困境：理论与政策分析》，《管理世界》2002 年第 6 期。

及政府的合理引导，不少地方的农地流转开始日渐规范化。如上海就制定了《农村土地承包经营权流转管理办法》并于 2005 年 3 月 15 日正式实施。上海农地流转机制的基本思路框架是：按照"土地确权、两权（所有权和使用权）分离、价值显化、市场运作、利益共享"的方针，依据土地有偿使用的原则，对上海郊区农业用地和建设用地使用权实行有偿、有期限流转的制度。农业用地在土地承包期限内，可以通过转包、转让、入股、合作、租赁、互换等方式出让使用权，鼓励土地向专业大户、合作农场和农业园区流转，以发展适度农业规模经营。集体建设用地也可通过土地使用权的合作、入股、联营、转换等方式进行流转，以鼓励集体建设用地向城镇和工业园区集中。其要点是：在不改变家庭承包经营基本制度的基础上，将股份制引入土地流转制度的构建过程中，建立以土地流转为主要内容的农村股份合作制，将农民承包的土地从实物形态转化为价值形态，让一部分农民在获得股权后能够安心从事二、三产业，而另一部分农民则可以扩大土地经营规模，实现市郊农业由传统经营向现代模式的转型。

此外，我国《土地承包法》第十条也明确规定：国家保护土地承包方依法、自愿、有偿地进行土地承包经营权流转。这样一来，在统筹城乡发展实现城市化的过程中，如何以农地流转作为突破口，实现城乡资源的合理对流，让农民生活方式和农业生产方式都能融入城市化进程中去，就成为一个重大战略举措。并且在现实中，我国土地经营权流转的现象也较普遍。据国务院发展研究中心（2006）调查显示，我国有高达 79.9% 的村庄存在出租土地现象，东部省份发生出租土地村庄的比例高达 86.5%。[①] 而据农业部的有关统计数据，目前中国农地流转总面积已超过 1 亿亩，占全国承包耕地总面积的 8.6%。其中，东部地区有半数省份的流转比重高于全国平均水平。

尽管目前我国农地流转已经具有一定的广度，并且流转速度也在加快，但就深度而言，仍有待进一步提高。因为据有关统计数据显示[②]，我国自 20 世纪 80 年代末以来，农户自发进行的土地使用权流转，基本保持在 1% ~ 3%，沿海一些发达地区和城郊地区的比例稍高一些。而农业部 1993 年进行的抽样调查结果表明，1992 年全国有 473.3 万承包农户转包、转让农地

---

① 韩俊：《推进新农村建设的政策走向》，《税务研究》2007 年第 8 期。
② 陈立双、宫丽、李谢昕：《我国农地使用权流转探析》，《国土资源》2003 年第 10 期。

1.161 万亩，分别占到承包农户总数的 2.3% 和承包耕地总面积的 2.9%。1998 年对 8 省所作调查显示，参与流转的土地只占全部土地的 3%～4%，发生流转面积最多的浙江省也只有 7%～8%。但最近几年，由于农村大量富余劳动力跨地区流动，土地经营收益不高，再加之地方政府的直接推动，农地使用权流转速度有所加快。据农业部有关的统计，目前以各种形式流转使用权的耕地约占承包耕地总面积的 5%～6%，多数发生在沿海发达省市。发达地区流转的耕地约占承包地的 8%～10%，有些县市已达到 20%～30%。而最近的有关统计数据则显示，截至 2006 年 6 月底，浙江省已有 189.82 万户农户流出土地 355.08 万亩，分别占家庭承包经营总户数的 20% 和家庭承包经营土地总面积的 17.9%。其中，实现 10 亩以上规模经营的土地面积为 246.3 万亩，占土地流转总面积的 69.3%。①

但从更深层次上讲，中国的农地流转市场现阶段仅具雏形。主要表现在以下几个方面。

（1）中国农地使用权流转市场已初步形成，但发育仍然缓慢。2005 年的调查表明，其中有 67% 的农户没有进行过土地流转（转出或转入）。而在转包或转让过耕地的农户中，有 65% 的农户只转让了家中的部分土地，仅有 35% 的农户转让家里的所有土地。此外，参与流转的农户平均每户转让出 3.5 亩土地，在被调查的所有农户耕地中，有 9.7% 的耕地参与流转。因此，可以初步估计有 1/3 的农户、1/10 的耕地参与了流转。并且，在这些流转中差不多有一半的流转都不能被视为市场交易，因为它们多是同村亲戚间随意的口头流转，不用支付租金。总的来看，当前中国的农地流转市场仍处于较为初级的阶段。

（2）农地流转中的交易价格并未充分显化，非正式的土地流转多。调查结果表明，农地交易价格并未充分显化，土地流转大多表现为不正式的流转，主要反映在以下几个方面。

首先，绝大多数流转交易发生在本村，并且半数以上的交易没有显化的市场价格。在转出的土地中，有 87.6% 的土地转包给本村的亲戚或其他村民，其中，半数以上不收取任何报酬，即使收取报酬，其平均价格也显著低

---

① 数据来源：浙江省农业厅经管处《浙江省农经统计资料简要本（2006 年）》，2007 年 11 月。

于外村人的用地价格。此外，在进行过土地转出的全部农户中，有 50.9%
的农户未收到流转价款，仅有 33.6% 的农户得到现金补偿，有 14% 的农户
得到粮食补偿；但现金补偿交易的比例开始明显提高。并且现金补偿的中位
数为 133 元/亩／年，粮食补偿的中位数为 691 斤/亩／年。如果以 5% 的资
本回报率来计算，每年每亩 133 元的回报大致相当于 2660 元的资产现值。
换句话说，目前中国 17 省农地的"沉睡资本"① 所显化出来的价值平均约
为 4 万元/公顷。因此，从某种意义上讲，这种有实际补偿尤其是现金补偿
的土地流转方式，或许意味着真正意义上的农村土地市场正开始形成。

其次，大约有近半数的土地流转交易并未约定具体期限。在转出土地的
农户中，有 46% 的农户转出土地没有约定期限，而剩余的 54% 有约定期限
的农户中又有一半农户的约定期限为 1 年以内，只有 6% 的农户曾经约定过
超过 10 年的流转期限。虽然不定期和短期的约定比例仍占大多数，但与此
前的调查结果相比还是显著下降了②，并且三年以上的土地流转交易明显地
增加了。

最后，绝大多数流转没有签订书面合同。在转出土地的农户中，有
86% 的农户在转出土地时没有签订书面合同，尤其在不收取报酬、转出期限
不定期或转出期限很短的情况下更是如此。在签订书面合同的农户中，有
46% 的农户所签订的合同是由双方共同起草的，有 22% 的农户所签订的合
同是由第三方起草的。

总之，目前中国的农地流转市场仍然很不规范，然而与此前的研究相
比，在 2005 年的土地转出中现金补偿的比例增加了，并且有更长的流转期
限和更大的土地流转面积。③ 这表明，中国的农村土地流转市场正在发展，
并且 2002 年国家出台的《农村土地承包法》对此起了积极作用。

---

① 土地对世界上绝大多数农村贫困人口来说是最大的也是仅有的资产。然而，由于不确定性
和法律制度的限制，农民的土地权利不能在市场上自由转让或流转，这种土地的市场价值
很小或者没有。秘鲁经济学家 Hernando de Sato（2000）形象地将这种资产称为"沉睡资
本"（dead capital），并指出使这种资本"复活"的措施以及"复活"这种资本对经济发展
所具有的关键作用（RDI，2006）。基于对叶剑平等人于 2005 年 17 省农地流转调研的结果
分析。

② 叶剑平等：《中国农村土地农户 30 年使用权调查研究——17 省调查结果及政策建议》，《管
理世界》2000 年第 2 期。

③ 2005 年户均转出 3.5 亩土地，明显高于此前研究得出的 2.98 亩。

（3）中国农地流转市场的区域性差异显著。中国的农地制度具有强烈的区域性差异，姚洋将之归纳为 6 种农地制度安排类型。同样的，中国的农地流转市场也具有显著的地区性差异。根据地理位置将 17 个被调查的省份分为东北地区、东部沿海地区、中部地区和西部地区。[①] 分析表明，东北地区和东部沿海地区的土地流转市场发育相对更成熟一些，而中、西部地区比较落后。具体来说：从农户参与的比例看，西部地区转出过耕地的农户比例（14.6%）明显地低于其他地区，东北地区转入过耕地的农户比例（27%）明显地高于其他地区；从耕地流转期限看，中部地区（49.6%）和西部地区（67.4%）不定期流转的比例明显地高于东部沿海地区（28.1%）和东北地区（6.7%）；从交易价格看，中西部地区不收报酬或采用粮食补偿的比例明显地高于东部地区，而东部地区更倾向于现金补偿；从签订合同的情况看，东北地区签订合同的比例最高（25%），而中部地区签订合同的比例最低（9.6%）。因此，我们认为，在具体的实践操作中，任何一个地方的土地流转都不可能是完全统一的某种特定模式，从而任何试图将某一地区土地使用权流转类型单一化的企图都会失败。这也是我们在对农村土地使用权流转过程中的农民利益诉求进行分析时必须遵守的一个基本准则。

如前所述，始于 20 世纪 80 年代的农村土地承包经营权流转（以下简称为农地流转），在 2008 年进一步显现加快趋势。而与此同时，农业部有关负责人也指出，近些年来，随着我国农村劳动力外出务工的增多以及现代农业和农村经济的发展，土地承包经营权的流转呈现出以下一些新的特点和趋势。

一是农地流转的数量和规模在逐步增长。农村土地承包经营权流转自 20 世纪 80 年代初开始出现，逐步从沿海向内地扩展，并且在一个较长的时期内，我国土地流转的规模一直是比较稳定的，大约占家庭承包耕地面积的 4.5% 左右。而近几年则呈逐步加快趋势，截至 2007 年末，全国农村土地承包经营权流转总面积达 6372 万亩，比 2006 年增长 14.8%，占家庭承包耕地总面积的 5.2%。特别是 2008 年以来，土地承

---

① 东北地区包括吉林和黑龙江；东部沿海地区包括河北、江苏、浙江、福建和山东；中部地区包括安徽、江西、河南、湖北和湖南；西部地区包括广西、四川、贵州、云南和陕西。

包经营权流转明显加快，截至 8 月底，各地上报的土地承包经营权流转面积已达到 1.06 亿亩，比 2007 年增长 66%；占承包耕地总面积的 8.7%，比 2007 年提高了 3.5 个百分点。

二是土地流转形式以转包和出租为主。尽管相关法律允许农民采取多种形式流转承包地，但目前仍以转包和出租为主。依据现行《农村土地承包法》，农地流转主要有转包、出租、置换、转让四种形式。同时，该法也明确规定，"承包方之间为发展农业经济，可以自愿联合将土地承包经营权入股，从事农业合作生产"。因此，农地流转形式还包括"合作入股"。尽管近几年流转形式出现了多样化趋势，但转包和出租一直是农村土地承包经营权流转的主要形式，并且 2007 年占到总流转面积的 78%，比 2003 年提高了 10.6 个百分点。

三是流转主体呈现出多元化的发展态势。除农户之间的流转外，近年来一些工商企业、龙头企业、农民专业合作组织、专业种养大户等规模经营主体作为受让方也开始积极参与到农地流转实践中，并呈逐步增加的态势。据调查，目前土地承包经营权在农户之间流转的占到 64%，而受让方为企业等其他主体的已占到 36%。

四是流转规模与经济发达程度及劳动力转移状况密切相关。从经济发展水平来看，2007 年，东、中、西部地区土地流转面积占总承包面积的比重分别为 5.9%、4.8% 和 5.3%；其中东部地区有半数省市的流转比重高于全国平均水平，并且高出 1 倍以上的有 5 个省市。从劳动力转移状况来看，四川和重庆等劳动力输出大省市 2007 年的土地流转面积占总承包面积的比重分别达到 15.9% 和 11.6%，其比重分别高出全国平均水平的 2 倍和 1.23 倍，很明显，这与四川和重庆农村外出劳动力占其农村劳动力总数的比重高达 48.8% 和 44.6% 有关。

从总体上看，当前农村土地流转基本上呈现一种平稳健康的发展态势。另据统计，2007 年全国签订的农地流转合同份数比上年提高了 28%，合同签订率达到 60% 以上；有 86% 的乡镇建立了流转服务组织；根据对 21 个省份的调查统计，有 11% 的县将专项资金用于流转土地整理和农业基础设施建设，并且有 5% 的县运用专项资金对流转双方给予了适当补贴。而根据农业部调查，目前农户之间流转土地中用于种粮的比重占 72%，而流转入企业等规模经营主体的土地中，用于种粮的比重只有 6%。

第二节　承包地流转现状：基于东中西 22省市的问卷调查

在以下部分，我们将基于2009年7～8月课题调查组对我国东、中、西部省（直辖市和自治区）组织的农村土地流转调查结果，对当前中国农地流转市场的现状和特点进行描述，分析影响农地流转过程中农民利益诉求的主要问题和症结，从而为政府决策和相关政策的制定提供依据。

一　调查情况和样本描述

1. 调查情况

2009年的7月至8月，课题调查组利用暑假时间分赴全国各地开展农户和村干部的问卷调查与访谈。调查范围涉及我国东、中、西部的22个省（自治区、直辖市）[①]、62个市（地级市）。调查组对农户共发放了451份问卷（A卷），其中东部195份、中部160份、西部96份，回收有效问卷417份，其中东部187份、中部144份、西部86份。与此同时，调查组也对村干部共发放了113份问卷（B卷），其中东部49份、中部40份、西部24份，回收有效问卷113份，其中东部49份、中部40份、西部24份。

2. 样本分布

表2－1给出了调查样本的地区分布情况。其中东部地区涉及8个省（市、自治区）[②]，中部涉及9个省（市、自治区），西部地区涉及5个省（市、自治区），从地域分布状况来看，调查样本基本上覆盖了我国农业生产的各个主产区；并且从区域经济发展上来看，调查样本总体上覆盖了我国东部经济较为发达的地区，中部经济处于一般水平的地区以及西部经济欠发达的地区。

从调查样本的地区分布比例来看，无论是A卷还是B卷，各个地区的样本占总数的比例基本上都在20%～45%（其中东部A卷所占比例为

[①]　在我们的问卷调查中，重庆市直接所辖的是县一级层面，而其他省（自治区、直辖市）则直接所辖的是市一级层面。

[②]　在我们的调查统计中，出于地理位置上的考虑，将广西壮族自治区归入东部地区。

44.8%，中部 A 卷所占比例为 34.5%，西部 A 卷所占比例为 20.7%；东部
B 卷所占比例为 43.4%，中部 B 卷所占比例为 35.4%，西部 B 卷所占比例
为 21.2%），样本在总体上分布比较均匀。因此，无论是从地域类型的广泛
性以及地区经济发展水平的层次性上来看，还是就地区分布的均匀程度而
言，调查样本在全国范围内都具有较强的代表性，因而以下对相关调查数据
的分析结果基本上可以反映目前我国农村土地流转的情况。

表 2 - 1　调查样本的地区分布情况

省、自治区、直辖市		地级市、区、州	样本数		所占比例(%)	
			A 卷	B 卷	A 卷	B 卷
东部	天津市	汉沽区、大港区	15	4	3.6	3.5
	辽宁省	抚顺	4	1	0.9	0.9
	河北省	承德、保定、邢台、唐山、衡水、张家口、邯郸	76	20	18.2	17.7
	山东省	临沂、威海、滨州、聊城、德州、济宁	60	16	14.4	14.2
	江苏省	淮安、扬州、苏州	12	3	2.9	2.7
	广西壮族自治区	来宾、贵港	12	3	2.9	2.7
	福建省	福清	4	1	0.9	0.9
	广东省	深圳	4	1	0.9	0.9
中部	山西省	运城、临汾、忻州	15	4	3.6	3.5
	江西省	赣州、九江、景德镇、上饶、吉安、丰城、南康	38	10	9.1	8.8
	安徽省	淮北、亳州、	6	2	1.4	1.8
	河南省	鹤壁、信阳、新乡、平顶山	10	4	2.4	3.5
	湖南省	邵阳	14	4	3.4	3.5
	湖北省	宜昌、襄樊	8	2	1.9	1.8
	内蒙古自治区	赤峰、鄂尔多斯、呼伦贝尔	30	8	7.2	7.1
	吉林省	德惠、长春	8	2	1.9	1.8
	黑龙江省	双鸭山、哈尔滨	15	4	3.6	3.5
西部	甘肃省	定西、平凉、酒泉	10	3	2.4	2.7
	陕西省	咸阳、渭南、榆林	12	3	2.9	2.7
	云南省	玉溪、红河、大理	23	7	5.5	6.2
	四川省	内江、乐山、广安	25	7	5.5	6.2
	重庆市	潼南县、西阳土家族苗族自治县等	16	4	3.8	3.5
合计	—	—	417	113	100	100

3. 样本的基本情况

从总体上来看，被调查农户的个体特征差异还是比较明显的，其中既有

年纪较长、无依无靠的单身老人，也有未婚独居、自立门户的年轻人；既有受过高中以上教育、自主创业的新型农民，也有目不识丁、一辈子从事土地耕作的传统农民。

就具体情况来看（见表2－2），被调查农户中以男性居多，并且年龄相对集中在40~50岁，其中年龄的均值为43，众数为42，年龄最大的已经78岁，最小的只有19岁。大部分被调查者都接受了6~9年的义务教育，即小学以上高中以下学历的被调查者占到样本总数的52.5%，其次是小学以下学历以及高中学历的农户，分别占到19.9%和16.3%。还有11.3%的被调查农户拥有中专、技校或职业高中和大学本专科学历［其中中专、技校或职业高中占6.2%，大学专科（含高职）占3.4%，大学本科占1.7%］，可以说这一部分被调查者应该是产生新型农民的主要群体。被调查农户的婚姻状况也没有出现异常现象，除了一部分年纪较轻还未成家的青年农民以外，绝大部分都已经结婚，当然也有少部分人由于各种原因而处于离婚状态，同时还有少部分处于丧偶状态，这两部分农民分别只占到1.2%和1.4%。被调查农户的身体状况也表现的基本正常，其中非常好、较好和一般这3种情形占到样本总数的94%（这3种情形占样本总数的比例分别为29.3%，38.2%和26.4%），而身体状况较差和很差的只占少数，分别只有5.8%和0.2%。

就家庭的基本情况而言，我们选择了"家庭人口数""家庭劳动力数"以及"家庭收入水平"等四项指标来进行考察和说明。这是因为，家庭人口的基本情况是一个家庭的重要基础，并且它还进一步决定着家庭劳动力的具体构成情况以及家庭的消费水平和消费结构，而家庭劳动力的数量以及家庭成员的就业能力和状况又反过来决定着家庭的其他方面。进一步地，家庭收入水平如何又会影响到家庭人口及劳动力的生活质量与其他各方面的发展。被调查农户家庭的平均人口数为4.37个，其中大部分家庭的人口数都在3~6个，这一类家庭的比例占到家庭总数的92%，我们在调查中也发现了7人以上的家庭，但这类家庭只占到家庭总数的4.6%，不属于普遍现象。被调查农户家庭的平均劳动力数为3.09个，其中绝大多数家庭的劳动力数为2~4个，占到家庭总数的84.5%。此外，在所有被调查农户的家庭中，劳动力数最多的是8个，最少的则是没有劳动力。在被调查农户中，有一半以上的家庭收入水平处于所有村庄的平均水平，而家庭收入在1万元以下和在8万元以上的都不是很多，分别占到总数的21.7%和1.7%。

表 2 - 2　调查样本的个体特征情况

指标	选　项	样本数	所占比例(%)
性别	男	282	67.6
	女	135	32.4
文化程度	小学及以下	83	19.9
	初中	219	52.5
	高中	68	16.3
	中专、技校或职业高中	26	6.2
	大学专科(高职)	14	3.4
	大学本科	7	1.7
婚姻状况	未婚	25	6.0
	已婚	376	90.6
	丧偶	6	1.4
	离婚	5	1.2
	其他	3	0.7
身体状况	非常好	122	29.3
	较好	159	38.2
	一般	110	26.4
	较差	24	5.8
	很差	1	0.2
年　龄	均值:43.0756　众数:42.00　极小值:19.00　极大值:78.00		

二　承包地流转的趋势和特点

如前所述，根据政府有关部门和部分学者对目前我国农村土地流转现状和特点的描述和说明，并结合课题组通过问卷调查所得到的相关统计数据和资料，我们将近年来我国农村土地流转的新特点和新趋势归纳总结为以下几个方面。

1. 农户对国家有关土地流转的法律和政策还不是很了解

如前所述，若就政策框架而言，农村土地使用权的可转让性事实上早在1984 年的中央 1 号文件中就已经有所体现，并在 1988 年的《宪法修正案》和修订后的《土地管理法》中得到进一步发展。而 2003 年 3 月颁布实施的《农村土地承包法》为此后的农村土地流转实践提供了必要的法律基础。2005 年 3 月颁布的《农村土地承包经营权流转管理办法》又为近年来的土地流转管理工作提供了具体的指导办法。2007 年颁布的《物权法》以及 2008 年 11 月十七届三中全会通过的《中共中央关于推进农村改革发展若干重大问题决定》则进一步为我国农村土地流转实践提供了相应的法律和政策上的基础。

然而，具体到现实中，我们的调查结果（见表 2-3）却显示，无论是从总体上来看，还是就东、中、西部而言，农户对国家有关土地流转的法律和政策还不是十分了解。"不太了解""很不了解"以及"没听说过"这三项所占的比例对于总体、东部、中部和西部而言，分别占到 71.2%、66.7%、76.4% 和 72.1%。而具体到东、中、西部，情况大体上相同，只是东部的情况（66.7%）要略好于中、西部（分别为 76.4% 和 72.1%），并且在东部约有 1% 的被调查农户认为自己非常了解国家有关农村土地流转的法律和政策。因此，对于各级政府来说，加大国家关于农村土地流转的法律和政策的宣传力度，不仅有利于现实中农村土地流转工作的顺利实施和开展，而且也有利于农村土地流转中农民利益诉求的实现，因为这不仅有助于减少土地流转实践中矛盾和误解发生的概率，同时也有助于形成土地和谐流转外部环境的构建。

表 2-3　农户对国家有关土地流转的法律和政策的了解情况

	总体		东部		中部		西部	
	样本数	比例	样本数	比例	样本数	比例	样本数	比例
比较了解	30	7.3	14	7.7	6	4.2	10	11.6
一　　般	86	20.9	44	24.2	28	19.4	14	16.3
不太了解	178	43.2	83	45.6	60	41.7	35	40.7
很不了解	56	13.4	15	8.2	22	15.3	19	22.1
没听说过	62	15.0	26	14.3	28	19.4	8	9.3
合　　计	412	100.0	182	100.0	144	100.0	86	100.0

2. 无论是从总体上看，还是从分地区来看，目前我国农村土地流转现象还不是很普遍

一方面，就农村土地流转现象而言，调查结果显示（见表 2-4），从总体上看，在被调查的农户中，认为本地农地流转现象"非常普遍"的仅占到样本总数的 3.2%，认为"比较普遍"的占 22.3%，认为"一般"的占

25.5%，三项合计51%；与此相对应，认为本地区农地流转"不太普遍"的占37.4%，认为"没有发生过"的占2.9%，甚至有8.7%的被调查者给出了"没听说过"的回答，这三项合计为49%。而从不同地区来看，东、中、西部的结果基本上相差无几，只是东部农村土地流转现象要稍好于中、西部，并且三者也基本上与总体上的结果相类似。

表2－4　农村土地流转现象

	总体		东部		中部		西部	
	样本数	比例	样本数	比例	样本数	比例	样本数	比例
非常普遍	13	3.2	8	4.3	5	3.5	—	—
比较普遍	92	22.3	39	21.1	28	19.6	25	29.8
一　般	105	25.5	49	26.5	36	25.2	20	23.8
不太普遍	154	37.4	72	38.9	55	38.5	27	32.1
没有发生过	12	2.9	4	2.2	6	4.2	2	2.4
没听说过	36	8.7	13	7.0	13	9.1	10	11.9
合　　计	412	100.0	185	100.0	143	100.0	84	100.0

　　另一方面，从具体的农村土地流转实践来看，同样可以印证农村土地流转现象还不是很普遍这一结论。从调查结果来看（见表2－5），在作出选择的415名被调查者中，只有34.5%的农户选择了"已经流转了自家原有的承包耕地"；与此相对应，414名被调查农户中也仅有15%对"您是否流入了别人家的承包地"给出了肯定的回答。若从东、中、西部不同地区来看，最终结果也大致相似，并且它们与总体上的结果也基本上相似。

表2－5　农户土地流出和流入情况

	是否流出自家的承包地（%）				是否流入别人家的承包地（%）			
	总体	东部	中部	西部	总体	东部	中部	西部
是	34.5	31.0	34.7	41.7	15.0	14.4	15.5	15.3
否	65.5	69.0	65.3	58.3	85.0	85.6	84.5	84.7

　　总而言之，无论是从农村土地流转现象来看，还是就农村土地流转的现实情况而言，尽管与以往的研究结果相比，这一结果有了很大程度的提高，

但从具体的调查结果看却不是很理想，这一点对于整体和各地区来说都是如此。因此，对于各级政府而言，未来如何以一种更为理性的方式推动符合农民利益诉求的农地流转就成为该项工作的重点。

3. 转包、出租和转让仍然是我国农村土地流转的主要方式

与农业部 2008 年的调研结果类似，无论是从总体上看，还是从东、中、西部不同地区来看，目前我国农村土地流转的主要方式仍然是转包、出租和转让。调查结果显示（见表 2-6），就总体而言，在对"农村土地流转方式"这一项作出选择的 199 名被调查者中，有 36.7% 的人选择了"转包"，有 33.7% 和 18.6% 的人分别选择了"出租"和"转让"，三项共计占到样本总数的 89%。而从东、中、西部的情况来看，选择"转让"的农户分别为 43.2%、38.7% 和 20.9%；选择"出租"的分别为 33.3%、30.7% 和 39.5%；选择"转让"的分别为 17.3%、13.3% 和 30.2%。进一步地，若从"转包""出租"与"转让"这三项占样本总数的比例来看，东、中、西部分别为 93.8%、82.7% 和 90.6%。但值得注意的是，"股份合作制"这一更为市场化的土地流转方式在我们的调查中仅出现在东、中部地区，而却未出现在西部地区。因此，仅就这一点而论，东、中部地区的农村土地流转的市场化程度要高于西部地区，并且这一结果与地区经济发展水平相适应。

表 2-6 农村土地流转方式

	总体		东部		中部		西部	
	样本数	比例	样本数	比例	样本数	比例	样本数	比例
转　　包	73	36.7	35	43.2	29	38.7	9	20.9
出　　租	67	33.7	27	33.3	23	30.7	17	39.5
转　　让	37	18.6	14	17.3	10	13.3	13	30.2
股份合作制	3	1.5	1	1.2	2	2.7	—	—
其　　他	19	9.5	4	4.9	11	14.7	4	9.3
合　　计	199	100.0	81	100.0	75	100.0	43	100.0

4. 农村土地流转过程的规范化程度不高

从本质上讲，农村土地的流转过程事实上也就是土地作为一种生产要素与其他生产要素实现优化配置的过程，这其实也是市场经济的内在要求。另外，从某种意义上讲，市场经济也是一种法制经济，因而农村土地流转的规范化要求就成为一种实践使然，而这种规范要求的具体表现之一就是对于土地流转过程的契约化要求。

然而，从我们的调查结果来看，尽管我国农村土地流转过程中的合同签订情况较之于过去有了一定程度的改善，但这一比例仍然不是很高。具体说来就是，从总体上看，在被调查农户中有204人对这一问题进行了选择，其中有27.9%的被调查者表示他们在流出或流入土地时都签订了正式的书面合同。而进一步从东、中、西部各个地区的情况来看，最终结果也基本上与总体情况相类似（见表2-7）。然而，值得注意的是，仅就选择的比例数而言，西部地区有43.5%的被调查者在这一项的选择中给出了"肯定"的回答，明显高于东、中部地区以及总体的情形，这似乎与我们之前的判断以及其他学者的研究结果相悖，但若注意到西部地区的这一比例数是基于46个样本而得到的结果①，也就不足为奇了。

表2-7 农户土地流转合同的签订情况

	总体		东部		中部		西部	
	样本数	比例	样本数	比例	样本数	比例	样本数	比例
是	57	27.9	18	22.8	19	24.1	20	43.5
否	147	72.1	61	77.2	60	75.9	26	56.5
合计	204	100.0	79	100.0	79	100.0	46	100.0

5. 农村土地流转过程日渐趋于市场化

农村土地流转过程的市场化不仅是农业产业化和现代化发展的要求，同时也是农村土地流转实现"效率"与"公平"协调统一的要求。土地流转过程的市场化程度度量，可以有各种表现方式及指标，在此，考虑到问卷调查设计的具体情况，我们选择"土地流转收益的支付方式""土地流转价

---

① 而东、中部的这一比例数却是基于79个样本数而得到的结果。

格"以及"土地流转合同"① 这样三个指标来进行衡量。

首先，就"土地流转收益的支付方式"而言，无论是从总体上看，还是从东、中、西部各个地区来看，我国农村土地流转的市场化趋势都在日益显化，也就是说，尽管还存在着这样或那样的问题，但与以往学者们的研究结果相比，我国农村土地流转市场还是得到了很大程度的完善和发展。具体而言，从总体意义上看，在对"农村土地流转收益的支付方式"这一问题作出选择的 206 个被调查者中，其中有 56.3% 的农户选择了"租金"作为其土地流转收益的支付方式，而只有 28.6% 的被调查者选择了"实物"的支付方式，另有 15% 选择了"其他"方式。即使进一步从东、中、西部各个地区的具体情况来看，最终的调查结果也大致与总体意义上的结论相似（见表 2 - 8）。

表 2 - 8　土地流转收益的支付方式

	总体		东部		中部		西部	
	样本数	比例	样本数	比例	样本数	比例	样本数	比例
租　金	116	56.3	42	54.5	46	56.8	28	58.3
实　物	59	28.6	25	32.5	24	29.6	10	20.8
其　他	31	15.0	10	13.0	11	13.6	10	20.8
合　计	206	100.0	77	100.0	81	100.0	48	100.0

此外，若从农村土地流转价格来看，我们的调查结果显示，总体意义上现金补偿的均值为 291 元／亩／年，中位数为 220 元／亩／年，众数为 300 元／亩／年。而若从东、中、西部各地区的情况来看，调查结果与总体上的结论基本相似（见表 2 - 9），只是东部的土地流转价格要略高于中、西部地区。这与目前我国东、中、西部地区的经济发展差距相吻合。因此，综合起来看，我们估计目前我国农村土地流转价格大致在 200～350 元／亩／年之间，这样一来，如果以 5% 的资本回报率来计算，则每年每亩 200～350 元的土地流转现金回报差不多仅相当于 4000～7000 元的资产价值。而这样一个资产价值水平，说明土地对于目前的中国农民来说，仅仅是一种"沉睡

① 有关"土地流转合同"这一指标的具体调查结果可以参见表 2 - 7。

资本"。尽管这样一个结果与目前部分学者的理论研究以及绝大多数农户的有关土地流转收益的实际预期还存在不小的差距，但它在一定程度上说明真正意义上的农村土地流转市场正在日趋显化。

表 2-9　农村土地流转价格

单位：元／亩／年

	总体	东部	中部	西部
均　值	291	357	211	272
中位数	220	300	200	200
众　数	300	100	300	200

6. 对农村土地流转年限的预期仍有欠合理化之处

从本质上讲，农村土地使用权的自由、合理、有序流转是农业规模化和产业化经营的一种必然要求，而农村土地作为一种稀缺的、不可再生的生产要素，在生产技术一定的条件下，农业生产经营活动中就有可能会出现土地边际生产力递减的情形，因此，增加对土地的持续投入就成为防止土地边际生产力递减情形出现的一种必要措施和手段。而在农村土地依法、自愿、有偿流转的基本框架下，要实现对土地投入的持续增加，对于土地的流入方来说，就必须对土地投入的未来回报有一个合理的可预见视界，简单说来就是对于土地流入方而言，需要一个较长时间跨度的土地流转合同。

然而，从我们的调查结果来看，无论是对于土地流出方还是对于土地流入方，在大多数情况下，他们对于农村土地流转的年限预期主要集中于1～5年这样一个时间跨度内。如表2-10中调查数据，我们可以发现，无论是就总体意义而言，还是分别从东、中、西部不同地区来看，农村土地流转的参与方大都希望将流转的具体年限保持在1～5年。在被调查者中，选择这一时间跨度的农户占样本总数的比例对于总体、东、中、西部分别为54.5%、41.6%、62.8%和61.7%。很明显，在土地流转市场发育不完善、有关土地流转的法律和制度不健全、农村社会保障不充分以及非农就业前景不明朗的条件下，对于农地流出方而言，做出这样的选择无疑是理性的。但从土地流入方的角度看，这样的选择对于农业生产经营中的土地可持续利用则是一种非理性选择。

表 2 – 10　对土地流出或流入的年限预期

	总体		东部		中部		西部	
	样本数	比例	样本数	比例	样本数	比例	样本数	比例
1 年以下	11	5.4	3	3.9	3	3.8	5	10.6
1～5 年	110	54.5	32	41.6	49	62.8	29	61.7
5～10 年	26	12.9	12	15.6	10	12.8	4	8.5
10～15 年	7	3.5	5	6.5	2	2.6	—	—
15～20 年	10	5.0	4	5.2	5	6.4	1	2.1
20 年以上	38	18.8	21	27.3	9	11.5	8	17.0
合　　计	202	100.0	77	100.0	78	100.0	47	100.0

第三节　承包地流转中农民利益诉求受阻的症结分析

在市场经济条件下，本着"依法、自愿、有偿"的原则，土地使用权的流转只有在能给农户带来更高利益的前提下才值得推行，并且也只有这样，才能真正实现农村土地使用权流转的初衷。但到目前为止，一方面，由于我国农村土地市场的分割性特征，地域差别大，发展程度差异明显，使得统一且行之有效的土地流转定价机制很难形成，权益分配及归属界定模糊；另一方面，农村土地市场供求竞争不足造成地产市场竞争机制不能有效发挥作用，使得农民、村集体经济组织、企业、村集体管理者多方利益协调困难。此外，由于农户的组织化程度低，获得信息的渠道有限，信息不对称，再加之人力资本存量少，市场知识欠缺，进入市场的谈判能力差，因此很容易受到中间商的盘剥，从而使其合法权益受到很大侵害。因此，土地流转中的农民利益诉求的实现就受到了一定程度的制约。

若进一步从经济学的角度讲，"依法、自愿、有偿"基础上的农村土地使用权的自由流转不仅优化了农村土地资源配置，而且也在很大程度上巩固和完善了土地承包家庭经营的基本制度。因此，"规范、有序"地推进农村土地使用权的流转是解决我国目前人地关系紧张，进而实现农业规模化和产业化经营，降低农业生产经营成本，提高农业产出效率，促进农民增收的一种合理选择。然而，具体到现实情况，目前我国农村土地使用权的流转还存在许多问题，并且这些问题已通过各种各样的方式或多或少影响到农地流转中的农民利益诉求及其实现程度，因而需要对其作较为深入的剖析，从而为解决农地流转过程中农民利益诉求问题提供一些理论上的前提准备。

一 承包地流转中土地使用权主体之间产权关系模糊以及土地流转利益主体虚化是导致农民利益诉求受损的产权制度障碍

从新制度经济学的角度来看，产权及其制度应该是影响我国农村土地使用权流转的主要因素之一。而就已有的实践经验而言，土地使用权主体之间的产权关系如何界定以及明晰程度如何，会在很大程度上影响到流转中的农民利益诉求，或者换句话说，它是保障土地流转中农民利益诉求的重要前提条件之一。一般说来，产权通常包括使用权、收益权和转让权，而转让权则是其中最为重要的一项权利。因此，在理论上，转让权的界定应该包含使用权和收益权的有关内容。

并且在现实经济中，社会经济结构的变迁往往是大规模资源转让的结果。因此，如果转让权的实现受到限制，那么潜在的资源转让以及由此所引致的经济增长就会受到某种程度的阻碍。进一步地讲，农地的转让权是通过两种效应来影响土地市场交易及其经济效益的：一方面，农地使用权的自由流转可以提高投资的交易收益，从而间接刺激农户进行土地投资的积极性，可称其为"交易收益效应"；另一方面，农地使用权的自由流转改善了劳动投入和土地投资的配置效率，此即所谓的"边际产出拉平效应"。

因此，在家庭承包责任制的基本制度框架下，我国农村土地的产权结构可以具体被分解为三种权力，即所有权、承包权和经营权。若进一步就权利主体而言，则又可以作这样的界定：首先，集体拥有农村土地的所有权，然后通过发包将其承包给其所属的农户进行经营，从而实现所有权和承包权的分离；在此基础上，拥有土地承包经营权的农户又可以将其土地经营权进一步转让给其他农户或经济组织，即保留承包权、转让使用权，从而实现承包权和经营权的分离。

而在我国农村土地使用权的具体流转中，由于普遍存在土地产权主体或其代理人模糊不清，使得土地流转的利益主体被虚化，进而难以适应现代农业市场化的发展要求。首先是农村土地的权属边界①比较模糊。法律规定，目前农村的土地归社区"集体"所有，社区的居民按户承包土地，土地的经营权可以自由流转。其中，土地归"集体"所有的主体对象或其代理人往往不太明确，现实情况是社区经济合作组织、居民自治组织、党支部等都有可能成为土地的所有权主体，这就容易造成土地权属边界的模糊，从而产生利益上的纷争。其次，即使认为土地归"集体"所有的表述对于土地权属边界的规定是明确的，土地的权益边界也会由于地方政府、社区集体组织、村民小组甚至是地方家族势力等方面的影响而变得模糊，而土地权属边界的模糊往往又成为各方主体争夺利益的借口。并且许多学者的实证研究结果也表明，模糊的产权及其利益主体的虚化已经给土地使用权流转以及农业的市场化和产业化发展带来了一定的负面影响。②

　　若进一步分析，我们认为，作为土地流转市场交易基础的产权及其制度，应该成为农村土地使用权流转的一个基本制度框架。产权关系明晰是市场经济的客观要求，同时也是土地流转市场有序运行的基础。从某种意义上讲，目前我国农地产权关系不明晰以及土地产权主体缺位已经成为土地流转市场培育的一个重要制度障碍。如前所述，在我国现行的法律和制度框架下，只是规定农村土地属于集体所有，但现实经济中的集体通常又可以包括村集体、集体经济组织和乡（镇）集体等，究竟哪一个组织是集体土地所有权的代表，有关法律和法规并没有作出明确规定。更为重要的是，土地产权"权利束"中的多种权能（如占有权、使用权、转让权等）也都缺乏一个明晰的内涵，同时也未形成规范。若这些问题处理不当，将会损及农民在土地流转过程中的相关权益，这既不利于农地权利的保护，也不利于资源的有效分配。因此，只有在土地确权的基础上，才能使农民承包地有序的流转，也才能在制度层面上保障土地使用权流转中的农民利益诉求。

　　事实上，在农村土地使用权的具体流转过程中，尽管中央和各级地方政

---

①　权益边界是指建立在权属边界基础上的权利收益归属主体之间的界线。一般情况下，权属边界确定后，权益边界即被自然确定，但也不排除外力通过非法或变向非法的手段打破权益边界，侵害权利主体的利益。

②　如黄祖辉和王朋（2008）对浙江省农村土地使用权流转的调查结果显示，只有17%的农民认为土地的所有权应该归国家或集体所有，大部分人都选择了与自身利益更加紧密的生产小组，只有8%的农民认为土地产权应该归家庭或个人所有。

府都制定和实施了一系列旨在保护农民土地权益的法规和政策措施,但实践中损害农民土地权益的事件仍然频频发生,其中的主要原因在于未能确立农民对于集体土地的产权关系。有关这一点,就像有些学者所指出的那样,农地产权残缺,土地承包经营权不稳定,产权主体模糊,农村土地"集体所有"的边界不清晰①,阻碍了农地合理、自由流转。

二 承包地流转中忽视农村土地使用权流转的区域性差异是导致农民利益诉求受损的认识观念障碍

土地所特有的天然属性决定了其在流转速度与形式上也应该具有独特的地域特性,比如靠近城市的土地与地处偏远山区的土地相比,显然是靠近城市的土地在各方面都更具优越性,因而在这些城郊土地的流转过程中,作为流转主体的农民,其利益诉求相对会更多一些。此外,土地的肥沃程度也会影响到农地流转中相关主体的利益诉求,例如,与地力肥沃的土地相比,很明显,地力贫瘠的土地在流转过程中会少有人问津,这就在一定程度上造成了特定区域内的土地流转需求不足,进而影响到农户的土地流转收益。

因此,土地使用权流转的规模、速度及其具体形式是与当地资源禀赋条件密切联系的,从而是受生产力发展阶段及其水平制约的一种资产与制度变革模式,是在市场经济条件下土地这一生产要素的合理配置过程,不是一项政治任务,更不是一项政绩工程。但我国目前的情况是,各地的土地资源禀赋差异很大,土地流转适应面窄,受益面小,在相当长的一段时间里只适合于城市周边农村、土地连片平整地区以及乡镇企业与个体企业较为发达的地区。这些地区的土地具有较大资产价值及增值潜力,而其他的土地则大多位于偏远地区甚至山区,且其面积较小,作为资产的价值非常有限,与农民在城市安家立业所需的资金相比可谓是杯水车薪。所以,目前这一政策的主要受益者是城市近郊和沿海经济发达地区的农民,而对大多数地区的农民来说,不可能企求通过这种流转获得一个令人满意的资产收益。这样一来,如果不顾当地的实际情况,而仅仅把土地流转当作政治任务来抓,势必会损害农民的长远利益。

---

① 集体土地所有权模糊不清的根本原因是集体主体本身的模糊性。"集体"、"集体所有"、"集体所有制"并非法律范畴,而是政治经济学上的概念。

已有一些学者对此问题进行过探讨，如叶剑平等人（2006）基于2005年对中国17省农村土地流转市场的调查研究结果显示，无论是从农户参与的比例，还是从耕地流转期限与签订合同的情况来看，东北地区和东部沿海地区的土地流转市场发育都要相对更成熟一些，而中、西部地区则比较落后①，即中国农地流转市场的区域差异显著。而张征（2009）针对广东省农村土地流转状况所做的调查报告认为广东省农村土地流转的区域性差异比较明显，尤其是粤北山区、粤西南、粤东南地区之间的土地流转经营情况存在着较为明显的差距。换言之，广东全省的土地流转发展极不平衡，土地经营权流转规模与区域经济发展有着强烈的正相关性。因此，正视土地使用权流转过程中的地域特征，将土地流转的区域差异与"依法、自愿、有偿"的基本原则很好地对接起来，是保障流转参与方利益诉求的一个基本前提。

三 承包地流转中的农村社保制度缺失是导致农民利益诉求受损的社会体制障碍

在我国广大农村地区，土地除了在农业生产经营活动中作为一种基本生产要素以外，还具有向农民提供社会保障和就业的功能，也就是说，土地对于广大农民来说，不但是衣食之源，生存之本，而且还具有社会保障和就业功能。因此，对于绝大部分农民而言，拥有土地就意味着有了生活的一道天然屏障。农民获得了土地使用权，也就拥有了对其所承包的土地进行自主经营的权利及相关的利益。进一步地，若从保障功能的角度来看，在我国目前的基本国情和制度背景下，土地发挥着农民可以长期赖以生存的保障功能，因而可以说土地是一种综合性保障的基本载体，它包含最低生活保障功能、养老保障功能、医疗保障功能、失业保障功能等城市人口所拥有的基本保障项目，换句话说也就是，在目前我国农村社会保障制度缺位的情况下，以土地为核心的家庭保障承担着农民的全部社会保障项目。②

在现实中，由于我国农村社会保障体系尚未完全形成，非农就业岗位和

---

① 这里的东北地区包括吉林和黑龙江；东部沿海地区包括河北、江苏、浙江、福建和山东；中部地区包括安徽、江西、河南、湖北和湖南；西部地区包括广西、四川、贵州、云南和陕西。
② 有关我国农村社会保障方面的进一步论述，将在其他部分予以详细展开，因而此处仅作与土地使用权流转相关的简单说明。

收入还很不稳定，使得绝大多数农民仍将土地视为"活命田""保险田"，认为只要有了土地，生活也就有了最后的退路，即使外出打工赚不到钱，也可以返乡种田，从而心里感到踏实。这样一来，土地本身所具有的承载功能、养育功能及资源功能，已转化为农民的就业保障、生活福利与防伤病养老保险的可靠手段，即便农业的直接生产性收益下降，农户宁可粗放经营甚至是撂荒，也不愿轻易转让和放弃土地。很明显，正是由于我国农村社会保障制度的缺失，才使得土地承载了一部分社会保障的功能，从而也使农民将土地视为最后的生活安全保障，难以按照市场经济规则流动。另外，离土进城的农民由于被排除在城市社会保障之外，而又缺乏农村社会保障机制，这些人仍旧把土地作为最后的保障，也不愿意转出承包地。因此，目前在我国广大农村地区社会保障体系尚不完善、社会保障制度还不健全的情况下，就盲目大规模地推进土地流转（尤其是在政府主导下），不仅会使农民的土地流转收益受损，甚至会使流转土地农民的基本生活需要受到威胁。可见，没有一个完善的社会保障制度和健全的社会保障体系，就不可能从根本上增强农民离土的安全感和适应市场风险的能力，农村土地市场发育的进程也将严重受阻。所以，在逐步完善我国农村社会保障制度的基础上，尽快构建一个能够基本覆盖我国广大农村地区并且惠及绝大多数农户的社会保障体系，是最大限度实现土地使用权流转过程中农民利益诉求的基本保障之一。

我们的问卷调查结果显示了农村社会保障制度及其体系的完善对于实现土地流转过程中农民利益诉求的重要性（见表 2 - 11）。从总体上看，对于"您希望政府在土地流转中制定落实哪些政策？"这一选项，有 401 个被调查者对此问题作出了回答，其中有 72.3% 的农户选择了希望"农民可与城市居民一样享受社会保障"，进一步地，若从东、中、西部各地区的情况来看，最终结果与总体意义上的结论基本上是一致的，分别有 72.9%、71.4% 和 72.6% 的被调查者选择了这一选项。

表 2 - 11　希望农民可与城市居民一样享受社会保障

	总体		东部		中部		西部	
	频率	百分比	频率	百分比	频率	百分比	频率	百分比
不选	111	27.7	48	27.1	40	28.6	23	27.4
选	290	72.3	129	72.9	100	71.4	61	72.6
合计	401	100.0	177	100.0	140	100.0	84	100.0

四　农业劳动力进入城市面临的诸多障碍、非农就业机会的缺乏以及非农收入的不稳定是影响农地流转收益的经济机会障碍

毋庸置疑，家庭承包责任制释放出的大量农村富余劳动力为我国农村社会发展、城市经济繁荣和国家现代化建设作出了重要贡献，是推动我国社会经济发展的重要力量之一。然而，由于各种原因所导致的农民工文化素质较低、劳动技能缺乏已经成为目前农村劳动力向非农产业领域与城镇产业转移的巨大障碍。很明显，在我国现有的人地关系背景下，随着土地使用权流转的不断推进和深化，必将会出现更大量的失地农民，而这些农民工又缺乏重新就业的基本素质和技能，因此，加强对农民工进行必要的技术培训、提高其职业技术培训层次及再就业能力、促进其向更高技术性行业的转移是急需解决的问题。

另外，长期以来由于历史原因而形成的城乡二元经济社会结构，再加之刚性的户籍管理制度，使得在城镇居民与乡村农民之间划出了一道难以逾越的体制性鸿沟。此外，进城谋生所产生的高昂生活费用以及较高的消费水平使大多数农民只能望而却步；城市的房价与农村住房相比更是存在着天壤之别；城市公用设施收取的费用、子女上学的教育支出也是目前大多数农民的收入水平难以承受的。与此同时，城市社会保障制度却没有全面向进城农民开放，进城农民不能享受到最基本的社会保障。这样一来，城市生活的不稳定性和风险性使进城农民不得不将土地作为最基本的社会保障手段和最后的退路。除此之外，由于农民的文化素质以及非农劳动技能缺乏，因此要实现在城市长期稳定的就业具有一定的困难。加之各种显性和隐性进城壁垒的制约，使得农民工的职业选择具有很大的随机性和不确定性。绝大多数农民工只能从事简单劳动和体力劳动，因而非农收入特别是打工收入存在较大的不稳定性。另外，农民工不能拥有与城市居民同等的权利，这就进一步增加了其收入的不确定性。再者，由于目前乡镇企业带动就业的能力大幅下降，而城市又面临大量职工下岗的压力，这又进一步使得非农就业机会大量减少，加大了非农收入的不稳定性，使农民无法形成稳定的收入预期。农民无法与城市居民拥有平等的就业机会，兼业农民非农产业收入的不稳定性使农民难以彻底离开土地。这样一来，广大农民在没有寻找到稳定、安全的生存和生活替代来源之前，他们绝不可能轻易放弃土地的使用权。总而言之，在上述

情形存在的前提下，农村土地使用权的流转，尤其是在农民非自愿的情形由政府主导的大规模流转，不仅会使流转参与方的利益受损，而且还可能会引起社会不安定因素增加。因此，尽快从各方面消除农村剩余劳动力的进城壁垒，切实增加进城农民的非农就业机会和收入，是实现土地使用权流转中农民利益诉求的又一保障。

从我们的问卷调查结果来看，在土地使用权的具体流转过程中，基于自身利益考虑的农户（尤其是那些转出土地的农户）对进城生活障碍的消除和非农就业机会及收入的增加有着较为明显的渴求（见表2－12）。就总体意义上的调查结果而言，对于"您希望政府在土地流转中制定落实哪些政策？"这一问题，有401个被调查者对此问题作出了回答，其中有54.4%的农户选择了希望"政府能够提供稳定的非农就业门路"，若从东、中、西部各地区的情况来看，最终结果与总体意义上的结论也基本上是一致的，分别有56.5%、54.3%和50.0%的被调查者选择了这一选项。

表 2－12　希望政府能够提供稳定的非农就业门路

	总体		东部		中部		西部	
	频率	百分比	频率	百分比	频率	百分比	频率	百分比
不选	183	45.6	77	43.5	64	45.7	42	50.0
选	218	54.4	100	56.5	76	54.3	42	50.0
合计	401	100.0	177	100.0	140	100.0	84	100.0

五　承包地流转中的立法滞后及执法不力是导致农民流转利益受损的法律制度障碍

从本质上讲，农地承包经营权的流转是农民对其土地承包经营权进行的一种处分。而依法保障农民充分行使其对土地使用的处分权，不仅是对其自身权利及人格的尊重，而且也是市场经济体制的一种内在要求。事实上，中央的有关政策与相关立法对农民土地承包经营权的自由流转从整体上来说是予以承认、肯定并加以保障的。但从土地流转的具体实践来看，这种承认与保障还有进一步改进的必要。即目前我国有关农村土地使用权流转的政策法规构建还存在着一定程度的滞后，并且在具体政策和法律法规的执行过程中也出现了一些偏颇。

简单说来就是，尽管从总体上看目前我国已经制定和颁布了有关农地流转的基本法律和法规，但在现实中，与《中华人民共和国土地法》和《中华人民共和国农村土地承包法》相配套的农村集体土地使用权流转相关的地方性立法还不是很健全，这就使得我们在解决农地使用权流转中出现的问题与纠纷时缺乏具有可操作性的法律依据。此外，农地使用权流转市场不规范在很大程度上也与农地使用权制度不完善、农地使用权交易规则等方面的法律法规体系不健全有直接关系。具体表现为政府对农用地缺乏有效监管、土地交易隐形市场活跃、运用行政手段强制流转、随意转变农用地用途、撂荒闲置等现象严重。

　　目前有关农地流转的法律法规及行政规章在立法之初的理论准备上明显欠缺，也就是说，相关政策法规既没有从根本上解决前面提到的那些老问题，也没有积极回应实践中出现的诸多新问题。因此，这就需要我们立足于先前学者们的各种研究范式及其成果，以农民权益的最大化和农村土地的最佳利用为根本目的，进一步审视这一热点和难点问题，还原农民独立自主的行为主体地位和利益主体地位，重构农民、集体和国家在此方面的利益格局。

　　另一方面，在农村土地使用权的具体流转过程中，各级政府的相关人员对上述政策和法律法规的具体执行也出现了一定程度的偏差，甚至存在过激的情形。改革开放以来，随着我国工业化、城镇化步伐的加快，大批农村富余劳动力开始向非农产业和城镇转移，农村内部的土地流转呈加速发展态势。尤其是近年来，随着现代农业的加速发展，农民承包土地的集中化趋势进一步增强，土地承包经营权流转也呈日益活跃的态势。与此同时，土地使用权的自由流转也取得了一定的积极效果：土地开始向种田能手集中、向规模化农业集中、向高效农业集中，这不仅加快了土地适度规模经营步伐，从而促进了农村土地的集约化经营，而且实现了农业经营方式由传统农业向现代农业的根本转变。然而，土地承包经营权流转在实现土地适度规模经营、提高农民生活水平的同时，也在某些方面损害了农民的相关权益。一是由于土地承包经营权流转主体的缺位，导致以政府行政权力剥夺农户流转土地自主决策权的现象时有发生。从本质上讲，农民应是土地流转的行为主体，因而村级组织只能在充分尊重农民意愿的基础上对土地流转加以合理引导和正确规范，但在实际工作中，村级组织却常常越俎代庖、取而代之，其结果在多数情况下只能是事与愿违。目前，"土地流转"的控制权主要集中在乡、村级干部手中，土地流转往往因长官意志而失去其应有的效率与公平。以规模经营、农业结构调整为名，强行推进土地流转，或以低价强行"租用"农户承包地。二是在土地承包经营权流转过程中政府与农民争利。土地流转实行年租制的，政府、集体经济组织与农民的收益原则上按比例分配。但在实践中，发包方强行收回农民的承包地，由村统一对外发包招标，借流转之名，实为与民争利，严重地侵犯了农民的土地承包权和相应收益权，同时也激化了社会矛盾。

在我们的问卷调查中，也从一定程度上反映出法律法规建设对于确保农地流转中农民利益诉求的重要性。就总体意义而言，同样是对"您希望政府在土地流转中制定落实哪些政策"这一问题，有 400 名被调查农户对此作出了回答，其中有 38.5% 的受调查者给出了肯定的回答。而且从东、中、西部各个地区的具体情形来看，其结果基本上也与总体意义上的结论相似，分别有 34.5%、41.0% 和 42.9% 的受访者作出了肯定的回答。其实就绝对数字而言，无论是在总体上还是在各地区层面上，这样一个比例并不算是很高，也就是说，土地流转参与方对于相关法律法规建设的诉求并没有我们想象中的那么强烈，事实上这也恰恰从某种意义上印证了农村土地使用权流转的有关法律法规的不完善。详见表 2 – 13。

表 2 – 13　制定相应法规以保障农民在土地承包期内的流转收益

	总体		东部		中部		西部	
	频率	百分比	频率	百分比	频率	百分比	频率	百分比
不选	246	61.5	116	65.5	82	59.0	48	57.1
选	154	38.5	61	34.5	57	41.0	36	42.9
合计	400	100.0	177	100.0	139	100.0	84	100.0

六　承包地流转中农民主体地位的弱化是导致农民利益受损的思想意识障碍

不可否认，现行制度框架对于土地承包经营权流转主体存在着较为明显的限制性规定，而这不仅在相当程度上制约了农地使用权的自由、充分流转，同时也使流转中的农民利益受到了明显的损害。在具体的流转实践中，主要表现为以下三个方面。

首先，在农地流转中，一些地方政府和基层农村集体经济组织忽视农民的流转主体地位，使得农民作为土地承包合同以及土地流转的主体地位失去其独立性，从而损害农民的流转利益。《土地承包法》规定了土地使用权的流转应遵循"依法、自愿、有偿"的原则。强调土地流转的主体是农户，任何组织和个人不得强迫或者阻碍承包方进行土地承包经营权的流转。同时也对土地流转进行了某种形式的限制，即不得改变土地所有权的性质和土地的农业用途。然而在现实中，却较为普遍地存在着村集体随意缩短农户土地承包期限、增加土地承包费用、强迫农民解除土地承包合同等违约侵权行为。如有些地方基层政府和村集体组织以推进农业规模经营及调整农业结构为名，未经农民本人同意就强制流转其承包地，甚至以行政命令手段对土地流转下达指标、限制土地流转完成的时间与面积，更有甚者，一些地方基层政府为了政绩，借土地流转之名，长时间和大面积地将土地租给工商企业，擅自改变土地农业用途。很明显，这种完全不顾农民意愿的政府强制行为，严重损害了农民作为土地流转主体所应享有的基本权益。

其次，对土地流转的强行干预及寻租行为也在很大程度上侵犯了农民的利益。前面我们曾经指出，中央在土地流转上所倡导的一个重要原则就是"自愿"，但在现实中，这一原则却很难得到真正落实，甚至出现强迫流转、反租倒包、变农地为商业用地、流转和补偿费用过低、劳民伤财、与民争利等现象。这不仅挫伤了农民自愿流转土地的积极性，同时也不利于农地流转的有序推进。除此之外，一些乡（村）组织甚至直接充当土地流转主体，随意改变土地承包关系，搞强制性的土地流转；有的把土地流转作为增加乡（村）收入的手段和作为突出政绩的形象工程；有的在流转操作中违背土地政策，强行反租，租金补偿过低，土地租金的收益分配缺乏透明度，这些都极大地损害了农民利益。

再次，土地流转作为增加乡村两级集体收入的手段，与民争利。具体表现为：一是在一些管理水平较高的发达地区，尽管规定农户按田亩入股分红，保证得到一份租金，但在租金的具体分配中，由于缺乏明确的法律或条例监管，监督不力，导致级差地租和土地增值收入的很大部分流入村干部的腰包，从而出现了严重的分配不公现象。二是在许多以农为主的传统农业区，存在以各种名义收回部分农民土地的现象，村集体只付给农户不多的租金，甚至以各种说法再扣回钱款，农民实际到手所剩无几，其目的就是为村干部赚取租金差价。另外，还有一些地区的村集体以较低的租金把土地反租回来，再以较高的租金把土地转租出去，赚取差价，其中一部分作为村干部的收入，其余部分用于村里基础设施建设和公共福利投入。显而易见，上述所有这些情形都无一例外地说明了土地使用权流转过程中相关法律法规的不健全和不完善以及地方政府和基层集体组织在具体执法过程中的偏差，这已经在很大程度上导致了土地使用权流转过程中的农民利益受损。

七　承包地流转市场不完善是导致农地流转过程中农民利益诉求受损的内在因素

从本质上讲，市场既是商品交换的场所，同时也是与商品交换有关的各种经济关系的总和。囿于市场体系培育的滞后，现阶段我国的土地使用权流转市场表现出权利主导性、不完全性以及地域差异性等特点，而这些特点的存在必然会在一定程度上影响土地流转市场的规范性和有序性。而一个规范、有序、合理的土地流转市场可以使土地承包经营权的流转公开透明、公正有序，这不仅有利于保护农民的土地流转收益，同时也有利于实现土地使用权流转的健康运行。然而，由于目前缺少这样一种市场交易平台，一方面难以使土地流转收益实现最大化，另一方面也出现了许多不利于农民利益诉求的政府行政干预行为。

农村土地使用权流转市场建设的不完善主要表现为：市场交易成本过高、农村土地承包经营权流转程序不规范以及农村土地使用权流转过程中有关中介服务组织的缺失。

首先，就农村土地流转中的交易成本而言，由于缺乏规范的土地流转市场体系，这就使得供求双方的市场交易成本过高。除此之外，潜在的规模经营所需进行的相关信息搜寻、与农户和地方政府（行政村）等相关主体进行协商、在契约期内相关主体对有关合同条款的遵守，都会导致交易成本升高。

其次，农村土地承包经营权流转的程序不规范则主要表现为：第一，现实中农村土地流转的行为主体具有自发性，实现形式具有随意性，争议解决具有难以协调性。如在目前的土地流转过程中，流转双方大都采取口头协议的形式，通常很少签订书面流转协议。即便签有书面合同，其条款也大多不规范，且内容过于简单，对于双方权利义务及违约责任等都缺乏明确具体的规定，这就使得在处理土地流转纠纷和矛盾时，无据可查，不能有效地解决矛盾，并且在土地耕种周期内，还会出现协议难以执行等诸多问题。第二，一些地方的农民法治意识淡薄，土地流转是在私下进行的，该办手续的未到相关部门办理手续，导致出现流转无效的情况时有发生，如出租人返乡要求提前结束租借协议，或自然灾害等因素导致承租人难以偿付租金。这不仅抑制了土地流入方对所转入土地的追加投资，同时也使土地流出方承担一定的风险，从而导致土地流转纠纷时有发生，土地流转利益诉求很难得到充分保证。

最后，缺少农村土地（使用权）价值评估机构和各类相关中介服务组织，农村土地（使用权交易）市场尚未形成。毋庸置疑，随着农业生产力的提高和城乡二、三产业的发展，进入市场参与流转的土地数量将会进一步增加，这样一来，如果在土地的流转中仍由农户漫无目的地去寻找转让对象来完成交易过程，势必会影响土地的流转速度与成本，从而影响土地资源的合理配置。换言之，土地（流转）市场与土地流转是一种辩证统一的关系，二者相辅相成，互相促进。土地流转可以促进土地（流转）市场的发育和完善，而健全的土地（流转）市场又能为土地流转提供规范的交易平台，使土地流转更趋合理化。然而，在现实经济中，由于目前的土地流转尚缺乏一种自上而下的网络状中介服务机构和组织，导致土地使用权流转双方的信息传导不畅、辐射面狭窄，土地流转渠道受阻、涉及范围有限。而在这种情形下，如果没有完善的资产评估机构、委托代理机构、法律咨询机构、土地投资机构与土地保险机构等，那么土地承包经营权流转就不能健康有序地进行，这不仅严重制约了土地使用权交易市场的发育，而且也在很大程度上损害了流转过程中有关行为主体的流转收益。

综上所述，一方面，由于目前在我国农村尚未建立起土地价值评估机构，导致土地使用权在流转中出现不公平的现象，这既损害了转让方的利益，也在一定程度上制约了农村土地（流转）市场的发育。另一方面，由于缺少中介服务组织的合理引导，使得土地资源信息传递机制与市场有效需求衔接程度不高，导致了土地使用权流转的交易成本增加，制约了土地规模经营的效率，阻碍了现代农业的发展。

事实上在问卷调查中，我们也发现在农村土地使用权流中，农户对于市场中介组织及其所提供的各种服务的认同和渴求（见表2-14）。同样是要求对"您希望政府在土地流转中制定落实哪些政策"这一问题作出选择，就总体样本而言，401 位被调查农户中有 30.4% 的受访者对于"组建市场机构、提供多种服务"这一选项给出了肯定的回答，而从东、中、西部各地区的调查情况来看，最终结果也与总体意义上的结论相差无几，分别为 25.4%、32.9% 和 36.9%。诚然，这样一种结果可以使我们得到以下两点启示：其一是土地使用权流转市场的不完善以及市场中介组织的缺乏确实已经影响到流转过程中的农民利益诉求，并且流转参与方也在一定程度上反映出对此的认同和渴求；其二是从具体的调查结果看，这种认同感和渴求度与我们之前理论分析还存在着一定的差距，或许从某种意义上讲，实证检验和理论思考之间的出入恰好印证了现实中我国农村土地使用权流转市场建设的滞后及其中介组织的培育未能及时跟上。

表 2 - 14　组建市场机构以提供多种服务

	总体		东部		中部		西部	
	频率	百分比	频率	百分比	频率	百分比	频率	百分比
不选	279	69.6	132	74.6	94	67.1	53	63.1
选	122	30.4	45	25.4	46	32.9	31	36.9
合计	401	100.0	177	100.0	140	100.0	84	100.0

第四节　实现承包地流转中农民利益诉求的对策及建议

一　承包地流转中实现农民利益诉求的两个基本前提

1. 明确集体土地的性质，在稳定农村土地承包经营权的基础上让农民完全拥有对土地自由处分的权能，逐步消除土地流转过程中农民利益受损的产权制度障碍

经济学研究的根本目的在于解决经济效益问题，而产权的界定及其变动则会影响到经济效益。这是因为只要产权能够明确界定，那么市场行为主体就会力求降低交易费用，从而能够使资源配置实现产出最大或成本最小。然而，如前所述，在我国农村土地流转市场上，作为交易客体的土地，因产权主体不清、界定模糊等因素而影响着其市场交易效率。此外，在现实中，土地流转必然会造成土地产权的分解，从而形成土地所有者、承包者和使用者

等多元利益主体。这样一来，各利益主体的责、权、利关系如何界定，怎样保证各利益主体权利的实现及其利益的获得，并促使其履行相应的责任和义务，如何避免因各种侵权现象的发生而损害国家、集体和他人的利益，以及怎样促进土地资源的合理配置，都需要通过产权制度构建予以严格界定。所以，明确界定土地产权关系是土地流转过程中解决农民利益诉求首先需要面对的问题，同时它也是土地流转市场得以健康发展的基本和首要前提条件之一。因此，实现土地所有权与使用权相分离以及承包权与经营权相分离，是构建农地使用权流转机制的前提，也是我们构筑起保证农民利益诉求不受侵害的第一道防线。

前面我们已经指出，在土地产权结构中，所有权是主要的，居于支配地位，而其他权利都是所有权的派生权利，这些派生权利既可以与所有权统一于一体，又可以相对独立地存在。由于我国《宪法》和《土地管理法》都明确规定，农村土地属集体所有，不能进行自由转让。因此，我国农地流转只能是与所有权相分离的农地使用权的转让和流通。而农地使用权中的承包权由于是一种优先权（具有准所有权的性质），为保障农民的这种天然权利，同时有效促进土地流转，因而在实践中流转的通常是农地经营权。

这样一来，通过明晰产权关系，就可在稳定土地承包关系的基础上，促进农地使用权的合理有序流转。此处所指的稳定土地承包关系，应该包括承包权的稳定，而承包权的稳定，又具有两层含义：一是农户作为土地共同所有的一份，应能够自然地享有承包经营土地的权利；二是稳定农户已拥有的土地承包经营权以及由此所派生的排他性的占有权、开发权，以及应得的利益权、转让权、租赁权、抵押权、继承权等。依据土地承包合同，农户所享有的权利不容侵犯，所承担的责任和义务也必须履行。承包权只应向集体所有权主体作纵向流动，而横向流动的则应是土地经营权而不是承包权。承包权和经营权既可以合一，也可以分离，稳定的是承包权，而流动的则是经营权。稳定承包权表面上看可能会阻碍农地流转，实则在保障承包者的各项权利的同时会促进搞活经营权。

农地产权明晰化首先必须确保农地各项产权的权能和利益明确有界。农地产权权能有界是指各项农地产权权能之间有明确的边界，不能"你中有我，我中有你"，否则农地产权就不具有排他性，不能对其行为主体产生有效的约束。农地产权利益有界就是指在界定各项农地产权权能空间时，各项农地产权的利益要明确界定，否则，农地产权将丧失其对行为主体的激励功能。其次要求各项农地产权必须有明确的主体，这是产权的行为性属性的基本要求，其具体含义就是在一定的农地产权结构中，每一项农地产权（包括权能和利益）都对应一个特定的产权主体。农地产权的明晰化，有助于明确交易界区；有助于制定公平且有效率的交易规则，并有效地约束和规范行为人的交易行为；有助于行为人在同其他人的交易中形成稳定的预期，从而最大限度地节约交易费用；同时也有助于强化产权制度的激励和约束功能。

此外，农地产权的明晰化还必须要求对农地产权实施有效的保护。这其中包括合约各方可通过行使退出权保护自己的权益，以及法律制度能通过强制措施惩罚一切破坏现有农地产权关系的行为和由此产生的威慑力量来实现对农地产权的保护。有效的农地产权保护能够给当事人一个稳定的预期，以便当事人能够对未来收益与成本进行分析，从而作出长期投资决策，进而对土地实施集约化经营。

2. 不断消除地域差异导致的土地流转效益差别，用一只"看得见的手"来纠正土地使用权流转中因地域差异所导致的农民利益受损

前面我们已经指出，土地天然具有的地域特性以及与此相联系的级差地租差异对于土地使用权流转过程中参与方利益的影响是显而易见的，因而不同地区的农民对于流转利益的诉求在客观上也存在明显差别。因此，在农地流转的具体现实中，我们必须正视这一客观存在的现实，在主要运用市场这只"看不见的手"对土地流转收益进行"定价"的同时，也要积极借助政府这只"看得见的手"来对土地使用权流转中出现的利益偏差进行调节，以此逐步消除因地域差异所导致的土地流转收益差别过大的现象，进而及时纠正土地使用权流转中因区域性差异所引致的农民利益受损的现象。另一方面，就具体政策和实际工作而言，政府除了直接使用相应的财政政策来加大支农力度外，还要加大对偏远贫瘠土地流转的扶持力度，采取减税贴息的办法，扶持龙头企业，鼓励金融机构简化贷款手续，使得"公司＋农户"的经营模式能够真正带动农民增收，并不断消除由于地域差别而产生的土地流转效益的差别。尤其需要注意的是，在具体处理土地流转中的农民利益诉求时，绝对不能将农村土地流转作为一项政治任务来抓，因为从本质上讲，农村土地的自由、合理、有效流转是市场经济条件下实现农业产业化和规模化经营的一个必要条件，是实现市场经济所要求的要素合理流动与最佳配置的一种内在要求。因而在解决农地流转过程中的农民利益诉求时，首先要将土地流转作为一项经济工作和任务来对待。

二　实现承包地流转中农民利益诉求的两个基本保障

1. 建立起能够初步覆盖我国广大农村地区的社会保障体系，为土地流转过程中的农民利益诉求受损构筑起第一道防线

可以肯定的是，在我国目前的基本国情和制度背景下，土地担当着广大农民可以长期赖以维持生存的保障功能，因而可以说土地是一种综合性保障载体，它包括最低生活保障功能、养老保障功能、医疗保障功能、失业保障功能等城市人口所具有的基本保障项目，在农村社会保障制度缺位的情况下，以土地为核心的家庭保障承担着农民的全部保障项目。这样一来，土地流转以后，部分农民不可避免地会失去其赖以生存的土地，由于土地是农民的命根子，没有了土地也就意味着其失去了生活来源，他们的生存状态由此可能会极大地恶化。因此给予失地农民基本的生活保障是政府义不容辞的责任，如果社会保障体系的构建未能跟上，那么失去土地的农民就会成为种田无地、就业无岗、低保无份的"三无农民"。他们将游走于城市和乡村的边界，依靠有限的土地补偿款维持生计，未来生活境况的风险将会加大。而失地农民的生计无法保障，就会对政府产生不满，导致社会不稳定因素就会增加，甚至出现尖锐的矛盾冲突。

基于此，我们认为，为了能够从根本上保障土地流转过程中的农民利益诉求不至于受损，就需要在全国范围内建立中央政府和地方政府相互协调配合的社会保障体系框架和合作机制，建立能够基本覆盖所有农村地区的社会保障体制体系。而要实现这一目的，则需中央政府制定相关的政策以确保能在全国范围内建立起统一的、能够全面覆盖城乡公民的社会保障体系，同时通过相应财政和金融措施不断维护和充实这一保障体系，使用能够达到满足公民最基本需要的生活保障、医疗及养老保险要求，并且这笔资金大部分应由各级政府财政来承担。这就可以给农民在心理和物质上极大的保障，从而消除土地市场化流转中农民的后顾之忧。另外，在一些已经基本解决农村居民基本社会保障的发达地区，借助其经济发展的优势，可以进行大胆尝试和试验，以加快推进土地流转制度改革的进程。

2. 切实有效地增加农民的非农就业机会，为土地流转过程中的农民利益诉求受损构筑起第二道防线

从已有的经验来看，因土地流转而出现的大量失地农民，其文化素质和生产技能均相对偏低，因而在实现非农就业时就处于明显的劣势地位，从而增加其自谋职业的困难。这需要政府相关职能部门采取措施提升农民的职业技能，以切实增加农地流转过程中失地农民的非农就业机会。因为只有这样，才能有效地规避土地流转中实现农民利益诉求的潜在风险，从而在根本上保障农地流转中土地流出方的利益。为此，应该注意以下几点。

一是构建失地农民的再就业培训机制。加大人力资本投资，强化失地农民的职业技能培训，建立失地农民再就业培训机制，提高其文化素质和职业技能，使他们能够真正学得一技之长，从而能够真正参与到市场经济就业中去。加强对失地农民的就业培训，构建劳动力市场信息的有效传导机制，提供适合失地农民自身特点的就业岗位，确保这些农民能够向城市顺利转移。因此，各级涉农部门必须以促进农民增收为核心，积极实施相应的农村改革配套措施，下大力气抓好失地劳动力的内转外输，多渠道促进农民就业，拓展农民增收的渠道。二是积极鼓励失地农民自谋职业、自主创业。对那些在农业生产方面有特长的农户，要发挥他们的种植、养殖技能，积极创造条件以使其能够到农业园区、异地、基地等进行自主创业，如在政策允许的条件下对自主创业人员在资金、税收、场地、收费等方面予以扶持，尽可能减少他们的创业风险，以增强其自主创业的信心。三是重点发展乡镇工业小区和村级工业园区。重点扶持高新技术、高附加值产品和适合本地特点的劳动密集型的项目和企业，把土地的转让使用与农民的就业结合起来，尽可能为农民开辟新的就业空间。四是扶持农业产业化龙头企业和农副产品深加工企业。对那些劳动密集型企业、中小型企业，政府应给予优惠政策，减免部分税费，使其在解决失地农民就业方面切实地为政府分忧解难。此外，政府相关部门要在财政、贷款、税收、场地等方面为自主创业和自谋职业的失地农民提供优惠政策，鼓励农民激情创业。这样，农民就可以到本地的经济合作组织和加工企业中去就业，避免由被动就业而给社会带来的过多压力，顺利实现政府引导下农民广泛就业的目标，从而也为实现土地流转中的农民利益诉求构筑起一道坚实的保障线。

三　实现承包地流转中农民利益诉求的三个基本原则

（一）自愿：实现承包地流转中农民利益诉求的基本要求

无论是从土地流转的有关政策来看，还是就流转的具体实践情况而言，土地承包经营权的流转都必须能够真正体现农民的意愿，都必须能够确保农民在土地流转中的主体地位和自主决策权，这是土地合法有序流转的基本条件之一，也是实现土地流转过程中农民利益诉求最起码的要求之一。换言之，土地流转必须建立在农民自愿的基础上，在土地承包期内，农民有权自主决定其承包地是否流转以及采取何种形式进行流转，这是农民所拥有土地使用权在实践中的具体体现，同时也是真正实现土地流转过程中农民利益诉求的基本着力点之一，任何组织和个人都不能也无权强迫或限制，甚至是阻碍农民依法合理流转土地。此外，从法律的角度来看，所谓权利，其实就是法律对公民或法人能够做出或不做出一定行为的制度界定，并要求他人相应做出或不做出一定行为的一种许可。就土地流转作为农民的一项基本权利而言，它要求农民可以流转自己的土地承包经营权，也可以不进行流转，任何强行或妨碍农民土地流转的行为都是对其法定权利的侵犯。而在目前的情况下，尤其是要警惕某些强制农民进行土地流转的行为。因此，国家应从民权保护的高度，确保土地流转能够真正体现农民的意愿，要有明确的权利救济手段，要坚决制止有些地方官员为了所谓的政绩甚至是为了与不良商人勾结获利而假借土地流转为名，骗取农民的土地，窃取农民的土地流转收益。并且在具体的流转实践中，面对事实存在的且日益显化的那些对农民土地权利的豪夺巧取，农民有权对那些侵害自己利益的土地流转说"不"。当然，农民也不是可以随心所欲地流转土地，也要受到不能改变土地用途等方面的制约和约束。

（二）有偿：实现承包地流转中农民利益诉求的基本内容

土地承包经营权流转必须是有偿流转，这既是土地流转的重要内容之一，同时也是实现流转过程中农民利益诉求的基本内容。原因在于，只有坚持土地承包经营权的有偿流转，才能确保农民有足够的土地流转收入，也才能从根本上实现农民的利益诉求。从经济学的意义上讲，土地使用权通过流转就可以转化为事实上的资本，这就使得离开农村进城务工或经商的农民能够通过转让土地获得补偿，从而有利于他们在城市安家立业。而对于那些继续留在农村的农民，则可以通过土地承包权入股农业龙头企业，以取得土地租金、分红收入以及工资收入。尤其在目前中国农村社会保障体系和制度还不是很健全的情况下，它可以在参与土地流转的农民遇到生活困难时，提供足够的能力应对各种风险。

如前所述，在我国目前农地流转的具体实践中，土地承包经营权流转的收益偏低，未能真正体现土地使用权的实际价值。20世纪90年代以来，随着农业生产资料价格上涨、农民税费负担增加以及粮食价格下降，一方面出现了农民卖粮难和种粮亏本不赚钱等问题，土地收益下降，严重挫伤了农民经营土地的积极性，同时大量农村青年劳动力转移到城镇，尤其是在传统产粮区，农民间土地流转有相当一部分是无偿的，即使是有偿的，其流转费也是很低的，根本不能体现土地的价值，造成对农民权益的损害。另一方面，由于土地大量撂荒，出现了土地流转收费难的问题，于是一些地方政府和农村基层组织主动介入农民土地流转，出现了土地反租倒包和土地股份制等土地流转方式，尽管这些可以看作是对土地流转方式的一种创新，但也存在对农民权益损害的现象。如土地反租倒包，先是集体组织将农民土地租过来，再以农民的名义与其他农业经营者签订合同，集体组织从中获取租金差额。由于农民与集体组织间信息不对称，这种土地级差地租主要由集体获得，从而导致农民所获的土地收益很有限。

因此，我们认为，从有偿流转农地这一基本准则来看，确保土地有偿流转必须建立健全土地流转制度，以真正提高土地流转效益，进而实现土地流转过程中的农民利益诉求。换言之，为规范农村土地流转，确保农村土地承包关系长期稳定，依法保障农民的合法权益不受侵犯，就必须建立健全农村土地流转制度，主要包括土地流转台帐制度、土地流转合同管理制度、土地流转收益分配制度、土地流转审批和备案制度以及土地流转纠纷调解仲裁制度。另外，提高土地流转效益，还应鼓励土地承包地接包方向土地追加投入，培肥地力。尤其是偏远地区和山区，其土地面积小，价值非常有限，鼓励因地制宜，发展特色农业，以提高土地承包经营权的流转收入，提高农民生活水平。

此外，还应加强土地流转市场的中介服务组织建设。政府、企业、中介组织和个人都是市场经济中的重要组成部分。在农地流转过程中，市场中介组织的参与是沟通有无、促进交易成功的纽带和催化剂，其作用十分重要。

一个真正繁荣的农村土地流转市场，必然有与之相适应的市场中介服务体系和信息平台。一个完善、发达的农村土地流转信息平台，可以将城市的资金、技术、人才、项目等市场要素和资源与农村的农业土地使用权迅速有效地连接起来，实现各种资源要素在城乡之间的优化配置与整合。因此，需要进一步完善中介服务组织，形成"土地流出－中介服务组织－土地流入"的土地流转机制，建立一个组织健全、运作高效、服务周全的土地流转中介体系与服务网络，为土地流转的供求双方提供信息交流平台。

（三）依法：实现承包地流转中农民利益诉求的基本保障

土地承包经营权的流转还必须严格依法进行，这是土地流转的又一基本前提条件。简单说来，土地承包经营权的流转应当具体遵循以下基本原则：其一是平等协商、自愿、有偿的原则，即任何组织和个人不得以任何借口强迫或者阻碍土地承包方进行土地承包经营权流转；其二是不得改变土地所有权的性质和土地的农业用途；其三是流转的期限不得超过承包期的剩余期限；其四是土地受让方应当具备农业经营能力；其五是在同等条件下，本集体经济组织成员享有优先权。实际上，即便是在世界上许多实行农地私有化的国家，其土地的转让也并非是完全自由的。以法国为例，为保护耕地，其法律规定私有农地要用于农业，不准弃耕、劣耕或搞建筑。为此，法国政府还专门设立农地整治公司，农民在出卖土地时必须告知农地整治公司。如果农地整治公司认为买卖不合理，它就会提出收购农民的土地。因此，法国这种农地买卖限制制度对我国的农地流转具有一定的借鉴意义，可以通过制度设计，对资本过度兼并土地进行限制，以实现适度规模经营。而具体到我国的土地流转过程中的农民利益诉求，我们认为，若就依法这一基本准则而言，应该着重做好以下两方面的工作。

首先是立法。加快立法建设，为农地经营权的合理有序流转提供一个法律层面上的制度保障。在现阶段的农村土地流转市场化进程中，有些方式与当前有关土地流转的法律法规还存在着一定的矛盾冲突。例如，农地流转的股份化和公司化方式与公司法中有限责任公司股东人数的最高限制相冲突；农民土地入股与公司法中不得撤回投资的原则相冲突，如果土地承包经营权人将土地使用权作价入股，那么当仅限于30年承包期的土地承包经营权届满时，在另一轮土地承包重新配置土地权利的时候，承包土地就必须依法在重新配置权利时的集体成员中重新进行分配。因此，依据公司法运作的权利与按照土地承包法运作的权利就出现了矛盾；再者，当前的农地流转模式与《土地管理法》中耕地的特殊保护原则相冲突，我国《土地管理法》中有关农业土地用途管制条款的严格规定，使以土地承包经营权为核心的农业股份制公司无法像一般企业那样依法承担民事责任，一旦企业破产或者其他原因产生清算，农业土地会按规定无条件返还给农民耕种。上述情形表明，土地使用权的可交易性及可交易程度较低。因此，建立农村土地使用权流转制度的关键，在于设计一些能够真正自由流动的、符合交易法律特征的、能够促进交易繁荣的农村土地使用权的权利类型，同时针对农村土地流转的新情况和新问题，在立法和法律法规修订中不断完善以提供法律保障。

其次是执法。若就土地流转过程中的农民利益诉求而言，我们认为，在农地流转市场化、自主化的进程中，无论采用何种方式都要顾及农户的收益，要切实关注农民的利益。为此，各级地方政府和农业承包合同管理部门就要切实贯彻执行土地承包政策，维护好农民的承包权益，依法监督、管理农村土地的合理使用，为土地流转提供法律、信息服务，做好协调工作。流转双方必须按照"平等互利、协商一致"的原则，签订合法、规范的书面合同或协议，明确土地流转的面积、期限、经济补偿方式、双方的权利义务及违约连带责任等。此外，地方政府和农业主管部门在推进农地流转市场建设的同时，还要抓紧对农民进行相关的知识培训和教育工作，使农民能够理解农地流转市场的组织形式、相关法律法规、公司制或股份化的复杂知识，只有使农民转变为现代公民，才能从根本上保障农民的权益从而实现农业的现代化。同时，按照"谁投资、谁受益"的原则，鼓励获得土地使用权的单位和个人，增加对农业的投入，并使其投资及收益受法律保护。此外，金融部门要积极探索并试行农村土地使用权抵押和担保办法，允许经营者以土地使用权抵押、担保来获取贷款。农村信用社等金融部门对到农村从事开发、经营的企业和个人，要在资金和金融服务上给予支持。更为重要的是，相关部门要切实负责和监督农地流转过程中的利益分配问题，设计合理的制度框架以保证处于相对弱势地位的农户个体在农地市场化中的获益，进而实现多方共赢。

第三章
农村医疗卫生保障研究

第一节　农村医疗卫生社会保障的意义

一　农村医疗卫生保障的实践和理论意义

农村医疗卫生保障是一个综合性的概念，是一项系统工程，包括农村公共卫生、新型农村合作医疗、医疗救助等。

新中国成立前，我国农民根本无任何医疗卫生保障可言，农村缺医少药，传染病、地方病和遗传病横行。农民的平均寿命只有 35 岁左右，孕产妇生产死亡率和婴幼儿死亡率极高。早在革命根据地时期农村就开始了有关医疗卫生事业建设方面的探索，在解放区开展了讲卫生、移风易俗等活动，还进行了采用合作制和群众集资的方式举办卫生组织活动的尝试。

新中国成立后，中央确定了医疗卫生工作面向工农兵、面向基层的工作方针，在农村开展了移风易俗、讲究卫生、整洁村容等活动。1955 年农业合作化开展以来，以山西省高平县米山乡联合保健站等处于萌芽状态的农村合作医疗组织建立为先导，逐步在全国开展了农村合作医疗事业的建设活动，直到 1976 年农村合作医疗建设达到高峰，覆盖了全国 85% 左右的农村人口。与此同时，农村公共卫生事业得到了长足的发展，县、乡、村三级医疗卫生网络建设事业相继展开，建立了县防疫站、妇幼保健站、地方病防治医疗机构等。开展了爱国卫生运动、防病治病知识宣传教育活动。为县、乡医疗卫生机构配备了专业人才，在农村培训了大批"赤脚医生"。这在一定程度上解决了农村缺医少药的问题，在当时的经济社会条件下提升了农民的健康水平，被联合国誉为发展中国家医药卫生事业发展的奇迹。

改革开放初期，由于农村经济社会结构的变动，特别是家庭联产承包责任制的实施，农村的经济中心由集体转向家庭，集体经济弱化了，农村的合作医疗制度由于失去了集体经济强有力的支持而衰落。加上改革开放之初，工作千头万绪，农村卫生事业发展相对滞后，医疗救助和扶贫没有全面展开，农村的医疗卫生事业没有像农村经济那样快速发展。党的十六大之后，农村医疗卫生事业受到了重视，农村医疗卫生事业有了较大发展。党的十七大以来，随着构建社会主义和谐社会思想的提出，民生事业提到了党和政府的议事日程，农村的医疗卫生事业扎实向前推进。公共卫生投入向农村倾斜，新型农村合作医疗事业全面启动，医疗救助工作全面展开，大批的医疗卫生专业人才充实到基层一线，并开展了城乡医疗卫生一体化的有益探索。

发展农村医疗卫生事业意义重大。《中共中央国务院关于深化医药卫生体制改革的意见》指出："医药卫生事业关系亿万人民的健康，关系千家万户的幸福，是重大民生问题。"[①] 农村医疗卫生事业的发展，可以改变农村缺医少药的状况，解决农民看病难、看病贵和因病致贫、因病返贫的问题，综合提高农民的医疗卫生服务水平，使农民病有所医；农村医疗卫生事业的发展，让农民共享改革开放的发展成果，充分体现社会主义制度的优越性，提高农民的身体素质，减少农村残疾幼童的出生比例，改变我国城乡二元医疗卫生结构的状况，维护农民的基本权利，实现以人为本，维护社会政治稳定，促进和谐社会构建；发展农村医疗卫生事业，有利于消除农民健康方面的后顾之忧，减少农民的健康储蓄，扩大内需消费，拉动经济增长，促进生产要素的自由流动，调整和优化经济、社会结构，促进农地流转和农业现代化事业的发展。

研究农村医疗卫生保障事业的意义重大。研究农民医疗卫生事业的发展，有利于总结国内外的相关经验教训，理清中国农村医疗卫生国情，借鉴相关的国际经验，探索中国特色的农村医疗卫生保障事业的理论；有利于了解农民在医疗卫生方面的诉求，制定和完善农村医疗卫生保障方案；有利于对我国农村传统合作医疗和新型农村合作医疗进行比较研究，推陈出新，进

---

① 《中共中央国务院关于深化医药卫生体制改革的意见》，《新华月报》2009 年 5 月号记录。

行制度创新；有利于发现农村医疗卫生保障方面存在的问题，分析其存在的原因，探索解决的对策；有利于研究探索改变我国二元医疗卫生结构的方案，指导农民工医疗卫生保障事业的发展，分流农村医疗卫生保障的压力，实现医疗卫生事业的城乡一体化。

二　党和政府对发展农村医疗卫生保障事业认识的深化

党和政府向来比较重视农村医疗卫生事业。毛泽东曾长期关注农村医疗卫生事业的发展，早在延安时期就提出了要关注 3.6 亿农民的医疗卫生问题的思想。1965 年，毛泽东指示要把医疗卫生工作的重点放到农村去。毛泽东还高度评价农村合作医疗和在农村合作医疗发展中成长起来的农村"赤脚医生"队伍。认为农村合作医疗解决了农民群众看不起病、吃不起药的困难。正是由于毛泽东的支持，农村合作医疗和公共卫生事业在当时极其困难的环境中得到了发展，有效地为农民提供了基本医疗保障，初步解决了农村缺医少药的问题。

改革开放之初，合作医疗在农村仍发挥着重要作用。1979 年卫生部颁发了《农村合作医疗章程（试行草案）》，这是政府部门第一次发布有关农村合作医疗制度的正式法规。《章程》指出农村合作医疗制度的性质属于社员群众的集体福利事业。规定农村合作医疗的任务是对农民的医疗服务和发展农村公共卫生事业。规定合作医疗基金由参加合作医疗的个人和集体（公益金）筹集，并随着集体经济的不断发展逐步扩大集体负担部分。对农村医务人员的要求是：赤脚医生实行亦农亦医，并接受专业培训，要逐步达到中专水平。卫生员不脱离农业生产劳动，实行误工记工，为群众看病不应收费。要求各地党政领导切实加强对合作医疗的领导。该章程的目的是规范农村合作医疗的运行。

改革开放以来，我国农村医疗卫生事业引起充分重视是从 1986 年我国政府明确承诺 2000 年人人享有卫生保健开始的。2000 年人人享有卫生保健是 1977 年世界卫生组织提出的全球战略目标。1988 年李鹏总理指出实现人人享有卫生保健是 2000 年我国社会经济发展的总体目标和组成部分。我国农村实现人人享有卫生保健的基本途径和基本策略是在全体农村居民中实施初级卫生保健。初级卫生保健是指基本的、人人都能得到的、体现社会平等权利的、人民群众和政府都能负担得起的卫生保健业务。依据中央关于我国经济发展的战略部署，参照世界卫生组织的全球性指标，我国提出了实现农村 2000 年人人享有卫生保健目标的最低限指标体系共 12 项。并提出规划目标分两步走的思想，即 1995 年以前 50% 的县达到标准，2000 年再有 50% 的县达标。

1990～1992 年是我国农村医疗卫生事业发展的新阶段。这一时期围绕实现我国 2000 年人人享有卫生保健的目标制定了规划，对我国农村 2000 年人人享有卫生保健最低目标的 12 个指标体系作了具体说明和细化，将规划实施划分为规划试点、全面普及和加速发展、全面达标三个阶段。1991 年发布了《国务院批转卫生部等部门关于改革和加强农村医疗卫生工作请示的通知》，《通知》指出，国家及集体对农村卫生事业投入明显减少，农村卫生技术人才大量流失，不少地方农村基层卫生机构和合作医疗保健制度解体，一些消失的传染病再度发生，甚至泛滥；要巩固和发展三级医疗预防保健网，完善农村卫生服务体系，实行分级管理，县、乡、村三级医疗卫生机构，不论是全民或是集体所有制，都实行独立核算、自主经营和目标管理责任制；要采取切实有效的办法，稳定、充实和提高农村卫生技术队伍，要稳步推行合作医疗保健制度，为实现人人享有卫生保健提供社会保障；要加强领导，促进农村卫生事业与经济和社会同步发展。[①] 1992 年发布了《卫生部、财政部关于加强农村卫生工作若干意见的通知》，《通知》指出，要把加强农村卫生工作作为为农民办好事、办实事，实现 2000 年达到小康生活水平的中心工作之一。要巩固和发展农村三级医疗预防保健网，认为这是做好农村卫生工作的基础。要求对乡、村两级卫生机构的巩固、发展在政策上给予优惠，要多渠道增加农村卫生投入，促进农村卫生事业发展，卫生经费方面主要向农村卫生和预防保健工作倾斜，改变城乡之间医疗卫生资源分布不合理的状况。要积极动员全社会的力量，共同支持农村卫生事业的发展。[②] 但这一时期我们对农村卫生事业的公益性性质的认识有些偏离，有将基层医疗卫生服务单位变为市场经济条件下的独立核算企业的某些倾向。

1996～1997 年，我国医疗卫生体制改革进入了一个新阶段，农村医疗

---

① 《国务院批转卫生部等部门关于改革和加强农村医疗卫生工作请示的通知》，1991 年 1 月 17 日发布。

② 《卫生部财政部关于加强农村卫生工作若干意见的通知》，http://law.baidu.com/pages/c，2010 年 9 月 7 日。

卫生事业受到了较多的关注。1996年江泽民在全国卫生工作会议上讲话指出：要"重点加强农村卫生工作。一部分农民因贫困而看不起病，一部分农民因病致贫、因病返贫，疾病已成为农民脱贫致富的重要制约因素。城乡之间以及不同地区之间医疗卫生条件和人民健康水平差距有进一步拉大的趋势，这是一个十分值得重视、需要认真研究解决的问题""要继续把普及九亿农民健康教育行动，以及农村改水改厕，作为卫生工作的重点，积极加以推进"。① 江泽民指出我国医疗卫生存在二元结构的状况，提出了把医疗卫生的重点放在农村的思想，要求加强农村公共卫生事业的发展。1997年1月《中共中央、国务院关于卫生改革和发展的决定》颁布，《决定》指出，新时期卫生工作的方针应以农村为重点，预防为主。我国卫生事业是政府实行一定福利政策的社会公益事业，突出了医疗卫生事业的公益性质。要求加强农村卫生工作，实现初级卫生保健规划目标，积极稳妥地发展和完善合作医疗制度，加强农村卫生组织建设，完善县、乡、村三级卫生服务网。继续加强县级防疫妇幼保健机构和乡镇卫生院三项建设工作，力争"九五"期间基本实现"一无三配套"（无危房，房屋、人员、设备配套）的目标。通过多种形式培训农村基层卫生队伍，到2000年使全国80%的乡村医生达到中专水平。增加政府的卫生投入，动员社会各方面筹集发展卫生事业资金，农民个人逐步增加对自身医疗保健的投入。② 《决定》有针对性地指出了农村卫生事业存在的问题和要采取的具体措施。

1997年5月发布的《国务院批转卫生部等部门关于发展和完善农村合作医疗若干意见的通知》指出：农村合作医疗制度是适合我国国情的农民医疗保障制度。要坚持民办公助，自愿量力、因地制宜。筹资以个人投入为主，集体扶持，政府适当支持。要加强领导，做好宣传教育工作，认真抓好试点工作，加强三级医疗预防保健网和农村卫生队伍建设。要支持贫困地区发展和完善农村合作医疗。③ 1997年11月发布了《卫生部关于进一步推动合作医疗工作的通知》，《通知》主要是贯彻江泽民在全国卫生工作会议上的讲话精神和《中共中央国务院关于卫生改革与发展的决定》的精神，发

① 《江泽民总书记在全国卫生工作会议上的讲话》，《人民日报》1996年12月10日。
② 参阅《中共中央国务院关于卫生改革与发展的决定》，中发〔1997〕3号，1997年15月。
③ 《国务院批转卫生部等部门关于发展和完善农村合作医疗若干意见的通知》，http://law.baidu.com/pages/c，2010年9月7日。

展和完善农村合作医疗工作，抓合作医疗改革的试点工作。提出乡镇卫生院应正确处理经济效益和社会效益的辩证关系，以社会效益为最高准则的思想，强调了乡镇医院的公益性质。① 以上两个文件具体针对当时合作医疗存在的问题，提出了发展和完善的措施，但关于农村合作医疗制度的认识，还基本停留在发展和完善当时已有的合作医疗制度的基础之上，没有大的突破。

进入新世纪以来，农村医疗卫生事业得到了全面快速的发展。农村公共卫生事业全面推进，农村新型合作医疗得到长足的发展，农村的医疗扶贫和救助事业全面启动，农村的计划生育奖励扶助工作逐步展开。2002 年 10 月颁布的《中共中央、国务院关于进一步加强农村卫生工作的决定》对农村医疗卫生事业的发展具有里程碑意义。《决定》指出，农村卫生工作是我国卫生工作的重点，关系到保护农村生产力、振兴农村经济、维护农村社会发展和稳定的大局，对提高全民族素质具有重大意义。《决定》引起各级党委和政府的高度重视，提出坚持以农村为重点的卫生工作方针，要求从整体上提高农民的健康水平和生活质量。要求到 2010 年在全国农村基本建立起适应社会主义市场经济体制要求和农村经济社会发展水平的农村卫生服务体系和新型农村合作医疗制度。要求加强农村公共卫生工作，加强农村疾病预防控制，做好农村妇幼保健工作，大力开展爱国卫生运动。要求推进农村卫生服务体系建设，建立以公有制为主导、多种所有制形式共同发展的农村卫生服务网络；加强县、乡、村卫生单位建设，提高县、乡、村医疗卫生人员水平；加大农村卫生投入的力度，要求政府卫生投入要重点向农村倾斜，各级人民政府要逐年增加卫生投入，卫生投入增长幅度不低于同期财政经常性支出的增长幅度；实行卫生扶贫，对农村贫困家庭实行医疗救助；政府对农村合作医疗和医疗救助给予支持。要求依法加强对农村医药卫生监管。② 《决定》要求建立与社会主义市场经济体制相适应的农村医疗卫生体制，要求增加政府的卫生投入，政府的卫生投入要向农村倾斜，这些内容给农民医疗保障传来了福音。

---

① 《卫生部关于进一步推动合作医疗工作的通知》，1997 年 11 月 7 日，http：//www.chiua/awedu.com，2010 年 9 月 7 日。

② 参阅《中共中央国务院关于进一步加强农村卫生工作的决定》，http：www.ned66.com/htm/，2010 年 9 月 7 日。

为了贯彻中共中央国务院的上述决定，2003 年 1 月国务院转发了卫生部等部门《关于建立新型农村合作医疗制度的意见》，《意见》指出新型农村合作医疗制度是由政府组织、引导、支持，农民自愿参加，个人、集体和政府多方筹资，以大病统筹为主的农民医疗互助共济制度。到 2010 年，实现在全国建立基本覆盖农村居民的新型农村合作医疗制度。坚持自愿参加、多方筹资、以收定支、保障适度、先行试点、逐步推广的原则。新型农村合作医疗制度一般以县（市）为单位进行统筹，按照精简、效能的原则，建立新型农村合作医疗的管理体制。在资金管理方面按照以收定支、收支平衡和公开、公平、公正的原则进行管理，坚持专款专用、专户储存，不得挤占挪用。①《意见》对新型农村合作医疗制度作了详细、明确的规定，实现了对传统农村合作医疗制度的全面创新。

　　与新型农村合作医疗相配套的是对农村贫困人口的医疗扶贫和救助。这一时期对农民实行的基本医疗保障是实实在在、环环相扣的。2003 年 11 月，民政部等部门发布了《民政部、卫生部、财政部关于实施农村医疗救助的意见》，《意见》指出，农村医疗救助制度应通过政府拨款和社会各界自愿捐助等多渠道进行筹资，对患大病农村五保户和贫困农民家庭实行医疗救助，医疗救助水平要与当地经济社会发展水平和财政支付能力相适应。救助主要是资助医疗救助对象缴纳个人应负担的全部或部分合作医疗资金，资助其参加当地合作医疗，享受合作医疗待遇。因患大病经合作医疗补助后个人负担医疗费用过高，影响家庭基本生活的，再给予适当的医疗救助。《意见》还规定了详尽的申请、审批手续和程序。要求各地建立医疗救助基金，基金主要通过各级财政拨款和社会各界自愿捐助等多渠道筹措。② 农村新型农村合作医疗的实施和农民医疗救助制度的实现，标志着我国农民初级医疗保健实现了全覆盖。

　　针对新型农村合作医疗试点中出现的问题，国务院及时具体作了指导，转发了卫生部等部门《关于进一步做好新型农村合作医疗试点工作的指导意见》，《意见》要求要充分认识开展新型农村合作医疗试点工作的重要性

---

① 《国务院办公厅转发卫生部等部门〈关于建立新型农村合作医疗制度的意见〉的通知》，2003 年 4 月 16 日，http：//www.sdpc.gov.cn1jyys，2010 年 9 月 7 日。

② 参阅《民政部、卫生部、财政部关于实施农村医疗救助的意见》，http：//www.china.com.cn/chi/，2010 年 9 月 7 日。

和艰巨性。明确提出试点工作的目标是研究和探索适应经济发展水平、农民经济承受能力、医疗服务供需状况的新型农村合作医疗政策措施、运行机制和监管方式，为全面建立新型农村合作医疗制度提供经验。要求各地在试点期间不要定指标，不要赶进度，不要盲目追求数量，要注重试点质量。这是新型农村合作医疗与传统农村合作医疗在方法方面上的不同之处。要求必须坚持农民自愿参加的原则，做好对农民的宣传和引导工作，加强组织管理。指出管理人员的编制由政府从现有行政或事业编制中调剂，经费从同级财政预算中安排。要求认真开展基线调查，重点对试点县（市）的经济发展水平、医疗卫生机构服务现状、农民疾病发生状况、就医用药及费用情况、农民对参加新型农村合作医疗的意愿等进行摸底调查。要求确定合理的筹资标准，合理设置统筹基金与家庭账户，合理确定补助标准，探索手续简便的报账方式。严格资金的监管，提高医疗服务质量，加强农村药品质量和购销监管。①《意见》对总结新型农村合作医疗试点中的经验教训、解决新型农村合作医疗试点中存在的问题起了及时的指导作用。

2004 年 12 月，吴仪副总理在全国新型农村合作医疗试点工作会议上作了讲话，对新型农村合作医疗试点工作的经验作了全面总结，对需要解决的有关新型农村合作医疗建设中存在的问题作了具体的指导。指出要充分认识建立新型农村合作医疗制度的重要性、长期性和艰巨性。强调要认清和把握新型农村合作医疗的新特点。指出新型农村合作医疗制度是由政府组织、引导和支持，农民自愿参加，个人、集体和政府多方筹资，以大病统筹为主的农民医疗互助共济制度。与以往农村合作医疗制度的不同点有：加大了政府支持力度，突出了以大病统筹为主，提高了统筹层次，明确了农民自愿参加的原则，赋予了农民知情权和监管权，提高了制度的公开、公平和公正性，由政府负责和指导建立组织机构、经办机构和监管机构，加强了领导、管理和监督，建立了医疗救助制度。对试点方案提出了具体可行的要求：要求认真开展基线调查，要有切实可行、科学规范的资金筹集、使用和管理办法；要科学制定起付线、封顶线和报销比例，既不能资金沉淀，又不能透支；要设立统筹基金和家庭账户；要合理设置经办机构，进行科学规范管理。吴仪

---

① 参阅《关于进一步做好新型农村合作医疗试点工作的指导意见》，《社会保障制度》2004 年第 7 期。

副总理还特别强调，经济条件较好的东部地区，可探索逐步向农村社会医疗保险过渡的可行性。这就为新型农村合作医疗的发展指出了方向。①

2006 年以来，党和政府对民生问题更加关注，对农村农民医疗卫生事业更加重视。2006 年卫生部等部委局发布了《农村卫生服务体系建设与发展规划》。《规划》分析了农村医疗卫生状况和存在的问题，提出发展农村卫生事业的指导思想是以完善农村卫生机构功能和提高服务能力为核心，以乡（镇）卫生院建设为重点，健全县、乡、村三级卫生服务网络，从整体上为提高农民的健康水平提供保障条件。目标是到 2010 年建立起基本设施比较齐全的农村卫生服务网络、具有一定专业素质的农村卫生服务队伍、运转有效的农村卫生管理体制和运行机制，与建立和完善新型农村合作医疗制度和医疗救助制度协同发展，满足农民群众人人享有初级卫生保健服务的需求。农村卫生服务体系以公有制为主导，多种所有制形式共同发展和完善，由政府、集体、社会和个人举办的县、乡、村级医疗卫生机构组成，以县级医疗卫生机构为龙头，乡（镇）卫生院为中心，村卫生室为基础。主要由县医院、县中医医院、县疾病预防控制机构、县卫生执法监督机构、县妇幼保健机构、乡（镇）卫生院、村卫生室及其他卫生机构组成农村卫生服务体系。资金问题得到解决，中央专项资金支持的重点是中西部地区的乡（镇）卫生院以及贫困县、民族自治县、边境县中的部分县医院、县中医（民族医）医院、县级妇幼保健机构和部分村卫生室的基础设施建设，同时安排力量引导资金兼顾东部部分困难地区。要求建立和完善新型农村合作医疗和医疗救助制度，加大农村适用型卫生技术人才的培养力度。要求各级财政对卫生投入增长速度不低于同期财政经常性支出增长速度，新增卫生事业经费主要用于发展农村卫生事业，其中用于县以下的比例不低于 70%。② 可以说《规划》全面系统地对农村医疗卫生事业发展作了安排，尤其是确立了农村医疗卫生事业的资金保障原则，使农村医疗卫生事业的发展有了坚实的基础。

2007 年发布的《卫生事业发展"十一五"规划纲要》指出了卫生工

---

① 吴仪：《扎扎实实做好农村合作医疗试点工作》，《社会保障制度》2004 年第 5 期。

② 《农村卫生服务体系建设与发展规划》，http://www.china.com.cn/policy/txt/2006 - 09/13/content7157518 - 2htm。

作，特别是农村卫生工作面临的问题：重大传染病和慢性病的流行比较严重，妇幼保健工作比较薄弱，流动人口中妇女儿童卫生保健问题尤为突出，农村卫生发展仍然滞后，农村公共卫生体系不健全，医药卫生设备简陋，人才匮乏，看病难、看病贵的问题突出。《纲要》指出，到 2010 年在全国初步建立覆盖城乡居民的基本卫生保健制度框架，在全国普遍建立比较规范的新型农村合作医疗制度和县、乡、村三级医疗卫生服务体系。缩小城乡之间、区域之间、人群之间的卫生服务差距，努力实现人人公平享有基本卫生保健的目标。以公共卫生、农村卫生和社区卫生为重点，健全政府公共服务职能，优化卫生资源配置。广泛开展爱国卫生运动，改善农村环境卫生，加大农村改水改厕力度。加强新型农村合作医疗制度建设，到 2010 年实现新型农村合作医疗制度基本覆盖农村居民。实施《农村卫生服务体系建设与发展规划》。实现城市支援农村卫生工作经常化、制度化。加大政府对公共卫生和农村卫生的投入，促进农村医疗卫生事业的发展。①

2008 年 8 月公布的《中华人民共和国社会救助法（征求意见稿）》和 2009 年民政部发布的《关于进一步完善城乡医疗救助制度的意见》，在制度层面上实现了城乡居民社会救助的一体化。《意见》指出，要探索建立城乡一体化的医疗救助制度，满足困难群众的基本医疗服务需求，简化程序，充分发挥医疗救助的便民救急作用，做好医疗救助与相关基本医疗保障制度的衔接，加大资金投入力度，强化基金的管理。使农村贫困人口基本享受与城市居民同样的医疗救助待遇。卫生部、财政部印发的《关于做好 2008 年新型农村合作医疗工作的通知》要求开展新型农村合作医疗与城镇居民基本医疗保障相衔接的试点工作。这表明城乡居民医疗保障一体化进入了实质性的实施阶段。

2008 年《中共中央关于推进农村改革发展若干重大问题的决定》要求加快发展农村公共事业，促进农村社会全面进步，形成城乡经济社会发展一体化新格局，对农村医疗卫生事业发展作了全面的部署和安排。《决定》指出，促进农村医疗卫生事业发展。基本医疗卫生服务关系广大农民幸福安康，必须尽快惠及全体农民。巩固和发展新型农村合作医疗制度，

---

① 《国务院批转〈卫生事业发展"十一五"规划纲要〉的通知》，《新华月报》2007 年 7 月号记录。

提高筹资标准和财政补助水平，坚持大病住院保障为主，兼顾门诊医疗保障。完善农村医疗救助制度。坚持政府主导、整合城乡卫生资源，建立健全农村三级医疗卫生服务网络，重点办好县级医院并在每一个乡镇办好一所卫生院，支持村卫生室建设，向农民提供安全价廉的基本医疗服务。加强农村卫生人才队伍建设，定向免费培养培训农村卫生人才，妥善解决乡村医生补贴，完善城市医生支援农村制度。坚持预防为主，扩大农村免费公共卫生服务和免费免疫范围，加大地方病、传染病及人畜共患病防治力度。加强农村药品配送监管。积极发展中医药和民族医药服务。广泛开展爱国卫生运动，重视健康教育。加强农村妇幼保健，逐步推行住院分娩补助政策。坚持计划生育的基本国策，推进优生优育，稳定农村低生育水平，完善和落实计划生育奖励扶助制度，有效治理出生人口性别比例偏高问题。①

2009 年是我国医药卫生体制改革比较深入的一年。这一年出台了《中共中央国务院关于深化医药卫生体制改革的意见》和《医药卫生体制改革近期重点实施方案（2009～2011 年)》两个重要文件。这两个文件指出了医药卫生体制改革的意义，认为医药卫生事业关系亿万人民的健康，关系千家万户的幸福，是重大民生问题，是贯彻落实科学发展观，促进经济社会全面协调可持续发展的必然要求，是维护社会公平正义，提高人民生活质量的重要举措，是全面建设小康社会和构建社会主义和谐社会的一项重大任务。对农村卫生事业的发展给予了高度重视，指出坚持预防为主、以农村为重点、中西医并重的方针。要建立促进城乡居民逐步享有均等化的公共卫生服务。要探索建立城乡一体化的基本医疗保障管理制度。要求新增政府卫生投入重点用于支持公共卫生、农村卫生、城市社区卫生和基本医疗保障。采取定向免费培养等多种方式，为贫困地区农村培养实用医疗卫生人才，造就大批扎根农村、服务农民的合格医生。两个文件对农民工的医疗保障工作非常重视，要求积极推进农民工参加城镇职工医保。签订劳动合同并与企业建立稳定劳动关系的农民工，要按照国家明确用人单位缴费责任，将其纳入城镇职工基本医疗保险制度。参加城镇职工医保有困难的农民工，可以自愿选择参加城镇居民医保或户籍所在地的新型农村合作医疗。要求制定基本医疗保障

---

① 《中共中央关于推进农村改革发展若干重点大问题的决定》，《光明日报》2008 年 10 月 20 日。

关系转移接续办法，解决农民工等流动就业人员基本医疗保障关系跨制度、跨地区转移接续问题。①

胡锦涛在中共中央政治局第二十次集体学习时提出了建立农村医疗卫生保障事业的一系列重要原则。指出：建立健全覆盖城乡居民的基本医疗卫生制度，为群众提供安全、有效、方便、价廉的医疗卫生服务。要坚持公共医疗卫生的公益性质，强化政府责任和投入，不断提高全民健康水平。要大力发展农村医疗卫生服务体系。要坚持广覆盖、保基本、可持续的原则。将全体城乡居民纳入基本医疗保障范围。要健全基层医疗卫生服务体系，把更多财力、物力投向基层，把更多人力、技术引向基层，切实增强基层公共卫生服务能力。要促进基本公共卫生服务逐步均等化，最大限度地预防疾病。②胡锦涛同志的讲话为我国农村医改指明了方向，确定了方针。

总之，经过不断探索，党和政府对我国农村农民的医疗保障事业有了科学的认识，确立了农村农民医疗保障的制度体系。这一制度体系的核心内容主要有：将全体城乡居民纳入基本医疗保障的范围；坚持广覆盖、保基本、可持续、可转移接续的原则；坚持政府主导、社会和个人参与、社会化运作的方式；实行医疗卫生全方位的社会保障，形成公共卫生、合作医疗、医疗救助和扶贫为一体的服务体系；坚持医疗卫生的公益性质，逐步实现公共卫生服务的均等化；逐步实现基本医疗保障的城乡居民一体化。

第二节　新型农村合作医疗制度

一　中国农村合作医疗的历史述评

我国的农村合作医疗以 2003 年为界分为传统农村合作医疗制度和新型农村合作医疗制度。传统农村合作医疗制度萌芽于 20 世纪 40 年代的陕甘宁边区。1944 年因伤寒、回归热等传染病流行，边区政府应群众要求委托当时的商业销售机构——大众合作社办理合作医疗，大众合作社是一种民办公

---

① 参阅《中共中央国务院关于深化医药卫生体制改革的意见》和《医药卫生体制改革近期重点实施方案（2009~2011年）》，《新华月报》2009年5月号记录。

② 《建立健全覆盖城乡居民的基本医疗卫生制度为群众提供安全有效方便价廉医疗卫生服务》，《中国劳动保障报》2010年6月1日。

助的医疗机构。1950 年前后，东北各省为解决广大农村无医无药问题，积极提倡采用合作制和群众集资的办法举办卫生机构，并有所发展。随着农业合作化的发展，山西、河南、河北等省农村出现了一批由农业生产合作社举办的保健站。1955 年初，山西省高平县米山乡在农村社保健站中最早实行"医社结合"，采取社员群众出"保健费"和生产合作社公益金补助相结合的办法，建起了合作医疗制度。具体做法是：第一，在乡政府领导下，由农业生产合作社、农民群众和医生共同集资建站。第二，在自愿原则下，农民每年缴纳 2 角钱的"保健费"，免费享受预防保健服务，患者治疗免收挂号费、出诊费等。第三，保健站坚持预防为主，巡回医疗，送医送药上门，医生分片负责所属村民的卫生预防和医疗工作。第四，保健站的经费来源于农民缴纳的保健费、提取出的 15% ~ 20% 的农业社公益金、医疗业务收入等。第五，采取计分和发现金相结合的办法，合理解决保健站医生的报酬。这些做法逐步成为中国农村"合医合防不合药"的医疗制度，逐步得到肯定和推广。[1]

1958 年人民公社制度实施后，农村合作医疗迅速发展。据估算全国行政村举办合作医疗比重，1958 年为 10%，1962 年为 46%。在这期间毛泽东多次关注农村合作医疗发展，特别是在 1965 年发表的"6·26"指示中，严厉批评了当时的卫生部，并发出了要把医疗卫生的重点放到农村去的指示。使因三年困难时期几乎处于停顿状态的合作医疗制度出现了回升发展的契机。1966 年毛泽东批发了湖北省长阳县乐园公社办合作医疗的经验。当时"文化大革命"已经兴起，合作医疗被政治化了。因此很快一哄而起，实现了合作医疗"一片红"。伴随合作医疗发展的是数以百万计的农村"赤脚医生"队伍的成长壮大。赤脚医生来自农村，是农村半医半农的卫生员，上岗前经过 1~2 个月的短期医学速成培训，大多采用和社员一样的工分计酬。联合国妇女儿童基金会对当时的赤脚医生给予高度评价，认为它为中国落后的农村地区提供了初级护理，为不发达国家提高医疗卫生水平提供了样板。20 世纪 70 年代，是我国农村合作医疗的广泛普及和鼎盛时期。1976 年全国实行合作医疗制度的行政村达 90%，合作医疗作保障的医疗保健服务覆盖

---

① 参阅陈佳贵《中国社会保障发展报告（1997~2001）》，社会科学文献出版社，2001，第278 页。

全国85％的农村人口。合作医疗被写进了1978年通过的宪法，以国家大法的形式加以肯定。①

在计划经济时代，在整个经济发展水平相当低的情况下，通过有效的制度安排，中国用占GDP3％左右的卫生投入，大体上满足了几乎所有社会成员的基本医疗卫生需求，国民健康水平迅速提高，不少国家综合健康指标达到了中等收入国家的水平，是一个医疗卫生的奇迹。② 其中合作医疗功不可没，农村合作医疗的主要经验有：第一，目标定位明确，以公益性为原则，以提高农民大众健康水平为目的，群策群力，因地制宜，因陋就简，形成了县、乡、村三级医疗预防保健网。有医有药总比缺医少药好。第二，突出预防为主，抓好公共卫生，超前消除可能产生疾病的隐患，防患于未然，广泛开展群众性的爱国卫生运动，以防为主，防治结合，成本低效果好。第三，广泛覆盖，合作医疗制度普及到农村。从常见病和多发病入手，坚持中西医结合，成本低、推广容易，效果好。第四，方法可行，坚持自愿原则，以集体的力量举办，主要运用党和政府力量推动，普及医疗卫生工作，在解决亿万农民缺医少药问题方面发挥了重要作用。第五，以集体经济，集体的社会力量作支撑，"大家拣柴火焰旺"，产生了1＋1远大于2的效果。

传统的农村合作医疗存在一系列的问题：第一，合作社本身是一种松散的互利组织，成员较少，建立在情感和信任基础上，凝聚力有限，而且当时的合作医疗制度不规范，直到1979年才颁布了《农村合作医疗章程》，还是试行草案，具有应急的某些特征。尽管政府给予支持，但没有强力的经济社会支撑，特别是在农村集体经济弱化后失去了活力。第二，缺乏物质基础。传统合作医疗在当时是穷国大国办医疗保障，投入少、设施简陋、医务人员技术水平低，不能适应农民不断增长的医疗卫生需求的需要。第三，没有经历市场机制的洗礼。传统农村合作医疗是计划经济产物，没有发挥价值规律的作用，很少竞争，严重依赖集体和政府，特别是党组织的支持。党和政府主要是政治上的支持，发展合作医疗成了一项政治任务，扭曲了合作医疗的性质。第四，体制和机制有缺陷。一方面表现为当时合作医疗是在人民

① 参阅曹普《1949～1989：中国农村合作医疗制度的演变与评析》，《社会保障制度》2007年第10期。

② 葛延风：《中国医改问题·根源·出路》，中国发展出版社，2007，第2页。

公社高度集权的政治体制下运行的；另一方面表现为当时合作医疗本身实行医社合一，由农村基层集体组织统一管理，这样既违背了政企分开的管理原则，又违背了医疗卫生事业发展的内在规律。第五，经济方面的问题。"合作医疗缺乏稳定的筹资来源，基金统筹范围小、抗风险能力弱，基金的使用缺乏有效的监管和约束机制。"①

农村合作医疗在 20 世纪 70 年代中期达到鼎盛之后，迅速滑坡。农村合作医疗覆盖率由 20 世纪 70 年代的 90% 猛降到 1989 年的 4.8%，详见表 3 - 1。乡村医生和卫生员从 1980 年的 146.3 万人降到 2001 年的 129 万人，平均每村乡村医生和卫生员的数量由 1980 年的 2.1 人降到 2001 年的 1.82 人。② 不少农村地区又回到解放初期的缺医少药状态，看病难、看病贵、因病致贫、因病返贫现象严重，传染病、地方病成了困扰农民的主要问题之一。

表 3 - 1　1980 ~ 1989 年中国农村合作医疗覆盖率变化

单位：%

年份	1980	1981	1982	1983	1984	1985	1986	1987	1988	1989
覆盖率%	63.8	58.2	52.8	11.0	8.0	5.4	4.8	5.0	6.0	4.8

资料来源：曹普：《1980 ~ 1989 年中国农村合作医疗制度的演变与评析》，《社会保障制度》2007 年第 1 期。

党和政府为发展农村医疗卫生事业进行了不懈的努力。1986 年我国政府承诺 2000 年人人享有卫生保健，并确定农村实现人人享有卫生保健的基本途径和基本策略是在全体居民中实施初级卫生保健。1990 年发布了《关于我国农村实现"2000 年人人享有卫生保健"的规划目标（试行）》。1991 年国务院转发了卫生部等部委《关于改革和加强农村医疗卫生工作的请示》的法规。1992 年发布了《卫生部、财政部关于加强农村医疗卫生工作若干意见的通知》，但农村缺医少药的情况没有得到根本扭转，农村合作医疗仍在滑坡。1996 年江泽民在全国卫生工作会议上指出，卫生工作要以农村为重点，以预防为主。1997 年国务院批转了卫生部等部门《关于发展和完善农村

---

① 刘雅静等：《我国农村合作医疗制度 60 年的变革及启示》，《社会保障制度》2010 年第 9 期。

② 《2009 中国卫生统计年鉴》，中国协和医科大学出版社，2009，第 57 页。

合作医疗的若干意见》的法规。同年卫生部发布了《关于进一步推动合作医疗工作的通知》，《通知》认为农村合作医疗制度是适合我国国情的农民医疗保障制度，要大力恢复和发展农村合作医疗制度。以上的政策法规都有一些发展农村医疗卫生事业的措施，但成效不大。到1998年，全国农村居民中得到医疗保障的人口只有12.56%，其中合作医疗的比重仅为6.5%。

改革开放以来的一段时间里，农村合作医疗事业不仅没有发展，而且仍在滑坡，其原因除前述的部分原因外还有：第一，合作是一种内聚力很小的组织形式，需要有很大的共同利益的吸引和巨大的外部力量的推动。我国传统合作医疗作为一种集体福利组织，随着农业家庭联产承包责任制的推行，集体经济弱化了，加上改革开放以来民主政治发展，特别是农村人民公社制度瓦解，农村合作医疗发展之初的两个支柱失去了支撑能力。第二，改革开放以来，政治上高度集权的政治体制逐步改变，经济运行机制中，市场机制逐步取代计划经济的运行机制，但农村合作医疗改革的幅度不大。如在合作医疗运行中内部仍然是管理和办事合一，合作医疗的性质仍然定位为集体福利事业，赤脚医生的工分仍由大队负责，参加集体分配。合作医疗的经费收支仍由大队管理或由公社卫生院代为管理。① 集体经济弱化了，合作医疗没有支撑能力，赤脚医生收入不仅没有提高，有的甚至没有着落，只好散了。第三，政府的支持不力。经济上，农村卫生事业属于公共卫生事业，应加大投入，但农村人均卫生费用1990年是城市的1/4，到2000年几乎还是城市的1/4，② 农民很少享受到改革开放在医疗卫生方面的成果。政治上，改革开放之初，有近10年的时间，政府很少关注农村卫生事业，"中央政府几乎没有制定任何关于农村合作医疗或农民健康保障的专门文件"。③ 第四，政府在有关农村合作医疗方面的政策曾出现过矛盾。如当时向农民收取的合作医疗出资被列为增加农民负担的项目而不准征收，这在一定程度上等于是要取消合作医疗。第五，医疗卫生改革曾走过弯路。如在医疗卫生改革中一度主要关注城市医疗卫生事业，忽视农村医疗卫生事业，有的医疗服务单位曾只注重经济效益、忽视社会效益，在一定程度上偏离了医疗卫生事业的公益性性质。

---

① 详见《农村合作医疗章程（试行草案）》，1979年12月15日卫生部发布。
② 《2009中国卫生统计年鉴》，中国协和医科大学出版社，2009，第57页。
③ 顾昕等：《诊断与处方：直面中国医疗体制改革》，社会科学文献出版社，2006，第141页。

二　新型农村合作医疗的发展

2002 年 10 月中共中央国务院作出《关于进一步加强农村卫生工作的决定》，要求到 2010 年在全国农村基本建立起适应社会主义市场经济体制要求和农村经济发展水平的农村卫生服务体系和农村合作医疗制度。要建立基本设施齐全的农村卫生服务网络，建立具有较高专业素质的农村卫生服务队伍，建立精干高效的农村卫生管理体制，建立以大病统筹为主的新型农村合作医疗制度和医疗救助制度，使农民人人享有初级卫生保健，主要健康指标达到发展中国家先进水平。2003 年新型农村合作医疗试点工作在全国陆续展开，经过 5 年多的努力，2008 年新型农村合作医疗制度基本实现了全覆盖，2009 年参合人数达到 8.3 亿，参合率达到 94.0％。[1]新型农村合作医疗制度是由政府组织、引导、支持，农民自愿参加，个人、集体和政府多方筹资，以大病统筹为主的农民医疗互助共济制度。[2]我们认为新型农村合作医疗实质上是以政府出资为主为农民办的社会福利事业。

资金缺乏是传统农村合作医疗滑坡的主要原因，筹措足够的资金也是新型农村合作医疗得以迅速发展的基础。从 2003 年起，中央财政对中西部地区除市区以外的参加新型农村合作医疗的农民每年按人均 10 元安排合作医疗补助资金，地方财政对参加新型农村合作医疗的农民补助每年不低于人均 10 元。2007 年中央财政对每位参合农民每年的补助提高到 20 元，地方财政补助也提高到 20 元。到 2008 年各级财政对参合农民的补助标准提高到每人每年 80 元，其中中央财政对中、西部地区参合农民按 40 元给予补助。2008 年卫生部、财政部印发的关于做好 2008 年新型农村合作医疗工作的通知要求农民个人缴费由每人每年 10 元增加到 20 元，困难地区可以分两年到位。2010 年各级财政把新型农村合作医疗补助标准提高到每人每年 120 元，实现了对参合农民的补助同参加城镇居民社会医疗保险补助额相等。2011 年温家宝总理在政府工作报告中指出提高基本医疗保障水平，把新型农村合作医疗和城镇居民医保财政补助

① 《政府工作报告学习问答》，中国言实出版社，2010，第 56 页。
② 《国务院转发卫生部等部门关于建立新型农村合作医疗制度的意见》，2003 年 1 月。

标准提高到每人每年 200 元。率先在医保方面实现了城乡居民医保一体化。同时加强对县、乡、村三级医疗卫生网络体系投入，包括医务人员、医务管理人员、管理人员的报酬和医疗基础设施、医疗基本器材的购置费等主要由政府负担。资金问题的解决使新型农村合作医疗发展有了坚实的经济基础。

新型农村合作医疗使农民得到了实惠，农民参加新型农村合作医疗的人数直线上升，而且是自愿参加。到 2008 年年底，全国累计 15 亿人次享受到补偿，补偿基金支出 1253 亿元，其中 1.1 亿人次享受到住院补偿，11.9 亿人次享受到门诊补偿，2 亿人次进行了健康体检，详见表3－2。参加新型农村合作医疗农民次均住院补偿金额从试点初期的 690 元提高到 2009 年的 1200 元，最高支付额达到当地农民人均收入的 6 倍以上。[①] 合作医疗报销率从 2008 年不足 30% 上升到 2009 年的 40% 以上，并逐步提高到 50%。新型农村合作医疗的发展有了稳固的社会基础。

表3－2　全国参加新型农村合作医疗人口情况

年　　份	2004	2005	2006	2007	2008	2009
参合人数（亿）	0.8	1.79	4.10	7.26	8.15	8.33
参合农民比例（%）	75.2	75.66	80.66	86.2	91.53	94.0
补偿支出受益人次（亿人次）	0.76	1.22	2.72	4.53	5.85	

资料来源：《2009 中国卫生统计年鉴》，中国协和医科大学出版社，2009，第 347 页。《政府工作报告学习问答》，中国言实出版社，2010，第 56 页。

农村医务人员的数量在增加，质量有所提高。从乡村医生和卫生员的数量看，2003 年开始，出现了止跌回升的态势。平均每个农村乡村医生和卫生员的数量均在增加，详见表 3－3。

从乡村医生的质量看，学历水平和职称水平在不断提高。有近 4 万大专以上学历的医务工作者充实到乡村医务工作中，乡村医生中有近 70% 达到中专学历水平，还有 20% 以上的乡村医生在职培训合格。随着医务人员水平的提高而来的是医疗水平的提高，医疗水平的提高增加了农民对新型农村

---

① 《社会保障制度》2010 年第 4 期。

表 3 - 3　乡村医务人员情况

单位：个，%

年份	合计	乡村医生和卫生员		平均每村乡村医生和卫生员	平均每年农业人口乡村医生和卫生员
		乡村医生	卫生员		
1980	1463406	607879	2357310	2.10	1.79
1985	1293094	643022	650072	1.80	1.55
1990	1231510	776859	454651	1.64	1.38
1995	1331017	955933	375084	1.81	1.48
2000	1319357	1019845	299512	1.82	1.44
2003	867778	791956	75822	1.31	0.98
2004	883075	825672	57403	1.37	1.00
2005	946532	864168	52364	1.46	1.05
2006	957459	906320	51139	1.53	1.10
2007	931761	882218	49543	1.52	1.06
2008	938313	893535	44778	1.55	1.06
2009					

资料来源：《2009 中国卫生统计年鉴》，中国协和医科大学出版社，2010，第 57 页。

合作医疗的信任度。农村居民的医疗保健支出费用逐年上升，改变了过去那种"小病扛、大病躺"的状况，详见表 3 - 4。

表 3 - 4　农村居民医疗支出情况

年　份	1990	1995	2000	2005	2008
人均医疗保健支出（元）	19	42.5	87.6	168.1	246.0
医疗保健支出占消费性支出%	5.1	4.9	5.2	6.6	6.7

资料来源：《2009 中国卫生统计年鉴》，中国协和医科大学出版社，2010，第 84 页。

农民工医疗保障制度正在构建过程中。农民工由于其流动性，增加了医疗保障的难度。党和政府关于农民工医疗保障的政策十分明确。农民工可以参加所在单位的职工医疗保险，也可以参加所在城镇的居民社会医疗保险，还可以参加户籍所在地的新型农村合作医疗。关于农民工跨区域、跨医疗保障类型的转移接续问题的政策也已确定，目前正在实施的过程中。国务院在《医药卫生体制改革近期重点实施方案（2009～2011）》中指出，要制定基本医药保险关系转移接续办法，解决农民工等流动就业人员基本医疗保障关系跨制度、跨地区转移接续问题，做好城镇职工医保、城镇居民医保、新型农村合作医疗、城乡医疗救助之间的衔接。早在 2006 年劳动和社会保障部在《关于开展农民工参加医疗保险专项扩展行动的通知》中指出：按照低费率、保大病、保当期、以用人单位缴费为主的原则，制定和完善农民工参加医疗保险的办法。

各级地方政府，特别是农民工比较集中的地方政府相继出台了一系列有关农民工医保的法规和政策。2002 年 7 月上海市出台了《上海市外来从业人员综合保险暂行办法》，规定用人单位全额缴费，外来农民工享受工伤保险、住院医疗及老年补贴等待遇。2005 年上海推出日常用药费用补贴项目，为每个参保人员提供一张药费补贴卡，每月向卡中注入人民币 20 元，外来农民工可持卡到全市 400 多家药房购药。2005 年上海市综合社会保险的参保率达 66.7%。北京市从 2004 年实施《北京市外地农民工参加基本医疗保险暂行办法》，对农民工基本医疗保险实行保大病、保当期。2005 年深圳市建立了外来务工人员合作医疗制度，对劳务人员合作医疗实行低水平、广覆盖、高效率的保障。

目前，在城镇的农民工约 1.4 亿人，2009 年底 4335 万农民工参加城镇基本医疗保险，4900 多万人参加工伤保险。但据黄乾的调查资料显示，农民工无任何医疗保险的占 76.2%，农民工参加医保最多的还是新型农村合作医疗，占 14.9%，评见表 3-5。农民工的医保任重而道远。党和政府非常重视农民工的医保，他们可以参加城镇职工、城镇居民和农村居民任何一种医疗保障。农民工医保实现对解除他们的后顾之忧，顺利推进我国的城市化和现代化事业有重要意义。

表 3-5　城市农民工参加各项医疗保障情况

医疗保障类别	人数（个）	比例（%）	医疗保障类别	人数（个）	比例（%）
新型农村合作医疗	421	14.9	多重保险	24	0.9
城镇医疗保险	188	6.7	无任何医保	2147	76.2
商业保险	39	1.4	合　计	2819	100.0

资料来源：黄乾《农民工医疗保障横式是选择影响因素的实证分析》，《社会保障制度》2010 年 4 月。

任何一项制度，只有源于人民的创新实践才有生命力。各地有关新型农村合作医疗制度的创新仍在继续。合作医疗制度是基层农民群众探索的结果，具有一定的创新性。新型农村合作医疗是在继承传统农合的基础上的制度创新。安徽省长丰县、宁国市探索城乡居民医疗保险并轨工作。两地开展农村合作医疗制度与城镇居民基本医疗保险制度的衔接试点。两地均实行统一实施标准、统一基金管理、统一时间征缴、统一机构管理，分别上报的原则。实施统一的居民基本（农村合作医疗）医疗保险制度。[①] 浙江省义乌市实行城乡居民医保一元化。2010 年义乌市出台了《城乡居民医疗保险实施办法》，规定凡义乌户籍未参加城镇职工基本医疗保险的所有城乡居民和在校学生，均可以家庭为单位参保。小额医疗保险缴费每人每年 80 元，大额 450 元。同时加大财政补助力度，参保人员在医疗年度内住院和特殊病种门诊医疗费用累计报销最高限额，小额医保 8 万元，大额医保 17 万元。全市城镇居民参保率为 90%，农村居民参保率达 100%。深圳市将非深圳户籍常住人口纳入医保，率先实现全民医保。陕西神木县在全县实施免费医疗。这些探索的一个共同特点是实现成乡居民医保一体化，有利于改变我国医保二元结构状况，在全国有一定的推广价值。

三 未参加和中途退出新型农村合作医疗的农民的情况探析

新型农村合作医疗制度自 2003 年推行以来，已经覆盖了 96% 左右的农民，极大地改善了参合农民的就医条件，缓解了参合农民看病难、看病贵的问题。但还有部分农民没有参加或中途退出新型农村合作医疗。深入对这一问题展开研究，有利于实现新型农村合作医疗的全覆盖，有利于有针对性的完善新型农村合作医疗制度。

（一）未参加和中途退出新型农村合作医疗的农民的基本状况

本文采取问卷调查和访谈相结合的方式展开研究。共发放调查问卷 220 份，回收 214 份，排除无效问卷，共获得有效问卷 204 份，有效回收率 92.7%，同时进行了一系列的访谈，以验证问卷的真实性和数据的可信度。对有效问卷采用 SPSS18.0 软件进行数据录入、整理与统计分析。调查样本人口特征统计情况如表 3-6 所示。

---

① 参阅王永群《安徽探索城乡医保并轨》，《文摘报》2010 年 7 月 15 日。

表3-6 调查样本人口特征统计表

单位：个，岁，%

	类　别	频数	百分比	有效百分比	均值
性别	男	109	53.4	53.4	—
	女	95	46.6	46.6	—
年龄	—	—	—	—	44.04
	—	—	—	—	8.68
	良好	113	55.4	55.4	—
	一般	78	38.2	38.2	—
	较差	11	5.4	5.4	—
职业	务农	117	57.4	57.6	—
	个体工商户	37	18.1	18.2	—
	乡镇企业职工	17	8.3	8.4	—
	私营企业主	5	2.5	2.5	—
	外出务工经商	26	12.7	12.8	—
	其他	1	0.5	0.5	—

资料来源：调查问卷统计。

从表3-6可知，接受调查的男性109人，女性95人；平均年龄44.04岁；平均受教育年限为8.68年；身体状况良好、一般、较差的分别为113人、78人、11人；有57.4%的人从事农业，12.7%的人外出务工经商。由上述情况可知，接受调查的对象多数为中年人，且多数人从事农业生产，受教育的程度较高。

接受调查的未参加或中途退出新型农村合作医疗的农民的构成情况如表3-7所示，在回收的204份有效问卷中，共有122人从未参加过新型农村合作医疗，有82人中途退出新型农村合作医疗，分别占样本总数的59.8%、41.2%。有59.8%的人没有参加新型农村合作医疗，我们可以进一步做工作，动员或帮助其参加，有41.2%的人中途退出新型农村合作医疗，这就值得我们深思。

表3-7 未参加或中途退出新型农村合作医疗的农民的分类表

单位：个，%

	频数	百分比	有效百分比
没参加	122	59.8	59.8
中途退出	82	41.2	41.2
总　计	204	100.0	100.0

资料来源：调查问卷统计。

（二）影响未参加和中途退出新型农村合作医疗的农民的因素分析

1. 总体原因分析

（1）未参加和中途退出新型农村合作医疗的农民对新型农村合作医疗制度的认知情况

从表 3-8 看出，未参加和中途退出新型农村合作医疗的农民对新型农村合作医疗制度的了解程度是比较高的，占样本总数的 96.5%，他们中几乎没有人不知道新型农村合作医疗制度。但进一步分析可以发现，他们对新型农村合作医疗制度没有深入的了解。从表 3-8 我们可以看出，他们中有 96.5% 的人知道一些新型农村合作医疗的信息，但具体到政府补贴金额及资金管理制度则知之甚少，只有 26.9% 的人了解一些情况。而且表现为对新型农村合作医疗具体制度的问题越深入，了解和知情的人越少。从表 3-8 的第一栏到第五栏看，不了解情况的人越来越多，到第五栏时有 75.2% 的人不了解。这除了一些农民文化水平低，对简单的信息比较易于理解，而对复杂的政策法规不易理解外，还有一个原因是我们对新型农村合作医疗制度，特别是比较复杂的、具有前瞻性的政策宣传不到位。

表 3-8　未参加和中途退出的农民对新型农村合作医疗制度的认知情况

单位：%

编号	问　　题	知道	不知道	了解一点
1	是否知道新型农村合作医疗的一些信息	96.5	—	3.5
2	是否知道定点医疗机构	91.2	5.3	3.5
3	是否知道医疗费用的报销程序	66.7	25.4	7.9
4	是否知道报销比例	44.5	10.6	44.9
5	是否知道政府补贴金额及资金管理制度	26.9	48.3	75.2

资料来源：调查问卷统计。

（2）对新型农村合作医疗制度的期望

60.0% 的未参加或中途退出新型农村合作医疗的农民希望提高报销率，这是他们最主要的政策期望，可见低报销率是影响农民参合积极性的主要原因。其次，简化报销手续、提高医疗单位的服务质量以及和城里人一样的医疗待遇也是重要的影响因素。详见表 3-9。

表 3 - 9　未参加和中途退出新型农村合作医疗的农民的政策期望

单位：%

项　目	选	不选	项　目	选	不选
提高报销率	60.0	39.4	简化新型农村合作医疗的报销手续	47.3	52.7
政府再多出一点资	20.1	79.9	希望和城里人享受一样的医疗待遇	41.7	57.8
提高医疗单位的服务质量	45.1	54.9	门诊看病也应实行统筹	31.9	68.1
希望新型农村合作医疗制度能长期坚持下去	32.4	67.2	其他	2.5	97.5

资料来源：调查问卷统计。

2. 横向比较原因分析

（1）未参加新型农村合作医疗的农民的原因分析

从表 3 - 10 可知，影响农民不参加新型农村合作医疗最关键的因素是"身体好，不想白交钱"，这个因素占样本总数的 28.7%；而"无力缴纳参合费用"的仅有 8 人，占总样本的 6.6%。这说明在未参加或中途退出新型农村合作医疗的农民中，无力缴纳参保费的影响因素很小，农民的健康保险观念比较落后是根本原因。

表 3 - 10　未参加新型农村合作医疗的原因

单位：个，%

	频数	百分比	有效百分比
没有听说过,不了解	24	11.8	19.7
身体好,不想白交钱	35	17.2	28.7
没有钱看病,参加也没用	18	8.8	14.8
无力缴纳参合费用	8	3.9	6.6
外出务工经商,参加城镇居民医保	28	13.7	23.0
其他	9	4.4	7.4
缺失值	82	40.2	—

资料来源：调查问卷统计。

（2）退出新型农村合作医疗的农民的原因分析

由表 3 - 11 可知，"报销程序繁琐""得不到实惠，白花钱"是农民参加后又退出新型农村合作医疗的主要原因，两项相加，占退出新型农村合作医疗总人数比例的 58.1%，"无力继续缴纳参合费用"的比例占 16%，在调查中我们了解到：由于种种原因，部分农民家庭缴纳参加新型农村合作医疗费用确实存在困难。

表 3 - 11　曾经参加后又退出新型农村合作医疗的原因

单位：%

	频数	百分比	有效百分比
得不到实惠，白花钱	22	10.8	27.2
报销程序繁琐	25	12.3	30.9
家人健康，没必要	7	3.4	8.6
无力继续缴纳参合费用	13	6.4	16.0
外出务工经商，参加城镇居民医保	14	6.9	17.3
缺失值	123	60.3	—

资料来源：调查问卷统计。

3. 纵向比较原因分析

未参加和中途退出新型农村合作医疗的农民由于性别、职业、居住村所在地、家庭承包地等方面的差异，形成对新型农村合作医疗制度的不同态度。

性别因素：在接受调查的未参加新型农村合作医疗农民中男性比例高于女性，而中途退出新型农村合作医疗的农民中女性的比例高于男性。

职业因素：个体工商户、私营企业主、乡镇企业职员等参合率比较低，他们中的一些人经济收入较高，一些人选择了参加商业保险。

居住地因素：居住在自然村的比城市郊区、乡或镇所在地行政村、非乡或镇所在地的行政村的农民的参合率高。

承包地因素：承包地摞荒的农民100%都未参合。全部由自己或家人耕种和自家耕种一部分、其余的流转给他人耕种承包地的，这两部分农民的参合率比较高。由上述情况可知，在经营土地的农民中收入越高参合率越高，土地摞荒的农民没有经济收入或经济收入较低，交不起参合费，许多人没有参加新型农村合作医疗。详见表 3 - 12。

除此之外，调查中我们还发现，身体状况、文化程度也对农民是否参合有一定影响。

表3－12　未参加或是中途退出新型农村合作医疗人员分组比较

单位：%

		未参加	中途退出	总计
性　别	男	63.3	36.7	100.0
	女	55.8	44.2	100.0
职业主	务农	57.3	42.7	100.0
	个体工商户	70.3	29.7	100.0
	乡镇企业职工	58.8	41.2	100.0
	私营企业主	60.0	40.0	100.0
	外出务工经商	57.7	42.3	100.0
	其他	—	100.0	100.0
居住地	城市郊区	65.0	35.0	100.0
	乡或镇所在地行政村	67.9	32.1	100.0
	非乡或镇所在地的行政村	53.3	46.7	100.0
	自然村	50.0	50.0	100.0
承包地情况	全部由自己或家人耕种	42.9	57.1	100.0
	自家耕种一部分，其余的流转给他人耕种	41.9	58.1	100.0
	全部流转给别人	58.1	41.9	100.0
	部分撂荒	61.5	38.5	100.0
	全部撂荒	100.0	—	100.0
	全部由他人无偿耕种	84.6	15.4	100.0
	其他	70.0	30.0	100.0

资料来源：调查问卷统计。

　　第一，不同年龄阶段的农民对新型农村合作医疗的态度存在差异。老年人对新型农村合作医疗很认可和满意，而一些年轻人则有意见和较多不满。当问到"您对新型农村合作医疗有什么意见和建议"时，老年人都表示满意，觉得是件好事；一些年轻人会有"服务态度不好、没得到实惠""白花钱、报销率太低等"不满意的情绪。

　　第二，不同文化程度的农民对新型农村合作医疗的认识程度存在差异。高中文化程度的农民一般会有比较高层次的建议，比如，简化报销程序、提高政府补贴率、看病门诊也应实行统筹等。文化程度低一些的农民则要求少交点钱、多报销点，他们关注的层次较低。

（三）关于实现新型农村合作医疗全覆盖的思考

建立新型农村合作医疗制度是为解决农民看病难、看病贵，缓解农民因病致贫、因病返贫问题的重要举措；建立新型农村合作医疗制度，逐步使农民树立风险共担、互助共济的意识，有利于减轻农民的医药费用负担，提高农民对卫生服务的利用率，提高农民健康水平；建立农民基本健康保障制度，有利于促进农村经济社会发展，维护社会稳定和谐。

我国农村人口占全国人口的大多数，农民的健康状况在一定程度上决定着整个民族的健康水平。实施新型农村合作医疗制度体现了国家对农民健康权的重视和对农民的关怀，是"以人为本"执政理念的具体体现。实现新型农村合作医疗全覆盖，主要是对需要新型农村合作医疗保健康的农民而言，一些经济收入高的农民，他们参加了商业医疗保险，参加新型农村合作医疗与否应随意。基于此，我们应从以下几个方面开展工作。

第一，农民个人方面。教育农民从思想观念上重视新型农村合作医疗，引导农民领会"缓解因病致贫、因病返贫"的新型农村合作医疗精神，认识到新型农村合作医疗的积极意义和作用，提高农民对新型农村合作医疗制度的认识水平，增强自我保健意识和健康风险意识，排除等自己得病了再参合的错误观念，促使其积极自愿参与新型农村合作医疗。鼓励农民进行健康投资，提高互助共济观念。

第二，村集体方面。村集体要积极支持新型农村合作医疗的发展，经济条件比较好的地区、村集体和乡村企业应尽量为新型农村合作医疗的发展多投入一些资金，鼓励有条件的乡村集体经济组织，积极资助本地农民参加新型农村合作医疗，也可以将资金直接捐赠给新型农村合作医疗基金，从而提高当地农民的医疗保险水平。大力引进医疗科技人才，改善、提高医疗卫生条件，对困难农民给予一定的经济支持。

第三，政府方面。增加对新型农村合作医疗的投入，加大财政扶持力度，吸引全体农民参合，以充分发挥社会保险大数法则的作用。规范新型农村合作医疗运行机制，简化报销程序，提高报销标准，方便农民就医。在已经对农村五保和低保农民垫付部分或全部参合费用基础上，对仍较困难的农民给予一定的参合补助。

加大宣传力度，充分调动广大农民的参合积极性。不仅要在合作医疗推行初期加大宣传力度，而且要把宣传教育作为一个长效机制，长期不断地进行。新型农村合作医疗的参合对象主要是广大农民，他们健康保险的意识淡薄，但有些地区并没有认真落实新型农村合作医疗的宣传工作，由于宣传力度不够，宣传内容不够具体详细，一些农民对新型农村合作医疗的认识不足，参合积极性不高。因此，要加大宣传引导的力度，让农民充分认识到新型农村合作医疗制度的重要性。让已参合农民通过现身说法来宣传这项保障制度的优越性，树立健康保险意识，帮助未参合或中途退出新型农村合作医疗的农民跳出狭窄圈子、克服侥幸心理，认识到参加新型农村合作医疗制度是抵御大病风险最有力的保障；同时让农民掌握和了解参加新型农村合作医疗制度应该拥有的权力，消除农民顾虑，使广大农民群众坚信这项制度的长期性和稳定性。

改善农村医疗卫生环境，提高新型农村合作医疗服务质量，加强农村公共卫生基础设施建设和高技术人才培养。加大对基层医疗卫生机构硬件的建设。加强乡镇卫生院和村卫生室的建设，提高医疗服务的水平，使其尽快满足医治一般疾病甚至大病的需要，真正使农民"有地方看病、看得起病、看得好病"。加大基层医疗机构软件建设，吸引人才或建立农村卫生人才定向培养机制。另外，要注意加强医德医风教育和推动新型农村合作医疗向社会医疗保险发展。

还要有针对性地开展未参加和中途退出新型农村合作医疗的农民的工作，特别是要做好那些中途退出新型农村合作医疗的农民的工作。他们中有些人较富裕，已参加商业健康保险，健康有了保障，参加新型农村合作医疗与否可随意；但也有些农民对新型农村合作医疗有了心结，对这些人我们要有针对性地开展工作，排除他们可能存在的心结。

首先，对于他们中因家中暂时存在经济困难的，村集体经济状况较好的依据具体情况给予一定补助，政府也可采取医疗救济的方式给予一定支持。如农民家中有读大学的学生，在此期间拿不出钱参合或中途被迫退出新型农村合作医疗的，可给予阶段性的支持。

其次，对那些对新型农村合作医疗制度存在疑虑的未参加或中途退出新型农村合作医疗的农民，要深入细致地有针对性地开展宣传工作，特别要宣传新型农村合作医疗制度的长期性、稳定性和管理的科学性，要使农民认识到，新型农村合作医疗是政府的一项制度安排。讲清其作为社会保险制度的地位和性质，消除其疑虑。

再次，对报销率低、服务质量不高、不方便等具体问题，政府要逐步采取措施提高和改进。并用发展的观点开导农民，要使农民认识到任何一项制度都有一个完善的过程，要看本质和主流。中央不久前决定对每位参合农民的补助由 120 元提高到 200 元，今后随着经济的发展还会提高。新型农村合作医疗发展中存在大的问题会在发展中解决。通过以上这些工作打开未参加和中途退出新型农村合作医疗农民的心结，鼓励其积极参加新型农村合作医疗，使新型农村合作医疗的参合率在"十二五"期间提高 3%，逐步实现新型农村合作医疗的全覆盖。

四 新型农村合作医疗与传统农合的比较研究

（一）新型农村合作医疗同传统农村合作医疗的不同之处

从宏观角度看：第一，构建的社会背景不同。传统的农村合作医疗是在我国经济比较困难的情况下建立的，具有一定的应急性质。后来受到"左"的思想影响，在计划经济和集权政治的背景下运行。新型农村合作医疗是在改革开放之后，人均国民生产总值 3500 美元的情况下重建的；是在实事求是、科学发展的思想指导下，政治上发扬基层民主、经济上引入市场机制的背景下运行的。

第二，目标不同。传统农村合作医疗主要解决农村缺医少药的问题，诊治农民的常见疾病。新型农村合作医疗以大病统筹为主，避免农民因病致贫和因病返贫，实现医疗卫生均等化和病有所医，保障农民身体健康为目标的。

第三，传统农合是社员群众的集体福利事业，主要靠集体经济支撑。新型农村合作医疗本质上是农民的政府福利事业。其主要出资人是政府，而且与新型农村合作医疗相联系的公共卫生事业，如设备购置费，医务人员、管理人员的部分报酬等均主要由政府筹措和承担。

第四，传统农合统筹层次低，筹措的资金少，主要是农民个人出的少量资金和集体公益金的 15% ~20% 的出资，筹资一般以村为单位。新型农村合作医疗原则上以县为筹资单位，以县统一筹资困难的才实行以乡为单位筹资，而且政府是主要出资人，各级政府的出资占到新型农村合作医疗资金的 2/3 ~9/10。各级政府给每位参加新型农村合作医疗的农民的出资同给城镇居民社会医疗保险的出资相等。

第五，构建的方式不同。传统农合由下而上，坚持典型引路、政治开道，带有一定强制性，而且后来采取搞运动的方式，一哄而起，直到改革开放之初的 1979 年才制定了试行章程。新型农村合作医疗首先是一种制度安排，制定制度过程中坚持自上而下和自下而上相结合，而且先进行试点，成熟一个举办一个，没有指标，在认真总结试点经验的基础上逐步展开，运用利益引导机制引导农民自愿参加。做到因地制宜、循序渐进、科学规范。

第六，村医的水平和待遇不同。传统农合村医主要是"赤脚医生"，赤脚医生要家庭成分好，有一定文化，经短期培训即上岗，专业技术水平低，待遇也较差，坚持亦农亦医，参加集体分配。新型农村合作医疗的村医聘任渠道多元化了，从医科专业的大专院校毕业生中直接聘用；从初中毕业生中经医科大专院校培养后返村服务；对原有的有一定专业技术基础的村医进行培训合格后聘用。其待遇除了服务收费外，政府给予一定的补贴。

第七，管理体制和运行机制不同。传统农合基本实行服务、管理和监督三位一体，特别是卫生院承担服务和管理双重功能。运行中运用计划手段，执行指令命令。新型农村合作医疗坚持政府组织、引导和支持，农民自愿参加，要求服务、管理和监督分开，政府运用政策法规实行管理和监督。运行中坚持计划和市场机制相结合，引入市场机制，如在乡镇卫生院领导和医务人员聘任中坚持竞争上岗，药品购置采用集中招标的方式。

第八，传统农合注重用草药和发挥中医作用，有的合作医疗站自制药品，成本低，适用性强。新型农村合作医疗坚持中西医结合，提倡充分发挥中医药的作用，但西药见效快，农民偏爱西药。对自制药品有了严格的规定，自制药品要符合药品生产的标准，医院一般不具有制药资格。新型农村合作医疗规定了基本用药目录，坚持集中招标采购，对乡村医疗卫生机构和药店实行集中配送，不收管理费，保证农民用药有效安全。

（二）新型农村合作医疗对传统农合的升华和创新之处

第一，组织创新。新型农村合作医疗比传统农合多了一个新字，但新型农村合作医疗组织的含义发生了深刻的变化——新型农村合作医疗向社会医疗保险迈进了一大步，使合作医疗由集体福利向实质的政府福利实现跨越性的发展。合作制是自愿参加的会员制组织，成员间相互信赖并采取一致的联合行动，成员的出资与权利对等，受章程约束，权利可以继承，互助互利。合作制组织一般建立在情感基础之上，成员人数少，存续的时间短，约束力比较弱。社会保险一般由政府主张，成员自愿参加，政府为每位参与者的出资均等，由法律法规约束，具有一定的社会性和强制性，每位成员的权利平等，只有个人出资中的部分可以依法继承。社会保险参与的人员多，存续的时间长，建立在理性的基础之上，约束力强。新型农村合作医疗已经包含了社会医疗保险的大部分因素。如新型农村合作医疗由政府主导，政府组织、引导和支持；政府出资占绝对多数，而且政府从 2010 年开始对参与新型农村合作医疗的农民和参与城镇居民社会医疗保险的居民出资相等，均为 120 元；新型农村合作医疗由一系列法律法规约束，对服务、管理、监督的约束力很强；参与者的权利平等，参与的人数规模大，有近 8.5 亿人参加。只是由于农村的公共医疗卫生条件较差、社会管理成本太高，不能立即由合作医疗转变为社会医疗保险，实质与城镇居民社会医疗保险相同。

第二，制度创新。一是突出了医疗卫生社会性的特点。坚持医疗卫生公益性原则，坚持合作医疗服务的非营利原则，坚持基本公共卫生服务逐步均等化原则，坚持预防为主的原则，坚持合作医疗管理监督社会化的原则。二是包容性的特点。政府是新型农村合作医疗的主要出资人，农民只是象征性地出资，如果一些农民连象征性的出资的能力也没有，则由民政部门通过医疗扶贫和救助代为出资，若民政部门扶持参加合作医疗后，因病农民出不起合作医疗报销以外的医药费，则由民政部门实行医疗救助，代为出资。新型农村合作医疗坚持县为统筹单位，若县里无能力，则可由乡镇统筹起步实行新型农村合作医疗，逐步向县统筹过渡；2008 年要求农民个人缴费由每人每年 10 元增加到 20 元，困难地区也可以分两年到位；坚持大病统筹，健康人为不健康人让路，小病为大病患者让路，并逐步地由大病统筹向大病统筹与门诊统筹兼顾的方向发展。三是系统化的特点。新型农村合作医疗的发展与全国医疗卫生改革相协调，与农村公共卫生建设，医疗扶贫与救助，药品和医疗服务价格监管相配套，对可能出现问题的环节都作了相应的制度安排。四是可持续性的特点。农民参加新型农村合作医疗的出资很少，只占人均资金的 1/10～1/3，一般农民家庭都有这个能力，若部分农民家庭有困难，则由民政部门通过医疗扶贫代为出资。农民家庭出资具有可持续性；政府是新型农村合作医疗的主要出资人。我国政府医疗保障支出占财政支出的 6% 左右，而一般发达国家的这一比例为 20% 左右。政府对新型农村合作医疗的出资具有可持续的能力。五是科学性。农民比较保守、分散，存在观望和等待心理，特别是传统农合大滑坡之后，农民对农合失去了信心，政府必须主动组织实施，新型农村合作医疗坚持政府主导是正确的；在新型农村合作医疗运行过程中坚持计划和市场相结合的运行机制是科学的，这是由新型农村合作医疗的公益性决定的，新型农村合作医疗完全计划化或者完全市场化都不适宜。新型农村合作医疗为探索建立城乡一体化的基本医疗保障管理制度留下了通道和接口。这一方面表现为政府为城乡居民医疗保障出资相同，2010年均为120元；另一方面表现为实行农民工既可参加城镇居民社会医疗保险，又可参加新型农村合作医疗的政策方面。新型农村合作医疗发展为农民社会医疗保险指日可待。六是做到了制度化、法制化。传统农合发展了25年之后才制定了《农村合作医疗章程》，还是试行。新型农村合作医疗在试点开始不久就出台了《关于建立新型农村合作医疗制度的意见》等一系列的法律法规。各省（市、区）在执行的过程中制定了适应本地情况的实施方案，每一个市、县、乡、村都有详尽的法规和制度，从制度的层面以法律法规的形式保证了新型农村合作医疗的公开、公正、公平。

第三，方法创新。一是由上而下与由下而上相结合。传统农合是由下而上的，新型农村合作医疗在传统农合的基础进行了组织制度改造，并对新的制度设计首先进行了试点，这是一个由上而下的过程。在总结试点经验的基础上制定新的制度，使新的制度安排符合国情、反映民意，具有一定的社会基础和生命力。二是在试点的基础上，成熟一个举办一个，举办一个成功一个，不下指标、不搞运动、不一哄而起和一刀切。在推广中坚持因地制宜、因势利导、循序渐进、科学规范。三是坚持利益引导，农民自愿参加。在新型农村合作医疗的建设中，政府不仅加大对新型农村合作医疗的投入，而且加大对与新型农村合作医疗相关的公共卫生、医疗救助和扶贫的投入，农民看到了新型农村合作医疗的希望，所以踊跃参加。四是坚持宏观上的计划手段和微观上的市场机制相结合，做到管而不死、放而不乱，有序地推进。五是坚持原则性和灵活性相结合，对一些涉及新型农村合作医疗根本性的原则，如公益性、均等化和大病统筹等始终坚持，但由于我们是大国、穷国办医保，各地情况不同，该灵活的就灵活，如在统筹的层次上，县级统筹有困难的可先实行乡级统筹，农民缴费由10元上升到20元时，一年实行有困难的可以两年到位。六是放手基层进行有益的探索，发挥基层和群众的聪明智慧。如安徽省长丰县等进行的城乡居民医保并轨探索，浙江省义乌市实行农民医疗保险的探索，深圳等进行的农民工医保探索，等等。

第四，体制机制创新。彻底改变了传统农合的高度集权的管理体制和计划手段的运行机制的状况。从管理体制角度看，在新型农村合作医疗构建过程中坚持政府领导、组织、引导和指导，省、地级人民政府成立农村合作医疗协调小组，各级卫生行政部门内部设立专门的农村合作医疗管理机构。县级人民政府成立由有关部门和参加合作医疗的农民代表组成的农村合作医疗管理委员会，负责有关组织、协调、管理和指导工作。根据需要在乡（镇）可设立派出机构（人员）或委托有关机构管理①。"有条件的农村实行乡村一体化管理"②"按照政事分开、管办分开、医药分开、营利性与非营利性分开的原则，深化改革，完善公立医院管理制度……维护公益性质。"③ 在运行机制方面，"坚持公平与效率统一，政府主导与发挥市场机制作用相结合。强化政府在基本医疗卫生制度中的责任，维护公共医疗卫生的公益性，促进公平公正。"政府主要通过法律法规对新型农村合作医疗实行监管。"同时，注重发挥市场机制的作用，促进有序竞争机制的形成，提高医疗卫生运行的效率、服务水平和质量。"④ 如对医务人员全面实行聘任制，药品实行招标制等。即对属于公益性的事务运用计划的手段，对属于效益性的事务引入市场机制，做到管而不死，放而不乱。

　　第五，新型农村合作医疗制度再创新。新型农村合作医疗的制度再创新，即由新型农村合作医疗向社会医疗保险迈进。吴仪副总理在 2004 年就指出："各地的试点方案都要立足于积极探索建立新型农村合作医疗制度的多种形式，经济条件好的东部地区，可探索逐步向农村社会医疗保险过渡的可行性。"⑤《卫生部财政部印发关于做好 2008 年新型农村合作医疗工作的通知》指出："开展新型农村合作医疗与城镇居民基本医疗保险相衔接的试点，使进城务工农民和失地农民等特殊群体享受到基本医疗保障。"⑥ 胡锦

---

①　参阅《关于建立新型农村合作医疗制的意见》，http：//www.sdpc.gov.cn/jyys，2010 年 9 月 7 日下载。

②　《中共中央、国务院关于深化医药卫生体制改革的意见》，《新华月报》2009 年 5 月号记录。

③　《国务院批转〈卫生事业发展"十一五"规划纲要〉的通知》，《新华月报》2007 年 7 月号记录。

④　《中共中央、国务院关于深化医药卫生体制改革的意见》，《新华月报》2009 年 5 月号记录。

⑤　吴仪：《扎扎实实做好新型农村合作医疗试点工作》，《社会保障制度》2004 年第 5 期。

⑥　《卫生部财政部印发关于做好 2008 年新型农村合作医疗工作的通知》，http：//www.noh.gov.ch/pablicfiles/business/htmfiles/mohncwsgls/sb476/200804/19389.htm。

涛指出："要促进基本公共卫生服务逐步均等化。"① 合作制有一定的局限性，各国社会医疗保障一般采用保险的形式，我国城镇居民采用社会医疗保险的形式。新型农村合作医疗在制度设计中已注入了许多社会医疗保险的基因，如政府在 2010 年对参加新型农村合作医疗的农民和参加城镇居民社会医疗保险的农民出资相等，新型农村合作医疗和城镇居民社会医疗保险的指导思想、管理原则等基本一致。新型农村合作医疗向社会医疗保险制度发展具有必然性。当然，城乡一体的社会医疗保险制度有一些具有中国特色的因素需要探索。

五　新型农村合作医疗发展中存在的问题及原因分析

新型农村合作医疗在发展中存在的问题主要有。

第一，组织制度方面的问题。新型农村合作医疗注入了许多社会医疗保险的基因，具有合作－社会医疗保险的性质，但毕竟还是合作性质的组织。合作组织具有成员性，容纳的成员数量有限；合作组织建立在共同利益和情感的基础之上，自愿加入，容易解体和破裂；合作组织根据参合者所占份额确定权利，具有人治特点；合作组织由《章程》约束，维系的难度大。新型农村合作医疗由于其合作组织的性质可能引发的问题较多。一是逆向选择。目前政府的出资占新型农村合作医疗基金的 2/3 ~ 9/10，农民出资很少，从这个意义上说，新型农村合作医疗是政府福利，政府用社会福利吸引、撮合、凝聚农民参合，随农民出资提高，农民逆向选择比例会增大。二是基层人治现象突显。农村人口同质性强，人们具有千丝万缕的联系，合作医疗在乡和村人治现象突出，存在严重的道德风险。三是没有法律强制性。社会保障制度是国家通过强制干预建立的，如社会保险。目前对新型农村合作医疗具有约束作用的主要是各级政府的行政法规、地方各级人大法规和一些规章制度，现行法律不调整新型农村合作医疗。"现有新型农村合作医疗法律法规中出现的法律位阶低、政策性强的特点，使其缺乏权威性、稳定性"②。四是监督体系不完善。一方面表现为法律监督体系不完善，表现为

---

① 《建立健全覆盖城乡居民的基本医疗卫生制度为群众提供安全有效方便价廉医疗卫生服务》，《中国劳动保障报》2010 年 6 月 1 日。

② 余伟京等：《新型农村合作医疗统一立法的思考》，http：//www. tianzelaw. com. cn/Showwy. asp? ID = 211。

监督权缺乏独立性，监督标准没有具体而明确的规定，有监督权而无干预权，监督权缺乏专业性，缺乏对参合农民的监管；另一方面是原本购买者——农民由于信息不对称、医疗卫生专业性强和农民比较分散而不能实施有效的监督。

第二，体制和机制方面的问题。在体制方面。首先，农民的新型农村合作医疗由卫生部门管理，市民的社会医疗保险由人社部管理，两套班子、两套人马，提高了管理成本，增加了政策协调困难，强化了城乡二元医保结构。其次，政社难分开，即政府的医药行政同新型农村合作医疗的社会事务难分开，新型农村合作医疗的具体事务属于社会事务，社会事务应交给社会机构去办理，政府应通过政策、法规、法律指导。再次，新型农村合作医疗在基层，有一些乡（镇）和农村医疗服务部门负责人兼管着新型农村合作医疗，即承担着新型农村合作医疗的管理和服务双重功能，而农村人与人之间又有着千丝万缕的联系，新型农村合作医疗的许多问题都源于此。从运行机制方面看。一是市场缺失，或曰市场调控的范围小、发挥的作用弱，与市场机制匹配的相关法律法规不详尽、不权威。加上医药卫生事业的专业性强，人为操作的空间很大，如在人员安排、转诊的确定、是否需要救助等方面表现比较突出。二是政府强势。农民比较分散，难组织，新型农村合作医疗启动时要有政府权威，但新型农村合作医疗组织起来以后，政府应更多地通过法律、法规去指导规范，政府可以主张，但不能主办。可以通过出资进行利益引导，但不能强势代替合作者的意愿，即使政府的出资，用的也是纳税人的钱。三是服务机构强势。本来农民比较分散，信息不对称，医药行业专业性强，而且在基层有的是由服务机构代行管理权，农民的知情权和监督权难以落实。政府和服务机构成了"原本购买者的管家和婆婆。"① 四是原本购买者的主体地位不突出。合作医疗的合作者是农民，政府出资用的是纳税人的钱，政府对新型农村合作医疗的组织、引导和指导是其本质的职责，在新农舍中应突出农民作为原本购买者的地位。农民比较分散、专业知识少，加之医药卫生的垄断性强，因此，更应突出农民的主体地位。新型农村合作医疗的管理者应该由合作者聘任，新型农村合作医疗的重大事务应由合作者确定。

---

① 　顾昕：《全球性医疗体制改革的大势趋》，《社会保障制度》2006 年第 3 期。

第三，存在的漏洞多。一是存在吃空额和城乡两边通吃的现象。吃空额指借用别人的名义开药看病，农村中人们有千丝万缕的联系，无法查对；城乡两边吃，是指钻城乡二元管理的空子，参加新型农村合作医疗又参加城镇居民社会医疗保险的人，在多方报销医药费。二是寻租。如社会上传的顺口溜"干部吃好药，农民吃草药，非合作医疗者吃药，不可报的药改为可报的药。"[①] 尤其是在乡和村这两级新型农村合作医疗组织中较为普遍。三是人员安排干部说了算，特别是在村级医务人员的确定方面，主要是村干部说了算，有些农村选聘的村医水平低、责任心差，有的甚至存在安全隐患。四是富裕的人可能更多地利用合作医疗补偿基金。富裕的人该诊治的病肯定会诊治，为了防病，一些富裕的人可能小病也要当大病治，甚至找关系治，这是一种公平掩盖下的不公平。

第四，农村医药卫生服务水平低，价格高，甚至存在安全隐患。一是村卫生室和一些乡（镇）卫生院设施陈旧、简陋、效率低下，不适应现代医疗需要，不能满足农民对新型农村合作医疗的医疗要求。二是村卫生室和一些乡（镇）卫生院医疗卫生技术人才匮泛，村卫生室和一些乡（镇）卫生院专业技术人员待遇低，发展的空间有限，高层次的医疗卫生人员不愿应聘，勉强应聘也是"身在曹营心在汉"。经过培训上岗的人员，实际诊治疾病的能力提高不多，服务的水平和质量低下。三是药品生产流通秩序不规范，药品和服务费用上涨过快，农民看病的负担过重，甚至有的地方有过期药品和假药流入，坑害农民。

第五，具体的制度方面存在的问题。一是起付线高，又封顶，关照了少数人，大多数农民不能享受，而对患特大病的人也是"杯水车薪"。二是转诊不规范，没有一定关系难办理。三是报销手续烦琐、复杂，再遇上一些办事人员拖拉、推诿，甚至刁难就更麻烦了。四是坚持大病统筹，这可能使一些贫困家庭因小病不看拖成大病。应该将个人出资和集体出资的一部分归门诊统筹，政府出资和集体的另一部分出资归大病统筹。

新型农村合作医疗存在的问题的原因是多方面的。客观地说，我国的医疗卫生结构处于二元状况，农村的医疗卫生条件很差。我国是发展中的大国办医保，农村实行的是合作医疗，属于新生事物，前无古人。农民医疗保障

---

① 赵德余等：《寻租控制、信念与制衡》，《社会保障制度》2007 年第 1 期。

是一项系统工程，包括新型农村合作医疗、农村公共卫生、农民医疗扶贫和救助等。新型农村合作医疗只能先办起来，然后再完善。农民的医疗卫生需求层次很多，目前政府只能做到保基本、广覆盖、可转移接续、可持续即可。医疗卫生的专业性很强，农民比较分散、保守，监督和管理的难度大；从新型农村合作医疗的组织制度看，合作制本身有缺陷，而我们的新型农村合作医疗还是旧瓶装新酒，尽管新型农村合作医疗注入了许多社会医疗保险的基因，但毕竟还是在合作的框架内，而且新型农村合作医疗是在我国经济转轨、社会转型、市场机制全面深入和利益结构大调整的过程中实施的，新型农村合作医疗组织制度的改进要有一定的经济社会条件、医药卫生条件和法律制度条件；从体制和机制方面看，新型农村合作医疗处于初创时期，农民比较分散保守、自身素质也较差，目前只能由政府组织举办，政府只能较多地运用行政的、计划的手段去推动，在新型农村合作医疗平稳运行的过程中逐步增加市场调控的份额和强度，逐步实现法制化、社会化的监督和管理；从农村的情况看，农村是社会的基层，属于社会的末梢神经，关系网复杂、布局分散、有人治传统、需求层次较低、容量小，投入多了容易造成医药资源浪费和医疗器材闲置，投入少了农民又觉得不方便，同时监管的难度也大；从农民角度看，农民分散保守，难以动员和组织，对新型农村合作医疗的特点了解不全面，要求的层次多，难满足，医学知识和管理知识少，主体地位不能充分发挥。

六　关于新型农村合作医疗发展的思考

（一）巩固和完善新型农村合作医疗制度

农村医疗卫生事业发展的目标是：从保障水平看，从人人享有初级卫生保健到享有基本医疗卫生服务。建立健全覆盖全体农民的基本医疗卫生制度，为农民提供安全、有效、方便、价廉的医疗卫生服务。让农民人人享有基本医疗卫生服务，要使农民群众"看得上病、看得起病、看得好病，切实做到病有所医，有效保障人民健康"[①]。从制度层面上说，2020 年以前主要是巩固和完善新型农村合作医疗制度，2020 年以后要进行制度创新——

[①]　《建立健全覆盖城乡居民的基本医疗卫生制度为群众提供安全有效方便价廉医疗卫生服务》，《中国劳动保障报》2010 年 6 月 1 日。

由新型农村合作医疗发展为社会医疗保险。"探索建立成乡一体化的基本医疗保障管理制度""缩小保障水平差距，最终实现制度框架的基本统一"①。

农村医疗卫生事业发展的原则。以农民为本，坚持医药卫生事业为人民健康服务的宗旨，遵循公益性的原则。坚持农民的基本医疗卫生服务水平与农村的经济社会发展相协调，与农民的承受能力相适应，探索建立符合国情的农村基本医疗卫生制度。建立广覆盖、保基本、可持续、快捷方便、能转移接续的农村医疗保障制度。以预防为主，强化农村公共卫生事业，促进基本公共卫生服务逐步均等化，坚持公平与效率统一。坚持政府主导与发挥市场机制作用相结合，实行政事分开、管办分开、医药分开、营利性和非营利性分开。坚持自愿原则，突出农民在新型农村合作医疗中的主体地位。坚持大病统筹与门诊统筹相结合的原则。坚持农民个人、集体、政府和社会多方筹资的原则。坚持以农村医疗卫生事业为重点，农村的公共卫生事业、新型农村合作医疗、医疗救助和扶贫齐发展的原则。坚持城乡社会医疗保障一体化的原则。

巩固和完善新型农村合作医疗制度，为新的制度创新打下坚实的基础。第一，在新型农村合作医疗的组织制度建设方面，逐步为新型农村合作医疗注入更多的社会医疗保险的基因，如逐步提高农民个人的出资额，农民个人出资数量逐步同城镇居民社会医疗保险持平，对新型农村合作医疗基金逐步实现积累制，可以由1/3积累向半积累制发展，以防经济社会发展中的不测事件发生。第二，在体制机制方面，在新型农村合作医疗运行平稳之后，政府逐渐弱化行政手段，强化法制手段，用法律法规维护新型农村合作医疗的运行，特别是在基层强化法制的功能。坚持政事分开、管办分开、医药分开。强化市场在新型农村合作医疗运行中的作用，给新型农村合作医疗注入活力。发挥农民作为原本购买者的监管作用。第三，堵塞漏洞。加强对新型农村合作医疗监管力度，增加新型农村合作医疗的公开性和透明度。发展农民、媒体、专业人员、行政部门的监督作用，特别是事后监督，采取相应的惩罚措施；实行社会化管理，加强与城镇居民社会医疗保险、城镇职工医保及商业医保的沟通和协调工作；强化对新型农村合作医疗的法制，各级政府

---

① 《中共中央、国务院关于深化医药卫生体制改革的意见》，《新华月报》2009年5月号记录。

部门、地方各级人大要制定严密而且严格的法规政策，村级卫生室也要有严格的规章制度，使新型农村合作医疗依法、公开、透明地运行。第四，提高医药部门的服务质量，降低医药价格。公共卫生建设要向农村倾斜。培养和聘用更多用得上、留得住的农村实用医务人才。对新型农村合作医疗的常用药实行管理，实行薄利多销。为农村医疗卫生事业的发展创造各方面条件。第五，完善新型农村合作医疗的一些具体制度。实现大病统筹与门诊统筹结合。逐步实行新型农村合作医疗"一卡通"，方便农民就医和报销。规范农民就医转诊手续和秩序。逐步降低农民就医住院报销的起付线，提高农民住院费用的报销比例。

（二）农村医疗制度的再创新——新型农村合作医疗向社会医疗保险迈进

新型农村合作医疗在促进我国农民健康方面发挥了并仍将发挥巨大作用，但新型农村合作医疗自身存在一些缺陷要克服。社会医疗保险是各国普遍采取的居民医疗保障形式。社会医疗保险具有参加的人数多、发挥大数作用，分散社会风险，存续时间长、部分基金可继承，由法律约束、权威性强，实现更高层次的互助共济等优点。我国农村实行的新型农村合作医疗应该向居民社会医疗保险迈进。我们采纳居民社会医疗保险的形式不是要丢掉新型农村合作医疗的优点，而是要在新型农村合作医疗的基础之上实现制度升华。我们采用世界各国普遍采用的社会医疗保险不是要搬别国的模式，而是要探索具有中国特色的社会医疗保险模式。要符合中国国情，要让广大农民普遍接受。

由新型农村合作医疗向社会医疗保险迈进是中央的前瞻性认识。早在2004年吴仪副总理就指出："要积极探索建立新型农村合作医疗制度的多种形式，经济条件较好的东部地区，可探索逐步向农村社会医疗保险过渡的可行性。"[①] 希望经济发达地区率先探索在农村实行社会医疗保险。《国务院批转〈卫生事业发展"十一五"规划纲要〉的通知》指出："缩小城乡之间、区域之间、人群之间卫生服务差距，努力实现人人公平享有基本卫生保健的目标。"[②] 实现人人公平享有基本卫生保健首先应实现城乡居民公平享有基

---

① 吴仪：《扎扎实实做好新型农村合作医疗试点工作》，《社会保障制度》2004年第5期。

② 《新华月报》2007年7月号记录。

本卫生保健。《中共中央关于推进农村改革发展若干重大问题的决定》指出：我国已"进入着力破除城乡二元结构，形成城乡经济社会发展一体化新格局的重要时期"。① 我国二元社会结构的破除医疗卫生应该首当其冲。在 2009 年 4 月召开的十一届全国人大常委会第八次会议上，吴邦国指出："既要注重农村社保相关制度间的统筹衔接，又要注意城乡社会保障制度间的统筹，为进一步改革发展留下空间。"② 在城乡社保制度间现在已实现统一的有医疗救助制度，从 2010 年以来，中央政府给参加新型农村合作医疗和参加城镇社会医疗保险的居民的补助相等，均为 120 元，从而为城乡居民医疗保障统筹打下了基础、留下了空间。《中共中央国务院关于深化医药卫生体制改革的意见》更加具体地指出："随着经济社会发展，逐步提高筹资水平和统筹层次，缩小保障水平差距，最终实现制度框架的基本统一""探索建立城乡一体化的基本医疗保障管理制度""做好城镇职工基本医疗保险制度、城镇居民基本医疗保险制度、新型农村合作医疗制度和城乡医疗救助制度之间的衔接"。③ 中央提出实现社保制度框架的基本统一，而且要各种制度间互相衔接。

实现新型农村合作医疗向农民社会医疗保险迈进的必要性。从政府的角度看：实现新型农村合作医疗向社会医疗保险发展，能在医疗卫生领域率先破除我国二元社会结构，使居民人人享有基本医疗保障，有利于整合城乡医疗卫生资源，实现基本公共卫生服务均等化；有利于改革医疗卫生保障的管理体制，统筹和协调各方关系，降低管理成本；有利于减少各种医疗保障制度的转移接续和衔接的麻烦，实行统一管理；不增加，甚至会减少政府的财政负担；有利于推动社会流动，优化生产要素配置；有利于解除农民医疗方面的后顾之忧，减少医疗储蓄，扩大内需、拉动经济发展。从农民角度看：可以和城里人一样，消除医疗方面的后顾之忧；共享我国改革开放的成果；社会医疗保险设置统筹基金和个人账户相结合，个人出资基本进入个人账户，个人账户可以继承，农民愿意接受，避免可能出现的逆向选择；有利于解决农民的因病致贫、因病返贫的问题。从社会保障理论角度看：实现我国

① 《新华月报》2008 年 1 月号。
② 《新化月报》2010 年 1 月号下半月。
③ 《新华月报》2009 年 5 月号记录。

138

城乡居民社会医疗保障一体化，体现了社会保险的大数法则，增强了医疗保险的抗风险能力；实现城乡居民社会医疗保障一体化有利于解决新型农村合作医疗运行中存在的问题，有利于提高医疗卫生服务的水平，有利于实现更高层次的互助共济。可见，实现由新型农村合作医疗向农民社会医疗保险发展是"三赢"。王东进指出，城乡统筹是打破壁垒实现医疗保障制度公平正义的必然要求。目前，由于城乡基本医疗保障制度分散、管理分离，所产生的矛盾和弊端日见突出。存在十个方面的问题：参保人员身份难认定，底数难摸清，漏洞难堵塞，信息难共享，成本难控制，效率难提高，关系难转接，运行难监控，权益难平衡，科学评估难。① 由新型农村合作医疗向居民社会医疗保险迈进，是解决这些问题的关键所在。

实现新型农村合作医疗向农民社会医疗保险迈进已有了一定的社会基础。一是新型农村合作医疗已注入了一些社会医疗保险的基因。基金实行县级统筹、大病统筹和家庭账户结合，"2010年各级财政对城镇居民医保和新型农村合作医疗的补助标准提高到每人每年120元"②。新型农村合作医疗农民住院报销封顶线是当地农民收入的6倍，比率同城镇居民相同。二是新型农村合作医疗与城镇居民社会医疗保险的制度框架基本统一。人社部《关于做好2008年城镇居民基本医疗保险试点工作的通知》《国务院关于开展城镇居民基本医疗保险试点的指导意见》与国务院转发卫生部等部门的《关于建立新型农村合作医疗制度的意见》《关于进一步做好新型农村合作医疗试点工作的指导意见》等，在指导思想、目标和任务、财政补贴政策、组织管理和服务、加强组织领导等方面基本精神一致。三是社会救助已经实现了城乡居民一体化。2009年民政部发布了《关于进一步完善城乡医疗救助制度的意见》对城乡居民实行统一的医疗救助制度。2008年发布的《中华人民共和国社会救助法（征求意见稿）》，在专项救助一章涉及的医疗救助内容中规定，对城乡居民支付参保费用有困难的，统筹地区人民政府应给予帮助，对经城镇职工基本医疗保险、城镇居民基本医疗保险、新型农村合作医疗报销后个人负担医疗费用数额较大的，可以给予适当补助。四是公共卫生投入向农村倾斜，包括县、乡、村三级医疗卫生服务网络建设，以服务

---

① 王东进：《关于基本医疗保障制度建设的城乡统筹》，《社会保障制度》2010年6期。
② 《医药卫生体制改革近期重点实施方案（2009～2011）》，《新华月报》2009年5月号记录。

农民为主的六大公共卫生项目。[①] 对困难地区农村孕产妇住院分娩给予补助等政策的实施，使城乡医疗卫生条件的差距正在缩小。五是在新型农村合作医疗建设的过程中，建立了县、乡、村三级医疗卫生管理组织体系，培养了相应的管理人才，建立了农民与医疗卫生相关的信息档案，培养了农民的参加健康保障的意识，理顺了政府主管部门、医疗服务部门和农民之间的关系，形成了相应的管理制度。六是经济上不增加政府负担，可能在实施初期需政府适当增加投入，但理顺之后可能比城镇居民医保和新型农村合作医疗二元结构时的管理成本还要低。即使有所提高政府也有承受能力。我国目前社会保障支出占 GDP 的比重只有 9% 左右，与发达国家的 20% 以上的水平相距甚远。[②] 七是一些地方开始探索城乡医保一体化。如东莞市、太仓市、西安市和宁夏全区等地实现了城乡居民医保一体化。八是有经验教训可借鉴。一些发达国家和地区已经实现了城乡居民医保一体化，特别是后来发达起来的国家和地区城乡居民医保一体化的经验，对我们更有借鉴意义，如韩国和新加坡等国。

实现城乡居民社会医疗保险一体化可能遇到的难题有：第一，基层公共卫生建设任务大。农村公共卫生落后，城乡公共卫生事业发展的差距大。1990 年城市人均卫生费用是农村的 4 倍，2000 年这一数据为 3.7 倍，2007年这一数据为 4.2 倍。[③] 实现城乡居民社会医疗保险一体化后，由于农村居民就近的医疗卫生服务条件差、水平低，一体化之后会大批涌进城镇医院就诊。农村的计划免疫欠账多，地方病、传染病防治任务大，医疗卫生制度建设和宣传压力大，尽管现阶段公共卫生事业建设向农村倾斜，但根本改变这种状况任重道远。第二，实行地（市）级统筹的难度大。城镇居民中的大部分加入了城镇职工医保，加入商业健康保险人员也多，而参加城镇居民社会医疗保险的人相对较少，实行地（市）级资金统筹容易。农村人口众多，而且绝大部分农村居民以前没有任何医疗保障，部分地方连新型农村合作医疗基金县级统筹都难实现，由乡（镇）级统筹开始，一下子要实施地（市）

---

① 六大公共卫生项目是：15 岁以下人群补种乙肝疫苗、农村妇女乳腺癌、宫颈癌检查，增补叶酸预防神经管缺陷，实施百分贫困的内障患者复明工程，扩大地氟病区的改炉改灶，农村改水改厕项目。

② 《十七大报告辅导读本》，人民出版社，2007，第 186 页。

③ 《2009 中国卫生统计年鉴》，中国协和医科大学出版社，2009，第 81 页。

级统筹的难度很大。第三，提高农民的出资水平很困难。农民收入远比市民要低，纯收入城市居民 1990 年是农村居民的 2.2 倍，2000 年是 2.7 倍，2008 年上升为 3.3 倍。① 要让农民同城镇居民交同样的保险费很困难。要实现城乡居民社会医疗保险一体化，要建立个人账户，报销率要提高，封顶费用也要提高，如果按城乡居民住院医疗费报销最高限额是城镇居民可支配收入的 6 倍，城镇居民人均可支配收入是农民的 3 倍多，就意味着农民住院封顶费用是原来的 3 倍，即 18 倍，社会医疗保险基金难以承受。第四，管理、监督体制和运行机制的统一，不是一个简单的合并。管理人员要培养和调配，政策法规要调整和培训，体制要转换和探索，运行机制要改变和理顺。这些难题基本解决之后，才能实现城乡居民社会医疗保险一体化。要实行城乡居民社会医疗保障一体化，要确保政府不背更多的财政包袱，政府财政负担在力所能及的范围；不进行大的利益关系调整，保持社会的稳定；农民有参保的承受能力和社会支持；公共卫生有承受服务的能力。

继续为新型农村合作医疗注入社会医疗保险的基因，为新型农村合作医疗向社会医疗保险迈进做前期准备工作。一是提高统筹层次，鼓励部分经济实力雄厚的地（市）实行新型农村合作医疗筹资层次由县级向地（市）级迈进，对于新型农村合作医疗统筹层次由县级向地（市）级迈进的地（市）中央财政给予适当的支持。二是加强农村公共卫生建设，从人员培养聘用、仪器设备的购置等方面给予倾斜。三是管理体制实现由协调和勾通到对接合并。新型农村合作医疗的管理逐步由卫生部并入人社部管理，并采用逐步过渡的方式实现无缝对接。四是实现医疗服务的统筹衔接。主要是实现新型农村合作医疗农民医疗服务与城镇居民医疗服务提供方的谈判和会商，城镇居民社会医疗保险医疗服务方会较容易接受，因为主要是增加其医疗服务量，没什么额外要求。五是适度提高农民出资份额，逐步向城镇居民参加社会医疗保险出资额靠近。要进行组织动员，防止出现大量农民逆向选择。六是支付额逐步向参加城镇居民社会医疗保险支付额靠近。逐步实现新型农村合作医疗的人病统筹与门诊统筹相结合，个人出资原则上实行门诊统筹，集体和政府出资用于大病统筹。逐年适度降低参合农民医疗报销起付线，提高报销比例，提高报销封顶数量。七是改善外部医疗环境。主要包括基层医疗服务

---

① 《2009 中国卫生统计年鉴》，中国协和医科大学出版社，2009，第 371 页。

体系发展、基本药物制度建设、公立医院改革、公共医疗卫生服务均等化、医疗救助的全面实施和基本医疗保障制度建设。

加快农民工医疗保障城市化进程，为农民社会医疗保险分流。农民工理论上可以加入城镇职工、城镇居民社会医疗保险，也可以参加新型农村合作医疗。对最终可能在城镇养老的农民工，如果能参加城镇职工医疗保险最好，但对他们来说最现实的还是参加城镇居民社会医疗保险。农民工参加城镇职工医疗保险的，有些用人单位不同意，那样将加重企业的付费负担。农民工参加城镇居民社会医疗保险可增加城镇居民社会医疗保险参加人数的基数，增强社会保险的参加人员的数量，政府对参加新型农村合作医疗和参加城镇居民社会医疗保险的出资相等。在城镇从业3年以上，有固定城镇住所的农民工可以允许其参加城镇居民社会医疗保险。其妻子和子女也可一同参加城镇居民社会医疗保险。这样2亿多在城镇就业的农民工连同他们的家属，可能达3亿人左右参加城镇居民社会医疗保险。届时将有1/3左右的原农村人口医疗保障从农村中分离出去，有效地减轻农村社会医疗保险的压力。早在2006年5月，当时的劳动和社会保障部就下发了《关于开展农民工参加医疗保险专项扩面行动的通知》，《通知》要求按照"低费率、保大病、保当期、以用人单位缴费为主"的原则，制定和完善农民工参加医疗保险的办法。因当时城镇居民社会医疗保险还没有启动。现在可以在开展城镇居民社会医疗保险的试点地（市）直接开展农民工参加城镇居民社会医疗保险的试点，并开展参加新型农村合作医疗和参加城镇居民社会医疗保险的转移接续的试点工作。农民工个人愿意参加城镇居民社会医疗保险，农民工参加城镇居民社会医疗保险有承担出资的能力，还可以增加城镇居民社会医疗保险的基数，农民工一般比较健康，不会给城镇居民社会医疗保险带来费用支付的压力，也不增加政府的财政负担。要制定农民工参加城镇社会医疗保险的办法，或在有关城镇居民社会医疗保险的规定中加入农民工参与的相关内容。届时会有近3/5的全国人口参加城镇职工或城镇居民社会医疗保险，参加新型农村合作医疗的农民享有同城镇居民同样的社会医疗保险的现实条件就初步具备了。到2015年实现农民工全面参加城镇居民社会医疗保险。到2020年实现新型农村合作医疗与城镇居民社会医疗保险并轨运行。

借鉴各国的相关经验教训，从基本国情出发，总结各地先期进行的新型农村合作医疗与城镇居民社会医疗保险并轨的经验，在广泛深入社会调查和专家论证的基础上，制定《中华人民共和国居民社会医疗保险法》。社会医疗保险法的内容应该是：一是城乡居民社会医疗保险的目标和原则。二是参保人和个人出资。参保人应为城乡全体居民，出资额城乡居民应为同样，对五保户、低保户和困难家庭民政部门给予扶助。三是政府给予一定财政补助。中央政府补助数额应根据地区发展状况不同而有所区别，应向中西部贫困地区倾斜。以地（市、州）统筹为主，地（市、州）统筹有困难的先行实行县级统筹，逐步向地（市、州）统筹过渡。四是基金的运行、管理实行大病统筹与个人门诊账户相结合，根据当地的具体情况确定住院起付标准和封顶线。资金要按照以收定支、收支平衡和公开、公平、公正的原则进行管理。实行专款专用、专户储存，不得挤占挪用。城乡居民社会医疗保险基金应在管理委员会认定的国有商业银行设立专用账户，确保基金的安全和完整。五是组织实施。城乡居民社会医疗保险由人社部主管，人社部会同财政部、卫生部、民政部、农业部组织管理城乡居民社会医疗保险相关事务，特别是新型农村合作医疗与城镇居民医保的衔接工作。城乡居民社会医疗保险实行社会化和法制化管理。实行政事分开、管办分开、医药分开。省级人民政府要制定城乡居民社会医疗保险管理办法，统筹级的地方政府要制订具体方案。六是医疗服务管理。参加城乡居民社会医疗保险的代表、人社部医保管理负责人与卫生服务部门负责人谈判、协商一般医疗服务项目价格，与药品生产部门谈判、协商医保常用药品目录和定价，保证医药服务的安全、廉价、有效。七是组织动员。城乡居民社会医疗保险是带有政府福利性质的社会事业。要进行广泛的宣传动员，要求城乡居民积极参加。除了已经参加城镇职工医保的居民以外都应该参加。一方面为自己健康投资，另一方面是互助共济。八是监督与罚则。监督要全方位。对参加保险的居民、医疗服务机构和人员、基金支付和管理人员和机构、相关管理部门及其管理人员的相关事宜进行监督，并制定相应的罚则。

第三节　农村其他卫生事业

农村的其他卫生事业主要有农村公共卫生事业、农村的医疗扶贫和救助、农民的计划生育奖励扶助等。这些都与农民的医疗保障甚至整个社会保障密切相关，应该引起高度重视。

一 农村的公共卫生事业

公共卫生一般是指与大众的健康相关的医疗卫生事业。包括医院的建设、医务人员的培养、计划免疫、妇幼保健、疾病的预防和诊治、环境卫生的整治、计划生育、与医药卫生相关的法律制度和健康教育等内容。新中国成立初期,第一届全国卫生会议就提出要发展县、区、乡、村卫生事业的要求。1955 年以后,随着农村合作医疗的发展,县、区、乡(后来发展为公社)、村预防保健卫生网络体系初步形成。1965 年毛泽东要求把医疗卫生工作的重点放到农村去,农村公共卫生事业有了较大的发展。改革开放后的一段时期里,随着家庭联产承包责任制的实行,以集体经济为依托的农村医疗卫生事业受到很大冲击。加上政府当时对农村卫生投入较少,2006 年以前,占全国人口总数 71% 的农村人口仅拥有全国卫生资源的 20%。① 2002 年《中共中央国务院关于进一步加强农村卫生工作的决定》颁布以来,农村公共卫生事业有了新的起色。《决定》提出要坚持以农村为重点的卫生工作方针。2009 年《中共中央国务院关于深化医药卫生体制改革的意见》指出,要坚持医疗卫生的公益性质,坚持预防为主,以农村为重点。要求新增卫生资源必须符合区域卫生规划,重点投向农村和社区卫生等薄弱环节。《农村卫生服务体系建设与发展规划》具体指出,新增卫生事业经费主要用于发展农村卫生事业,其中用于县以下的比例不低于 70%。胡锦涛在中共中央政治局第二十次集体学习时强调指出:"要促进基本公共卫生服务逐步均等化,最大限度地预防疾病。"② 进入 21 世纪,由于党和政府的高度重视,农村公共卫生事业有了很大发展。

第一,农村人均卫生费用逐年增加,特别是实行新型农村合作医疗以来,增长的速度更快。2005 年农村人均卫生费用将近 1995 年的 3 倍,详见表 3 – 13。2006 年《农村卫生服务体系建设与发展规划》发布之后,政府对农村公共卫生事业加大了投入力度,农村的医疗卫生环境迅速得到改善。

---

① 《农村卫生服务体系建设与发展规划》,http://www.china.com.ca/policy/txt/2006 ~ 09/13/content7157518 – 2htm,2006 年 8 月。

② 《建立健全覆盖城乡居民的基本医疗卫生制度为群众提供安全有新效方便价廉医疗卫生服务》,《中国劳动保障报》2010 年 6 月 1 日。

表 3 - 13　农村人均卫生费用

单位：元

年　份	1990	1995	2000	2003	2005	2008
人均卫生费用	38.8	112.9	214.7	274.7	315.8	348.5

资料来源：《2009 中国卫生年鉴》，中国协和医科大学出版社，2009，第 81 页。

第二，乡（镇）卫生技术人员数量增加，质量在提高。近年来有大批大学医科专业毕业生充实到乡（镇）卫生院医生的队伍中。乡（镇）卫生院是农民常见病的主要诊治中心。乡（镇）卫生院医生数量的增加和质量的提高，对提高农民疾病的诊治水平有很大的助益，详见表 3 - 14。而且，在乡镇卫生院补充高水平的医务人员形成了长效机制。政府通过定点招生、定向就业的方式为农村培养医学人才，鼓励医科大学毕业生到基层工作，通过教育培训在职乡镇医务人员等途径为农村培养和输送医务人才。要求全国乡（镇）卫生院临床医疗服务人员要尽快具备执业助理医师及以上的执业资格，同时要求 2010 年全国大多数乡村医生要具备执业助理医师及以上执业资格。

表 3 - 14　乡（镇）卫生技术人员情况

单位：人

年　份	2004	2005	2006	2007	2008
技术人员	881142	870500	859915	863662	903725

资料来源：《2009 中国卫生年鉴》，中国协和医科大学出版社，2009，第 188 页。

第三，乡（镇）医院的床位数在增加，特别是新型农村合作医疗启动以来，增加的速度比较快，详见表 3 - 15。乡（镇）卫生院是农民一般疾病的主要诊疗场所。农民生病后到乡（镇）卫生院较方便，也比较实惠，乡（镇）卫生院病床的需求量比较大，应进一步增加投入，扩充床位。乡（镇）医院分流病人，可减轻城市医院病人住院压力。

表 3 - 15　乡（镇）医院床位数

单位：万张

年　份	2003	2004	2005	2006	2007	2008	2009
床位数	67.27	66.89	67.82	69.62	74.72	84.69	

资料来源：《2009 中国卫生年鉴》，中国协和医科大学出版社，2009，第 65 页。

第四，县级医疗卫生单位的建设加强了。县医院、县中医医院、县妇幼保健机构、县疾病预防控制机构、县防疫站的建设近年得到了长足的发展。以县妇幼保健院为例来说，医务人员和所拥有的床位数在逐年增加。2004～2009年县级妇幼保健院的床位数增加了12469张，医务人员增加了10367人，详见表3-16。

表3-16 县妇幼保健院（所、站）情况

年份	个数(个)	床位数(张)	人员数(人)
2004	1574	33549	67319
2005	1584	34377	68400
2006	1584	38211	70690
2007	1612	40694	73862
2008	1590	46018	77686
2009			

资料来源：《2009中国卫生年鉴》，中国协和医科大学出版社，2009年8月，第186页。

第五，农村改水改厕进展顺利，成绩显著。改水改厕是农村公共卫生建设的基础，有利于改变农村的卫生环境和农民的卫生习惯，有利于减少疾病的传播途径，既是社会主义精神文明建设的内容，也是物质文明建设的内容。通过改水改厕改变农村卫生环境状况，农村村容村貌整洁，农民的精神面貌改观。具体情况详见表3-17。

表3-17 农村改水改厕情况

年 份	1990	1995	2000	2005	2008
改水受益人占农村人口%	75.4	86.7	92.4	94.1	93.5
农村改厕户数(万户)			23772.5	24843.1	25394.2

资料来源：《2009中国卫生年鉴》，中国协和医科大学出版社，2009，第261页、264页。

第六，启动了农村六大公共卫生项目。15岁以下人群补种乙肝疫苗，农村妇女乳腺癌、宫颈癌检查，给农村孕妇增补叶酸预防神经管缺陷，白内障患者复明和唇腭患者实行免费治疗，扩大地氟病区的改炉、改灶，实施农村改水改厕项目。2009年以来对困难地区农村孕产妇住院分娩给予补助，完善农村孕产妇住院分娩服务体系。

第七，加大卫生支农和扶贫工作的力度。除了民政部对农村贫困人口医疗卫生扶贫外，建立了对口支援和巡回医疗制度，支援农村医疗卫生事业。组织城市和军队的大中型医疗机构建立下乡巡回医疗服务制度。近年还开展了农村医疗救助工作。

第八，在农村开展爱国卫生运动和对农民进行健康教育活动。推进亿万农民健康促进活动，特别是在 SCSE 和 H1N1 流感爆发后，通过各种渠道——社区、单位、媒体等对农民进行健康教育，普及卫生知识。加强保健和营养知识宣传，倡导健康文明的生活方式，收到良好的效果。

通过几年的努力，农村公共卫生事业取得了巨大成就。"十一五"期间，国家财政安排专项资金，改造和新建 2.3 万所乡镇卫生院、1500 所县医院、500 所县中医院和 1000 所县妇幼保健院，建立 2400 所社区卫生服务中心。[①] 以中部省份山西来说，2010 年其建设村卫生室 6637 个，覆盖 6971 个卫生室空白村。获得中央 1.4 亿元的专项经费，按照每村不低于 5000 元的标准，将专项经费划拨到县，由县政府组织集中招标采购。采取从院校招录一批，从现有村医中选拔一批等方式，为新建村卫生室选聘 7609 名村医，其中大学生村医 223 名，保证每个卫生室有一名村医。在财政支持下，将村医补助由每月 60 元提高到每月不低于 400 元，新聘大学生村医每月不低于 800 元。先后对 2.2 万名村医进行了基本医疗知识培训，有效提高了村医的业务水平和服务能力。

继续发展我国农村的卫生事业。第一，要提高对加强农村公共卫生事业建设的认识。农村人口众多，农村公共卫生的欠账多，城乡卫生条件差距大，发展农村公共卫生事业是提高农民健康水平，实现对农民医疗保障的基础，必须下大力气抓好农村公共卫生事业建设。第二，要加大政府对农村公共卫生事业的投入，实现公共卫生服务的均等化，要在卫生费用投入、医疗器件的购置、医务人员的培养和医疗条件的改善方面向农村倾斜，保证新增卫生费用投入的 70% 用于农村。第三，要完善农村的疾病预防控制体系和突发公共卫生事件应急机制及医疗救治体系。提高农村地区儿童计划免疫接种率，防止传染病和地方病在农村蔓延。对农村突发公共卫生事件要有应对之策。第四，建立健全农村相关医疗卫生信息档案、农民的健康

---

① 《温家宝总理在十一届全国人大四次会议政府工作报告》摘登，《光明日报》2011 年 3 月 6 日。

档案，使农村农民与医疗卫生相关的信息在操控之中。第五，在农村广泛开展爱国卫生运动和加强对农民的健康教育。改变农村卫生环境，普及基本卫生知识，倡导健康文明的生活方式，提高农民的健康意识和自我保健能力。

二 农村医疗扶贫和救助

2002 年《中共中央国务院关于进一步加强农村卫生工作的决定》指出：对农村贫困家庭实行医疗救助。医疗救助对象主要是农村五保户和贫困农民家庭。医疗救助的形式可以是对患大病的救助对象给予一定的医疗费用补助，也可以是资助其参加当地合作医疗。医疗救助资金通过政府投入和社会各界自愿捐助等多渠道筹集。要建立独立的医疗救助基金，实行个人申请，村民代表会议评议，民政部门审核标准，医疗机构提供服务的管理体制。[①]胡锦涛在中央政治局第三十五次集体学习时强调指出："要加强城乡医疗救助制度建设，健全多层次的医疗保障体系"[②]。中央对实现对农民的医疗扶贫和救助给予了高度的重视。

2003 年，民政部等部门联合制定并下发了《关于实施农村医疗救助的意见》，农村医疗救助工作启动。《意见》规定救助的目标是农村患大病的五保户和贫困农民家庭，在贫困农民中最困难的人员和最急需的医疗支出中实施。救助分为救助被救助对象参加当地合作医疗和被救助对象因患大病经合作医疗补助后个人负担医疗费用过高，影响家庭基本生活的，再给予适当的医疗救助。《意见》规定了申请和审批救助的程序，对医疗救助服务部门提出了具体的要求，对医疗救助基金的筹措和管理作了明确的规定，规定医疗救助在当地人民政府的领导下，由民政部门管理。《意见》要求地方人民政府要制定农村医疗救助管理办法，以便更好地实现对贫困农民的医疗救助。

2009 年，民政部等部门联合发布了《关于进一步完善城乡医疗救助制度的意见》，这个《意见》发布和执行标志着我国城乡居民医疗保障一体

---

① 《中共中央国务院关于进一步加强农村卫生工作的决定》，http：//www.wed66.com/htm。
② 参阅《以党的十七大精神为指导扎实推进城乡医疗救助工作》，《社会保障制度》2008 年第 2 期。

化迈上了坚实的一步，开始统筹考虑实施城乡医疗救助的一体化。《意见》对城乡居民医疗救助作了全面系统的规定。要求坚持以人为本、执政为民的工作理念，努力实现困难群众病有所医的目标。要求从我国经济社会国情出发，搞好医疗救助制度和相关社会保障制度的衔接，探索建立城乡一体化的医疗救助制度，筑牢医疗保障的底线。对医疗救助服务、医疗救助审办手续、医疗救助与相关基本医疗保障制度的衔接作了相应的规定。要求广开渠道筹资、加大政府投入力度，加强协议监管、控制医疗费用的不合理支出。要求加强组织领导，各部门密切配合，做好城乡居民的医疗救助工作。

经过几年的努力，初步形成了政府领导、民政牵头、部门协作、社会参与的医疗救助管理体制。探索出多种形式的救助方式：帮助救助对象参加相关的医疗保障制度；对救助对象难以自负的医疗费用按规定给予补助；通过临时救助，对难以自负医疗费用的特殊困难群众给予临时性救助。广泛动员社会力量帮助困难群众缓解医疗难问题。医疗救助办法日趋完善：在救助范围上，以困难群众为主；在救助病种上，坚持常见病和住院病同时救助；在救助程序上尽量简化。救助的资金不断增加，各级政府对医疗救助的投入不断增加。医疗救助的效果明显。农村医疗救助制度从 2003 年年底实行以来，2008 年年底已覆盖了农业人口的县（市、区）。累计直接救助 2024.1 万人次，累计资助 9458.3 万人参加新型农村合作医疗。[1] 2009 年农村医疗救助共救助 688.4 万人次，民政部资助参加新型农村合作医疗的 3689.3 万人次。[2] 医疗救助对农村困难群众起到了积极的帮扶作用。

我国农村医疗救助仍任重而道远。中国农村医疗救助的起步比较晚，农村五保户、底保人员和特别困难的人口比较多，医疗救助的需求量大。据第三次卫生服务调查资料显示，应就诊而未就诊的居民中 38% 是困难群众，应住院而未住院的居民中 70% 是困难群众，有 59% 的低保家庭成员患大病、重病。[3] 资金缺乏仍是困扰农村医疗救助的瓶颈。2006 年中、西部地区农村的特困人口的救助基金人均只有 13 元，所以仅有 15% 的救助对象能够得到

---

① 《2008 年度人力资源和社会保障事业发展统计公报》，《社会保障制度》2009 年第 6 期。

② 《民政部发布 2009 年在政事业发展统计公报》，《新华月报》2010 年第 3 期。

③ 参阅《以党的十七大精神为指导扎实推进城乡医疗救助工作》，《社会保障制度》2008 年第 2 期。

60%以上的医疗费补偿。① 同时，在医疗救助工作中还存在办理手续复杂、多种制度衔接难等问题。

要认真做好农村医疗救助工作。第一，要提高对在农村实行医疗救助工作的认识。农村医疗救助工作体现了以人为本，社会和谐的理念；体现了党和政府对困难群众的关心，使他们共享改革开放的成果，实现病有所医的目标。同时也要认识到实现农村医疗救助的艰难性，农村困难人口多，医疗救助的社会需求量大，但我国仍属于发展中国家，经济力量薄弱，还要进行建设和发展。我们要在发展的同时实现医疗救助等社会保障事业。第二，要拓宽资金筹措渠道。提高医疗救助的标准、扩大医疗救助的范围，要有强大的资金支撑。要在各级政府加大投入力度的基础上，宣传动员企业和民间力量支持医疗救助事业。对给予医疗救助基金支持的企业，要给予适当的税收优惠。同时要管好用好医疗救助基金，使其充分发挥医疗救助的作用。第三，做好相关的社会调研，准确把握相关信息。做好基线调查，充分了解困难群众患病情况、住院情况、医疗费用支出情况等第一手材料；做好医疗救助效果调查，如医疗机构的责任心、医生态度、治疗效果、被救助者的诉求等；了解医疗救助基金的运用、管理和监督的情况，为相关决策提供准确的信息。这是做好医疗救助的基础。第四，提高医疗救助效果和效率。对被救助对象要像一般患者一样支持，不能歧视，医疗服务机构要精心诊治，需要转院治疗的要及时转院，救助办事机构要方便被救助对象的诊治，简化办事手续和程序，特别是农村被救助对象，一般家人文化水平低，经济状况差，许多人都是"三无人员"、五保户、低保人员，要替被救助对象考虑，降低办事成本，减少诊治周折，逐步推行农村医疗救助"一站式"服务。做好被救助对象与救助相关的制度间的衔接，民政部、卫生部和人社部等要协调关系，配合工作。第五，做到农村医疗救助工作的公平、公正、公开。要做到该享受医疗救助的农民尽可能享受，做到享受医疗救助的公平。对享受医疗救助的政策法规，享受医疗救助农民的基本情况，审批过程和材料，所享受医疗救助的情况对全社会公开，阳光操作。对该不该享受医疗救助，该享受何种程度的医疗救助等情况要做到公正合理。

---

① 《卫生部新型农村合作医疗试点工作评估专题新闻发布会文学实录》，http：//www. woh. gov. cn/publicfiles/basiness/htmlfiles/wsb/pxwfb/200804/28062. htm，2010 年 10 月 3 日下载。

三 农村计划生育奖励扶助制度

2004年《国务院办公厅转发了人口计生委、财政部〈关于开展对农村部分计划生育家庭实行奖励扶助制度试点工作意见〉的通知》，全面启动了农村计划生育家庭奖励扶助工作。《通知》指出新形势下我国人口和计划生育工作的任务更加艰巨，对农村部分计划生育家庭实行奖励扶助，是鼓励农民响应党和国家号召，自觉实行计划生育，稳定低生育水平，促进农村人口与经济社会协调发展的一个重要举措。对农村只有一个子女或两个女孩的计划生育家庭，夫妇年满60周岁以后，由中央或地方财政安排专项资金进行奖励扶助。对农村计划生育夫妻按人均每年不低于600元的标准发放奖励扶助金，直到亡故为止。并在中、西部15个省市的一个地（州、市）进行试点，同时鼓励东部省份自行试点。对西部试点地区的奖励扶助资金中央财政负担80%，地方财政负担20%，中部试点地区的奖励扶助资金中央和地方财政分别按50%负担。并要求各试点地区要制定实施细则和相关配套政策，规范运行标准和程序。① 中、西部各试点省份对农村计划生育奖励扶助工作已全面展开，各省（市）相继出台了相关的实施方案。各地在实施过程中对一些条件作了细化，如对丧偶、离婚、再婚、收养发生后的情况作了具体规定。东部各省（市）也已全面自行展开试点工作，如北京市在2005年1月1日起在全市农村地区开始试行。2009年对农村计划生育农民奖励扶助标准提高到人均每年720元。② 《通知》规定享受这一待遇要满足四个条件。这四个条件是：本人和配偶均为农业户口或界定为农村居民户口，关于这一条山西省规定当事人一方为农业户口的享受一半奖励扶助资金；1973年以来没有违反计划生育法规、规章或政策规定的生育标准；现有一个子女或两个女孩或子女死亡现无子女；年满60周岁。关于年满60周岁这一条，广东省规定女方年满55周岁即可享受这一待遇。《通知》要求坚持统一政策、严格控制、公开透明、公平公正、直接补助、到户到人、健全机制、逐步完善等原则。要求开展奖励扶助资

---

① 《国务院办公厅转发人口计生委财政部关于开展对农村部分计划生育家庭实行奖励扶助制度试点工作意见的通知》，2004年2月。

② 《政府工作报告》，《新华月报》2009年4月号下半月。

金发放、监察、审计、监督、评估工作。

农村计划生育奖励扶助制度是一项对农村实行计划生育家庭的社会养老保险补充制度。首先，是农村计划生育家庭社会养老保险的一部分，由各级政府对实行计划生育家庭支付一定的社会养老保险。其次，是一项农村社会养老保险补充制度，它不取代农村社会养老保险，只是对因生育双女或一子而可能与生育多子女家庭养老不足部分的补充。也可以说是对因实行计划生育而可能对计划生育家庭养老产生问题的补充制度，以解除因实行计划生育而可能产生的后顾之忧，客观上起到了对实行计划生育的导向作用。

这一政策的实施对农村乃至全国计划生育工作起了积极的推动作用。在农村是稳定低生育水平，促进农村人口与经济社会协调发展，提高人口质量的一个重要举措：有利于形成利益导向机制，促进农村其他鼓励计划生育政策措施的落实；有利于引导基层干部更加关注农民的切身利益，促进人口和计划生育工作向依法管理的方向转变；有利于引导更多农民少生快富，从根本上扭转部分农民越穷越生、越生越穷的恶性循环问题；有利于切实解决农村计生户养老保障问题。从全国角度看：有利于实现生育水平下降到更替水平以下，实现人口再生产类型从高出生、低死亡、高增长到低出生、低死亡、低增长的转变；有利于在市场机制条件下稳定低生育水平，提高出生人口素质，为经济社会发展创造良好的人口环境。

农村部分计划生育家庭奖励扶助制度实施的情况。实施的范围，2004年奖励扶助制度在5个西部省（市）和10个地市开展试点工作，一些未列入国家试点的地区，也积极制定了相应的政策措施，在不同范围内开展试点。2005年试点范围进一步扩大，其中中部地区的河北等10省，西部地区的内蒙古等6省（区）以及东部地区的辽宁、福建2个省，以省为单位扩大试点，山东省的22个市（县、区）和西藏自治区的12个县也同时进入国家试点范围。东部地区北京等省（市）和计划单列市自行组织试点。

奖励扶助制度受益对象和奖扶金发放情况。2004年奖扶对象人数为29.72万人，2005年新增66.38万人，2006年新增43.84万人，退出3.31万人，其中因死亡、户口变动等原因变更退出3.25万人，实际受益人为

134.66 万人。受益人中，曾经生育，子女死亡的 8.07 万人，占奖扶对象人数的 5.99%；现有一个子女的为 92.04 万人，占 68.35%；现有两个女孩的为 34.55 万人，占 25.66%。2006 年东部自行开展地区奖扶对象人数为 51.94 万人，2006 年全国奖扶对象总人数为 186.6 万人。2006 年中央和地方财政共安排发放奖扶制度专项奖金 11.1 亿元，其中中央财政 4.76 亿元，地方财政 6.34 亿元。地方财政安排发放的 6.34 亿元中，中央财政支持地区的地方财政安排发放 3.22 亿元，东部自行开展地区的地方财政安排发放 3.12 亿元。① 农村计划生育奖励扶助制度应在全国推行，有利于控制农村人口增长和提高农村人口的质量。

---

① 《人口和计划生育统计公报》（2007 年第 1 号），http：//www.chinapop.gov.cn/tigh/200702/t20070215 – 45098htm/。

第四章
农民社会养老保险研究

第一节 农民社会养老保险概述

一 农村社会养老保险的研究意义

社会养老保险是指国家依据一定的法律、法规对无劳动能力、丧失劳动能力和从事某种劳动达到法定的退休年限和年龄的人，由国家、社会及个人按一定比例出资，以维持其没有劳动收入情况下基本生活的一种社会保障的制度安排。社会养老保险制度同家庭养老和商业养老保险有很大的区别，是工业化、市场化和社会化的产物，最先在实现工业化进程中的发达国家实行。

社会养老保险是社会保险的主要内容之一。具有以下特点：①立法强制性。社会养老保险一般由一国的立法机关或政府通过立法调整，具有一定的强制性。②长期积累性。社会养老保险一般由政府、社会及个人出资，社会和个人的出资一般采取完全积累的模式，缴费的时间比较长。③社会福利性。一般说来，各国政府对社会养老保险的出资比例都比较大，社会养老保险具有社会福利的特点，实行普惠制和均等化。④政府主张和主导。一般国家的社会养老保险都由政府主张和主导，坚持公平和效率相结合的原则。⑤社会互济性。是指部分社会养老保险基金要在同代人间、代与代之间、地区之间或行业之间调剂使用，发挥大数原则的作用。⑥分配调节性。即社会养老保险具有经济补偿和收入分配的调节性功能，是重要的社会财富再分配的手段。⑦管理的复杂性。社会养老保险要平衡各种利益关系难度大，基金的保值和增值的风险大，受众的需求层次多。

农民社会养老保险一般是在城镇居民社会养老保险建立之后才设立的。现阶段，发达国家农民社会养老保险已基本建立，并实现了社会养老保险的城乡一体化。发展中国家和地区的农民社会养老保险正在构建的过程之中。除了具有一般社会养老保险的特点外，农村社会养老保险还具有以下特点：第一，农村社会养老保险实行的时间比较晚，一般要比城镇晚 30～50 年，在一国基本实现工业化和城市化之后，即处于工业反哺农业、城市带动农村发展阶段的时候才开始实行。这时农业劳动力和农村人口的比例都比较小，政府对农民社会养老保险的出资也较少。第二，农民社会养老保险的替代率都比较低。这也许与农民对社会经济的贡献小，农民对社会养老保险的出资较少有关。第三，许多国家规定农民到退休年龄，要享受社会养老保险就要同土地脱钩。即要求退休农民要将土地转移给子女、出租或出售，以实现农业的规模化经营。有的国家为了防止土地碎块化，还规定父母的土地只能由一个子女经营。第四，农民社会养老保险一般以家庭为依托。这与农村深受传统文化的影响、农民社会养老保险的替代率较低、退休农民还可以为经营土地的子女当经营顾问或干些农业的"边角活"有关系。

中国的农村社会养老制度在建国之后就开始探索。建国之后的很长一段时间里，农民主要以家庭、集体和土地为依托，保障其在没有其他收入来源时的生活。在特别困难时，由民政部门给予适当的救济。1992 年民政部牵头试行以个人储蓄为主的农村社会养老保险方案，在试行一段时间后，因对农民社会养老的作用不大而停止。此后，一些地方自行探索新的农村社会养老保险的制度。2009 年，国务院在总结和吸收各地探索农村社会养老保险制度经验的基础上，发布了《国务院关于开展新型农村社会养老保险试点的指导意见》，并在全国展开试点工作。中国农村社会养老保险制度有以下特点：一是坚持政府主导、社会和个人参与相结合。采用个人缴费、集体补助和政府补贴相结合的筹资办法，实行基础养老金和个人账户养老金相结合的养老待遇，国家财政全额支付最低标准基础养老金。在农民社会养老保险制度中注入了浓厚的社会福利因素。二是坚持社会保障与家庭和土地保障相结合。受传统文化的影响，也由于农民社会养老保险的替代率较低，家庭仍然是农民老年后养老的重要依托。农民人均拥有 2 亩多承包地，承包地可以自愿依法有偿流转，农民可以用土地流转费换社保。若按每亩耕地流转费200元计算①，农民承包地流转费可交较高档次的参加社会养老保险的费用。三是坚持家庭联动的参保机制。即有关农民参加社会养老保险的文件规定，现年60岁的农民可以直接申领政府给每位60岁以上农民的基础养老金，但前提是其子女参加农民社会养老保险。这有利于增加参保人数，实现社会养老保险的大数法则。四是坚持社会养老与家庭养老相结合、物质保障与精神慰藉相结合。这既体现了中华民族爱老敬老的传统美德，又体现了社会主义制度的优越性。五是具有超前性的特点。中国是发展中大国，劳动力结构、产业结构、城乡结构设有达到发达国家在建立农民社会养老保障时的指标，但我们义无反顾地实行农民社会养老保障。

建立农村社会养老保险是我国农民几千年的期盼，非常必要。第一，中国农村人口老龄化速度加快，是建立农村社会养老保险制度的最直接的原因。2008年年底，中国60岁以上的农村人口已超过1.2亿②，高于城镇水平，而且农村老年人的收入远低于城镇老年人。第二，农村传统养老保障功能的弱化是建立农村社会养老保险的重要原因。这一方面表现为随着家庭联产承包责任制的实施，农村集体经济能力弱化，集体对农民的保障能力弱化了；另一方面表现为随着计划生育政策的实施，家庭规模缩小了，独生和少生子女保障家庭成员基本生活的压力加大，许多农村老年人陷入贫困状态。据调查，农村老年人贫困率为8.6%～10.8%，这一比例远高于城镇老年贫困率4.2%～5.5%的水平。③第三，改变中国二元社会结构状况的前提是改变中国二元社会保障结构。中国农村社会保障覆盖率只有3%，城乡社会保障覆盖率的比例为22∶1，城乡人均社会保障费的比例为24∶1。④城乡二元社保的状况不改变，城乡二元社会结构的状况永远难改变。第四，中国"三农"问题的解决、计划生育的实施、城镇化的加速、政治稳定的实现、拉动经济发展的内需、实现现代化都与建立农村社会养老保障制度直接相

---

① 依据我们的调查得出的结果。
② 《中国劳动保障报》2009年12月28日。
③ 董var等：《借鉴国外经验完善新型农村社会养老保险体系》，《现代经济探讨》2009年第11期。
④ 刘昌平等：《新型农村社会养老保险财政补贴机制的可行性研究》，《江西财经大学学报》2010年第3期。

关。第五，曾经试行的《县级农村社会养老保险基本方案》难以为继是建立新型农村社会养老保险制度的根本原因。该方案的农村社会养老保险制度以个人储蓄为主、替代率极低、保富不保穷、制度设计不规范，不适应农村社会养老保险的需要。[1]

实行新农保具有十分重要的实践意义。《国务院关于开展新型农村社会养老保险试点的指导意见》指出："建立新农保制度是深入贯彻落实科学发展观、加快建设覆盖城乡居民社会保障体系的重大决策，是应对国际金融危机、扩大国内消费需求的重大举措，是缩小城乡差距、改变城乡二元结构、推进基本公共服务均等化的重要基础性工程，是实现广大农村居民老有所养、促进家庭和谐、增加农民收入的重大惠民政策。"[2] 温家宝总理特别指出："建立新农保制度，有利于化解农村社会中的各种矛盾。首先，它将极大地提高农村老年人的经济自立能力，从而提高他们的生活质量、增强他们对生活的自信心；其次，它减轻了子女的经济负担，在相当程度上避免了因经济利益引发的家庭矛盾，从而有利于形成敬老爱幼的风气与更为和谐的家庭关系；再次，它将有效化解一些农村集体组织无钱办事的困境，使它们能够集中有限财力更好地为老年人提供服务，从而形成文明的乡村风气与和睦的邻里、干群关系，有利于扎实推进社会主义新农村建设。"[3] 张德江副总理概括性地指出："加强农村社会保障体系建设，是实现社会公平正义的重要保障；是构建社会主义和谐社会的重要内容；是促进城乡统筹发展的重要任务；是扩大国内消费需求，加快转变经济发展方式的重要举措。"[4]

研究农村社会养老保险制度具有十分重要的理论意义。在实践的基础上，理论研究应该引领政策的制定和制度的设计，这是现代社会比较成熟的一大标志。何况中国现阶段正处在社会转型的过程中，农村社会养老保险在中国是开历史的先河，更应该如此；我们是大国、穷国办农村社会养老保险，而且我们所办的农村社会养老保险具有超前性的特点，容易产生一些问

---

① 卫松：《新型农村社会养老保险问题研究述评》，《改革与战略》2010 年第 6 期。

② 《人民日报》2009 年 9 月 8 日。

③ 温家宝：《开展新型农村社会养老保险试点工作逐步推进基本公共服务均等化》，《新华月报》2009 年 9 月号记录。

④ 张德江：《加强农村社会保障体系建设更加有效保障农民基本生活》，《社会保障制度》2010 年第 12 期。

题，需要这方面研究作理论支撑；我们属于发展中国家，在农村社会养老保险方面国外有许多经验教训需要总结和借鉴，指导我们的农村社会养老制度的构建；我国一些农民没有参保意识，我国的农村社会养老保险还在探索之中，需要研究、宣传和指导；我们是大国、穷国，坚持社会主义制度，办农村社会养老保险要坚持普惠制、均等化和包容性，要探索中国特色的农村社会养老保险的理论。

二 国外农村社会养老保障的理论和实践

世界各国按现代化的程度可分为发达国家、发达着的国家和地区、发展中国家三类，中国属于发展中国家。发达国家城乡居民社会保障一体化早在20世纪80~90年代就实现了，发达着的国家和地区近年也基本实现了城乡居民社保一体化，发展中国家的城乡社保一体化正在进行中。发展中国家养老保障面临的问题是覆盖率低，170多个国家中，70多个国家养老保障覆盖了农村①。即使在社会经济发展水平比较高的发展中国家和地区，农业劳动者的养老保险覆盖率也很低，如拉丁美洲"只有5个国家给农业劳动者提供了养老保险，其他的都有限制。只有5个国家，参加养老保险的农业劳动者比例为4%~12%，制度覆盖农村人口的比例通常是城市覆盖率的1/6到1/3"②。社会保障制度的建立源于近代工业的发展，这一制度的建立最初是针对城市工人的，后来扩展到市民。当一国的工业化和城市化基本实现时，社会保障制度开始覆盖农村农民。由此可见，大多数国家在社会保障的构建过程中，都经历了城乡二元的发展阶段，社会保障的二元结构在一国工业化启动后的30~60年基本消失，并逐步实现社会保障的城乡一体化。

部分发达国家实现城乡一体的基本情况。从城乡社保建立的时间差看：发达国家中德国开社会保障历史的先河，但城乡社会保障一体化的间隔时间比较长，近70年。日本由于属于后起的发达国家，城市社会保障建立的比较迟，但实现城乡社会保障一体化间隔的时间比较短，仅用了30

---

① 徐文芳：《国外农村养老保障实践及对我国的启示》，《社会保障研究》2010年第2期。
② 〔美〕卡梅罗·梅萨·拉戈：《拉美国家社会保障（养老及健康保险）、劳动力市场及覆盖面研究》，《社会保障制度》2009年第9期。

多年。发达的国家和地区一般在城市社会保障建立 40 年左右，开始在农村构建社会保障制度。我国的社会保障制度若从按市场机制运作的改革开放以来算起，城乡社会保障的间隔约 30 年。从实现城乡社会保障的经济条件看，一些欧盟成员国和北美国家一般在人均 GDP 超过 5000 美元、日本也达到近 3800 美元时，社会保障制度开始覆盖农村。我国近年来人均 GDP 约 3800 美元，我们的 3800 美元是在发达国家实行农村社会保障时的 50 年之后的 3800 美元，含金量很低，而且我们是在人均 GDP 不足 3000 美元时就着手建立农村社会保障。从农业劳动力在劳动力结构中所占的比例看，在建立农村社会保障时，发达国家农业劳动力占劳动力总数的比例基本在 30% 以下，英国的这一比例当时是 6% 左右。我国目前农业劳动力占劳动力总数约在 50%，而且我国劳动力的基数很大。从工农业产值的比例看，发达国家在建立农村社会保障时农业产值所占的比例一般在 25% 以下。当然，这与当时的第三产业还不是很发达有关。我国近年农业占国内生产总值的比例在 10% 左右，但我们这 10% 左右的产值是由占总劳动力约 40% 的劳动者创造的。从城市化进程看，发达国家在构建农村社会保障时城市化率一般在 50% 以上，我国现在若按拥有城市户籍的人口算，城市化率很低，即使按事实上在城镇活动的人口计算，城镇化率也只有 45% 左右，而且我国人口的基数很大。由此可见，我国农村社会保障具有超前性的特点。这就决定了我国农村社会养老保险只能坚持保基本、广覆盖、有弹性、可持续的原则，只有这样才能实现农民社会保障的可持续性。而且，我国在农村社会养老保险制度的构建过程中暴露出来的问题也许与这种超前性有关。

各国处理农村社会保障与土地关系的一些做法。一些发达国家在实现工业化和城市化过程中，一边构建农村社会保障制度，一边支持和鼓励耕地集中。法国设立了调整农业结构社会行动基金，用提高适当的财政补助的办法来鼓励老年农场主放弃耕作，把土地出卖或出租给青年农民。据统计，到 1977 年底，有 54.3 万个农场主在领到离农终身年金后移交出来的土地面积达 950 公顷，约占全国农田面积的 1/3。[①] 20 世纪 70 年代，德国在农场主享受养老金时附加条件，即要求农场主必须在 50 岁以后就开始通过继承、出

---

① 胡树芳：《国外农业现代化问题》，中国人民大学出版社，1983，第 149 页。

售或长期租让等方式转移他的农业企业，成为农业退休者。德国联邦政府专门向农村养老保险机构额外提供特殊的农业结构性补贴资金用于发放旨在促进农业企业移交或放弃农业生产的养老金。[①] 日本采取了以社保换土地的政策。1970 年日本实施农民年金，这项制度主要内容是促进农民与土地脱钩，实现农业规模化经营。农民年金中规定有这样的内容：经营权转让年金、离农给付金等。经营权转让年金的给付对象是加入农民年金计划，缴费满 20 年，在 60~65 岁向继承者或农民年金计划其他参与者转让土地所有权或使用权的农民。其中缴费达 25 年者，每月可获得 2 万日元的经营权转让年金；离农年金给付对象是因年龄在 55 岁以上，或所拥有土地面积过小而无法加入农民年金计划者。当他们将土地转让给专业农户，而自己从事其他行业时可一次性获得离农年金补贴，所需资金由国家财政负担。[②] 土地资源属于我国的稀缺生产要素，而且被人为地划分的支离破碎，我国有一大批农民事实上脱离了同土地的关系，但不愿同承包地脱钩，我们应认真总结国外这方面的经验教训，处理好农民与承包地的关系。

国家（或政府）与农村社会保障制度构建的关系。多数国家（或政府）在农村社会保障制度构建过程中发挥着主导作用，这与农民居住分散、就业灵活和组织程度差等直接相关。政府在农村社会保障方面起主张、组织、立法、财政支持和监管等作用。社会保障是一项社会事业，涉及全体公民，只有政府有能力主张，即使是像智利和新加坡实行社会保障私有化和以个人储蓄为主的国家，其社会保障的发端也要由政府主张。政府在主张的同时开展组织工作，如组织机构的成立、管理人员的招募、法律法规的制定、保障业务的办理，一般都由政府相关部门张罗。构建相关的法律体系，确定保障的原则、保障的对象、保障的标准、获得保障的条件、基金的监管、对违反相关法律法规人员和机构的惩罚等都要由政府或通过立法予以明确地规定，如德国 1957 年颁布了《农民老年救济法》、日本 1970 年颁布了《农业劳动者年金基本法》。大多数国家对农村社会保障给予一定的政府财政补贴，如在德国农村养老保险作为促进农业经济结构转型的一种手段，政府对其补贴占

---

① 李时华：《农村养老保障国外经验比较及借鉴》，《消费经济》2009 年第 8 期。

② 庄东霖：《多层次、多类型的农民养老保障助力日本应对老龄化》，《中国劳动保障报》2010 年 6 月 18 日。

各类社会福利公共总支出的 43%。日本国家财政一直负担以农民为主的基本养老金费用的 1/3,2009 年这一比例逐渐上升到 1/2。① 各国对社会保障都有严格的管理监察制度,即使像德国农村养老保险业务实行自治管理,也是在立法强制和政府监督下运行。德国设立了联邦保险监督局,各州政府也有类似机构,监督各项保险活动严格按法律运行。新加坡实行通过立法强制个人储蓄的社会保险制度,但对保险金的使用和管理规定有严格的法律要求。在我国的农村社会养老保险制度的构建中,政府也应发挥积极的主导作用。

社会养老保险的模式。国外社会养老保险的模式可分为养老保险责任承担模式、养老保险财务模式、养老保险基金运行模式、养老保险缴费与给付模式四个方面。养老保险责任承担模式可分为政府负责型、责任分担型、个人负责型和混合责任型四种。中国农民社会养老保险主要特征属于责任分担型,即由政府、集体和个人分担养老保险责任,但有政府负责型的特点,如政府给农民发放的基础养老金就具有这一特征。而且政府财政对许多农民社会养老负了很大的责任,由此可以说中国农民社会养老保险具有社会福利的某些特征。养老保险财务模式可分为现收现付式、完全积累式和部分积累式三种。现收现付式主要在一些福利国家实行,如瑞典。完全积累式主要在智利和新加坡这样的国家中实行。中国农民社会养老保险由农民个人缴费、集体补贴和政府的部分补贴组成,即计入个人账户中的保险金属于完全积累式,而政府负责的基础养老金具有现收现付的某些特点。养老保险基金运行模式可分为社会统筹模式、个人账户模式和社会统筹与个人账户相结合模式。社会统筹模式一般在福利国家实行,个人账户模式一般与完全积累的财务模式相联系。我国农民社会养老保险选择的是社会统筹和个人账户相结合的模式。养老保险费的缴费模式可分为给付既定模式和缴费既定模式。给付既定模式一般与现收现付模式相联系,缴费既定模式一般与完全积累或部分积累模式相联系。中国农村社会养老保险模式选择的是缴费既定模式。养老保险金的给付水平确定模式可分为普遍生活保障和收入关联模式两种。中国农村社会养老保险可以说是二者的结合模式,其中基础养老金由政府给付,标准具有统一均等性;个人账户具有收入关联模式性质,由

---

① 李时华:《农村养老保障国外经验比较及借鉴》,《消费经济》2009 年第 8 期。

个人根据收入选定。①

国外养老保险的基本内容。养老保险的内容主要包括：养老对象的覆盖范围，养老资金的筹集、运营、管理和使用，养老保险的享受条件和待遇标准，养老保险的管理和监督机制等。发达国家农民社会保障实行的比较迟，保障水平也比较低，一般实行了全覆盖。发达国家农业实现了农场化，农业劳动者一般为农业雇工。农业雇工和雇主的养老保障一般是分设的，农业雇工的养老保障归入雇工的行列。中国农民社会养老保险制度的出发点是要实行全覆盖，并对"五保户""低保户"和困难家庭的个人出资由政府民政部门兜底。各国养老基金的来源有四种方式：由雇主、雇员和国家三方共同负担的方式，如德国；由雇主和雇员分担方式，如法国；由雇主和国家分担费用，如瑞典2000年以前就采用这一方式；完全由雇员个人负担，如智利。中国根据国情坚持个人、集体和政府三方出资，有利于调动各方的社保积极性。各国养老保险基金的筹资方式有现收现付、完全积累和部分积累三种模式。从欧洲各国的养老保险实践来看，一般都是起始于积累方式，但随着时代的变迁，积累方式逐渐向现收现付演变，之后又因人口老龄化与养老保险基金支付的压力，开始考虑部分积累制。中国现阶段农民社会养老保险中农民个人出资、集体出资和部分政府补贴和奖金实行积累制。世界各国对养老金享受资格都做了规定。一是年龄条件，发达国家农业工人退休年龄同一般工人，在60岁至67岁之间，但对农场主退休年龄都做了规定，要求农场主出让、出租和出售耕地的年龄都比较小，一般在50岁左右。二是缴费条件，各国要求享受养老保险的缴费一般在15年以上，但农场主享受离农津贴一般不需要缴费，只要其将自己拥有的土地出让、出租或出售即可。三是其他条件，主要有工龄条件、居留条件和与土地关系条件。这里特别需要指出的是与土地关系条件。发达国家一般对一些小农场主享受社会保障规定的条件是其与土地脱离关系。

世界各国养老保险待遇水平。世界各国确定社会养老保险待遇水平的主要根据是被保险人的社会贡献和生活费用基准。一般最低标准为退休前收入的40%。中国农民的养老保险金的替代率比较低，若加上无偿承包集体耕地的流转费可达40%左右。世界各国有关养老保险基金的管理并不统一。

---

① 参阅郑功成《社会保障概论》，复旦大学出版社，2008，第139～144页。

一些国家是由各种独立性机构或基金会负责，管理机构通常由受保人、雇主和政府方面组成的理事会领导；也有一些国家养老保险业务由政府的一个部门直接管理。我国新农保基金由社保机构负责财务管理和会计核算。世界各国的养老保险有三种管理模式：直接由政府部门管理；由自治公共机构管理；由私营基金公司管理。① 我国的新农保由国务院的人力资源与社会保障部管理。

　　社会养老保险的运行机制。社会养老保险的运行机制可分为运行维持机制、运行中问题的识别机制和对运行中存在问题的应对机制三个部分。社会养老保险运行维持机制一般分为政府部门维护、自治公共机构维护和私营基金公司维护三种模式。社会养老保险运行中存在问题的识别机制主要依据市场运行状况，由被保险人、政府监管机构等进行甄别，发现社会养老保险事业在运行中存在的问题。发达国家社会养老保险运行中存在问题的识别主要靠被保险人，而我国是由被保险人和政府一同识别。社会养老保险的应对机制对采用不同管理模式的国家不同，采用自治公共机构管理和由私营基金公司管理的社会养老保险应对能力较差，特别是在面临货币大幅贬值、实际替代率下降的情况下束手无策。社会养老保险由政府部门管理的国家，有时借助政府的力量，采取相应的应对措施相对会好一些。但在一些西方发达国家有时社会养老保险事业会被用于选举操作，甚至开空头支票，在金融危机冲击和货币大幅贬值的情况下也无力应对，只好任凭其缩水。中国实行宏观调控下的市场经济的经济运行机制，农民社会养老保险建立在基本国情基础之上，国家可以根据经济发展和物价变动等情况调整新农保基础养老金等方法，解决农民社会养老保险在运行中存在的一些问题。

　　世界各国在实行农村社会保障经验教训及对我们的启示。社会保障，特别是社会养老保险要建立在本国国情基础之上，要根据基本国情和人民群众的基本要求选择社会保障的模式、替代率和覆盖面，要有可持续性。社会保障，特别是农村社会保障在启动阶段，政府要起主导作用，农民参保意识的培养、社保组织机构的建设、法律法规的制定、出资和给付额的确定等事务都要由政府根据实际情况确定。因为农民比较保守，又分散，组织程度差，要做宣传动员工作。社会保障，包括农民社会保障要保基本、广覆盖、可持

---

① 参阅郑功成《社会保障概论》，复旦大学出版社，2008，第 144 ~ 149 页。

续和多层次。这是社会保障的永恒主题，社会保障属于社会财富的再分配，是解决居民基本生存问题的，以公平为原则。社会保障，特别是农民社会保障要坚持公平和效率相辅相成的原则。效率是解决财富来源问题的，要给财富创造者奋斗的空间，以增强经济和社会发展的活力和动力。公平是相对的、适度的，公平是为了形成社会合力，产生更大的效率，而不是滞息经济社会发展的动力和活力。公平和效率处于何种状态，不能一概而论，要根据社会运行的实际情况作科学的安排。社会保障要有科学的运行机制，要有常规维持机制、漏洞和问题的识别机制，漏洞和问题的应对机制要选择宏观调控下的市场运行机制。在社会保障方面各发达国家都曾存在城乡或工农二元结构，但在工业化基本实现后，立即启动农民社会保障，并逐步实现城乡居民社会保障的一体化。各国在农村社会保障制度的构建过程中，根据本国农业规模化状况，农地规模化与农业生产社会化、经营集约化的要求制定具有本国特色的农场主社保政策，使部分不适应农业社会化生产和集约化经营的农场主脱离与土地的关系。政府对社会保障的支持要留有余地，留有应对危机的空间，本来社会保障的内涵是应对危机，越是在危机出现的时候，越需要社会保障；但一些发达国家，在面临经济危机冲击时，政府财政也产生了危机，使社会保障水平缩水，甚至有的国家由经济危机引发社保危机，进而引发政治危机，我们要吸取这一教训。社会保障是实现居民安居乐业、国家经济社会发展的途径，而不是进行选举操作的工具。有的国家一些政党的领导人，为了在选举中取胜，不惜为民众开出超越政府财政支撑能力的社保空头支票，或者由于社保水平提升，使政府财政紧张，在面对经济危机时产生骨牌效应，出现社保危机、经济危机和政治动乱，这方面的教训我们也应提防。

国外社会养老保险的理论简述。约翰 B. 威廉姆森在《养老保险比较分析》一书中对社会养老保险理论作了综述，介绍了五种相关理论：社会民主论，这一理论观点认为新计划的实施、现有计划支出的增加以及养老金计划结构的完善，都反映了劳方在与资方的斗争中所取得的胜利。新马克思主义理论观点，这一理论将养老金政策看做是劳资双方斗争的结果，强调用养老金计划减轻变革的压力的程度可以带来收入分配的实质变动，同时还强调市场规则和世界经济规则推动老年保障政策的程度。工业制度比较分析法，这一理论认为工业化程度越高的国家在公共养老金上支出的国民产品的份额越大。这一理论关注发展水平、发展速度和人口结构状况等。新多元论，这一理论认为养老金计划无论是最初形成的，还是第二次世界大战以后的变化，都受到各种利益压力集团的强烈影响，这种利益集团的作用在民主国家比在独裁国家更有效。国家中心论，国家中心论的观点认为，国家的参与以及国家的结构特征已经成为老年社会保障政策的重要决定性因素。①

米红等在他们的著作《农村社会养老保障制度基础理论框架研究》中介绍了国外七种相关理论：国家和政府职能理论，该理论认为国家职能包括政治、经济和公共管理职能三方面，为农民提供社会保障是国家践行这三方面职能的重要体现。公共产品理论，该理论根据美国经济学家萨缪尔森的公共产品理论，认为公共产品有效用的不可分割性、消费的非竞争性和受益的非排他性三种特性。凡是具备其中一种或两种特性的公共产品为准公共产品，准公共产品具有部分公共产品的特性，又具有部分私人产品的特性。农村社会养老制度是一种准公共产品，具有效益上的外部性、消费上有限的非竞争性和受益上的局部排他性。制度变迁理论，这一理论认为养老保险制度的形成是利益集团斗争的结果。结构功能理论，帕森斯认为任何社会系统在满足其基本生存需要的过程中都分化出了经济、政治、法律和亲属四个子系统。农村社会养老保险制度的设计主要兼具经济和政治系统的功能，通过经济资源再分配发挥维护社会系统的稳定和促进社会可持续发展的作用。养老保障效率理论，该理论认为社会养老保险制度是部分或完全解决市场失灵的手段工具，可以降低市场所带来的风险。农村社会养老保险制度构建具有养老保障效率理论的一般性。农业经济理论，这一理论认为农业经济发展受到动植物生物特性的强烈制约以及客观自然条件的影响，并且农业产品的需求弹性较小，农民对自然和客观条件的依赖程度高，需要社会保障。社会发展理论，这一理论指出，马克思的社会发展理论的核心是人的全面发展，人的全面发展需要社会保障。②

威廉姆森主要从一般社会养老保险的角度综述了相关理论，米红主要从农村社会养老保险的角度概述了相关理论。石宏伟在《中国城乡二元社会保

① 参阅〔美〕约翰 B. 威廉姆森等著《养老保险比较分析》，马胜杰等译，法律出版社，2002，第 333～358 页。

② 参阅米红等：《农村社会养老保障制度基础理论框架研究》，光明日报出版社，2008，第 4～10页。

障制度的改革和创新》一书中，从城乡二元社会保障结构的角度介绍了相关理论，特别介绍了刘易斯、费景汉、拉尼斯、托达罗等人的二元经济模型理论。这些理论对推动我国农村社会养老保险制度的构建有一定的借鉴意义。

第二节　中国农村社会养老保险的实践和理论

一　中国农村社会养老保险的实践

长期以来，我国农民依靠传统的养老方式养老。这种传统的养老方式主要以家庭、子女和小片土地为依托，辅之以邻里相济、亲朋相助和慈善扶持，并形成了以孝道、养儿防老、父母在不远游等伦理道德维护体系。这种养老方式与农业小生产和自然经济相联系，以个人的终生劳动积累为基础，在家庭内部进行代际间的协调，维系着农民的繁衍生息。

新中国成立初期，传统农村社会保障体系仍发挥着重要的作用。经过土地改革，广大农民拥有自己的土地，实现了耕者有其田，而且当时的土地属于私有，土地成了农民养老的重要依托，翻身农民有了自己的土地，生产经营的积极性空前高涨。当时，针对农村特殊困难家庭实施了一些保障措施，如开展社会救济、救灾等活动。1956 年一届人大第二次会议通过的《高级农业生产合作社示范章程》规定：农业生产合作社对于缺乏劳动力或完全丧失劳动力、生活没有依靠的老弱孤寡和残疾的社员，在生产上和生活上给予适当的安排和照顾，保证他们的吃、穿和柴火的供给，保证年幼的受到教育和年老的死后安葬，使他们的生养死葬都有依靠。[①] 这标志着我国的"五保"制度初步确立。

社会主义改造结束后，特别是 1958 年实行人民公社制度以后，农村的土地和其他主要农业生产资料归集体所有，农民参加集体劳动记工分，工分值普遍很低，生产队每年给每位农村人口一定的粮食和少许的农副产品。粮食采取按人口和劳动力相结合的办法进行分配。一般是按"人七劳三"或"人六劳四"的比例进行分配。农村的老年人退出了劳动领域，但可按人口分配到每人一份的口粮，这体现了集体社会保障的作用。当时集体还给农民

---

① 《新中国劳动和社会保障事业》，中国劳动社会保障出版社，2007，第 1140 页。

每人分有一定数量的自留地，用于农副产品的种植。后来因割资本主义的尾巴而收归集体代耕。家庭和集体成了农民养老的主要依托。同时，五保户制度也逐步完善。1962 年发布的《农业六十条》中规定：对生活没有依靠的老、弱、孤、寡、残疾的社员实行供给制，对于生活困难者给予补助。1964年进一步完善了"五保"内容，增加了保住、保医等内容。此后"五保"供养制度成为集体对本社无依无靠、无生活来源、无劳动能力的农村老人、残疾人和孤儿进行集体供养的一种社会福利制度。[①] 对困难或受灾的家庭和人口给予一定的救济，救济款主要来自生产队对公益金的提留，其数量不超过可分配总收入的 2%～3%[②]，一部分救济款来自民政部门的拨款。对军烈属给予一定的优抚，烈属的优抚主要由民政部门负责，军属的优抚主要由村集体负责。救济或优抚以实物或现金给付。在此期间，政府通过计划管理、实行农产品统购统销政策、工农业产品的价格剪刀差和农业税等途径，由农村农业为城市工业提供支持 6058 亿元，其中以剪刀差的形式提供 5239 亿元，以农业税的形式提供 819 亿元，纯提供约 4500 亿元。[③] 农村农业为城市工业的发展作出了贡献。

改革开放之初，农业实行家庭联产承包责任制，坚持交足国家的、留够集体的、剩下全是自己的分配方式，调动了农民的生产经营积极性，农村经济迅速发展，部分农民外出务工经商，迅速致富，农民家庭的经济实力增强了。家庭和承包地成了农民社会保障的主要依托。随着改革开放的深入，农村出现了一系列新问题：随着计划生育政策的实施，农村家庭结构变化了，子女所承担的赡养老人的负担加重了；集体经济弱化，随集体经济弱化而来的是集体保障功能的弱化，农村五保户和困难群众的生活成了问题；随市场经济机制的深入和我国加入 WTO，农业生产经营的风险加大了；计划经济时代的传统救济方式对困难群众来说是杯水车薪，难解农村老年人口社会保障需求的燃眉之急。国家在"七五"计划中提出要建立我国社会保障制度

① 刘基玲：《中国农村养老保障制度变迁、路径依赖与趋势》，《科学、经济、社会》2009 年第 4 期。
② 刘基玲：《中国农村养老保障制度变迁、路径依赖与趋势》，《科学、经济、社会》2009 年第 4 期。
③ 石宏伟：《中国城乡二元化社会保障制度的改革和创新》，中国社会科学出版社，2008，第 152 页。

雏形的要求。1986 年 10 月，民政部和有关部委在江苏沙州县召开了全国农村社保工作座谈会。会议根据我国农村的实际情况确定在贫困地区搞好社会救济和扶贫工作，在经济发展中等地区主要举办社会福利事业，在发达地区发展社会养老保险事业。1987 年 3 月，国务院确定由民政部牵头建立我国农村基层社会保障体系的探索。到 1989 年 6 月，全国有 19 个省（区、市）进行了养老保险试点，参加人数 90 多万人，积累资金 4100 万元，已有 21.6 万农民开始领取养老金。① 但当时的农民养老保险多为乡村自发建立的，计发标准比较混乱，保障的水平低、覆盖面窄，对集体的拖累大。

县级农村社会养老保险方案的实施阶段。1991 年 1 月，国务院决定由民政部选择一批有条件的地区开展建立县级农村社会养老保险制度的试点。1991 年 6 月，民政部制定了《县级农村社会养老保险基本方案》，然后在山东省牟平、龙口等 5 个县（市）开始试点。1992 年 7 月，民政部在武汉市召开了全国农村社会养老保险工作经验交流会。之后民政部和国家体改委、劳动部联合发布了一系列相关政策法规，农村社会养老保险有了较大的发展。1995 年 10 月，民政部在浙江省杭州市召开了全国农村社会养老保险工作会议，确定农村社会养老保险工作的指导思想是稳定发展、加强管理。与此同时，国务院办公厅转发了民政部《关于进一步做好农村社会养老保险工作的意见》，文件要求：对农村社会养老保险工作要统一认识，加强领导；从实际出发，分类指导；推进规范操作，逐步完善管理体系；切实加强基金的管理和监督；加强宣传教育，改进工作方法。1998 年 7 月，国务院进行机构改革，将农村社会养老保险管理职能由民政部划入新组建的劳动和社会保障部。1999 年 7 月，《国务院批转整顿保险业工作小组保险业整顿与改革方案的通知》发布，认为我国当时农村不具备普遍实行社会保障条件，要求进行清理整顿。截至 2000 年底，全国 31 个省（市、区）的 1870 个县（市、区）不同程度地开展了农村社会养老保险，参保人数达 5428 万人，保险基金积累 259.1 亿元，约有 198 万人领取养老金。② 县级农村社会养老保险方案一般称为老农保。2009 年人社部《新型农村社会养老保险经办规程》（试行）规定，老农保参保人员转入新农保时，可将老农保个人账户储

① 《新中国劳动和社会保障事业》，中国劳动社会保障出版社，2007，第 818 页。
② 参阅《新中国劳动和社会保障事业》，中国劳动社会保障出版社，2007，第 819~821 页。

存额记入新农保个人账户。

《县级农村社会养老保险基本方案》的主要内容：指导思想和基本原则是，农村社会养老保险是国家保障全体老年农民基本生活的制度，是政府的一项重要社会政策，建立农村社会养老保险制度要从我国农村的实际出发，以保障老年人的基本生活为目的；坚持资金个人缴纳为主，集体补助为辅，国家予以政策扶持；坚持自助为主、互济为辅；坚持社会养老保险与家庭养老相结合；坚持农村务农、务工、经商等各类人员社会养老保险制度一体化的方向。保障对象是农村各类人员。模式是实行基金积累制个人账户。缴费标准是 2 元至 20 元之间的偶数，分十个档次，可以补交和预交。领取条件和办法是，在农民达到 60 岁时，就可以领取养老金。养老金数量根据其个人账户累计额和平均预期寿命确定。基金以县为单位统一管理。保值、增值主要是购买国家财政发行的高利率债券或存入银行。社会养老保险管理机构按基金总额的 3% 提取管理服务费。管理实行"政事"分开，即行政管理与基金管理分开。地、县、乡级则由民政部门和乡镇政府直接管理农村社会养老保险行政工作，并另设专门的事业机构承办农村社会养老保险各项具体事务。县级是农村社会养老保险管理工作的主体。

县级农村社会养老保险基本方案是我国农村社会保障的一次有益尝试，但存在一系列问题。该方案等同于个人储蓄，没有互济，而且还从中抽取 3% 的管理费，对农民的吸引力小。该方案缴费数量小，给付也少，加上货币贬值，对参保农民实际保障能力差。该方案政府主要是主张，没有承担出资责任。该方案没有社会保险互济功能。该方案有些保富不保贫的现象，违背了社会养老保障主要是以保障中下等收入的老年人基本生活的原则。当然，该方案在实施过程中对部分农民起到一定的保障作用，对农村社会保障进行了必要的探索、宣传，并培养了农民参保意识。在实施过程中，总结了一定的经验和教训，为新农保的实施起了一定的铺垫作用。

在此期间，中央在实行县级农村社会养老保险的同时，开展了扶贫工作。2001 年国务院颁布实施了《中国农村扶贫开发纲要（2001～2010）》，并开展了扶贫工作，使我国贫困人口大幅减少。1994 年国务院发布《农村五保供养工作条例》，对农村老年人、残疾人和未成年孤儿实行保吃、保穿、保医、保葬、（未成年人）保义务教育的五保供养。由民政部门负责的救济救助工作仍在继续。这些措施对改善农村贫困地区和贫困人口的生活条件状况和生产条件起到了积极的作用。

县级农村社会养老保险基本方案停止实施之后，中央号召继续进行这方面的探索。党的十六大报告指出，有条件的地方要探索建立农村社会养老保险制度。党的十七大提出加快建立覆盖城乡居民的社会保障体系，保障人民的基本生活。2008年《中共中央关于推进农村改革发展若干重大问题的决定》进一步指出：贯彻广覆盖、保基本、多层次、可持续原则，加快健全农村社会保障体系。按照个人缴费、集体补助、政府补贴相结合的要求，建立新型农村社会养老保险制度。期间，设立中日合作项目，选择山西柳林县等8个县区开展了经济欠发达地区建立新型农村社会养老保险的探索。经济发达地区进行了新型农村社会养老保险制度的探索。2003年劳动和社会保障部下发了《关于做好当前农村养老保险工作的通知》，要求认真总结经验，通过典型引路的方法推动有条件的地方农村养老保险事业发展；要求深入调查研究，进一步完善农村养老保险基本制度和配套政策；要理顺管理体制，稳定机构队伍；加强规范管理，防范基金风险。2007年劳动和社会保障等部门发布《关于做好农村社会养老保险和被征地农民社会保障工作的有关问题的通知》，要求尽快理顺农保管理体制，对农村社会养老保险工作的管理由民政部向劳动和社会保障部整体移交。积极推进新型农保试点工作。要按照保基本、广覆盖、能转移、可持续的原则，以多种方式推进新农保制度建设，要进行试点工作，要因地制宜开展新农保工作。完善个人缴费、集体（或用人单位）补助、政府补贴的多元化筹资机制，建立以个人账户为主、保障水平适度、缴费方式灵活、账户可随人转移的新型农保制和参保补贴机制。有条件的地方可以建立个人账户为主、统筹调剂为辅的养老保险制度。东部经济较发达的地级市可选择1~2个县级单位开展试点工作，中、西部各省（区、市）可选择3~5个县级单位开展试点。到2008年年底，已有25个省（区、市）的464个县（市、区、旗）自行开展新型农村社会养老保险探索，1168万农民参保，511.9万农民领取养老保险。[①] 地方财政给予一定补贴，这在一定程度上提高了参保率和保障水平。在总结各地新农保探索经验的基础上，2009年4月《国务院关于开展新型农村社会养老保险试点的指导意见》发布。

---

① 《2009中国人力资源和社会保障年鉴》，中国劳动和社会保障出版社，2009，第758页。

社会学专家对这一时期新农保探索的情况进行了系统的总结，概括出六种发展模式。这六种模式是：第一，苏州模式。在统一的社会保险体系下，农村各类企业及其从业人员参加城镇企业职工基本养老保险，将从事农业生产为主的农村劳动力纳入农村基本养老保险，并对男满60周岁、女满55周岁以上的老年农民，建立社会养老补贴制度。苏州市对一般务农人员、享受农村最低生活保障或因各种原因丧失劳动能力的人员、老年农民实行不同的补贴标准。苏州市建立了农村基本养老保险和城镇职工基本养老保险相互衔接的办法。苏州市新农保有一定的强制性，如领取养老补贴的老人，其家庭直系亲属必须参保。苏州新农保实现了管理制度化。但苏州市新农保财政筹资压力大，基金保值增值难度大。第二，青岛模式。采取个人账户和社会统筹相结合。实行参保对象的全覆盖和全口径。实行政府主导，参保灵活，对参保有困难的人可小额贷款，且可先期用养老金还贷的政策。坚持个人、村集体、市（区）、镇（街道）四方多元筹资。形成分步骤、分层次、有差别的多样化养老保障。青岛市养老模式的缺陷是，政府财政补贴压力大，贫困人口难参保，农保城保转移衔接难。第三，东莞模式。东莞市按照自助为主、互济为辅、隔代扶持、自愿参保与政策引导相结合，坚持所有适龄人口全面保障的原则和低保障、广覆盖的基本思想。打破城乡界限，全面推动农村社会养老保险制度与城镇职工基本养老保险制度并轨，推进城乡社会养老保险的统筹发展。政府财政支持力度大。东莞通过缴费年限内的人自愿参保与达到领取年限的老人享受补贴待遇的政策关联，使自愿参保规定达到了强制参加的效果。东莞存在跨省转移衔接难问题和监管不够完善的问题。第四，北京模式。北京市通过政府财政补账方式设立基础养老金制度。适应参保人多种需求推行弹性缴费标准，只设下限，允许补缴保险费，允许达到领取年龄的人继续缴费。实行新老农保制度的衔接和城保和农保之间的转换。第五，四川通江模式。四川通江县——中国农村社会养老保险制度创新与规范管理试点县2006年被列入中日政府合作项目。通江县坚持以个人缴费为主、政府补贴和集体补助为辅的原则，将农村人口分为五大类，以种粮农民为重点，通过粮食换保障解决部分农民参保资金缺乏的问题，探索建立农村社会养老保险缴费手册质押贷款的机制。第六，陕西宝鸡模式。陕西宝鸡市实行个人缴费、集体补助、财政补贴相结合的筹资模式。坚持参保缴费起始日年满60周岁以上人员不缴纳保费，本人家庭成员按规定参保，其可享受养老待遇。养老保险待遇分为个人账户养老金和养老补贴两部分。坚持多元筹资下的完全个人账户积累制。财政实行缴费补贴和待遇补贴两种。在缴纳养老保险费时，市县财政补贴每人每年30元。在领取养老金时，市、县财政补贴每人每月60元。[①]

这六种模式有一系列的特点：第一，实行法制化管理。六种模式中的每一个地方在试行过程中都制定了相关的地方法规，实现规范化运作。第二，这些模式基本上都坚持多元筹资的方式，即个人缴费、集体（社区）补助和地方政府补贴，调动了农民参保积极性。第三，六种模式不同程度地坚持了个人账户和社会统筹相结合，并特别强调个人账户的重要性。第四，基本都坚持保基本、广覆盖。使大多数人有参保能力，给付的保费尽可能保障参保人员的基本生活。第五，尽可能做到城乡居民并轨或城乡一体化。如北京市、东莞市和苏州市都进行了这方面的探索。第六，一些地方农村社会养老保险具有一定的强制性。如苏州市要求领取养老金的老人的直系亲属参保、东莞市实行关联强制，宝鸡市要求领取养老金的老人的家庭成员参保。第七，对困难群众参保实行通融的政策。如通江县坚持粮食换保障，社保缴费手册可以质押贷款，宝鸡市实行困难群众救助。这六种模式中的一些特点，有一些被国务院所吸收采纳，成为制定新农保指导意见的重要内容而广泛推广。

中央还从整体上采取了一系列减轻农民负担和增加农民收入的措施。坚持对农村施行多予、少取、放活的政策，加大对"三农"的投入，发展农村公共服务事业。从2000年开始在农村进行税费制度改革，到2006年取消农业税，并制止在农村摊派、集资和乱罚款。从2004年起国家对农业生产者实行四项直接补贴，以后又实行家电下乡补贴以增强农民发展经济的后劲。2006年开始对农村义务教育实行免费和加大农村教育投资。加大农村扶贫的力度，增强贫困地区农村的发展后劲。2008年颁发《中华人民共和国农村五保户供养工作条例》，五保户由基层人民政府供养，村委会协助供养，提升对五保户的保障水平。2007年起在全国普遍实行农村低保制度，而且做到应保尽保。民政部门继续对农村贫困人口和受灾人口实行救济和救

---

① 参阅刘昌平等《中国新型农村社会养老保险制度研究》，中国社会科学出版社，2008，第39~57页。

灾。在农村实行承包地自愿依法有偿流转，农民人均拥有 2 亩多承包地，每亩的流转费在 200～500 元，农民如果流转了承包地还可获得 400 元以上的流转费，作为生活补贴。正是由于这一系列措施的实行，使农民的收入大幅度提高。2010 年农民的人均纯收入增长 10.9%，既高于同年城镇居民人均可支配收入 7.8% 的实际增速，也高于 10.3% 的 GDP 增速。27 年来又一次超过城镇居民收入和 GDP 的增长比例。① 这有利于缩小城乡差别和改变城乡二元社会结构状况，也是对农民的最大社会保障。

二　农村社会保障理论的研究状况

这部分内容我们分作两种类型介绍，一部分是对某一研究人员的成果较全面的介绍，另一部分是对研究人员成果进行专题介绍。郑功成主要从一般意义上研究社会保障，同时有一系列关于农村社会保障和城乡社会保障一体化的论述。郑秉文主要研究世界各国的社会保障制度及其对我们的启示，也有关于中国农村社会保障构建的一系列设想。卢海元主要从理论和实践结合的层面展开对农村社会保险的探索。早在 2004 年卢海元通过对中外农村社会养老保险制度建立条件的比较，指出当时中国建立农村社会养老保险制度在经济上是可行的。他认为建立农村社会养老保障的条件已基本具备。我国经济快速发展，农民参保意识不断提高，建立农民社会养老保险是破解"三农"问题的需要。指出建立农村社会养老保险制度可以激活巨大的潜在的社会保障资源，主要表现为政府承担一定的农村社保责任，可增加农民收入、扩大内需，使经济良性运行；可采用政府补一点，农民交一点的方式启动农村社会养老保险制度建设，有利于实现农业现代化；可以激活中国农村丰富的传统组织资源，实现农村社会稳定。卢海元还提出了农民用实物换保障和用土地换保障的思想。指出中国农村社会养老保险制度建立的方法不能照搬外国模式，城乡社会保障制度有着不同的产业基础和生活基础，以产品换保障的方式，直接以农产品缴纳保险费建立农村社会养老制度，有助于将农产品这一潜在的社会保障资源变为现实的社保资源，有助于同时满足农民对现金和社保制度的渴求，也是对粮食主产区和纯农户的一种有效保护与支持。土地换社保主要是对失地农民而言有一定

---

① 定军：《农民收入增长幅度提升》，《文摘报》2011 年 1 月 27 日。

的现实意义。①

米红等在他们的《农村社会养老保障制度基础理论框架研究》《农村社会养老保障理论、方法与制度设计》等著作和系列论文中对农村社会养老保险理论进行了深入探讨，对国外农村社会养老制度发展进行了比较研究，指出国外农村社会保障建设对我们的启示有：农村社保要与国情相适应，要有法律支撑，政府要对农村社保负一定责任，农村社保应走多元发展道路，要根据条件分步骤有差别地发展农村社保，要实行农村社保的专业化管理，城乡社会养老保障要协调发展。回顾了中国农村社会养老保障制度的发展历程，阐述了中国农村社会养老保险发展的必要性和意义，分析了中国建立新型农村社会养老保障制度的条件，提出了建立新型农村社会养老保险的设想，探讨了农民工、失地农民、计划生育户和纯农户社会养老保险的不同实施方案的设想。具体地设计了农村社会养老保险业务的流程、财务会计制度、基金管理、保险精算技术、社会养老保险机构内部控制与人员管理、经办人员的培训与考核。比较全面系统地研究了农村社会养老保险制度。②

庹国柱等在《制度建设与政府责任》一书中对农村社会养老保险作了深入研究。对国外农村社会养老保险制度进行了比较研究。对农村社会养老保障制度的理论研究作了综述。对中国农村社会养老保险制度作了专章论述：回顾了农村社会养老保障的历史并作了评述；指出中国社会养老保险制度建立的时机已成熟；提出了构建农村社会养老保险的思路。对被征地农民的养老保障做了研究：论述了被征地农民养老保障理论，认为社会生活中存在一个老年收入与消费的"负差"，平衡这一"负差"应成为个人、社会及政府普遍关注的问题；还提出被征地农民的养老保障属于公共物品范畴的思想；同时还指出养老保险制度利益的外部性决定要对被征地农民实行社会保障的理论。对在中国建立农村社会保障制度具有财政可行性作了理论论证。③

石宏伟在《中国城乡二元化社会保障制度的改革和创新》一书和系列论文中对改变中国二元社会保障制度进行了探讨。他从二元经济理论入手，

---

① 参阅卢海元《创新农村社会养老保险制度：以产品换保障》，《求是》2003年第4期；《中国农村社会养老保险制度建立条件分析》，《经济学家》2003年第5期。

② 参阅米红等《农村社会养老保障制度基础理论框架研究》，光明日报出版社，2008；米红：《农村社会养老保障理论、方法与制度设计》，浙江大学出版社，2007。

③ 庹国柱等：《制度建设与政府责任》，首都经济贸易大学出版社，2009，第65页。

概述了国外社会保障理论，比较了德国、英国、美国、日本、新加坡的社会保障制度的异同，总结了这些国家社保制度对我国的启示；回顾了我国城乡二元社保制度形成的历史，指出我国城乡二元社保制度面临的挑战；设想了我国改变二元社保制度的创新思路；提出了失地农民以土地换社保的思想。[①] 石秀和在《中国农村社会保障问题研究》，邓大松在《新农村社会保障体系研究》中也对农村社会保障作了比较全面的研究。

李迎生在《社会保障与社会结构转型》一书和系列论文中对中国二元社会保障体系进行了深入研究。总结了工业化国家社会保障的经验教训，回溯了我国二元社会保障体系形成的历史，提出了改变我国二元社会保障体系的指导思想和原则，探析了社会保障制度的体系。提出有关社会保障的一系列思想：主张社会保障要兼顾公平效率；指出社会保障应由政府主导，同时，市场、个人及家庭等主体也应承担相应的责任；认为实现底线公平，即保基本是我国社会保障制度建设应奉行的基本理念；指出中国在社会保障探索过程中，应当通过适当的制度设计，实现传统保障与现代保障的优势互补；中国社会保障制度建立必须体现渐进性的策略，应设置较长的过渡期，实行多元化的具体改革方案，逐渐过渡到相对统一的模式。[②]

有关农村社会保障的几个专题介绍。有关农村土地流转与农民社会保障的研究。王克强在《中国农村集体土地资产化运作与社会保障机制建设研究》一书中，提出利用土地资产化运作来筹集社会保障资金的思想。他谈到实现这一目标的主要途径有：一是显化土地的资产特性，使之能通过土地资产的某种产权交易，筹集社保资金；二是通过完善有关法律制度，将原本属于农民的土地权益归还给农民，使之能为农民的社会保障筹资；三是通过产权交易，实现土地的资产价值为社保筹资。他提出拟采取的主要措施有：设立发展权，完善集体土地所有权；改革征地制度，缩小征地范围，依市场价征地，允许集体建设用地与国有土地一样进入土地市场以提升土地价值；实行以土地换保障，以股份合作制取得土地基本生活保障，以土地产权交易

---

① 石宏伟：《中国城乡二元社会保障制度的改革和创新》，中国社会科学出版社，2008，第114页。

② 参阅李迎生《社会保障与社会结构转型》，中国人民大学出版社，2001；《中国社会保障模式的转型路径》，《中国劳动保障报》2010年6月18日。

获得社保资金。① 陈娟等提出由政府作为主办单位，结合土地使用经营权交易获得社保资金的方式实现农民土地换社保。② 晋洪涛提出土地永用并世代交叠，是一种稳定性地权，稳定性地权对养老保险确实有显著的替代作用。他还指出，农村社保体系的缺乏影响到土地使用效率的提高，实现农民社保有利于提高土地效率。③ 钱扬明认为农村社保缺位是制约农村土地流转的主要因素，指出应加强农村社会保障制度建设；提出要提升土地保障和家庭保障的"造血"功能，作为农村社保的有益补充；建议开展"双置换"改革的试点工作，鼓励农民用土地经营承包权、宅基地和住房置换城镇社会保障及住房保障，实现农民向市民身份置换。贺雪锋提出土地换保障宜审慎的思想。认为在经济结构尚无成功转型的情况下，二、三产业无法为进城农民提供就业、工资和社会保障，大量农民进城的结果可能是大量失业。中国城市化的一个长期特点和优势应该是有来有去，农民可以自由进城，进城失败后又可以顺利返乡的中国城市化模式。④

有关东中西三个区域农村社会保障的研究。有关区域性农村社会养老保险制度研究方面通讯报道多，研究报告少，尤其是对西部地区的农村社会养老保险研究更少。这与国家在西部边远地区实行农民社会养老保险的全覆盖极不相称。阿里本江·阿不来提等对新疆农村社会养老保险模型进行实证研究。经过精算提出新疆农村社会养老保险目标替代率为 40% 比较合适，缴费年限为 20～25 年为宜，这主要是考虑到农民参保时间越长，缴费负担越轻，受平均寿命、养老金替代率、收入增长率、基金贴现率、通货膨胀等因素影响的程度越低，制度的稳定性及安全性越高。提出要采用多种方式解决贫困群体的缴费困难问题，对没有参保能力的农民发放生活补贴或采取普惠制养老保障模式，对没有劳动能力的孤寡老人采取土地使用权转让给农民合作社或租给别人的方式提供缴费保障。高龄农民也可把宅基地、房屋、家具及其他实物交给合作组织来解决缴费问题。对于没有缴费能力的贫困群体可

① 王克强：《中国农村集体土地资产化运作与社会保障机制建设研究》，上海财经大学出版社，2005，第 89 页。
② 陈娟：《建立农民年金提高保障水平》，《中国劳动保障报》2010 年 6 月 4 日。
③ 晋洪涛：《稳定性地权的养老保险替代效应：理论分析与实证检验》，《社会保障制度》2010 年 3 期。
④ 贺雪锋：《土地换保障宜审慎急速城市化应叫停》，《中国劳动保障报》2010 年 12 月 21 日。

采取农产品实物抵押的方式缓解缴费压力，也可以探索救助型缴费方式。这些问题可能是西部新农保构建中的共性问题。[1]

张颖从中观角度对中部河南省农村社保问题做了研究。指出河南省农村社会养老保障中存在的问题是：资金严重不足，政府投入保障资金的比例不充分，农村社会养老保障资金使用不规范，农民负担过重，二元经济使城乡社保差距过大，社会保障法律法规和管理体制不完善，农民社会养老保障意识落后，等等。提出了相应的建议：社会养老保险的形式要灵活多样，可设立职业保险；规范养老保险资金的筹集和缴纳方式；提高农村社会养老保险基金的收益率；创造农村社会养老保险的条件，增强农村社会养老保险的生命力。[2] 李伟以河南省长葛市官亭乡实地调查为例对新农保制度缺陷进行了探讨，指出新农保制度有缺陷，这些缺陷可分为制度设计缺陷和制度运行缺陷。制度设计缺陷有：政府的财政补贴政策有不足之处，如在农村中超过 45 周岁的农民补缴养老金的补缴部分不能享受政府缴费补贴，影响农民补缴积极性；新农保要求年满 60 周岁的农民领取基础养老金，要其符合条件的子女参保缴费具有强制性；新农保以年满 16 周岁（不含在校学生）的农村居民为起始缴费时间安排不科学；新农保给付待遇水平较低，影响农民参保积极性。制度运行的缺陷有：法律建设滞后，舆论宣传不到位，缺乏有效的监督管理，经办人员素质较低。提出了自己的建议，在制度设计方面：政府应采取农民多缴多补的办法，缴费参保年龄可灵活，对农民补缴养老金的也给予适当财政补贴，政府要不断提高养老金的水平。对制度运行中的问题，提出应加强法制建设，加强舆论宣传，加强监督管理，加强对经办人员的培训和考核等措施。[3]

东部地区农民社会养老保险具有一定的创新性。姜作培等对江苏南通市新农保进行了研究。南通市农民在 2009 年参加新农保的参保率就达到 95.78%，其主要经验是：把以人为本作为实现新农保基本全覆盖的核心，把扩大政府投入作为实现新农保基本全覆盖的支持条件，把强化行政推动作为实现新农保基本全覆盖的关键所在，把加强制度管理作为实现新农保全覆

---

① 阿里木江·阿不来提等：《新疆农村社会养老保险精算模型及实证研究》，《西北人口》2010 年第 1 期。

② 张颖：《加快构建河南省农村养老保障制度中的几个问题》，《河南师范大学学报（哲学版）》2010 年第 5 期。

③ 李伟：《新型农村社会养老保险的制度缺陷与对策探讨》，《社会保障研究》2010 年第 4 期。

盖的有力保证。① 李晓云等经过对山东淄博市新农保实施分析，指出了其存在的问题，并提出了改进建议。指出淄博市新农保存在的问题主要有：新农保参保率有所提高，但上升仍有空间；新农保在财务机制模式上更具激励性，但筹资风险集中；新农保更具保障性，但给付水平仍然偏低；新农保缴费设计较合理，但缴费方式单一，缺乏层次性；新农保管理落后，信息化水平低；新农保统筹层次低，基金增值方式单一。提出了相应的对策建议：要加强宣传，转变传统养老观念，强化农村居民社会养老保险意识；加大政府投入，确保新型农村养老保险良性运行；灵活缴费方式，提高农民的缴费能力；加强农村养老保险信息化建设，提高管理水平；完善基金管理与运营方式。② 王德文等研究了北京市农村社会养老保障制度。北京市农村社会养老保险率先建立，2008 年就开始实行社会养老保险一体化。北京市实行个人账户和基础养老金相结合，坚持个人缴费、集体补助、财政补贴相结合的筹资方式。参保对象为拥有该市户口的城乡居民。基础养老金采取全市统一标准，每月 280 元，列入市区财政共同承担。在制度衔接上，对农民转市民和农民工社保手续转移接续作了明确规定。对未参保的 60 岁以上老人，每人每月发放 200 元的福利养老金，资金由市、区（县）两级承担。北京市的特点是建立人人共有的基本养老制度，政府提供基本养老的社会责任，建立了鼓励个人参保的激励机制，实行社保养老城乡一体化。③

关于城乡社保一体化研究。牛桂敏对城乡统筹养老保险制度进行了深入研究，分析了城乡基本养老保险制度的现状：指出城乡基本养老保险制度设计不同，重城市轻农村；城乡基本养老保险基金筹集模式不同，城保政府补贴多，而且实行省级统筹，农保政府补贴少，实行县级统筹；城乡基本养老保险参保方式不同，城保是强制性保险，农保坚持自愿原则，农保违背社保大数法则和风险共担机制；城乡基本养老社会化程度和保障水平差距大，即城乡基本养老覆盖面城大乡小，社会化管理城里先进，农村落后，保障水平城高乡低；城乡基本养老保险基金社会互济功能差异大，城保社会互济和再分配、扶贫帮困作用大，农保采取自助为主，互济为辅。认为城乡统筹是基

---

① 姜作培等：《推进新农保制度建设的几个问题》，《国家行政学院学报》2010 年第 3 期。
② 李晓云等：《山东淄博新型农村养老保险现状实证分析》，《财经问题研究》2010 年第 7 期。
③ 王德文等：《新型农村养老保障制度改革》，《社会保障研究》2010 年第 1 期。

本养老保险制度发展的必然，城乡统筹基本养老保险制度是构建和谐社会的迫切需要，是经济社会发展的必然要求，实行城乡统筹基本养老保险已具备条件。提出了建立统筹城乡基本养老保险制度的思路：要建立统一的保险制度，确定统一的缴费标准，确定统一的保险待遇标准，实行统一的衔接办法，完善财政转移支付机制，健全动态缴费机制和规范管理机制。① 徐秋花对统筹城乡养老保障作了深入的思考，指出要正确理解和把握统筹与统一的关系，认为中国目前不具备统一城乡养老保障制度的条件，而统筹城乡养老保障着重强调的是统筹。统筹城乡养老保障的重点和难点在农村，要建立公共财政支持机制，要坚持权利与义务相统一的原则。提出统筹城乡养老保障制度可以制度分立设计，形成一个制度体系，同时保持各制度间的衔接。建议统筹城乡养老保障制度设计要：完善城镇企业职工基本养老保险制度，积极推进机关事业单位养老保险制度改革，大力推进农村新型养老保险制度，建立农民工养老保险制度，建立城乡老年居民养老补贴制度。②

第三节　新型农村社会养老保险制度

一　新型农村社会养老保险制度的内容

中央高度重视新农保建设。2009 年 1 月，中央农村工作会议公报指出："保障和改善民生，重点和难点在农民"。③ 2009 年 2 月，《中共中央国务院关于 2009 年促进农业稳定发展农民持续增收的若干意见》指出："抓紧制定指导性意见，建立个人缴费、集体补助、政府补贴的新型农村社会养老保险制度"。④ 2009 年温家宝指出："新型农村社会养老保险不仅是一项重大的惠农政策，更是整个国家朝着促进社会公平正义、破除城乡二元结构、逐步实现基本公共服务均等化的一个重大步骤"。⑤ 2010 年 10 月，《中共中央

①　牛桂敏：《建立城乡统筹养老保险制度的分析与思考》，《天津大学学报（社会科学版）》2010 年第 1 期。
②　徐秋花等：《关于建立统筹城乡养老保障制度的思考》，《求实》2009 年第 12 期。
③　《中央农村工作会议在京召开》，《新华月报》2009 年 1 月号下半月。
④　《新华月报》2009 年 2 月号下半月。
⑤　温家宝：《开展新型农村社会养老保险试点工作逐步推进基本公共服务均等化》，《新华月报》2009 年 9 月号。

关于制定国民经济和社会发展十二个五年规划的建议》指出："完善农村社会保障体系，逐步提高保障标准。实现新型农村社会养老保险制度全覆盖"。① 胡锦涛总书记在第五届亚太经合组织部长级会议上发表讲话时提出包容性增长思想。同时，胡锦涛强调通过可持续发展的、覆盖全民的社会保障体系来实现包容性增长。实现包容性增长为社会保障的发展提供了坚实的经济基础和丰厚的物质条件。

实现新农保的社会条件基本成熟。第一，我国的国民经济和财政收入在稳步增长，人均 GDP 已达 3800 美元左右，具有实行农村社会养老保险的基本能力。第二，由于中央采取了一系列惠农措施，使农民收入增长比例 27 年来又一次超过城镇居民，农民有参加社会养老保险的经济能力，而农村五保户、低保户和困难家庭保费由民政部门兜底补贴。第三，中国社会结构朝优化的方向发展，二、三产业从业人员和城镇人口均已接近 50%，第一产业占三大产业的比例下降至 10% 左右。第四，农民工社会养老保险逐步从农村分流，加入城镇职工或居民社会养老保险，农民社会养老保险的压力在逐步减轻。第五，经过农村县级社会养老保险方案的实施和以后各地进行的农民社会养老保险的探索，农民有了参保意识，社保有了一定组织基础和筹办经验。2009 年 9 月，《国务院关于开展新型农村社会养老保险试点的指导意见》颁布实施，中央决定 2009 年在 10% 的县开展试点工作，2010 年在 23% 的县开展试点工作，2011 年在 40% 的县开展试点工作，2020 年实现全覆盖。2010 年新农保试点地区有 1.43 亿人参保，4243 万农村居民领取了新农保养老金。② 2011 年新农保试点县扩大到 60%，并在本届政府实现新农保制度全覆盖。

新农保具有社会福利和社会保险的双重性质，而且对于新农保个人缴费按国务院设定的档次和年限缴费的农民来说，其主要属性是社会福利，因为农民即使按每年 500 元缴费，其缴费数也没有达到政府将给付的每年基础养老金补贴 660 元的数额。而且政府除了每年给付基础养老金之外，还有至少 30 元的补贴，有的地方政府对农民多缴的养老保险费还给予一定的奖励性

---

① 《光明日报》2010 年 10 月 28 日。

② 温家宝：《在全国城镇居民社会养老保险试点工作部署暨新型农村社会养老保险试点经验交流会议上的讲话》，《光明日报》2011 年 6 月 22 日。

补贴。可见新农保是具有一定社会福利性质的社会保险。因为绝大多数农民都有参加农村社会养老保险的能力，缴不起保险费的农民，如五保户、低保户和困难家庭由民政部代为缴纳部分或全部最低标准的养老保险费。

新农保坚持的基本原则是广覆盖、保基本、多层次、可持续，这符合中国的国情。广覆盖就是要尽快健全社会保障制度并迅速普及城乡，把人人享有基本社会保障作为社保制度建设的优先目标；保基本就是要从中国的社会主义初级阶段的基本国情出发，充分考虑各方面承受能力，确定与经济社会发展相适应的基本保障水平；多层次就是要以政府主导的社会保险、社会救助、社会福利为基础，以城乡基本养老、基本医疗、最低生活保障制度为重点，以慈善事业、商业保险为补充，构建多层次体系，满足人民群众多样化的保障需求；可持续就是在着力解决现实突出问题和历史遗留问题的同时，着眼长远，统筹协调，探索建立长效机制，保持社会保障事业长期、稳定、可持续发展。

农村社会养老保险的目标任务是：养老保险资金的筹措坚持个人缴费、集体补助、政府补贴以及其他个人或组织资助相结合的方式。养老保险的财务模式，实行社会统筹与个人账户相结合，"新型农村社会养老保险财政补贴实行现收现付制平衡模式"[1]，部分积累模式主要来自个人缴费[2]。个人账户中由个人出资、集体补助、其他补贴或资助实行积累制。坚持社会养老保险与家庭养老、土地保障、社会救助等其他社会保障政策措施相结合，保障农村老年居民基本生活。

参加新农保的对象和参保方式。参保对象是年满 16 周岁，未参加城镇职工基本养老保险的农村居民。事实上一些地方已实现了城乡居民社会养老保险一体化。在国务院有关新农保指导意见之后通过的《中华人民共和国社会保险法》对部分地区实行的城乡居民社会养老保险一体化也给予了肯定。该法指出：省（区、市）人民政府根据实际情况，可以将城镇居民社会养老保险和新型农村社会养老保险合并实施。这就使城乡居民社会养老保险有了明确的法律根据。参保的地点是户籍所在地，即我国农村社会养老保

① 刘昌平等：《新型农村社会养老保险财政补贴机制的可行性研究》，《江西财经大学学报》2010 年第 3 期。
② 李晓云等：《山东淄博新型农村养老保险现实分析》，《财经问题研究》2010 年第 7 期。

险坚持的是属地原则。我国农村社会养老保险采取自愿参加的方式。这同许多国家社会养老保险采用强制性方式不同。我国规定，已年满60周岁的农村老年人领取基础养老金时不用缴费，可以按月领取基础养老金，但其符合参保条件的子女应当参保缴费。这主要是考虑到农民参保意识不强，起一种督促推动作用，属于利益引导。

农村社会养老资金的筹集坚持个人缴费、集体补助、政府补贴相结合的原则。个人缴费国务院规定为100元、200元、300元、400元、500元五个档次，地方政府可以根据当地的实际情况增加档次。参保人自主选择，多缴多得。国家依据农民收入调整档次。有条件的村集体对参保人缴费给予补助，也鼓励其他经济组织、社会公益组织和个人为参保人缴费提供资助。政府对符合领取条件的参保人全额支付新农保基础养老金。中央财政对中、西部地区按中央确定的基础养老金标准给予全额补助，对东部地区给予50%的补助。地方政府应当对参保人缴费给予补贴，补贴标准不低于每人每年30元，对选择较高档次标准缴费的，可给予适当鼓励。对农村重度残疾人等缴费困难群体，地方政府为其代缴部分或全部最低标准养老保险费。

坚持个人账户和社会统筹相结合。个人账户资金包括个人缴费、集体补助及其他经济组织、社会公益组织、个人对参保人缴费的资助，地方政府对参保人的缴费补贴。个人账户储存额目前每年参考中国人民银行公布的金融机构人民币一年期存款利息计息。社会统筹部分为政府补贴，政府补贴应为每人每年不低于30元的补贴和对选择较高档次标准缴费的奖励等。国家根据经济发展和物价变动等情况，适时调整个人缴费档次和全国新农保基础养老金的最低标准，使新农保建立在动态的基础之上。

养老金领取条件和待遇。养老金待遇由基础养老金和个人账户养老金组成，支付终身。中央确定的基础养老金标准为每人每月55元，地方政府可以根据实际情况提高基础养老金标准，对于长期缴费的农民可适当加发基础养老金。个人账户养老金的月计发标准为个人账户全部储存额除以139。参保人死亡，个人账户中的资金余额除政府补贴外，可以依法继承，政府补贴余额用于继续支付其他参保人的养老金。我们认为政府补贴余额也应该包括政府对农村重度残疾人等缴费困难群体代缴的部分或全部最低标准养老保险费的余额。因为这部钱是政府为重度残疾人等缴费困难群体代缴的，当他们死亡后，政府理应收回。年满60周岁未享受城镇职工养老保险待遇的农村户籍的老年人，可以按月领取养老金。新农保制度实施时，已年满 60 周岁未享受城镇职工基本养老保险待遇的老年人，不用缴费，可以按月领取基础养老金，但其符合参保条件的子女应参保缴费，累计缴费期为 15 年，距领取年龄不足 15 年的，可补缴至 15 年，长缴可多得。

经办服务和基金管理。经办服务。各级人力资源和社会保障部门是新农保行政主管部门。实行新农保的地区，要认真记录农村居民参保缴费和领取待遇情况，建立参保档案，长期妥善保存。建立全国统一的新农保信息管理系统，纳入社保信息管理系统建设，并与其他公民信息管理系统实现信息资源共享。大力推行社会保障卡，方便参保人持卡缴费、领取待遇和查询本人参保信息。按照精简效能的原则，整合现有农村社会服务资源，加强新农保经办服务事业建设，提高新农保经办能力。运用现代管理方式和政府购买服务的方式，降低行政成本，提高工作效率。新农保工作经费纳入同级财政预算，不得从新农保基金中开支。基金管理。建立健全新农保基金财务会计制度。新农保基金纳入社保基金财务专户，实行收入支出两条线管理，单独记账、核算，按有关规定实现保值增值。试点阶段新农保基金暂时实行县级管理，随着试点扩大和推开，逐步提高管理层次，有条件的地方也可直接实行省级管理。

基金监督。各级人力资源和社会保障部门要切实履行新农保基金的监管职责，制定完善新农保各项业务管理规章制度，规范业务程序，建立健全内控制度和基金稽查制度，对基金的筹集、上解、划拨、发放进行监控和定期检查，并定期披露新农保基金筹集和支付信息，做到公开透明，加强社会监督。财政、监察、审计部门按各自职责实施监督，严禁挤占挪用，确保基金安全。试点地区新农保经办机构和村民委员会每年在行政村范围内对村内参保人缴费和待遇领取资格进行公示，接受群众监督。

相关制度衔接。一是做好新旧农保制度衔接。在新农保试点地区，凡已参加了老农保，年满 60 周岁且已领取老农保养老金的参保人，可直接享受新农保的基础养老金；对已参加老农保，未满 60 周岁且没有领取养老金的参保人，应将老农保个人账户资金并入新农保个人账户，按新农保的缴费标准继续缴费，待符合规定条件时享受相应待遇。二是妥善做好新农保制度与被征地农民社会保障，水库移民后期扶持政策，农村计划生育家庭奖励扶助政策，农村五保供养户、社会优抚对象、农村最低生活保障制度等政策制度的配套衔接工作。三是做好新农保与城镇职工基本养老保险等的衔接工作。其中第二和第三条由人力资源和社会保障部会同有关部门研究制定。

新农保的管理体制。全国人大常委会将新农保成熟的内容以法律的形式颁布实施，如《中华人民共和国社会保险法》第二十条和二十一条就对新农保的基本制度作了规定。国务院具体组织领导新农保工作。国务院成立新农保试点工作领导小组，研究制定相关政策并督促检查政策的落实情况，总结评估试点工作，协调解决试点工作中出现的问题。地方各级人民政府将其列入当地经济社会发展规划和年度目标管理考核体系，切实加强组织领导。各级人力资源和社会保障部门是新农保工作行政主管部门，会同有关部门做好新农保的统筹规划、政策制定、统一管理、综合协调等工作。我国现行省、市、县、乡镇（街道）、村（社区）五级劳动保障服务体系已初步建成。2009年，全国各级人力资源和社保公共服务机构 22.5 万个，工作人员 79.2 万人。其中县级以下的街道（社区）、乡镇（村）劳动和社保公共服务机构共 19.7 万个，占机构总数的 87.8%，实有工作人员 37.6 万人，占总人数的 47.5%。2008 年年底，街道机构 8800 个，占全国街道总数的 92.2%，乡镇机构 3.1 万个，占乡镇总数的 89.4%，村和社区一级配有劳动保障协管员的比例分别为 35.6% 和 77.8%。① 有关新农保的法律制度初步形成，坚持新农保的依法行政。2010 年 10 月，第十一届全国人民代表大会常务委员会通过《中华人民共和国社会保险法》。2009 年 9 月，《国务院关于开展新型农村社会养老保险试点的指导意见》发布。各试点单位制定了一系列相关地方政策法规，如江苏常熟市 2003 年制定了《关于完善农村社会保障工作的试行办法》，2006 年出台了《关于乡镇企业参加养老保险有关问题的意见》和《常熟市农村和城镇基本养老保险转移接续办法》，2007 年出台了《关于统一各类企业社会保险制度的意见》，2009 年出台了《关于印发〈常熟市全面推进城镇社会保险制度的意见〉的通知》。实行社保管理社会化。目前正在推进公共服务设施和服务网络建设，实现社会保障一卡通，做到社保管理透明、阳光、公开和方便。2010 年 6 月已有 140 多个地区发行社会保障卡 1.9 亿张，实际持卡人 7500 多万人。适应现代社会管理的新农保管理体系初步形成。

---

① 王永奎：《政策制度均等化——劳动保障公共服务均等化的基础》，《中国劳动保障报》2010 年 8 月 20 日。

新农保的运行机制。社会运行机制是对社会价值评价、选择和对所选择的价值取向的实施。新农保的运行机制是依据农民的意愿和市场状况确定价值取向。新农保坚持以人为本，即以农民为本；突出农民的主体地位，即突出农民的参与主体和享受新农保待遇的主体地位，尊重农民的选择，农民自愿参加。依据与新农保有关的市场状况，如新农保待遇的调整，要根据经济发展和物价变动等情况确定，新农保基金的运营要适应市场规则，根据市场状况作出决策。坚持政府主导，政府根据农民的意愿和市场状况作出有关新农保决策，确定新农保基本原则、参保范围、资金筹集、待遇水平、基金监管、经办服务等。实施手段主要有法制、宣传动员和利益引导。通过社会调研了解有关社情民意和市场状况，作出初步试点决策，通过试点将行之有效的内容上升为法律法规，依法行政。坚持农民自愿确定参保与否，尊重农民的选择，并将相关政策宣传给农民，动员农民参与。同时通过利益引导农民参加，如政府对参与新农保的人给予各方面补贴。国务院关于新农保试点的指导意见就经历了由下而上和由上而下的一系列过程。在总结 1992 年民政部举办的县级农村社会养老保险经验教训的基础上，放手让各地进行有关新农保的探索，各地在探索的过程中形成了六种模式，国务院对六种模式进行对比分析，吸收了六种模式中科学合理的成分，形成了《国务院关于开展新型农村社会养老保险试点的指导意见》，然后再在全国广泛开展试点工作，在总结试点工作的基础上在全国全面展开，从而使新农保制度建立在社情民意基础之上，科学、合理，也有生命力。

二 新型农村社会养老保险参保现状

（一）宣传组织工作是做好新农保的重要环节

开展新农保试点的省、市、县积极开展新农保组织宣传工作。内蒙古开鲁县积极开展新农保试点工作。该县人社局印发宣传单，发到 9.3 万户农牧民家中；将新农保政策编成言简意赅的"三字经"，送到集镇和村庄；用广播、文化墙宣传，村干部采取入户、派宣传车、开通咨询热线等方式宣传；召开 700 多名县、镇（场）、村三级干部和群众代表参加的宣传动员会，并办 300 多名镇（场）劳保站长、村劳保协理员参加的培训班；区、市、县三级财政拨付专项启动资金 120 多万元，配备了专用车辆，为社保局增加 10 个人员编制，选聘 13 名大学生志愿者参与；实现县、乡镇（场）、村

"三包一联"工作责任制，逐级签订了责任状；采取三种宣传方式，即利用广播电视进行舆论宣传，宣传员走村串户宣传，村干部协理员上门算细账，进行心理动员；基层干部通过村干部讲、亲戚朋友谈、街坊邻居唠、自家老人劝，动员重点难点对象参保缴费，使该县参保率达到98%。[1] 湖北省钟祥市为使新农保普惠农民，认真做好宣传动员工作。通过广播电视、报纸进行大规模宣传，设立了新农保网站，制作了电视专题片，共印发《告农民朋友一封信》和《新农保知识问答》95万份，制作横幅350条，张贴宣传标语15350份。劳动保障部门还分期分批组织工作人员走村入户进行上门宣传，讲解政策35000场次，接受现场咨询28000人次。对农民参保实行"一站式"办理和"一条龙"服务。[2] 东部地区农民经济比较富裕，有早期开展新农保的基础，动员农民参保相对比较容易。我们的调查资料显示，各级党和政府对新农保的宣传动员工作成效显著，对村民基本达到了两种宣传手段覆盖，有的是多重覆盖。其中发挥作用最大的是已参加新农保的人的介绍，农保工作人员宣传和村干部的宣传也有很大的作用，详见表4-1。

表4-1　农民了解新农保信息情况[*]

标　签	题号	频数	百分比	样本百分比
发放宣传材料	D10.1	128	11.2	23.2
发放宣传用的录像带	D10.2	11	1.0	2.0
电视或广播	D10.3	57	5.0	10.3
开展大型宣传活动	D10.4	38	3.3	6.9
召开说明会	D10.5	140	12.3	25.4
设置宣传牌	D10.6	34	3.0	6.2
农保工作人员单独介绍	D10.7	171	15.0	31.0
村干部单独介绍	D10.8	217	19.0	39.3
听已参加的人讲过	D10.9	314	27.5	56.9
其他途径	D10.10	30	2.6	5.4
总　　计		1140	100.0	206.5

缺失值:48;有效值:552

　*　本课题组已于2011年6月对山东、山西、内蒙古三省区的七个村，720户农民进行调查和访谈，收回问卷720份，有效问卷600份，有效率为83%，问卷以户为单位。称为三省区第一次调查资料。三省区第一次调查资料主要在本章表4-1和农地流转与农民社会养老保险相关性分析中用。

　资料来源：三省区第一次调查资料。

① 《中国劳动保障报》2011年1月25日。

② 《中国劳动保障报》2010年8月28日。

（二）新农保的有效需求

1. 调查方法和样本描述

（1）调查方法

研究数据来源于对山东、山西、内蒙古三省（区）3 个农业村农民的新农保参与意愿和缴费能力等的问卷调查。[①] 问卷内容主要包括户主及其家庭的基本特征、户主家人及长辈与承包地情况、户主及家人参加社会养老保险情况等方面的信息。

以农民对新农保的有效需求为分析对象，运用查阅文献资料、实地调查、开放型访谈等方法了解到该论题的现状及被调查地区农民对新农保的参与意愿和缴费能力情况；将所得的调查数据利用 SPSS 数据分析软件进行处理后，对其进行实证分析，考察农民参保意愿与缴费能力两个层面，分析影响三地农民参保的因素并找出解决问题的对策。

（2）样本描述

在所有调查的农民中，有 52.5% 的男性，47.6% 的女性；平均年龄为 46.08 岁，其中 16~45 岁的农民占 38.2%，45~60 岁的农民占 40.9%，60 岁以上的农民占 20.7%；农民的受教育水平大都集中于小学和初中，分别占总数的 30.7% 和 41.9%，高学历者较少，具有大专及以上学历的仅占 1.2%；在全部被调查农民中，平均家庭规模为 3.43 人，大部分家庭规模为 5 人或 5 人以下，家庭规模在 6 人以上的仅占 1.0%；在被调查农民中，有承包地的家庭占总数的 83.4%，平均每家承包亩数为 6.17 亩，有 16.6% 的家庭流转了承包地；家庭收入主要来源于农业的占总数的 38.7%，30.6% 的农民的主要收入来自外出打工；约 16.7% 的农民家庭人均年生活支出在 4000 元以上，其中 1000 元以下的仅占 8.9%，家庭经济状况一般的占总数的 65.1%，平均年现金结余 4820 元，富裕的农民较少，仅为 7.7%；约 56.4% 的农民担心或比较担心自己的养老问题，高于放心、比较放心养老问题的农民比例（约为 25.1%）；综合考察参保意愿和缴费承受能力，发现有 67.28% 的农民对农村社会养老保险存在有效需求（愿意参保、有缴费能力）。

---

① 本课题组于 2011 年 9 月对山东、山西、内蒙古三省新农保试点农村进行了问卷调查和访谈。在三地各选 1 个以农业为主的农村进行了问卷调查和访谈，课题组在调查村回收 630 份问卷，剔除无效问卷，最终回收 600 份有效问卷，有效率为 95.2%，问卷以户为单位。称为三省区第二次调查资料。

（3）变量与模型

基于上述描述与假设分析，模型引入以下解释变量：①个人因素变量：包括性别、年龄、文化程度；②家庭因素变量：包括家庭人口数量、家庭人均纯收入和耕地面积；③制度因素变量：替代率、村集体有无补贴。农民参与社会养老保险的意愿作为因变量。根据解释变量和因变量，建立农民参与新农保意愿的实证模型。将"愿意参保"定义为 y = 1，将"不愿意参保"定义为 y = 2。本文因变量为二分变量，农民在"愿意参保"与"不愿意参保"之间进行选择，其关系服从 Logistic 函数。

2. 基本假设与模型分析

（1）基本假设

本文主要从农民个人因素（性别、年龄、文化程度）、家庭因素（家庭生育情况、家庭中16～60周岁劳动力数量、人均纯收入、承包地数量）、制度因素（替代率、村集体有无补贴）三个方面，提出以下影响农民参与新农保意愿因素的研究假设：

①性别。性别的差异会造成对事物的认识的差异。农民性别会对其参与新农保的意愿产生显著的影响。一般来说，农村男性是户主，比较负责，他们比女性更倾向于参加新农保。

②年龄。由于养老保险的专项功能，一般来说，年龄稍大的人考虑得更多，因而他们的需求和参与意愿也较年龄较小的人更为强烈。年龄越大的农民对自己养老担心程度越高，而且对国家解决养老问题的期望值越高，越有积极参与新农保的意向。

③文化程度。受教育水平关系到个人素质的高低以及个人对事物的认知水平。因此，假定农民文化程度与其参保意愿成正相关，受教育水平越高，农民对社会养老保险的认知感越强，他们就越会倾向于参加新农保。在本研究中，文化程度直接以"学历"进行了量化。

④家庭生育情况。一般来说，家庭人口多的农户经济负担也重，面临风险也大。所以本研究假设家庭人口与农民参保的意愿呈正相关，即家庭人口越多的农民参保的意愿越强。

⑤人均纯收入。新农保的参与涉及缴纳保险费的问题，所以，个人收入水平应该是农民是否愿意参与新农保的主要微观因素。因此，本研究假设农民参与新农保的意愿和支付能力成正相关，即人们的收入越高，可自由支配

的资金也会越多，参保的意愿也会越强烈。

⑥家庭中16~60周岁劳动力数量。本文假设，该变量与农民参保意愿成负相关，即劳动力数量越多，农民克服各种风险的能力越强，参保的意愿就越低。

⑦承包地数量。本文假设家庭承包耕地与参保意愿成负相关，即家庭承包地数量越多的农户，自身养老保障的能力就越强，参保的意愿越低。

⑧村集体有无补贴。本文假设村集体补贴越多对农民参保的积极性影响越大，农民参保意愿越强烈。

⑨替代率。替代率越高，农民的生活负担就越小。本文假设，替代率越高，农民参保意愿越高。

⑩农民参保与地域之间的关系。农民所在地区越富裕，缴费压力越小，农民的参保率越高，所选参保档次越高。

根据样本描述结果，对所选变量的测量和赋值如表4-2所示。

表4-2 自变量和因变量的赋值

变量名称	变量定义
个人因素	
性别	男=1；女=2
年龄	实际年龄（周岁）
文化程度	小学以下=1；小学=2；初中=3；高中=4；中专=5；大专及以上=6
家庭因素	
16~60周岁劳动力数量	劳动力数量（人）
家庭生育情况	1个男孩=1；1个女孩=2；1个男孩1个女孩=3；2个男孩=4；2个女孩=5；3个孩子=6；3个以上孩子=7；没有孩子=8
人均纯收入	2000元以下=1；2001~3000元=2；3001~4000元=3；4001~5000元=4；5001~6000元=5；6001~7000元=6；7000元以上=7
家庭经济状况	富裕=1；比较富裕=2；一般=3；困难=4；特别困难=5
所在地区	山东=1；山西=2；内蒙古=3
承包地数量	数量（亩）
制度因素	
村集体有无补贴	有=1；没有=2
替代率（养老金占个人生活的比重）	全部=1；占1/2=2；占1/3=3；占1/4=4；占1/5=5

资料来源：三省区第二次调查资料。

（2）模型分析

从各种模型的分析结果看，所有模型整体检验基本可行，不同的模型估计结果和结论也相似。结果表明，从模型的 Wald 检验值来看，本文的模型的显著性明显优于其他模型。因此，以本文所选模型为主（限于篇幅，本文对其他模型估计结果进行省略），对农民参与新农保意愿的主要影响及其显著性进行归纳分析。结论如下：

表 4-3 山东某村农民参保意愿影响因素

解释变量	回归系数（B）	沃尔德（Wald）	显著度（Sig.）	幂值 Exp（B）
年　　龄	0.022	44.195	0.000	1.022
家庭生育情况	-0.058	12.462	0.000	0.944
家庭经济状况	-0.124	8.260	0.004	0.884
承包地数量	-0.027	5.316	0.021	0.973
替代率	0.355	6.091	0.014	1.427

注：模型在 5% 的水平上显著。

资料来源：三省区第二次调查资料。

表 4-4 山西某村农民参保意愿影响因素

解释变量	回归系数（B）	沃尔德（Wald）	显著度（Sig.）	幂值 Exp（B）
年　　龄	0.031	5.244	0.022	1.031
文化程度	0.621	7.713	0.005	1.860
16~60 周岁劳动力数量	-0.307	7.167	0.007	0.736
承包地数量	-0.063	4.917	0.027	0.939

注：模型在 5% 的水平上显著。

资料来源：三省区第二次调查资料。

表 4-5 内蒙古某村农民参保意愿影响因素

解释变量	回归系数（B）	沃尔德（Wald）	显著度（Sig.）	幂值 Exp（B）
文化程度	0.435**	6.584	0.010	1.545
家庭生育情况	0.355**	6.091	0.014	1.427
人均纯收入	0.310**	4.008	0.045	1.363
承包地数量	0.054*	3.026	0.082	1.055

注：回归系数 B 后面的"*""**"分别表示模型在 10%、5% 的水平上显著。

资料来源：三省区第二次调查资料。

第一，农民的年龄对农民参保意愿有显著影响。由表 4-3、表 4-4 可知，农民的年龄变量在 5% 的统计检验水平上显著，且回归系数 B 符号为正，这说明在其他条件不变的情况下，年龄越大的农民对社会养老保险的参与意愿越高；而且越是贫困地区，年龄越大的农民参保意愿越强烈。这与本文提出的研究假设相同。

第二，农民的文化程度对农民参保意愿有显著影响。由表4－4、表4－5可知，农民的文化程度变量在5%的统计检验水平上显著，且回归系数符号为正，这说明在其他条件不变的情况下，文化水平越高的农民对社会养老保险的参与意愿越强烈。幂值 Exp（B）进一步说明，农民文化程度每增加一个层次，山西、内蒙古农民参保意愿相应增加 1.860 倍和 1.545 倍，在山东这一因素并未出现显著影响。这与本文提出的研究假设相同。

第三，家庭生育情况对农民参保意愿有显著影响。由表4－3可知，家庭生育情况变量在5%的统计检验水平上显著，且回归系数符号为负，这说明在其他条件不变的情况下，家庭生育子女越多的农民对新农保的参与意愿越低。这与本文提出的研究假设相反。究其原因可能是，家庭子女多的家庭更多地会选择家庭养老或者有能力参加商业保险。由表4－4可知，家庭生育子女越多的农民对新农保的参与意愿越高。这与本文提出的研究假设相同。由此可知，山东、内蒙古在家庭生育情况这一变量上对参保意愿的影响是不同的。这与农民所在地区的经济发展状况和农民参保缴费能力有关，富裕地区农民参保适龄人口多，也有参保缴费的能力。

第四，家庭经济状况对农民参保意愿有显著影响。由表4－3可知，家庭经济情况变量在5%的统计检验水平上显著，且系数符号为负，这说明在其他条件不变的情况下，家庭经济状况越好的农民对新农保的参与意愿越低。这与本文提出的研究假设相反。究其原因可能是，家庭经济状况比较好的农民更多地会选择参加商业养老保险。这种情况在经济发达地区比较明显。

第五，承包地数量对农民参保意愿有显著影响。由表4－3和表4－4可知，承包地数量在5%的统计检验水平上显著，且回归系数符号为负。这说明承包地数量越多的农民参保意愿越低。这与本文提出的研究假设相同。幂值进一步说明，耕地数量每增加一亩，其参保意愿相应减少 0.973 倍和 0.939 倍。由表4－4可知，承包地数量与农民参保意愿成正相关。这说明，家庭承包耕地数量越多的农民对新农保的参与意愿越强。这与本文提出的研究假设刚好相反。究其原因，这可能是因为家庭承包耕地数量是代表农民农业生产经营规模的一个因素，家庭经营规模越大的农民面临的风险也越大，所以参保意愿也可能越强。除此之外，也可能与所在地区的经济发展水平有关。

第六，替代率对农民参保意愿有显著影响。由表4-3可知，替代率与农民参保意愿成正相关，即替代率越高农民参保意愿越强烈。这一点在东部经济发达地区表现比较明显。

第七，家庭中16~60周岁劳动力数量对农民参保的意愿有显著影响。由表4-4可知，家庭劳动力数量与农民参保意愿成负相关，即劳动力数量越多农民的参保意愿越低。这与本文提出的研究假设相一致，但这一因素对山东与内蒙古两个地区的影响并不显著。

第八，人均纯收入对农民参与社会养老保险有显著影响。由表4-5可知，农民的人均纯收入变量在5%的统计检验水平上显著，且回归系数符号为正。这说明家庭人均纯收入越高，农民参与新农保的缴费能力也就越强，参与意愿就越高。这与本文提出的研究假设相一致。幂值进一步说明，家庭人均纯收入每增加一个单位，其参加农村养老保险的意愿相应增加1.363倍。这说明，家庭人均纯收入越高，农民的养老保险缴费能力也就越强，参与意愿就越高。这种情况在经济不发达地区表现得最明显。

调查资料显示，农民性别、村集体有无补贴2个变量对农民参保意愿的影响，在模型中的检验系数没有达到显著性水平。因此，还不能得出这些变量与农民参保意愿之间的关系，这个问题有待进一步研究。

（3）农民参保缴费能力影响因素分析

缴费能力是影响新农保制度顺利发展的一个重要因素，农民缴费能力越高，将越有利于农民社会养老保障的实施。农民的缴费能力是多种因素共同作用的结果。详见表4-6。

表4-6　三地区农民缴费能力影响因素分析

	常数项	标准误差	回归系数	t值	显著度
常 数 项	1.226	0.255	—	4.813	0.000
文化程度	0.036	0.016	0.193	2.272	0.025
年 龄	−0.017	0.006	−0.243	−2.838	0.005
人均纯收入	0.063	0.019	0.264	3.348	0.001

注：Model　F = 8.267　Model Sig. = .000。

资料来源：三省区第二次调查资料。

经过数据分析可知，三个地区农民缴费能力都受到文化程度、年龄、人均纯收入因素的影响，其他因素没有得出显著性影响。

1. 人均纯收入

回归结果显示，人均纯收入越高农民缴费承受能力越大。由于 B = 0.063，表明人均纯收入每增加 1 个单位，缴费承受能力就增加 0.063 倍。

2. 文化程度

回归结果显示，文化程度越高缴费承受能力越大。原因可能是，随着文化程度的提高，农民经济收入可能会增加从而提高缴费能力。

3. 年龄

由表 4－6 可知，在年龄因素回归结果中 Sig. = 0.005 < 0.05，B = －0.017，说明年龄对农民缴费承受能力有显著影响，随着年龄的增大缴费承受能力逐渐降低，这可能是因为年龄越大的农民收入水平越低，经济负担越重造成的。

（三） 年龄与农民新农保参保状况

1. 年龄与农民参保状况研究的意义

这里主要探析年龄与新农保的参保情况，特别是不同年龄段的农民的参保状况。为了更好地研究不同年龄段农民的参保状况，我们将 16～60 周岁适龄参保农民分为 16～44 周岁、45～59 周岁、60 周岁以上三个年龄段。在这三个年龄段中，16～44 周岁这一年龄段的农民尚有较多机会参加新农保，而 45～59 周岁年龄段的农民到了参保的临界点，这一年龄段的农民参保，对其自身、长辈和社会都有意义。

年龄与农民是否参加新农保有内在的联系，也与农民参加新农保所选缴费档次有直接的关系。我们在调查中发现，山东、山西、内蒙古三地参保率分别为 84.12%、68.67%、59.47%，16～44 周岁的农民新农保的参保率分别为 68.38%、66.56%、28.31%，而 45～59 周岁的农民参保率分别为 96.26%、91.49%、53.01%。三地的共同特点是 45～59 周岁的农民参保率高，且一般缴费档次为一档（见表 4－7）。研究年龄与农民新农保参保情况对做好新农保工作有着重要的意义：首先，有利于了解各年龄段农民的参保诉求，找到农民是否愿意参保和参保所选档次的内在联系，以便有针对性地开展工作。其次，根据农民的参保诉求调整国家的新农保方案，以便更多的农民参加新农保，提高新农保的参保率，实现社会保障的大数法则。最后，根据不同年龄段农民参保情况，做好农民新农保参保预案，特别是必要的财政补贴预算，平衡政府的社保财政计划，使我国的社会保障能可持续发展。

2. 各年龄段农民参保状况及其影响因素

（1）农民各年龄段参保率和所选档次情况

从参保情况看：45～59 周岁农民参保率最高，在这方面三个省区的情况一致，16～44 周岁的年轻农民参保率较低，60 周岁以上的农民参保率在越是富裕的地区越高。通过访谈得知，富裕地区 60 周岁以上农民的子女参保率高，60 周岁以上农民获得基础养老金的比例高，富裕地区也有 60 周岁以上农民继续缴纳养老保险费的情况。

从参保农民所选缴费档次看：16～44 周岁和 45～59 周岁的农民选择各种档次参加新农保的都有，其中，在第一档次的选择方面，三个年龄段的参保农民人数占相当大的比重，共有 969 人，占参保人数的 91.07%，60 周岁以上参保农民选择档次单一，以第一档次为主。详见表 4－7。

表 4－7　农民参保和所选档次情况

单位：人

地区	参保人数	参保年龄段	100（元）	200（元）	300（元）	500（元）	1000（元）	适龄参保人数	有效百分比（%）
山东	461	16～44 周岁	155	7	8	3	0	253	68.38
		45～59 周岁	166	4	2	8	0	187	96.26
		60 周岁以上	108	0	0	0	0	108	100.0
山西	355	16～44 周岁	166	25	5	5	0	302	66.56
		45～59 周岁	105	18	2	4	0	141	91.49
		60 周岁以上	23	1	1	0	0	74	33.78
内蒙古	248	16～44 周岁	94	0	0	0	0	332	28.31
		45～59 周岁	88	0	0	0	2	166	53.01
		60 周岁以上	64	0	0	0	0	90	71.11
总计	1064		969	55	18	20	2	1653	64.37

注：参保年龄段中 60 周岁以上参保人员包括符合国家规定的亲属参保而直接领取新农保养老金的人员。

资料来源：三省区第二次调查资料。

（2）农民参保及所选缴费档次原因

第一，参保原因和档次。在参保原因中，最主要的原因是为减轻子女负担，这一选项人数占到了被调查者的 64.75%，其中 45～59 周岁这一年龄段的

人所占的比例最高。其次，是对政府的制度安排比较放心，占总数的
11.29%。排在第三位的原因是从众，占总数的10.89%。排在第四位的原因是
为了长辈领取养老金，占总数的10.20%。从表4－8可以看出，为了子女和老人
而参保的人占总数的近75%，如果排除了家中可能没有老年人的家庭，为了家
人而参保的比例很高，说明我国农村家庭的亲情关系很融洽。详见表4－8。

　　就农民参保所选档次来说，从调查问卷和访谈资料中可看出，富裕和比
较富裕地区的农民参保所选的档次较高，西部比较贫困地区所选的档次较
低；在富裕和比较富裕的地区中，家庭经济情况好的农民所选参保缴费档次
较高；在参保家庭中，一般年轻人选择的档次较高，有防止物价上涨影响养
老金含金量的考虑在内。详见表4－8。

表4－8　农民参保原因

单位：人

参加农村社会养老保险原因	参保年龄段	频　数			总计	百分比（%）
		山东	山西	内蒙古		
为了长辈领养老金	16～44 周岁	7	2	11	20	3.96
	45～59 周岁	8	1	6	15	2.97
	60 周岁以上	16	1	0	17	3.37
为子女减轻负担	16～44 周岁	46	48	17	111	21.98
	45～59 周岁	83	34	27	144	28.51
	60 周岁以上	36	17	19	72	14.26
参加保险比其他资产管理方法合算	16～44 周岁	0	0	1	1	0.20
	45～59 周岁	0	0	0	0	0.00
	60 周岁以上	0	0	0	0	0.00
集体和政府有补贴	16～44 周岁	0	0	1	1	0.20
	45～59 周岁	1	1	4	6	1.19
	60 周岁以上	2	0	4	6	1.19
对国家制度安排比较放心	16～44 周岁	0	14	1	15	2.97
	45～59 周岁	0	30	1	31	6.14
	60 周岁以上	0	11	0	11	2.18
别人参加了，自己也参加	16～44 周岁	0	6	9	15	2.97
	45～59 周岁	0	6	9	15	2.97
	60 周岁以上	1	8	16	25	4.95
总　　计		200	179	126	505	100.00

资料来源：三省区第二次调查资料。

第二，未参保原因。调查资料显示，山东、山西、内蒙古适龄参保农民未参保的人数分别为87人、162人、340人，占适龄参保农民人数的比例分别为15.88%、31.33%、57.82%。在未参保的原因中：首先，所占比例最高的是来自其他方面的原因，占总人数的33.07%，根据访谈情况我们了解到，这部分人一般年龄较小，其长辈未到领取养老补贴的年龄，他们一般具有养老能力但是持观望态度，对他们来说等待一段时间，耽误不了参保机会。其次，是对政策不了解，占总人数的27.90%，这部分农民主要分布在富裕地区，一方面他们在一定程度上不在乎养老保障收入，另一方面他们要观察一段时间，待政策稳定再说。再次，家中有其他急事急需用钱，过几年再说的人，占总人数的14.57%。这方面贫困地区所占比例较高，这是农民权衡利弊后的选择。一般没参保的人中年纪比较小的人所占比例较高。最后，家中经济困难无法参保的人占总人数的10.85%，而60%的这类农民分布在相对贫困的内蒙古地区。这部分农民不是农村的五保户、低保户或特困户，因为上述三部分农民一般民政部门为其出资缴纳了最低档的新农保参保费。因家庭困难没参保的农民属于刚脱离贫困或临界贫困的农民。自己有积蓄，自己能养老和参加商业保险的农民分别占9.56%和4.14%，这是政府推行富民政策的结果。

总之，新农保制度推行近两年，我们认为农民中的多数人愿意参保，参保率比较高。未参保农民中因经济困难未参保的比例为10.85%，越是家庭经济困难的农民，越应设法帮助其参保。农民参保所选档次较低，就目前来说应主要解决农民有无社会养老保障的问题，这一问题解决之后，再考虑参保所选档次高低的问题。

3. 农民参加新农保的影响因素分析

调查资料显示，参加新农保的农民中，"45~59周岁"这一年龄段的参保率明显要高于"16~44周岁"和"60周岁以上"这两个年龄段的参保率，针对这一特征，笔者对三个年龄段农民参保的影响因素分别进行了分析。详见表4-9。

（1）16~44周岁年龄段农民参保的影响因素

调查资料显示，这一年龄段农民户主及其家人在参保问题上主要有以下四种考虑。

表4-9 没参加养老保险原因

单位：户

	参保年龄段	频 数			总 计	百分比(%)
		山东	山西	内蒙古		
经济困难 无法参加	16~44周岁	3	2	5	10	2.58
	45~59周岁	8	2	10	20	5.17
	60周岁以上	1	0	11	12	3.10
不了解政策	16~44周岁	37	1	0	38	9.82
	45~59周岁	54	0	0	54	13.95
	60周岁以上	15	1	0	16	4.13
家中有其他 急事用钱， 过几年再说	16~44周岁	7	0	17	24	6.25
	45~59周岁	9	3	12	24	6.25
	60周岁以上	2	1	5	8	2.07
有积蓄， 自己能养老	16~44周岁	6	2	7	15	3.88
	45~59周岁	3	0	14	17	4.39
	60周岁以上	0	0	5	5	1.29
参加了商业保险	16~44周岁	0	0	3	3	0.78
	45~59周岁	0	1	11	12	3.10
	60周岁以上	0	0	1	1	0.26
其 他	16~44周岁	0	31	32	63	16.28
	45~59周岁	0	23	26	49	12.66
	60周岁以上	0	6	10	16	4.13
总 计		145	73	169	387	100.00

资料来源：三省区第二次调查资料。

第一，对政策的解读。农民对政策的解读程度影响到其是否参保，因农民考虑到如果参加新农保，缴费期限为15年，时间比较长，担心将来政策有所变动，先期投入的保费会蒙受损失。此外，由于农村人口众多，有的村民先冷静观察社保政策执行情况，如果政策执行使农民得到实惠，再继续办理新农保，认为那时国家终将会考虑这部分人的利益。

第二，子女教育。由于适龄子女读书的原因，户主希望孩子通过教育转变其农民身份，如成为公务员、事业单位工作人员或企业员工，就不必过早地参加新农保了。同时考虑到孩子异地读书问题，户主认为孩子在最近阶段不需要参加新农保，今后要参加还有时间余地。

第三，家庭经济。从表4-9可知，16~44周岁年龄段的农民中，因经济困难而未参保的人占到了 10.85%，针对当前家庭经济状况，户主会权衡当前利益与长远利益，考虑到新农保政策连续交保年限为 15 年，处于这一年龄段的户主及其家人觉得可暂时不考虑这一问题，在青壮年时通过劳动改善经济状况或者将有限的金钱用到急需的地方更合适。不过也有户主认为目前家庭经济状况可以满足未来养老要求。

第四，从众。有些户主中存在着无所谓和从众的心理，此类户主对新农保政策并不感兴趣，采取观望的态度，视其他农户是否参保进而决定自己是否参保。即便参加新农保也不会全家人都参保，少数家庭成员先行参保，其他家庭成员再视情形的发展，决定是否参保。

（2）45～59 周岁年龄段农民参加新农保趋于务实

如表 4－8 中所示，参加新农保的人群中，处于 45～59 周岁这一年龄段的参保率高于 16～44 周岁和 60 周岁以上这两个年龄段的参保率。这一年龄段农民扮演着多重社会角色，担负多项人生任务，加之经济水平较其他年龄段的人群要好，所以有能力和意愿参加新农保。就这一年龄段农民参保的原因，我们进行了相关的研究。

第一，减轻子女、老人负担。调查资料显示，45～59 周岁这一年龄段的农民参保率较高，这一年龄段的户主逐渐有年老的危机感，同时该年龄段农民逐渐摆脱在子女教育方面的繁重经济压力，比较现实地考虑现阶段以夫妻二人为主的核心家庭今后在赡养老人、医疗等方面的问题；从另一方面来讲，农民在其他事项的经济投入也影响到了农民的养老能力，所以一定程度上具有参加新农保的愿望。还有一些户主有其自己的考虑，认为将来子女外出工作、生活的可能性很大，自己辛劳赚些钱可用于养老，也不用看子女脸色生活。同时，这一年龄段的农民的长辈也面临着养老问题，为了能让老人享受到新农保政策的待遇，这一年龄段农民在是否参保时充分考虑到这一点。

第二，政策理解和从众心态。虽然一些农民具有参加新农保的能力，但是对政策的理解和把握也会影响这一年龄段农民参加新农保，对政策透彻的把握以及对政策执行持久性的信任使得处于这一年龄段的农民积极参加新农保。在调查中了解到有部分农民参加新农保是本着从众的心理，农民自己参加新农保时会看其他农民是否参保，进而决定自己是否参保，这种从众心理也影响到农民参加新农保的档次的选择。

（3）60 周岁以上老人参保的影响因素

60 周岁以上（包括将近 60 周岁）的老人对新农保充满期望，希望能享受到国家的保障待遇。这一年龄段的老人一般会为儿子结婚和置办房产投入许多支持，同时由于身体原因将土地流转出去或交给儿子耕种使得老人经济水平有很大程度的下降，在调查中，这一年龄段的一些老人碍于经济方面的困难很少参保，但由于几方面的原因而能领取新型农村养老保险金。

第一，"捆绑"照顾政策。凡符合国家新农保规定的"捆绑"政策要求的老年人，可以按月领取基础养老金，所以没有参加新农保的老人希望同村儿女们参保，这在一定程度上保障了老年人的权益，提高了新农保的参保率；但另一方面该政策也有一些消极作用，调查中的一些情况显示，有的老人儿女众多，且在参保问题上达不成一致的意见，老人享受不到国家政策带来的好处。

第二，土地流转。多数农民由于自身劳动能力的下降和从土地流转中可以获得收入，愿意将土地流转，流转接收对象主要来自儿女、同村农民、开发公司等。由于经济条件不同，土地流转情况也不同，其中山东省有些农户每亩土地流转收入为 1500 元左右，主要将土地流转到蔬菜种植开发公司，土地流转费除了缴纳新农保等社保费用外，还有余额补贴生活。有些村的老人愿意将土地交给子女耕种，而子女出于养老的义务和减轻自身经济负担的目的也愿意为老人领取养老金而参加新农保。

第三，由国家征地带来的补偿。在调查和访谈中了解到，对土地被征用的农民，国家除了在经济上给予补偿外，还为老人缴纳参加新农保的费用，规定在 60 周岁后可领取养老金，这一措施降低了老人因缴纳参保费用带来的经济压力，提高了老人的参保率。

（四）农民社会养老保障替代率

1. 农民社会养老保障替代率是指农民退休后养老金收入水平与其在职期间工资等收入水平之比。1952 年，国际劳工组织在《社会保障最低标准公约》中规定养老金替代率至少要达到 40%

中国农民的养老金由社会养老保险金、土地流转费和子女赡养费组成。这三项费用构成了中国农民养老金保障体系。其中社会养老保险金属于具有社会福利性质的养老保险。土地流转费属于纯粹的社会福利费用，因为农民承包集体耕地是人人有份的，而且每一个农村老年人在不参加劳动时不是将承包地交给子女，就是将其流转出去。为了研究方便，我们将土地流转费作为农民社会养老保障金的一部分，称其为"隐性"养老金，由此计算的替代率为"隐性"替代率，并将其同参加新农保的养老金替代率合算，统称为农民社会养老保障替代率。子女对老人的赡养是中华民族的优秀传统，中国传统文化讲孝道，"老吾老"成了子女的社会责任和义务。不过，这里没有对这部分养老金做详细论述。

研究农民社会养老保障替代率有重要意义。通过深入的调查研究，计算出农民社会养老的保障替代率和了解农民社会养老保障替代率的有机构成；探索提高农民社会养老保障替代率的有效途径和方法；促进农民承包地流转，使土地的社保功能由"暗保"转为"明保"，实现农地规模经营和农民社会养老保障双赢。农民的社会养老保障解除了其养老的后顾之忧，有利于扩大内需、拉动经济发展，实现社会的秩序稳定与和谐。

2. 农民社会养老保障替代率

（1）新型农村社会养老保险替代率精算模型

新型农村社会养老保险制度规定新农保基金由个人缴费、集体补助和政府补贴构成。新农保个人年缴费标准一般从 100 元起步，设有 100 元、200 元、300 元、400 元、500 元五个档次，参保人可根据本人及家庭经济状况自主选择。参保人符合养老金领取条件的，可按月领取养老金。养老金待遇由基础养老金和个人账户养老金组成。个人账户养老金的月发放标准为个人账户全部储存额除以 139。假设农民连续缴费，每次缴费档次基本相同，缴费利率保持不变，个人账户积累期间按年复利计，男女退休年龄一律为 60 岁。我们以 n 表示缴费年限，以 r 表示新农保个人账户的年投资收益率，以 f 表示计发系数，以 C 表示年缴费标准（档次），以 A 表示集体的年补助，以 T 表示地方政府对参保人缴费的补贴，以 D 表示基础养老金标准，以 Y_0 表示农民参加新农保当年的平均收入，以 g 表示农民收入增长率，得出农民个人账户积累总额 S_n 和月领取标准 M 的计算公式：[1]

$$S_n = (C + A + T) \sum_{i=1}^{n} (1 + r)^i \tag{1}$$

---

[1] 数字模型借鉴阿里木江·阿不来提、李全胜《新疆新型农村社会养老保险替代率的实证研究》，《西北人口》2010 年第 5 期。

$$M = S_n f + D = (C + A + T)f \sum_{i=1}^{n}(1 + r)^i + D \qquad (2)$$

根据养老金替代率的定义可得出新农保替代率的精算模型：

$$U = \frac{12M}{Y_0(1 + g)^{n-1}} = \frac{12\left[(C + A + T)f \sum_{i=1}^{n}(1 + r)^i + D\right]}{Y_0(1 + g)^{n-1}} \qquad (3)$$

（2）新型农村社会养老保险替代率精算模型基本参数假设

第一，个人缴费标准、集体补助标准和政府补贴标准。假定 2010 年新农保参保农民个人年缴费标准 C 的取值范围为 100 元、200 元、300 元、400元、500 元五个档次（这里没考虑地方政府根据实际情况增设的缴费档次）。由于此次实地调查的地区与我国绝大部分地区的农村集体经济实力薄弱，拿不出补助，因此这里不考虑集体补助数额，即 $A = 0$ 元。政府补贴标准因地而异，山东省受调查地区的 T 值为 0 元/年，山西省受调查地区的 T 值为 120 元/年，内蒙古受调查地区的 T 值因缴费档次不同而给予不同的补贴，如缴费金额为 100 元，补贴标准为 30 元；每提高一个档次，提高补贴标准 5 元。

第二，农民人均纯收入增长率。根据地方政府网站历年政府工作报告和地方统计局网站对当地 2006～2010 年农民人均纯收入计算年平均增长率，山东、山西和内蒙古三个调查地区分别为 12.5%、11.2%、14.2%。而农业部副部长陈晓华曾在 2010 年中国农村发展高层论坛上表示，"十一五"时期，《全国农业和农村经济发展第十一个五年规划（2006～2010 年）》实施以来，我国农民人均纯收入年均实际增长达到了 8.3%。[①] 因为我们调查的三个地区均为以农业为主的地区，所以我们采用后者，即 $g = 8.3\%$。

第三，基础养老金标准与个人账户养老金计发系数。国家规定基础养老金领取标准为每人每月 55 元，呼和浩特市托克托县标准较高，为每人每月100 元。个人账户养老金计发系数为 1/139。

第四，个人账户的投资收益率。目前国家新农保养老金投资收益率主要采用记账利率计算并参照银行同期一年期存款利率。目前新农保社保基金多为县级统筹，存入国有银行进行管理运营成为常态。因此，本文参考中国人民银行公布的金融机构人民币一年期存款利率作为新农保个人账户的记账利

---

① 数字来源于中央政府门户网站：http://www.gov.cn/jrzg/2010－05/22/content_ 1611504. htm。

率，即 $r = 3.5\%$。

第五，其他参数的设定。设定个人缴费期限为 1 年、8 年、15 年。调查数据显示山东、山西和内蒙古受调查地区 2010 年农民人均纯收入分别为 6710 元、3625 元、4695 元。这里考虑到调查当中农民收入惜报现象普遍，同时，因为我们所调查的为以农业为主的村，也许人均纯收入本身就比较低。我们还是将采用山东、山西和内蒙古受调查地区 2011 年度省区政府工作报告关于 2010 年农民人均纯收入对数据加以调整进行对比，地方政府公布的山东、山西和内蒙古受调查地区当地 2010 年农民人均纯收入分别为 9495 元、4962 元、9454 元。

（3）实际调查东、中、西三地区农民社会养老保险替代率

笔者对山东、山西、内蒙古三个省区农村进行了调查和访谈。调查统计数据的结果如下，详见表 4 - 10。

表 4 - 10　农民自报的东、中、西部三地区新农保替代率

单位：%

	缴费年限\缴费金额	100 元	200 元	300 元	400 元	500 元
山东	1 年	9.97	10.10	10.24	10.37	10.50
	8 年	10.75	11.78	12.81	13.84	14.87
	15 年	11.71	13.65	15.58	17.51	19.45
山西	缴费年限\缴费金额	100 元	200 元	300 元	400 元	500 元
	1 年	18.75	19.00	19.24	19.49	19.74
	8 年	22.19	24.10	26.01	27.91	29.82
	15 年	25.95	29.56	33.14	36.72	40.30
内蒙古	缴费年限\缴费金额	100 元	200 元	300 元	400 元	500 元
	1 年	25.81	26.01	26.21	26.41	26.61
	8 年	27.18	28.73	30.27	31.82	33.36
	15 年	29.01	31.91	34.81	37.71	40.61

资料来源：三省区第二次调查资料。

考虑农民收入惜报现象，笔者查阅了 2010 年三地农民人均纯收入的政府公布的相关数据，将农民参加新农保当年的平均收入由调查数据显示的山东、山西和内蒙古受调查地区 2010 年的农民人均纯收入调整为三个受调查地区 2011 年度政府工作报告关于 2010 年的农民人均纯收入后进行计算，调整后三地区新农保替代率，详见表 4 - 11。

表 4 – 11　调整后的东、中、西部三地区新农保替代率

单位：%

	缴费年限\缴费金额	100 元	200 元	300 元	400 元	500 元
山东	1 年	7.05	7.14	7.23	7.33	7.42
	8 年	7.60	8.33	9.06	9.78	10.51
	15 年	8.28	9.64	11.01	12.38	13.74
	缴费年限\缴费金额	100 元	200 元	300 元	400 元	500 元
山西	1 年	13.70	13.88	14.06	14.24	14.42
	8 年	16.21	17.61	19.00	20.39	21.78
	15 年	18.98	21.59	24.21	26.82	29.44
	缴费年限\缴费金额	100 元	200 元	300 元	400 元	500 元
内蒙古	1 年	12.82	12.92	13.01	13.11	13.21
	8 年	13.50	14.27	15.03	15.80	16.57
	15 年	14.41	15.85	17.29	18.73	20.17

资料来源：三省区第二次调查资料。

表 4 – 10 数据显示，2011 年，在新农保制度实施的第三个年头，按照当地为参保农民所发放的人均养老金，与当地 2010 年农民人均纯收入相比，东部山东省某村 1 年到期的新农保替代率为 9.97% ~ 10.50%，而 15 年到期的新农保替代率为 11.71% ~ 19.45%；中部山西省某村 1 年到期的新农保替代率为 18.75% ~ 19.74%，而 15 年到期的新农保替代率为 25.95% ~ 40.30%；西部内蒙古某村 1 年到期的新农保替代率为 25.81% ~ 26.61%，15 年到期的新农保替代率为 29.01% ~ 40.61%。结合各地实际情况可知，东部地区农民因人均纯收入较高，新农保替代率相对较低，由于国家新农保政策补贴部分向中、西部地区倾斜及中、西部地区农民人均纯收入较低等原因，使得这些地区新农保替代率相对较高，其中、西部地区内蒙古呼和浩特市新农保政策中既有"入口补"又有"出口补"，所以新农保替代率在三个地区当中最高。

（4）农民社会养老保障替代率

农民社会养老保障替代率，即新农保和承包地流转费所形成的替代率。受调查地区中，山东寿光是典型的现代农业区，是中国主要的蔬菜产地之一，科技进步对农业贡献大；山西古县是省级贫困县，近年来正凭借其独特的资源优势和地理条件，努力从传统农业向现代农业转变；内蒙古托克托县

伴随着国家的西部大开发战略，较好地实现着农业支撑工业、工业反哺农业的经济互动。农村中土地在农民养老保障中仍然发挥着重要作用。

调查资料显示，山东、山西和内蒙古三个地区的受调查家庭人口总数合计分别为 670 人、711 人和 655 人，承包耕地亩数合计分别为 1144 亩、1212.7 亩和 1449 亩，承包地流转费用平均每亩分别为 1241.03 元、480 元和 228.57 元。三个地区人均拥有耕地分别为 1.71 亩、1.71 亩和 2.21 亩。假设土地全部流转出去，三个地区的人均土地流转费用每年分别为 2119.01 元、818.70 元和 553.05 元。将上述人均土地流转费用加入到新农保养老金中后，再与三个受调查地区的人均纯收入 6710 元、3625 元和 4695 元相比，农民社会养老保险替代率如表 4-12 所示。

表 4-12　东、中、西部三地区农民社会养老保障替代率

单位：%

	缴费年限\缴费金额	100 元	200 元	300 元	400 元	500 元
山东	1 年	41.55	41.68	41.82	41.95	42.08
	8 年	41.98	43.01	44.04	45.07	46.10
	15 年	43.11	45.05	46.98	48.92	50.85
山西	缴费年限\缴费金额	100 元	200 元	300 元	400 元	500 元
	1 年	41.33	41.58	41.83	42.07	42.32
	8 年	44.52	46.43	48.33	50.24	52.15
	15 年	48.43	52.01	55.59	59.17	62.75
内蒙古	缴费年限\缴费金额	100 元	200 元	300 元	400 元	500 元
	1 年	37.59	37.79	37.99	38.19	38.39
	8 年	38.83	40.37	41.92	43.46	45.01
	15 年	40.72	43.62	46.52	49.42	52.33

资料来源：三省区第二次调查资料。

由表 4-12 可知，缴费 15 年的山东、山西、内蒙古三地受调查农民如果选择缴费最低档 100 元的社会养老保障替代率分别为 43.11%、48.43% 和 40.72%，都超过了 40% 的国际最低标准，而选择 500 元缴费档次的农民的实际替代率分别为 50.85%、62.75% 和 52.33%。三地农民社会养老保障金替代率均超过了 50%，远高于国际劳工组织《社会保障最低标准公约》中 40% 的规定。我们调查所选择的均为以农业为主的农村，因此这一数据

有普遍意义。40%～50%的农民社会养老保障替代率足可以保证农民退休后丰衣足食、安度晚年。

（五）农地流转与新农保的关系

1. 处理好农地流转与新农保关系的意义

农地流转和农民社会保障之间有着深层的内在联系。发达国家和地区在现代化过程中都曾经制定和执行专门的制度来处理两者之间的关系。如法国在 1960 年指导法颁布，即建立"土地整治与乡村建设公司"，以加速合理合并土地，收购小片农田或使小型农场转变为有实力的、更富竞争力的新型大农场。1962 年指导法补充规定，年逾 65 岁的老年农民退休或放弃经营并出让土地，或让给一位年轻继承人，可为这些农民发放终身养老金。到 1979 年约有 57.6 万多老年农民接受该法令条件，使约 1100 多万公顷农地（即当时 35% 左右的农业面积）得以集中。还通过农业信贷政策促进土地集中，规定耕种面积在 30 公顷以上的农业企业才可获得国家资助。17～45 岁青壮年农民离开土地从事其他工作，可得到适当的补助金，鼓励他们集中土地。德国是后起的发达国家，二战后，西德为了改善农户土地经营状况采取了一系列制度和措施，如消除"插花地"，使许多零碎分散的土地连成一片，以利于机械化耕作；奖励农民提前退休，放弃务农，用发放补助金和减息贷款等方法，直接支持"有生命力"的农户；鼓励私人工商业在农业地区开办企业，就地吸引农业劳动力。通过一系列的措施，使农户的平均规模由 1949 年的 7 公顷提高到 1978 年的 14 公顷。[①] 日本和英国等发达国家都采取过类似的方法使农地规模化经营，农民和农场主获得社会保障。

中国正处在现代化的关键时期，而且在现代化过程中面临着大国办社保、人口未富先老和人多地少的尖锐矛盾，更应该审慎地处理好农地流转和农民养老保障之间的关系。处理好两者之间的关系具有一箭三雕的功效。对土地流出方而言，在保留土地承包权的同时可以获得相当的土地流转费，同时流转出土地的农民还可以摆脱土地的束缚外出打工或就地在进行规模化经营的农场就业，增加收入，提高养老水平。对土地流入方而言，可以在享受国家农业免税的优惠政策之下，通过土地的规模化经营获得可观的利润，并

---

　　① 胡树芳：《国外农业现代化问题》，中国人民大学出版社，1983，第 150～151 页。

实现满负荷工作。流出方与流入方还可以协商分享政府对"三农"补贴的利益。对政府而言，减少了农地荒芜与浪费，实现农业的规模化经营，提高土地产出率，充分发挥农地在我国稀缺生产要素中的作用，而且使农民获得社会保障，有利于社会的稳定与和谐。

2. 农地流转与农民社会养老保险相关性实证分析

（1）承包地流转的主要原因与农民社会养老保险需求的相关性

调查资料显示，承包地流出的主要是外出务工经商和无力耕种土地的农民，分别占到68.5%和27.4%，详见表4-13。外出务工经商人员，将长期从事二、三产业，而在二、三产业中就业存在很大风险，这些人中除少数加入商业保险外，绝大多数需要社会养老保险保障。而那些无力耕种土地的人，据访谈，大多数属于老年人，这些老年人急需实行社会养老保障。可见流转土地的农民需要社会养老保险。

表4-13　流转土地原因

		频率	百分比	有效百分比	累积百分比
有效	外出务工	54	9.0	43.5	43.5
	外出经商	31	5.2	25.0	68.5
	无力耕种	34	5.7	27.4	96.0
	种地不合算	4	0.7	3.2	99.2
	搞农业开发	1	0.2	0.8	100.0
	合　　　计	124	20.7	100.0	
缺失	系　　　统	476	79.3		
合　　计		600	100.0		

资料来源：三省区第一次调查问卷资料。

（2）承包地流转费用与农民参加社会养老保险能力的相关性

承包地流转费用足以缴纳农民社会养老保险，甚至还可缴纳新型农村合作医疗的费用。每亩承包地的流转费用一般在200~800元，在人多地少，土地两茬或三茬收获的地区，土地流转费更高。而且有这样一个自然平衡的现象，即每年收获两三茬的地区人多地少，而收获一茬的地方人少地多，如果农民把承包地流转出去，一般说来人均可得流转费在400~500元。这笔钱用以交社保费用已足够，详见表4-14。

表 4 - 14 流转收入

		频率	百分比	有效百分比	累积百分比
有效值	1.00	1	0.2	1.6	1.6
	2.00	4	0.7	6.5	8.1
	3.00	1	0.2	1.6	9.7
	100.00	1	0.2	1.6	11.3
	200.00	6	1.0	9.7	21.0
	300.00	4	0.7	6.5	27.4
	350.00	3	0.5	4.8	32.3
	400.00	2	0.3	3.2	35.5
	450.00	2	0.3	3.2	38.7
	500.00	3	0.5	4.8	43.5
	560.00	1	0.2	1.6	45.2
	600.00	2	0.3	3.2	48.4
	650.00	1	0.2	1.6	50.0
	700.00	3	0.5	4.8	54.8
	800.00	17	2.8	27.4	82.3
	860.00	1	0.2	1.6	83.9
	900.00	2	0.3	3.2	87.1
	1000.00	1	0.2	1.6	88.7
	1500.00	6	1.0	9.7	98.4
	10000.00	1	0.2	1.6	100.0
	总　计	62	10.3	100.0	
系统缺失		538	89.7		
总　　计		600	100.0		

资料来源：三省区第一次调查资料。

事实上，农民中有25%的人认为土地流转费足够交农民社保费用，认为交了还有剩余的农民占到45.5%，而认为不够交的只有29.5%。据访谈得知，认为土地流转费不够交社保费用的农民一般其所在地农民社保缴费档次较高，若选择500元以上档次不够。详见表4-15。

表 4 - 15 流转费用是否够交新农保费用

		频率	百分比	有效百分比	累积百分比
有效值	不够交	13	2.2	29.5	29.5
	刚够交	11	1.8	25.0	54.5
	交了还有剩余	20	3.3	45.5	100.0
	总　计	44	7.3	100.0	
系统缺失		556	92.7		
总　　计		600	100.0		

资料来源：三省区第一次调查资料。

（3）承包地流转现状与农村社会养老保险的相互制约性

第一，承包地整体流转水平仍然低。从全国范围看，农村承包地流转已有一定的规模，据正式统计，截至 2009 年 12 月，全国农村土地承包经营权流转面积已达 1.5 亿亩，超过全国承包耕地面积的 12％。[①] 如果加上没办手续的民间流转约为 25％，这与其他发达国家相比整体流转水平仍然较低。例如，日本在 1985 年时仅出租土地这一项的比例就达到了 20.5％[②]，英国全国直接从事农业生产的人数为 25 万。而在我国目前即使达到退休年龄或者快退休的长辈，还有近 34％ 的土地没有流转，仍由承包地的老人耕种。详见表 4-16。我国实现土地流转的空间还很大，依据我国现有条件，只需农村劳动力的 1/4～2/5 即可。造成这种现象的重要原因在于我国的农民有惜地情节，即使无力耕种土地，土地产出很低，也不愿将土地流转出去；同时也有些农民害怕土地政策有变，不敢轻易流转土地；当然最关键的原因是农民养老缺乏社会保障。

表 4-16　户主长辈们承包地状况

		频率	百分比	有效百分比	累积百分比
有效值	仍由老人耕种	127	21.2	32.6	32.6
	分给子女耕种	200	33.3	51.3	83.8
	流转出去了	21	3.5	5.4	89.2
	被征用了	23	3.8	5.9	95.1
	自己种一部分,流转出去一部分	4	0.7	1.0	96.2
	自己种一部分,被征用了一部分	2	0.3	0.5	96.7
	其他	13	2.2	3.3	100.0
	合　　计	390	65.0	100.0	
系统缺失		210	35.0		
合　　计		600	100.0		

资料来源：三省区第一次调查资料。

新型农村社会养老保险保障水平低。调查材料显示，在承包地流转农户中，约有 56.31％ 的参保者选择水平较低的第一档次或第二档次参保缴费，

[①]　《全国承包耕地已有 12％ 流转，面积达 1.5 亿亩》，《新华日报》2009 年 12 月 8 日。

[②]　熊红芳、邓小红：《美国日本农地流转制度对我国的启示》，《农业经济》2004 年第 11 期。

整体参保水平较低，详见表 4 - 17。这与承包地流转户从流转中所获的收益不成正比，收入的增加并没有使流转户选择较高档次的养老保险。

表 4 - 17　承包地流转户参加养老保险所选档次

		参保人一档次	参保人二档次	参保人三档次	参保人四档次	参保人五档次
数量	有效值	263	183	186	129	11
	缺失	337	417	414	471	589

资料来源：三省区第一次调查资料。

养老金替代率低。只有 5.2% 的参保者认为养老金足够支付个人生活，详见表 4 - 18。可见，新型农民养老保险目前对农民的养老保障水平比较低，应该对流转土地的农民给予一定的养老补贴。

表 4 - 18　养老金占个人基本生活的比重

		频率	百分比	有效百分比	累积百分比
有效值	够	15	2.5	5.2	5.2
	只够 1/2	58	9.7	20.0	25.2
	只够 1/3	53	8.8	18.3	43.4
	只够 1/4	50	8.3	17.2	60.7
	只够 1/5	114	19.0	39.3	100.0
	合　计	290	48.3	100.0	
缺　失	系统	310	51.7		
合　计		600	100.0		

资料来源：三省区第一次调查资料。

农地流转与农民社会养老保险二者之间既相互促进，也可能相互制约。承包地整体流转水平低在一定程度上影响农民收入，低收入农民不参保或只选择较低档次的养老保险。而农民没有参保或参保所选档次低又导致农民不放心将土地流转出去，仍将土地视为养老保障的最后防线。农民大面积的流转土地，在二、三产业就业情况好，就会选择较高档次的养老保险。因此，必须要处理好二者的关系，使其相互促进，实现共赢。

（六）全国农民社会养老保险的共同点

全国各省、市、区都十分重视新农保政策的实施，部分省、市、县依照国务院的"指导意见"积极制定适合本县、市的具体实施办法，如广东省制定了《广东省新型农村社会养老保险试点实施办法》。也有些地方是先启动新农保制度，使公众关注，具体实施办法却在制定中；全国新农保政策已经启动的省、市、县，参保人数和60岁以上农村居民的收益人数快速增加；各地在新农保具体实施方案中都明确了地方财政的补贴责任，依照各地的具体情况，补贴的项目、补贴的额度差异很大，东部省市补贴项目多、额度大；各地鼓励所有符合条件的农村居民参保，特别是对困难、特殊人群参保均给予优惠，试点地区尽可能做到人口全覆盖，农村五保户、低保户和重度残疾人均不同程度地给予补贴；一些地方响应新农保政策中多缴多得号召，制定一系列政策吸引和鼓励农村居民多缴费、长缴费，以提高替代率。[1]

三 农民社会养老保险制度的完善和发展

（一）农民社会养老保险面临严峻的挑战

我们是发展中的大国办社保，我们的农民社会保障制度构建具有超前性的特点，政府的财政，特别是地方政府债务缠身，财政压力巨大，我国的经济放慢了发展速度，正在转变发展方式，政府对农民社会养老保险的支撑能力有限；我国农民近期仍是人口的多数，但创造的社会财富有限。占全国人口40%左右的农业人口创造了10%左右的产值，社会保障既要讲公平，又要考虑效率问题，对农民的社会养老保险只能是保基本；我国人口结构属于未富先老型，而且随着生活水平和医疗水平提高，人口寿命会延长，我国农村居民72岁时平均余命为11.86岁，即个人账户在将近72岁时资金完全领取完的情况下，政府必须承担近12年的养老金支付。[2] 到了老龄高峰期我们的社会养老保险费用难以支撑；未来的一段时期，物价上涨，货币贬值，如果遇上经济危机和冲击，农民本来不足的养老保险金可能是杯水车薪，显得微不足道；随着新型国际政治力量的崛起，特别是中国的发展壮大，国际资本集团的军事殖民、经济殖民和科技殖民手段相继失效，会对他们认为阻碍和影响他们进行殖民统治的新型政治力量实行围追堵击、封锁和制裁，因

---

① 郑功成：《中国社会保障改革与发展战略（养老保险卷）》，人民出版社，2011，第196～198页。

② 郑功成：《中国社会保障改革与发展战略（养老保险卷）》，人民出版社，2011，第201页。

此我们必须在经济上留有余地，不能分光吃尽，更不能因社保过度而背财政包袱。我们应在农民社会保障制度构建，乃至全国社会保障制度的构建中保持清醒的头脑。

（二）完善新农保制度

首先，农民养老保险要充分考虑农民在这方面的诉求。要在制度制定前、制度试点过程中和制度实施之后随时征询农民的意见，把农民的意见收集起来，汇总起来，进行分类编码，对农民反映具有普遍性的问题要积极采纳并对相应制度加以修改。如农民养老缴费的时间，北方农民一般夏秋有收益、有现钱，南方农民可能春夏秋冬均有收益，可以将交养老保险费改为一年两次或三次收缴。其次，要在新农保制度中增加激励农民土地流转的内容，对流出土地的农民给予一定的津贴，当土地流转到一定规模后就取消了那些条款。我国现阶段的农用耕地，只需农村现有劳动力的2/5满负荷工作即可，要鼓励农业富余劳动力转向二、三产业，鼓励经营小片土地的农民流转土地。对签订土地流转合同的农民视情况给予一定的补贴。再次，堵住制度漏洞。随着生活水平提高和医疗事业的发展，农民的寿命会普遍延长2～3岁，农民养老金的计发基数应由139个月延长至166个月，以避免把问题交给将来，到了领取养老金高峰期出现崩盘现象。还要杜绝养老金的瞒报冒领。最后，加强法制，依法规范政府、参保人和承办机构的行为。对于农民，除了参加商业保险、由民政部门或其他单位和个人代为出资的人，或者自己能证明自己积累了足够的储蓄或财产的人之外，原则上要求适龄人口参保，特别是45岁以上的农民一定要参保缴费。参加社会养老保险是一种权利，也是一项义务。而我国的农民社会养老保险是具有福利性质的社会保险。主要通过说服动员和利益引导的方法促使其参保。制订可操作的社会养老保险转移接续的衔接制度。

（三）管理体制改革

国务院建立了城乡居民社会养老保险试点工作领导小组，统一领导城乡居民社会养老保险工作，各地也相应建立和完善了组织领导体系，城乡居民社会养老保险的领导体制朝城乡一体化方向发展。新农保以县级统筹和县级管理为主，统筹的层次低，管理中的问题多。在新农保实现了制度全覆盖之后应提高为地（市）级统筹和监管，在新农保实现了参保农民全覆盖时实现省级统筹和监管，以提高统筹档次和监管水平。整合民生事务或社会保障事务的基层组织机构资源，即整合乡镇（街道）民生事务或社保事务的资源，做到上面千条线、下面一根绳，将新型农村合作医疗、新农保、计生奖扶、五保和低保等事务整合实行多块牌子、一套人马，合署办公、协调处理相关事务。加强社保经办管理服务能力建设，"要大力推行社保卡，方便参保人缴费、领取养老金和查询本人参保信息。合理整合现有社保管理服务资源"①。实行管理、办事和监督分开，管理部门主要是制定政策和规章，组织领导和指导新农保工作；办事可以采取政府部门直接管理，也可采取政府购买服务的方式进行，启动之初可采取政府部门直接管理的方式，运行平稳后可推向社会，采用购买服务的方式。加强对新农保事务的监督，特别是对其资金运行的监督。

（四）提高新农保的可持续性

近 10 年，要将经济发展 GDP 预期确定在 6% 左右，在这个基础上安排政府的财政对城乡居民社保的补贴额，即使我们经济发展水平仍很高，我们也要看到我们经济发展很大程度是由投资高拉动的。适当提高筹资层次，即由县级提高到地（市）级，那样有利于监管，防止挤占挪用；有利于资金的运营和保值增值；为城乡居民养老金变为国民年金打下基础。设立国家社保战略储备金。一是以备养老金领取高峰资金缺口；二是作为居民寿命延长后，前期积累的个人账户资金全部领取完毕后的后备资金；三是作为应对物价上涨后基础养老金调整资金。目前我国农村居民 72 岁时平均余命为 11.86 岁，可能今后几年我国农村居民寿命平均会延长 2～3 岁。届时政府要承担 12 年以上的养老金支付。这将成为当时政府财政的较大的压力。努力化解地方财政债务。规范地方政府财政金融活动行为，限制其非公共事业的投资行为，要求其逐年减少债务的数量，确保地方财政对居民社保的投入。

（五）提高农民对新农保的有效需求

提高农民的有效需求要做到：第一，增加农民收入。我们从调查中发现，有些农民参保意愿很强烈，但是没有缴费能力。因此，加快农村经济发展，提高农民收入，改善农民的生活状况，将有助于提高农民参与新农保的程度。第二，提高养老金替代率，使农民参加新农保的替代率基本能保障农

---

① 参阅郑功成《中国社会保障改革与发展战略（养老保险卷）》，人民出版社，2011，第20页。

民退休后的基本生活。一方面，政府和农村集体应尽可能提高对参保农民的补贴；另一方面，鼓励农民自愿有偿的流转承包地，特别是老年农民通过流转土地，其流转费除交新农保费用外还有结余，可用于补贴养老生活。此外，还可以动员社会力量支持农民参加新农保和提高养老金替代率。第三，提高农民受教育水平。农民自身受教育水平决定其对事物的认知程度。农民受自身文化水平的限制，对国家的政策不知道或理解较少，这些都会影响农民参加养老保险的积极性。提高农民受教育水平，加强农村教育，从而提高农民自我保障意识，增加农民参保的积极性。第四，根据不同省（区）的情况采取不同措施。一是对西部贫困地区，目前主要是解决"有无"问题，对东部富裕地区在解决了"有无"问题的基础上着手解决"多少"问题；二是在中西部地区，发挥文化程度较高的农民的示范作用，以此影响和带动更多的农民参加新农保，他们是农村中的精英，对一般农民有号召力；三是在中部地区，要说服和动员家庭劳动力多的农民积极参加新农保，而且要动员他们选择较高档次的参保费，使其充分认识到参加新农保是一件惠己、利民和利国的好事。

（六）提高不同年龄段农民的参保率

调查资料显示，新农保在年龄分布和地域分布方面存在差异，具体表现在，在参保适龄群体中，16～44周岁和60周岁以上这两个年龄段农民参保率较45～59周岁年龄段农民参保率要低。在参保档次的选择上，16～44周岁和45～59周岁这两个年龄段的农民在各档次的选择上均有所涉及，选择较高缴费档次的16～44周岁的农民比45～59周岁的农民多。从地区参保情况看，东部地区和中部地区的参保率要好于西部地区。针对这些特点，我们认为应做好以下几项工作，以提高农民参保率和缴费档次。

第一，继续坚持执行新农保中的"捆绑式"政策。"捆绑式"政策虽然带有一定的强制性，但这种强制性是必要的，一方面有利于实现社会保险的大数法则，另一方面对农村60周岁以上农民领取基础养老金起到了推动作用。尽管我们的农村社会养老保险实质是社会福利，但毕竟还有一定社会保险的性质，社会保险享受者应尽一定的缴费义务，而"捆绑式"缴费政策是一人或几人缴费，两人或多人加一人享受权利，砝码向享受权利一方倾斜，该政策在实施中效果很好，应该坚持。

第二，进一步做好新农保的宣传工作，解除农民对新农保所有的疑虑。

要针对农民的疑虑开展宣传工作，新农保是一项惠及农民的好政策，可以说前无古人。对未参保农民要逐个地做工作，有针对性地做工作，特别要做好年龄在 45 周岁及以上农民的参保工作，要采取农民喜闻乐见的形式，耐心细致的方法做好宣传工作。要把好事办好，争取让更多存在养老问题的农民参保，一方面解除农民养老的后顾之忧，另一方面实现适龄参保农民的全覆盖，有利于实现社会保险的大数法则。

第三，做好困难农民的参保工作。落实好有关民政部门为五保户、低保户和重度残疾人缴纳最低档次参保费的政策。对于确实无力参加新农保的农民给予一定的帮助。要进行深入细致的调查，调查其经济状况，了解其参加生产经营的状况，不能将纳税人的钱用于养懒汉，但对生产经营不成功，参加新农保确实有困难的适龄农民，特别是 45 周岁以上的农民，村集体或社会视情况给予一定的帮助，帮助其缴纳一定的参保费用，待其经济情况好转后停止。

第四，鼓励农民流转承包地。流转承包地的农民可以获得一笔可观的流转费，还有利于实现农业的规模经营，使土地真正发挥其作为稀缺生产要素的作用。特别是那些年近退休的老年农民，土地流转费不仅可以缴纳参加新农保的费用，而且结余的钱可用于日常生活中的养老之用。那些子女没参保，自己生活困难的老年农民，村集体在征得老人和其子女同意的情况下帮助其流转承包地，自己也可用土地流转费缴纳参加新农保的费用。当然，承包地的流转要坚持自愿、依法和有偿原则，规范有序地进行。

（七）提高农民社会养老保险替代率

第一，发挥农民的主体作用，自觉为提高社会养老保障替代率而努力。首先，农民要选择较高的参保缴费标准。访谈中我们了解到，改革开放以来多数农民家庭有一定的积蓄，一般农民有能力选择每年 500 元缴费档次的社会养老保险标准，关键是要宣传和引导，也可以采取利益引导的方法，即多缴费多奖励。现阶段一些农民之所以选择最低档参保，主要是以套回农村集体和各级政府的入口和出口补贴为原则，其余的钱存在银行利息更高，而且自己掌控比较放心。其次，鼓励农民自愿依法有偿流转承包地，并为农民流转承包地创造条件。农村中的五保户、低保户、农民工都应该将自己承包地流转。他们的一些承包地没有充分发挥农业稀缺生产要素的功能，流转出去承包地自己可以获得一笔流转费用用于生活补贴或交养老保险费用，土地实现了规模经营，农业逐步实现现代化。现在一些农民怕农地政策有变，到时候地和流转费两空。而且现在免交农业税，农民还可得种粮补贴，耕种承包地多少收获一点即可。要宣传和动员农民像东部沿海地区的一些农民那样，自己没有能力和资金进行规模经营的就流转出去，做到利己、利民和利国。

第二，政府继续发挥在新农保制度构建中的主导作用。尽快实现新农保的制度全覆盖，并在解决了农民社会养老保险的"有无"问题之后，开始着手解决新农保的"多少"问题，帮助农民提高养老保障替代率。首先，设法提高农民社会养老保险中的政府补贴额，特别是提高对农村五保户、低保户参保的补贴额。可以考虑从农业加工企业的税收和征用农用土地收入中拿出一定的比例补贴农民社会养老保险费用。也可以通过征收遗产税或社保税的方式，从中拿出一定比例用于新农保补贴。其次，提高基金投资收益率，提高新农保筹资层次，好集中大额资金和配备高层投资人才理财。建立"新农保"基金保值增值的长效机制。投资收益率的提高可以显著地降低参保人的缴费率和财政补贴水平，减轻参保人的缴费负担和各级财政的补助支出。而根据《国务院关于开展新型农村社会养老保险试点的指导意见》的规定，新农保个人账户基金依据中国人民银行公布的金融机构人民币一年期存款利率计息，尽管近年人民币一年定存利率有所上升，但考虑到通胀等因素的存在，目前的收益率对增值、保值来说都很困难。因此，提高个人账户基金的投资收益率是今后政府新农保工作的重中之重。再次，建立新农保自动调整机制。目前新农保替代率总体水平不高，也未建立新农保养老金替代率自动调整机制，使制度实际实现的替代率容易受消费支出刚性增长和通货膨胀等诸多因素的影响，应建立根据农民收入水平及价格指数进行养老金替代率调整的机制。最后，创造农民承包地流转的良好环境，鼓励农民流转承包地。建立健全承包地流转市场，鼓励农民实行规模经营，使从事农业或二、三产业的农民沿各自的产业方向发展专业化。鼓励在二、三产业有稳定收入的农民和老年农民流转承包地，并参加社会养老保险，实现农业规模化经营和农民社会保障双赢。

第三，增强社会力量的社会责任感，鼓励和动员社会力量为提高农民社会养老保障替代率做贡献。首先，动员和鼓励农村集体经济组织和集体企业尽可能地给予参保农民以一定的补贴，让当地农民共享集体经济和集体企业的经济成果。地方政府可以就此做一些规定，要求集体经济和集体企业拿出一定比例补贴农民参保。其次，动员和鼓励各类社会组织、城镇企业支持农民社会养老保险事业。最后，动员和鼓励社会精英人士赞助农民社会养老保障事业。

总之，经过农民、政府和社会力量的共同努力，尽快实现新农保制度的全覆盖，提高农民社会养老保障的替代率，解除农民养老的后顾之忧，实现社会和谐。

（八）促进承包地流转与农民养老保险的良性互动

第一，承包地流转与是否可以优先参加新农保挂钩。目前，对参保农民应具备的年龄、户籍以及是否参加城镇养老保险作了限制。新农保的原则是鼓励试点地区所有符合条件的农民都参保，以实现社会保险的广覆盖。而对这种大家都可以参加同时又需要农民掏腰包而又不能马上兑现的承诺，有些人是有顾虑的，害怕交出去的钱将来拿不回来，因此造成了新农保青壮年参保率低的现状。这种没有条件的参与反而会影响到农村社会养老保险的广覆盖，可以考虑选择一些有条件的地区和农民先参加，农民从养老保险中获得甜头，自然就会对新农保产生信心，从而推进新农保的全面开展。各级政府可以考虑将承包地流转规模大的地区和农户优先纳入新农保的试点范围。这样既鼓励了农民对承包地流转并使当地农业实现规模经营，又让农民在对承包地流转后没有养老的后顾之忧。浙江义乌首创了土地流转换养老保险的政策，2009年1月，义乌市政府出台了《土地承包经营权流转农民养老保险暂行办法》，将土地承包经营权的流转与农民的养老保险挂钩。《办法》规定，流转面积大于60%且连片50亩以上、协议连续流转时间超过10年的行政村（或100人以上的自然村），按有关规定享有土地承包权且承包的80%以上耕地已进行土地承包经营权流转的农户，其家庭成员均可以自愿参保。截至2009年底，义乌土地流转总面积为12.86万亩，占家庭承包经营耕地面积的44.9%，龙华村有95%以上的符合年龄的老人都参加了养老保险。[①] 义乌的这种以养老保险制度促土地流转的做法，值得其他地方借鉴。

第二，承包地流转期限与新农保财政补贴挂钩。农民害怕政策不稳定或承包地流转价格有所变化，往往在签流转合同时不愿签长期的合同，有的只

---

① 龚喜燕：《义乌首创土地流转换养老保险政策　首批农民昨日领到养老保险金》，http：//www.jhnews.com.cn/zzxb/2009 - 03/19/content_ 484745.htm.2009 - 03 - 19。

想签一年或两三年，这对耕地的规模化经营是不利的，造成受转让者不愿在耕地上加大投资，甚至对耕地进行破坏性利用。针对这种情况，浙江慈溪市采取了相应对策。2008 年是浙江慈溪市土地流转合同到期的高峰年，需续签流转合同的土地有近 3 万亩。据农业部门调查，有 40% 的农户到期后不愿续签流转合同，即使愿意续签，也希望将流转年限定在 5 年以下。针对这种情况，慈溪市出台了土地流转与农民养老保障相结合的政策。政策规定，对二轮承包期内剩余年限的土地经营权一次性委托镇、村流转的农户，市财政每年给予每亩 100 元的养老保险补贴。市农业局分管副局长诸永高给记者算了一笔账："按现在的行情，土地流转费一般每亩为 400 元左右，外加100 元社保补贴，以二轮承包剩余年限有 21 年计算，每亩土地可拿流转费、社保补贴共计 10500 元。而土地承包权属关系依然没变，一旦土地被征用，劳力安置等政策不会受到任何影响。"① 浙江慈溪的做法稳定了土地流转关系，实现了土地流出农民、土地流入者和政府的共赢。

第三，承包地流转规模与养老财政补贴挂钩。为了促进承包地流转，实现耕地的规模化经营，有些地方对符合一定条件的流出方予以财政补贴，如上海浦东新区制定出台的《浦东新区关于农村承包土地流转补贴试点实施办法（试行）》规定：区财政对符合规定的流转土地，以每年每亩 500 元标准给予补贴。受这种政策的启发，我们是否可以作这样的政策调整：为了实现承包地流转与农村社会养老保险的互惠，可以将对流出方的直接补贴转化为对养老费缴纳的补贴，不仅选择不同缴费档次的养老金补贴不同，而且承包地流转规模不同的农户，其家庭成员参保时的补贴也有所不同。这样就激发了农户流转土地的积极性，同时也提高了其养老保险的水平。

第四，政府引导农民土地流转，提高农民社会养老保险水平。陕西杨凌农业高新技术产业示范区，是中国唯一的农业高新技术产业示范区，也是陕西省最早推动农地流转的地区，该区以"土地银行"的方式促进土地的流转，其中政府发挥了积极的作用。杨凌区政府成立了土地流转服务中心和土地流转仲裁委员会。土地流转中心职责是规范土地流转程序和合同文本；仲裁委员会职责是对"土地银行"无法调解的土地流转纠纷进行仲裁处理。

---

① 文龙、柯丽生：《土地流转的慈溪探索：与社保结合让农民定心》，http：//news. sina. com. cn/c/sd/2009 – 04 – 02/1443175335788. shtml，2009 – 04 – 02。

此外，在乡镇成立土地流转办公室，主要负责各自辖区内的"土地银行"的监督规范、政策指导、档案资料管理、工作协调等事宜。目前，杨凌农业示范园区共引进国内外 30 多家科研机构和知名企业入园发展，形成了上到新技术研发、新品种引进，下到销售、加工、储存、物流的全产业链条，使得杨凌的农作物单位亩产值从 2008 年的 1908 元增加到 2010 年的 4306 元。①杨凌早在 2007 年就制定了《杨凌示范区促进被征地农民就业和社会保障办法（试行）》，规定对年满 55 周岁的女性、60 周岁的男性发放每年 720～1200 元的养老保险金。杨凌农业高新技术产业示范区，实现了农地流转、农业现代化、农民养老互利共赢的局面。

总之，我们应该总结各地农地流转与农民养老保险良性互动的经验。在我国农地流转高峰期，对流转承包地的农民给予一定的养老补贴或奖励，促进大批承包地流转与农业劳动力转移，等到我国土地流转达到一定程度时再取消这些补贴和奖励政策。这样既推动了承包地流转又为流转土地的农民解除了养老的后顾之忧，还有利于农业现代化的实现。同时我们可以在农民社会养老保险的法规中作出规定，鼓励和支持地方政府根据当地情况，给予流转土地并参加社会养老保险的农民以一定的补贴和奖励，使农民社会养老保险不仅解除农民养老的后顾之忧，而且促进土地流转和农业现代化。

（九）农民社会养老保险实施的进程

城乡居民社会养老保险"两项制度试点覆盖面今年都要达到 60%，在本届政府任期内基本实现制度全覆盖，任务十分艰巨"②。制度全覆盖就为参保人全覆盖打下了基础。目前农民社会养老保险的参保率在 65% 左右，应该说这 65% 左右的参保人中绝大部分是急需保障的农民。到实现了制度全覆盖时，一般会有 65% 的人参加新农保，再经过几年时间努力实现参保人全覆盖，应该说具有一定的现实性。从我国社会保障支出和经济发展趋势看，政府有这方面的财政支撑能力。大多数农民期盼早日参加社会养老保险，也有这方面的要求，加上经过 10 年左右的发展，城镇化水平提高，农民工参加城镇居民养老保险，农民的数量会大幅减少。还有，农村的五保

---

① 党菲：《杨凌通过培育和发展"土地银行"有序推进土地流转》，http://www. chinahightech. com/views_ news. asp？Newsid＝039353732323&Page＝0，2011－08－05。

② 温家宝：《在全国城镇居民社会养老保险试点工作部署暨新型农村社会养老保险试点经验交流会上的讲话》，《光明日报》2011 年 6 月 22 日。

户、低保户和特别困难家庭的人口政府代为出资其应缴纳的最低一档参保费用。到 2020 年实现城乡居民社会养老保险的全覆盖，并逐步提高保障水平，实现社会养老保险城乡居民一体化。

（十）　城乡居民社会养老保险一体化

城乡居民社会养老制度一体化主要指制度、管理体制一体化和待遇平等。2009 年开始试点的新农保和 2011 年开始试点的城镇居民社会养老保险试点工作，使城乡居民社会养老保障一体化具有现实可能性。首先，城乡居民社会养老保险"基本制度和主要政策基本一致。这样做的考虑：一是与当前推进城乡基本公共服务均等化的要求相统一，逐步缩小城乡差别；二是顺应城市化发展的趋势，有利于城乡居民身份转换、参保衔接"。其次，政府对城乡居民社会养老保险待遇基本相同。"中央规定的新农保和城镇居民养老保险基础养老金都是每月 55 元。"最后，城乡居民社会养老保险的领导体制统一。"国务院已经建立新农保和城镇居民养老保险试点工作领导小组，统一领导和组织实施这两项试点工作，各地也要抓紧建立和完善相应的组织领导体系。"① 这样有利于推动城乡居民基本公共服务均等化；有利于降低社保的管理成本；有利于建立全国统一的社保信息化平台；有利于各项社保制度的衔接；也为改变我国城乡二元社保结构开了个好头。在推动城乡居民社会养老保险一体化过程中，要认真总结经验，为彻底消除我国城乡二元社保状况打好基础。

----

① 温家宝：《在全国城镇居民社会养老保险试点工作部署暨新型农村社会养老保险试点经验交流会上的讲话》，《光明日报》2011 年 6 月 22 日。

第五章
农村社会救助研究

第一节　社会救助概述

一　社会救助的含义

社会救助是指国家或社会面向由贫困人口和不幸者组成的社会脆弱群体提供款物接济和扶助的一种社会保障制度，是社会保障制度安全网络中的最后一道防线。社会脆弱群体是那些在社会上处于不利地位的人群，他们一般收入低或没有收入，从事职业声望差的工作或无职业，文化水平低，生活不能自理或自给，靠政府或社会无偿接济和扶助其全部或部分生活来源，甚至供养和负责其全部生活起居[1]。社会救助是最早产生的社会保障形式，是从慈善事业发展而来的制度安排。真正具有现代意义的社会救助制度产生于20世纪初，比确立社会保障制度的时间要晚。

社会救助的目标是满足社会救助对象的最低生活需要。其特征有：最低保障性，救助水平通常以维持其最低生活需要为标准；按需拨付，救助款物是国民收入的再分配或对社会捐助的分配，在确定的标准范围内向救助对象按需分配；权利义务的单向性，受救助者享受的是单纯的法定权利，而提供社会救助则是国家或社会的职责和法定义务；全民性，即任何陷入困境，达到规定救助标准的人都可以申请享受[2]；综合性，即不是单纯的衣食救助，

---

[1]　郑功成：《社会保障概论》，复旦大学出版社，2008，第247页。
[2]　郑功成：《社会保障概论》，复旦大学出版社，2008，第247～250页。

而是全面的综合性的基本生活保障。

农村社会救助是指对农民中脆弱群体实行的社会救助。农村社会救助除具有一般社会救助特点外，还有一些自身的特点：对农民现代意义的结构性制度安排的社会救助一般比城市居民迟，即使发达国家早期也是这样；农村的消费水平比城市低，对农民的救助费用也比城市低；农民分散，组织程度差，相关的信息采集难，实施社会救助的幅度大；有些农村的救助不规范，随意性大，存在的问题比较多。

二　社会救助主要是解决贫困问题

社会救助主要是解决贫困问题。社会救助从内容上分为生活救助、灾害救助、医疗救助、法律援助和扶贫开发等，实质是反贫困问题。社会救助从时间上可以分为长期救助，如对农村五保户的救助（未满 16 岁的村民五保户除外）；阶段性救助，如对农村低保对象的救助；临时救助，如对部分村民的救济和扶贫等。从贫困的程度上可分为绝对贫困和相对贫困。农村五保户属于绝对贫困人口，农村低保救济人口属于相对贫困人口，本章主要研究农村五保、农村低保、农村救济和扶贫等内容，并关注这些贫困人口与承包地的关系问题。

关于贫困的理论张巍在《中国农村反贫困制度变迁研究》[①] 一书作了综述。他指出涉及反贫困理论的主要有制度变迁理论，这一理论又分为以凡勃伦等为代表的老制度主义和以科斯等人代表的新制度经济学派；经济学关于制度与贫困问题研究的学者有亚当·斯密、里卡多等，19 世纪从经济学角度研究制度与贫困问题的又分为新古典主义与马克思主义经济学派；发展经济学关于制度与贫困问题研究的有缪尔达尔、阿瑟·刘易斯、罗伯特·S. 麦克纳马拉、阿玛蒂亚·森等人；在社会学和人口学领域对制度与贫困问题研究的有奥斯卡·刘易斯和凯斯·约瑟夫等人。各派学者从不同学科、相同学科的不同角度对贫困的原因、反贫困的措施等作了论述。

关于贫困的定义。朗特里等认为，一定数量的货物和服务对于个人和家庭的生存和福利是必需的，缺乏获得这些物品和服务的经济资源或经济能力的人和家庭的生活状况，即为贫困。阿玛蒂亚·森认为，贫困的真正含义是贫困人口创造收入能力和机会的贫困，贫困意味着贫困人口缺少获取和享受

---

① 张巍：《中国农村反贫困制度变迁研究》，中国政法大学出版社，2008，第 7~29 页。

正常生活的能力。[①] 埃弗里特·M.罗杰斯等认为，贫穷是一种生活环境，在这样的环境中，收入低，就业不充足，住房破烂，精神压力和外界压力都很大。在社会中他们没有权力，难于接近受人尊敬的地位，贫民总有一种不安全感，情绪不稳定。贫民的生活方式、价值取向与众不同，对他们来说，教育是儿童到达工作年龄之前必须跨越的一种障碍，贫民是宿命论和悲观论者。[②] 世界银行认为，贫困是指某些人、某些家庭或某些群体没有足够的资源去获取他们在那个社会公认的一般都能享受到的饮食、生活条件、舒适和参加某些活动的机会。[③]

国内关于贫困问题的研究也在深入。李守经曾认为，贫困是以人为主体的概念，是人或社会群体的贫困。贫困是人的发展权利实现不足或未能得到实现。贫困是与发展相对应的概念。贫困就其本质的含义来讲就是发展不足。[④] 赵冬缓等认为，贫困是指在一定环境条件下，人们在长期内无法获得足够的劳动收入来维持一种生理上要求的、社会公认的基本生活水准的状态。[⑤] 林闵钢认为，贫困是经济、社会、文化落后的总称，是由低收入造成的基本物质、基本服务相对缺乏或绝对缺乏以及缺少发展机会和手段的一种状况。[⑥] 我们认为，贫困首先是一种状况，即贫困者的收入或生活水平低于社会平均水平；其次，贫困是一个综合性指标，表现为经济、社会和文化各方面情况较差；最后，贫困的核心指标是一种能力及其发挥，表现为有的人本身就没有能力，有的人有能力而发挥不足。

三 中国农村贫困问题

解决贫困问题首先要准确地瞄准贫困人口，这就是要有科学的贫困线。国内外有关确定贫困线的做法主要有：测算绝对贫困线的方法——马丁法和恩格尔系数法。马丁法主要测定步骤是：计算食物贫困线，计算非食物贫困线，将最低的食物贫困线和非食物贫困线相加，就可得出一定时期内绝对贫

---

① 郝书辰：《新时期农村社会保障研究》，经济科学出版社，2008，第88页
② 〔美〕埃弗里特·M.罗杰斯等著《乡村社会变迁》，王晓毅等译，浙江人民出版社，1998，第280页。
③ 邓大松等：《新农村社会保障体系研究》，人民出版社，2007，第19页。
④ 李守经：《农村社会学》，高等教育出版社，2000，第154页。
⑤ 赵冬缓等：《我国测贫指标体系及其量化研究》，《中国农村经济》1994年第3期。
⑥ 林闵钢：《中国农村贫困标准的调适研究》，《中国农村研究》1994年第2期。

困线。恩格尔系数法：恩格尔系数＝食物支出金额/总支出金额。用恩格尔系数法计算贫困线的具体步骤是：第一步调查基本食品消费支出，第二步计算恩格尔系数，第三步计算贫困线。采用的公式是：贫困线＝贫困人口基本食物支出/恩格尔系数。相对贫困线测算方法。经济发达国家一般认为，如果一个人的收入大幅度低于社会中的平均值或中间值收入，那么他就可以被定义为穷人。如美国和欧盟各国把本国收入低于平均收入50%的人确定为贫困人口，联合国发展计划署采用中位收入50%（用购买力平价调整后的家庭可支配收入中位数的50%）确定各国总体贫困状况，等等。发展中国家所采用的标准要低得多，一般是本国居民平均或中位收入的30%～40%。国内确定农村最低生活保障标准一般以年为单位计算。各地测算农村最低生活保障标准测算方法不同，如北京采用恩格尔系数法，江苏和浙江采用比例测定，江苏按照当地上年度农民人均纯收入20%～25%的比例综合确定当年最低生活保障标准，多数地方采用市场菜篮法测算当地最低生活标准。①最低生活保障线一般由各地根据当地的实际确定。我国还有处于动态的农村贫困线。在我国农村，1986年贫困线为人均年收入不超过200元人民币，粮食拥有量不超过400斤。1994年的贫困标准为625元人民币，2006年调整为683元。从1978年到2007年我国农村绝对贫困人口由2.5亿减少到1479万人，占农村人口的比重从30.7%下降到1.6%。低收入人口从2000年的6213万减少到2841万，占农村人口比重从6.9%下降到3%。2011年我国贫困标准调到人均年纯收入1500元，贫困标准有所提高，这样有利于使贫困人口生活得更好。

中国农村反贫困面临严峻的挑战。第一，贫困人口数量仍很庞大。我国新的贫困标准仍然没有发达国家那么高，但按新的贫困标准，我国农村贫困人口达1亿左右。第二，脱贫的难度大。贫困人口集中的地区，基础设施建设的欠账多，社会事业发展严重滞后，文化、教育和卫生事业发展水平低，贫困地区落后表现为全方位落后，而落后是贫困的伴生物。第三，返贫的概率高。贫困地区自然灾害频发，因病致贫或返贫，物价上涨造成贫困人口增多，外出就业困难收入下降导致的贫困增加，这些状况一时难以扭转。第

---

① 民政部社会救济司等编《农村最低生活保障工作读本》，中国社会出版社，2009，第60～71页。

四，收入差距拉大。一方面表现为整体上收入差距大，如我国的基尼系数很长，一段时间超过0.5，而基尼系数的临界点为0.4，这说明我国收入差距较大；另一方面表现为农村人口内部收入差距很大，按五等份方法分，农村高收入户的人均纯收入是低收入户人均纯收入的近8倍。① 第五，世界金融危机的冲击。世界金融危机对农村贫困人口的冲击对贫困人口来说是雪上加霜，具有全面冲击特征，物价上涨带来的生活费、教育费、医疗卫生费全面上涨；国际贸易额下降，导致农副产品出口难、劳动力就业难；政府为了应对金融危机的冲击，拿不出更多的钱扶持贫困人口。可见，我国农村反贫困面临严峻的挑战。农村大量贫困人口的存在，影响农业现代化，农业不能实现现代化，会拖全国现代化的后腿。

第二节　中国农村的五保制度

一　中国农村五保制度的形成

五保户是指因年老、残疾或者未年满16周岁的村民，无劳动能力，无生活来源又无法定赡养、抚养、扶养义务人，或者其法定赡养、抚养、扶养义务人无赡养、抚养、扶养能力的家庭中的人口，享受农村中的五保供养待遇。五保户属于绝对贫困人口，是中国农村最弱势的群体。五保制度是中国农村社会保障的制度安排，是中国特色农村社会保障制度的组成部分。五保制度经历了一个产生发展和完善的过程，五保供养制度继承了中华民族养老慈幼、扶助鳏寡孤独的优良传统，发端于革命根据地和解放区民主政府优待烈军属和困难户的各项政策。

新中国成立之初，进行了土地改革，农民都拥有了土地和部分生产资料，生活水平有了一定的提高，但一些农民由于原来发展基础差、自然灾害、生病、家中无劳动力等原因陷入贫困状态。据1949年底统计，全国农村贫困人口达4000万人，其中无粮吃的达800万人。② 党和政府对农村贫困人口给予积极的扶持和帮助。1949年9月颁布的起临时宪法作用的《中国

---

① 《2010年中国统计年鉴》，中国统计出版社，2010，第366页。
② 宋士云：《中国农村社会保障制度结构与变迁》，人民出版社，2006，第48页。

人民政治协商会议共同纲领》和 1954 年 9 月颁布的《中华人民共和国宪法》都对生活困难者获得物质帮助的权利作了规定。1949 年 11 月，中央人民政府成立了民政部（当时称内务部），并在各级地方政府相继组建了民政系统，负责对农村贫困人民的扶持帮助工作。并采取了一系列扶持帮助措施：给困难户发放救济粮款，扶持贫困户开展生产活动，减免受灾户和贫困户农业税，开展社会捐献活动，照顾鳏寡孤独生活，等等。1953 年，中央人民政府内务部制定了《农村灾荒救济粮款发放使用办法》，把无劳动能力、无依无靠的孤老残幼定为一等救济户。并规定，一等救济户，按缺粮日期长短全部救济。以大米、小麦、小米为主食的地区，每人每日按 12 两计算。据统计，1950～1956 年，用于农村的救济款达 2.31 多亿元，对保障孤老残幼的生活起了一定的作用。[①] 这些孤老残幼多数属于后来的五保户。这段时间五保户的供养属于社会救助性质。

五保户制度是在农业合作社以来逐步基本确立的。新中国成立之初，在农业生产中就存在互助组和初级农业生产合作社等互助合作的形式，这是农业生产必然的内在要求。有些大型农具农户间要互相借用，有些应时农活要相互变工。加上土改后不久，有些农民将自己分到的土地出卖或出租，有些缺少劳动力的农户家庭生产无法开展，生活也无保障。为此，毛泽东曾多次提出走农业合作化道路的思想。1955 年，毛泽东在《中国农村社会主义高潮》一书中指出："一切合作社有责任帮助鳏寡孤独缺乏劳动能力的社员（应当吸收他们入社）和虽然有劳动能力但是生活上十分困难的社员，解决他们的困难。"[②] 1956 年的《全国农业发展纲要》和《高级农业生产合作社示范章程》两个文件对五保户的概念赋予了规范的含义。其中《高级农业生产合作社示范章程》规定，农业生产合作社对缺乏劳动力或者完全丧失劳动能力，生活没有依靠的老、弱、孤、寡、残疾的社员，在生产上和生活上给予适当的安排和照顾，保证他们吃、穿和柴火的供应，保证年幼的受到教育和年老的死后安葬，使他们生养死葬都有依靠。五保户的供养制度基本确立。

农业生产合作社安置五保户所采取的措施主要有：一是对有一定劳动能

---

① 宋士云：《中国农村社会保障制度结构与变迁》，人民出版社，2006，第 54 页。
② 《毛泽东选集》（第五卷），人民出版社，1977，第 242 页。

力的五保对象，安排他们从事力所能及的生产劳动并适当照顾工分。二是对丧失劳动能力的五保对象，按全社每个社员一年平均劳动日数补助给五保户。三是对年老体弱病残，日常生活自理有一定困难的人员，安排专人照顾他们的日常生活。四是根据五保内容规定的吃、穿、烧、教等标准，计算出所需的款物数，从公益金中直接分给五保户现款和实物。据1958年统计，全国农村享受五保的有413万户，519万人。随着农村经济的发展，一些地方开始试办敬老院，对五保对象实行集中供养①。形成了五保户供养的集中和分散两种形式。

五保制度遭受挫折的阶段。1958年"大跃进"时期，一些地方不顾当地的经济情况，除了在敬老院集中供养的五保户外，分散供养的五保户在生活方面和其他社员一样，实行吃饭不要钱的食堂制，穿衣按所发布票数量添置，一度时期生活水平大为提高，但由于"大跃进"的失误和"左"倾指导思想的影响，加上三年困难时期的影响，许多公社大队的敬老院停办，五保户的生活水平缩水。1962年以后，一些地方根据《农村人民公社工作条例（修正案）》的规定，制定颁布了一些关于农村人民公社五保户、困难户供给补助的办法，使五保供养和困难补助工作有所改进。"文化大革命"期间，正常的工作秩序受到干扰，有些地方五保工作处于无人过问状态，尽管当时以村集体的"大锅饭"作后盾，但许多五保户生活没有充分保障，有的甚至四处流浪乞讨，非正常死亡的问题也不断发生。② 这个时期五保户的供养主要属于集体福利的性质，也有社会救济的特征。

改革开放前，主要由集体供养的五保制度取得了一定的成功。这主要是由于当时政治上高度重视以及社会主义关于社会公平、平等的价值诉求使五保供养获得了强大的外部支持，土地集体所有制下的分配制度解决了五保供养的资金来源问题，全民控制的农村基层组织在管理服务方面为五保供养提供了有力支持③。在党和政府的关怀下，主要依靠集体经济的力量，五保户得到了较好的供养。

---

① 翟永兴：《论我国农村五保供养制度的变迁》，《中国集体经济》2010年第19期。
② 宋士云：《中国农村社会保障制度结构与变迁》，人民出版社，2006，第98～101页。
③ 肖林生：《农村五保供养制度变迁研究：制度嵌入性的视角》，《东南学术》2009年第3期。

二　改革开放以来的五保户供养制度变迁

市场机制确立前期，五保户供养坚持集体供养与社会救助相结合。党的十一届三中全会以来（1978～1994年），农业家庭联产承包责任制全面实施，乡镇企业异军突起，计划经济开始松绑，市场经济逐步深入。市场机制的深入推动中国经济社会迅速发展，1992年春，邓小平发表南方谈话，标志着中国社会主义市场经济体制的全面确立。市场机制的深入引起中国社会巨大变化，也给农村五保户供养带来一定的冲击。首先，前述的五保户供养外部支持力降低；其次，农村基层组织管理服务能力下降；再次，集体经济由于家庭联产承包责任制实施而弱化，集体经济供养支持能力下降；最后，价格双轨制运行，物价上涨，给五保户的生活带来一定冲击。在此期间，尽管中共中央国务院在《中共中央关于加快农业发展若干问题的决定》《关于进一步加强和完善农业生产责任制的几个问题的通知》《全国农村工作会议纪要》等文件多次强调对五保户等生活要有妥善的照顾办法，而且1991年国务院发布的《农民负担费用和劳务管理条例》中明确规定，乡统筹和公益金用于五保户供养，但此期间五保户供养并不尽如人意。

据1982年底到1984年初民政部组织开展的第一次全国五保普查的结果显示，当时存在的主要问题有：供养落实不全面。有的省27%的五保对象划田自耕或代耕，其中有的地区达50%，有的甚至高达70%。有的省个别地区，普查结束后仍有61.7%的五保对象未落实供养。供养标准低。有的地区五保对象的口粮每年只给100公斤左右，烧柴自己设法解决，生病无人照料，生活相当艰难。群众负担重，在一些贫困地区，群众收入低，五保对象又多，群众的负担过重。[1] 有的地方将五保户分摊到户供养或由五保户上门到群众那里收粮收钱，五保户供养确实存在一些实际困难。这些问题告诉我们，市场化经济和社会化生产的伴生物是社会保障制度的构建。现代社会保障制度正是早期发达国家经济市场化、生产社会化的产物。党中央国务院充分认识到了这一点，1994年1月，国务院发布并实施《农村五保供养工作条例》。

《农村五保供养工作条例》作为国务院政策法规，第一次全面系统地对

---

① 宋士云：《中国农村社会保障结构与变迁》，人民出版社，2006，第101～103页。

五保供养作了制度安排。其主要内容有：五保供养是指对供养对象的吃、穿、住、医、葬方面给予的生活照顾和物质帮助。指出五保供养的性质在当时是农村的集体福利事业。农村集体经济组织负责提供五保供养所需的经费和实物，乡镇人民政府负责组织五保供养工作的实施。规定五保对象为"三无人员"，确定五保对象的审批程序和审批单位，由个人申请或村民小组报名，经村委会审核，乡镇人民政府批准。规定了停止五保供养的条件。对五保供养内容作了规定，即吃、穿、住、医、葬和未成年人的义务教育。规定五保供养标准是不应低于当地村民的一般生活水平。指出五保供养所需经费和实物的来源应当从村提留或乡统筹中列支，不得重复列支，在有集体经营项目的地方，可以从集体经营的收入、集体企业上交的利润中列支。在灾区和贫困地区应优先保障五保对象的生活。供养形式可以集中供养或分散供养。集中供养由乡镇人民政府兴办敬老院供养，对敬老院举办的农副业生产应当给予扶持和照顾。分散供养的应当由乡镇人民政府或者农村集体经济组织、受委托的抚养人和五保对象三方签订五保供养协议。对五保对象的财产作了明确规定，五保对象的财产可自己使用或委托农村集体经济组织代管。规定五保对象死亡后，其遗产归所在的村集体经济组织所有；有五保供养协议的按照协议处理。未成年的五保对象年满16周岁以后，按照规定停止五保供养的，其个人原有财产中如有他人代管的，应当及时交还本人。对供养五保对象的管理和监督作了明确的规定。

《农村五保供养工作条例》颁布实施后，五保供养对象的供养情况得到好转，据统计，集体用于供养五保对象的生活费，1994年人均达到670元，其中在敬老院集中供养的五保对象人均达到1070元，超过上年全国人均收入水平，绝大多数五保对象的生活得到了切实保障。这与民政部门的关照是分不开的，据统计，1994年国家救济五保对象支出金额为7554万元，占农村社会救济款支出的27.8%。[①] 但随着市场机制的深入和经济转轨，农村五保户供养中新的问题又出现了。

五保户供养中的新问题主要表现为：五保对象的数量增多，未能做到应保尽保，据统计，2002年底全国农村五保对象有570.37万人，真正获得保障的只有296.82万人，约占应保对象的52.04%；五保供养的标准降低，

---

① 宋士云：《中国农村社会保障结构与变迁》，人民出版社，2006，第190页。

一方面表现为一些地方供养标准比当地贫困线的标准还底，另一方面表现为公布的供养标准很难兑现；全面落实五保内容难，据调查除保葬外，其他四保都不同程度地存在问题，特别是医保，由于当时农村合作医疗处于低谷，五保户的医疗条件很差；日常生活照料被忽视，集中供养的五保老人尚可由工作人员或其他院友勉强提供一定的照料，分散供养的五保对象的日常生活照料在一定程度上被忽视。① 分析其原因主要有：计划经济向市场经济转轨，利益结构调整，五保供养对象是弱势群体，对他们的供养没有得到应有的重视；对五保供养主体认识逐步到位，本来对五保对象的供养是政府和社会的责任，是社会保障的分内事，而非集体福利，我们对这一认识是逐步到位的，中间经历了税费改革的过渡阶段；随市场机制深入，部分原戴着"红帽子"的乡镇企业转型，一些地方集体经济进一步弱化，缺乏对五保对象的供养能力；税费改革前，五保对象的供养经费主要从"三提五统"中解决，税费改革后转变为由农业税附加和财政补贴两部分组成，而农业税附加包含的开支内容很多，容易被挤占；一些农村的基层组织软弱无力，没有对五保对象的组织和服务能力。可见，五保对象的供养应该进行制度改革。

2004 年，民政部等部委发布的《关于进一步做好农村五保供养工作的通知》，是针对农村税费改革试点工作推开后，五保供养工作出现的一些新情况、新问题而制定的，是 1994 年《农村五保供养工作条例》向 2006 年《中华人民共和国农村五保户供养工作条例》过渡的政策法规。与 1994 年《条例》相比较突出了以下内容：强调指出五保供养对象是农村最困难的群体。要求实现五保对象应保尽保。指出五保对象审批程序为：由本人申请或者由村民小组提名，经村民代表会议民主评议，村民委员会初审，乡镇人民政府审核，县级民政部门审批并颁发《五保供养证书》。将五保供养对象的审批权收归县级民政部门，强调五保供养标准要确保五保对象生活达到当地村民一般生活水平。在供养内容方面增加了零用钱的项目，最关键的是在供养主体方面由过去的农村集体向政府负责过渡。指出农村实行税费改革后，农村五保供养资金发生了变化，除保留原由集体经营收入开支以外，从农业税附加收入列支；村级开支确有困难的，乡镇财政给予适当补助。免税、减征农业税及其附加后，原从农业税附加中列支的五保供养资金，列入县乡财

---

① 宋士云：《中国农村社会保障结构与变迁》，人民出版社，2006，第 198～201 页。

政预算。这就为全国免征农业税后五保供养资金由政府买单埋下了伏笔。要求推进农村敬老院建设和改造步伐。《通知》指出，在保证五保供养经费财政投入基础上，要继续发挥乡村集体经济组织的作用，这里的乡村集体经济组织对五保对象供养责任就是一种辅助的责任了。《通知》指出，五保户承包的土地由村集体或受委托的抚养人代为耕种的，集体或受委托的抚养人根据五保供养协议（或敬老院入院协议），对五保对象的生活给予必要的补助或帮扶。五保户的各项权利得到了全面保护。

民政部等《关于进一步做好农村五保供养工作通知》实施以后，五保供养对象的生存环境有了较大的改善。首先，基本做到了五保对象应保尽保，2004年五保供养对象228.7万人，2006年增至503.3万人，两年时间增加了1.2倍。其次，农村养老服务机构床位数2005年比2004年增加了14.6%，2006年比2005年增加了26.9%，增加速度很快。再次，农村五保对象的供养费用不断提高，2006年农村集中供养五保对象人均年供养费为1608.2元，分散供养五保对象年人均供养费为1224.5元，分别是同期农村低保费用的约2倍和1.7倍，能够保证农村五保对象的生活水平相当于农村一般生活水平[①]。最后，农村新型合作医疗全面实施，农村医疗救助全面覆盖，五保户参加新型农村合作医疗的费用由民政部门支付，五保对象的医疗救助由民政部门实施。而且，由于村集体经济组织从供养主体逐渐脱身，有能力对五保供养对象做些力所能及的服务，五保供养对象的生活有所改观。

2006年3月，在我国市场机制全面深入，农村税费改革基本结束，农业税减免，民生问题作为重要议题提上议事日程之际，国务院颁布了《中华人民共和国农村五保户供养工作条例》。《条例》在肯定《关于进一步做好农村五保供养工作通知》精神的基础上进行了制度创新。《条例》确认保障农村五保供养对象的正常生活是社会保障，是政府的责任，村民委员会协助乡镇人民政府开展农村五保供养工作，使五保对象的供养有了稳定的资金物质来源。《条例》在五保供养对象审批程序上有较大变动，要求村委会对符合供养条件的五保对象经民主评定后，在本村范围内公告；对乡镇政府的审核和县民政部门审批作了时间上的限制，均为收到相关材料后的20日内

---

① 见《中国民政统计年鉴》，中国统计出版社，2010，第16、22、110页。

审结；增加了乡镇人民政府对申请人的家庭状况和经济条件进行调查核实的内容，而且规定必要时县级人民政府民政部门可以进行复核的内容。在供养内容方面有重大突破：首先，在供养资金方面有突破，规定五保供养资金，在地方人民政府预算中安排。有农村集体经营等收入的地方，可以从农村集体经营等收入中安排资金，用于补助和改善农村五保供养对象的生活。农村五保供养对象将承包地交由他人代耕的，其收益归该农村五保供养对象所有。中央财政对财政困难地区农村五保供养，在资金上给予适当补助。其次，提高了五保供养对象的供养水平，指出农村五保供养标准不得低于当地村民的平均生活水平，并根据当地村民平均生活水平的提高适时调整。这就不至于使五保对象的供养出现波折。最后，在农村五保供养对象的疾病治疗方面，规定与当地农村合作医疗和农村医疗救助制度相衔接。在供养形式方面，要求各级人民政府应当把农村五保供养服务机构建设纳入经济社会发展规划。农村五保供养服务机构工作人员应当经过必要的培训。专章设立了相关法律责任。依违法的程度分别规定了承担赔偿责任、责令限期改正、行政处分、刑事责任等不同的违法责任。标志着我国农村五保供养走上了社会保障的轨道。

三 农村五保供养的现状和取向

《中华人民共和国农村五保户供养工作条例》是市场经济条件下五保户社会保障的制度安排，形成了对五保户社会保障的长效机制。表现为：首先，政府承担起了农村五保户供养的主要责任，保证了五保户供养的长期稳定；其次，表现为五保户供养制度同其他社会保障制度的衔接有了接口，如五保制度与新型农村合作医疗、社会救助、社会养老保险等制度的衔接有了着落；再次，表现为对五保户的供养根据当地村民平均生活水平的提高而适时调整。从而使五保户的供养标准随经济社会发展而持续稳定增长，让五保户能享受我国改革开放的成果。

新的五保户供养条例的实施，使对五保户的供养实现了多轮驱动。首先，各级人民政府对五保户供养负起了主要的责任，保证五保户享受当地村民平均的生活水平。其次，村委会和村集体经济组织从给五保户筹款、筹物中解脱出来，谋划提高对五保户供养服务的质量，增加对五保户的人文关怀，使五保户不仅衣食无忧，而且有尊严地生活。再次，五保户的亲朋好友、邻里和村民给五保户以一定的亲情照料。过去有些地方把五保户的供养分摊到村民，给村民增加了经济负担，现在这一负担取消了，五保户的亲朋好友、邻里，甚至一般村民都会自发地对五保户进行亲情照料，此乃人之常情。最后，各类社会团体、各类成功人士、乡村企业会对五保户行善事，进行社会捐赠和捐献，推动五保事业的发展。

农村五保供养制度逐步落实，初步实现了应保尽保。各地根据当地实际情况，调整供养标准，落实供养资金，供养水平不断提高。2009 年全年共对 162 万户，167.9 万五保人员实施了农村集中供养，对 366.2 万户，386.4 万五保人员实施了农村分散供养。全年累计支出五保供养资金 91 亿元，其中农村分散五保供养支出 55 亿元，分散供养标准 1842.7 元/人，农村集中五保供养支出 36 亿元，集中供养标准 2587.5 元/人。[①]

关于农村五保与低保的关系问题的思考。首先，农村五保户和低保户属于两个不同的农村社会群体。五保户是农村中最弱势的群体，低保户如果抓住机遇发展可能成为强势群体的成员；五保户属于"三无人员"，处于绝对贫困地位，低保户属于相对贫困群体；五保户中除了 16 岁以下未成年人外处于无法发展的状态，而低保户是发展不足，也许今后会有大发展；五保户将长期接受社会各方的全方位救助和扶助，低保户是接受暂时性的、经济方面的差额帮扶；五保户无论集中供养还是分散供养都有协议，都要有责任人，而低保户无须负这方面的责任；五保户的承包地最终都会实现流转，低保户不一定流转承包地。其次，有学者认为五保和低保更多的属性是相同的。如有专家认为五保供养与农村低保有异，但更多的是同。我们认为其所述之同基本是管理体制和政策层面上的同，如我国机构改革将人事和劳动部门合并，并作了职能之调整，但这并不意味着其所管理的事物性质发生什么变化。如我们可以将民政部门管理五保户和低保户的事务合并，但不能由此而改变五保户和低保户享受待遇的属性和内容，只是管理机构的调整[②]。再次，有的学者还认为城市居民就没有设"五保"，而是对城市的"三无人员"通过全额享受低保来维持生活。这里，我们要注意，全额低保只是经济上的救助额，而不是全方位的社会照料，和谐社会的构建，让人民群众生

---

① 《民政部发布 2009 年民政事业发展统计公报》，《社会保障制度》2010 年第 3 期。

② 万敏：《五保供养向农村低保过渡的可行性分析》，《农业科研经济管理》2010 第 4 期。

活得有尊严，才是我们对"三无人员"供养中所追求的目标。这些学者自己也承认城市中"三无人员"的生活与农村五保户的"五保"要求还有差距①。那为什么还要将供养向低保过渡呢？最后，我们认为无论对五保和低保的管理如何调整，对五保和低保的救助内容、救助形式、救助待遇都不能趋同，更不能将五保向低保过渡。

　　未来我国的五保户供养工作。首先，要认真执行 2006 年国务院颁布的《中华人民共和国农村五保户供养条例》。该《条例》总结了新中国成立 60 多年来五保户供养的经验，确立了社会主义市场经济条件下五保供养的社会福利性质，是对我国五保户供养的科学的安排，适应社会保障制度的要求，符合我国的国情，深受广大五保户的拥护。近期五保户供养工作主要任务是贯彻落实和监督检查五保户供养条例的执行情况。其次，为五保户生活条件改善创造温馨的环境。鼓励和动员村集体、乡镇企业和行善人士为五保户供养捐物捐款、提供服务；动员和鼓励广大村民和五保户的亲朋好友、邻里给五保户一定的人文关怀和亲情温暖；维护五保户的各项权益，特别是承包土地流转权益，土地流转费成为其零用钱重要来源，要受到保护。使五保户有尊严地生活，共享改革的成果。最后，总结各地好的五保户供养的经验，并进行宣传和推广。了解五保户的诉求，尽可能地满足他们的要求，特别是在供养制度变革方面，一定要征询他们的意见。

第三节　中国农村低保制度

一　建立农村最低生活保障制度的意义

　　农村最低生活保障对象是家庭年人均纯收入低于当地最低生活保障标准的农村居民，主要是因病残，年老体弱，丧失劳动能力以及生存条件恶劣等原因造成生活常年困难的农村居民。②

　　最低生活保障制度属于对贫困人口具有阶段性的社会救助或扶贫的性

---

①　万敏：《五保供养向农村低保过渡的可行性分析》，《农业科研经济管理》2010 年第 4 期。

②　《国务院关于在全国建立农村生活保障制度的通知》，《农村最低生活保障工作读本》，中国社会出版社，2009，第 185 页。

质。所谓贫困人口，主要指其纯收入在国家或地方划定的贫困线以下的人口，贫困线处于动态的状态。所谓阶段性是指对受保人口在陷入贫困后的一定时期内救助或扶贫。即是说，低保对象有两种发展可能，其绝大多数由于社会的救助和扶贫脱贫致富，而另一部分由于无力脱贫致富而陷入绝对贫困，最终可能要受五保供养。所谓救助或扶贫是说，在一些地区很多人同时陷入贫困，则主要采取开发扶贫的方式给予帮助；而一些地区，一部分人陷入贫困，也就是通常人们所说的"插花贫"，则主要以低保的方式给予帮助。改革开放前期，我国主要实行扶贫开发的政策，帮助农村人口脱贫致富；进入新世纪，在继续扶贫开发的基础上主要通过低保的方式帮助贫困的人口。最低生活保障主要是救助相对贫困的人口，解决发展不足的问题。

实现农村最低生活保障制度对广大农村低保享受对象来说，是保障和提升其生活质量，解决其面临的现实困难，增强其发展后劲，防止其陷入绝对贫困，帮助其脱贫致富，并共享改革开放的成果，使其有尊严地生活。从社会保障的角度来说，是对农民长期支持城市和工业发展的欠账的补偿，是对陷入贫困边缘农民积极的社会保障措施，是中国特色的社会保障制度的重要组成部分；从社会的角度看，是统筹城乡发展，构建社会主义和谐社会的一项重大的制度建设，是逐步消除贫困，全面建设小康社会的一项重大战略举措，是加强"三农"工作，推进社会主义新农村建设的一项重大的惠农政策[①]。有利于推动农村经济社会发展，逐步缩小城乡之间的差别，改变我国二元社会结构的状况，维护社会公平。

建立农村最低生活保障的条件成熟。建立农村最低生活保障制度是我国社会现代化的必然，只有农村实现了现代化，中国才能实现现代化，否则农村将拖中国现代化的后腿。可见，农村最低生活保障制度绝非权宜之计。我国现在已进入工业反哺农业、城市带动农村的新时期，要帮助农民脱贫致富。我国通过大力推行开发扶贫，使贫困农民大幅度减少，现在用农村最低生活保障制度主要解决"插花贫"问题。我国加入 WTO 之后，市场机制加大了农业风险，对于一时陷入困境的农民要给予救助。我国实现农村最低生活保障的条件已经成熟：一是思想有共识，群众有期盼。党和政府历来高度

---

① 回良玉在全国建立农村最低生活保障制度工作会议上的讲话，《农村最低生活保障工作读本》，中国社会出版社，2009，第 216~219 页。

重视解决困难群众的基本生活问题，以人为本，关注民生的执政理念也体现在我们的各项工作中。全社会对贫困问题的关注程度不断提高，支持和帮助困难群体日益成为各界共识。二是工作有基础，试点有经验。许多省份进行了建立农村低保制度的探索，积累了不少好的经验。三是财力有保障，实施有条件。近年来随着经济持续快速健康发展，国家和地方财力逐年增长，财政收入年均增幅在 20% 以上。这为在全国建立低保制度提供了坚实的物质基础①。

二　农村低保制度的探索过程和基本精神

农村最低生活保障制度的建立有一个探索的过程。1982 年起的五个中央一号文件都有切实帮助贫困地区逐步改变面貌，解决农村困难群众生活问题的精神，建立农村低保制度的思想逐步明确。1994 年在第十次全国民政工作会议上，提出了在农村初步建立起与经济水平相适应的层次、标准有别的社会保障制度的思想。根据会议的精神，上海市和山西省阳泉市在全国率先开展了农村最低生活保障的试点工作。1995 年 3 月，山西省在阳泉市召开农村社会保障工作现场会，总结推行农村最低生活保障工作的经验。1996 年 1 月召开的全国民政厅局长会议首次明确了改革农村社会救济制度，积极探索农村最低生活保障制度的任务。同年民政部印发了《关于加快农村社会保障体系建设的意见》和《农村社会保障体系建设指导方案》两个文件，提出建立农村最低生活保障基本思路，要求最低生活保障资金由地方财政和集体分担，分担比例根据各地实际确定。1997 年 5 月起，民政部分别在江苏无锡、黑龙江牡丹江、青海西宁召开三个片会，专题研究和安排农村最低生活保障试点工作。1996～1997 年吉林省、广西壮族自治区等先后以省政府名义出台相关文件，规定低保资金主要从村提留和乡统筹中列支，推进农村最低生活保障工作。2002 年，全国绝大多数省份都不同程度地实施农村最低生活保障。全国保障对象达到 404 万人，年支出资金 13.6 亿元，其中，地方政府投入 9.53 亿元，农村集体投入 4.07 亿元。②

---

① 回良玉副总理在全国建立农村最低生活保障制度工作会议上的讲话，《农村最低生活保障工作读本》，中国社会出版社，2009，第 215～216 页。

② 《农村最低生活保障工作读本》，中国社会出版社，2009，第 14～15 页。

《中国农村扶贫开发纲要（2001～2010年）》提出，到2010年前尽快解决少数贫困人口温饱问题的任务。2003～2006年税费改革推开后，"三提五统"被取消，尤其是免征农业税后，乡镇财政收入减少，村集体公益金无法筹集。农村最低生活保障特困户定期定量救助与临时救济的资金以政府投入为主。2004年中央一号文件指出，有条件的地方要探索建立农村最低生活保障制度。2005年中央一号文件和2006年《关于推进社会主义新农村建设的若干意见》都要求有条件的地方要积极探索建立农村最低生产保障制度。截至2006年年底，全国部署建立农村最低生活保障制度的省份已达25个，其余省份也在进一步完善农村特困户定期定量救助制度的基础上，抓紧制定农村最低生活保障制度。2007年7月，国务院印发《关于在全国建立农村最低生活保障制度的通知》。这标志着农村最低生活保障制度已完成试点探索过程，进入了全面推进的阶段。[1] 2009年，农村最低生活保障人数达4760万人，农村最低生活标准为人均月获救助款100.8元。[2] 现在农村最低生活保障已覆盖全国。

根据《国务院关于在全国建立农村最低生活保障制度的通知》和回良玉副总理在全国建立农村最低生活保障制度工作会议上的讲话内容，农村低保对象指是家庭年人均收入低于生活保障标准的农村居民，目标是将其全部纳入保障范围，稳定、持久、有效地解决其温饱问题。属于社会救助的性质，有重要的意义。

总体要求和基本原则。实行地方人民政府负责制，按属地原则进行管理。要立足农村实际做到制度完善、程序明确、操作规范、方法简便，保证公开、公平、公正。要实行动态管理，做到保障对象有进有出，补助水平有升有降。统筹政策安排，搞好衔接配套，要与扶贫开发，促进就业以及其他农村保障政策、生活补助措施相衔接。坚持政府救济与家庭赡养扶养、社会互助、个人自立结合。鼓励和支持有劳动能力的贫困人口生产自救，脱贫致富。

实行科学的管理。要靠科学的调查和测算制定低保标准，并建立动态调整机制，适时适度进行调整。合理确定对象范围，将农村家庭年人均纯收入

---

① 《农村最低生活保障工作读本》，中国社会出版社，2009，第15页。
② 《2010年中国民政统计年鉴》，中国统计出版社，2010，第21、110页。

低于当地低保标准的困难群众全部纳入保障范围，实行应保尽保。在起步阶段，应当首先从保障农村最困难的群众做起。坚持公开、公平、公正操作，实行定期考核动态管理。要坚持村评议、乡审核、县审批，每一步都要有制度、有责任人、有档案记录，做到有章可循，有据可查，权责明确。要实行阳光操作，做到低保政策、低保对象、低保标准、低保水平四公开，接受社会和群众监督。

落实和监管好农村低保资金。农村最低生活保障资金的筹集以地方为主，地方各级人民政府要将农村最低生活保障资金列入财政预算，省级人民政府要加大投入。中央财政对财政困难地区给予适当补助。鼓励和引导社会力量为农村最低生活保障提供捐赠和资助。农村最低生活保障资金实行专项管理，专账核算，专款专用，严禁挤占挪用。

加强对农村低保工作的组织领导。各级地方人民政府要把农村低保工作列入重要议事日程，主要负责人特别是县乡级人民政府主要负责人要亲自抓，负总责。农村低保是一项复杂的系统工程，涉及的部门和环节多，各级人民政府和各有关部门既要各司其职，又要密切协作，真正形成合力。夯实工作基础，做好农村低保工作，基层是关键。各级人民政府要结合农村综合改革和农村公共服务能力建设，帮助基层解决实际问题。注重宣传引导。农村低保工作涉及面广，社会影响大，必须加强宣传引导。要全面介绍农村低保政策的主要内容，使广大农村群众了解保障对象范围、保障标准、申请审核程序、资金来源、监督管理等情况，引导他们正确行使知情权、参与权和监督权，主动协助政府共同做好工作。

三 农村实施低保的基本情况

农村低保已经基本实现了全覆盖，近年来享受低保的农村人口大幅增加，到 2009 年已达 4760 万人，特别是农村低保制度在全国推开的 2007 年，享受农村低保的人口年增长 123.9%，详见表 5-1。农村低保的救助标准和支出水平在不断增加。2006 年农村低保的平均支出标准为每人每月 70.9 元，到 2009 年就达到了 100.8 元。农村低保的救济平均支出水平，2006 年为每人每月平均 34.5 元，到 2009 年已增至 68.0 元，增加了约一倍，详见表 5-2。中国农村享受低保的人口仅占农村总人口的 3.5% 左右，其中、西部仅占 4% 左右，东部仅占 3% 左右。① 随着我国贫困人口标准的提高，今后农村享受低保人口数还会有所增加。

表 5 - 1　农村享受低保人数表

单位：万人，%

指　标	2001 年	2002 年	2003 年	2004 年	2005 年	2006 年	2007 年	2008 年	2009 年
保障人数	304.6	407.8	367.1	488.0	825.0	1593.1	3566.3	4305.5	4760.0
年增长率		33.9	-10.0	32.9	69.1	93.1	123.9	20.7	10.6

资料来源：《中国民政统计年鉴》，中国统计出版社，2010，第 21 页。

表 5 - 2　农村低保的年平均救济标准和支出水平

单位：元

指　　标	2006 年	2007 年	2008 年	2009 年
救济平均标准	70.9	70.0	82.3	100.8
支出平均水平	34.5	38.3	50.4	68.0

资料来源：《中国民政统计年鉴》，中国统计出版社，2010，第 110 页。

农村贫困人口基本享受了低保。据刘晓梅对浙江、辽宁和甘肃三地部分地区低保对象调查的资料显示：低保对象中体弱、慢性病、严重疾病所占比例合计为 49.66%，部分丧失劳动能力的占 33.33%，完全丧失劳动农能力的占 27.21%。占享受低保总数 39.46% 的有劳动能力人当中，有 31.9% 属于就学人口，2.04% 的人年龄已达 60 岁以上，只有 5.44% 的人是劳动人口，是真正能为家庭创造劳动收入的人口。② 根据我们访谈了解到，农村低保的享受人口基本是农村的贫困人口，尤其是特别困难的人口，农村低保做到了应保尽保。可见，我们在实施农村低保制度的过程中，对贫困对象的甄别是比较科学和客观的。

农村低保工作的管理体制在探索中构建。回良玉副总理指出，要科学整合县乡管理机构人力资源，为基层配备充实必要的工作人员，提供必要的工作条件。有条件的地区还可结合农村社区建设和社会工作者队

① 《农村最低生活保障工作读本》，中国社会出版社，2009，第 255 页。
② 刘晓梅：《农村低保家庭收入核查机制研究》，《农村经济问题》2010 年第 9 期。

伍建设，通过公开招聘专职人员、建立志愿者队伍等方式，充实基层工作力量。[①] 目前，县乡两级低保工作组织机构比较健全，一般都配备有专职管理人员，但由于农村低保涉及人口多、信息量大、情况复杂，管理的难度大。在村级基层，主要是村干部负责组织管理。有的是村委会根据情况研究确定推荐人选，有的是村民小组研究确定推荐人选。推荐的名额有限，申请人员较多，矛盾和意见较多。

农村低保制度的社会效果好。基本实现了农村低保的全覆盖，贫困人口逐年减少。改善了低保对象的生活，增强了低保对象的发展后劲，促进了农村社会的稳定与和谐。向晖等用 AHP 法对全国 31 个省区农村最低生活保障制度的运行绩效进行了评价，指出农村低保制度自全面实施以来取得了一定的效果。各省区的农村低保制度运行绩效整体是正态分布。其中浙江省的制度运行绩效最高，主要表现在人均低保替代率、人均低保待遇水平和低保财政支出占地方财政支出比重等指标得分最高。表明浙江省在制度自身设定及运行上较规范，地方政府的财政支出力度较大，制度的可持续发展能力较强。但还有十个省区离低保的应保尽保目标还存在着一定差距。[②]

四 农村低保制度存在的问题及改进建议

农村低保制度及其在实施中存在的问题。首先，制度设计方面存在一些瑕疵。农村低保制度存在规范真空效应，即在农村低保制度实际运行中，存在道德规范与法律规范缺席的现象，特别是缺乏专门针对农村低保制度的法律法规，执行中主要依据行政文件，这些文件缺乏法律权威与制度刚性。农村低保制度的规范劣质效应，即规范缺乏价值合理性，违背社会公正，不符合社会大多数成员的利益。如低保对象的生活自主性受到限制，甚至被标签为无能者等。农村低保制度的规范虚置效应，即农村低保在实施过程中因技术环节有所欠缺或不具备实施条件，不能发挥其实际效用。如有些地方参照财力制定低保标准，有的地方在执行中将以户为单位的低保分解为以人为单位，等等[③]。制度设计得比较笼统、概括，如《国务院关于在全国建立农村

① 《农村最低生活保障工作读本》，中国社会出版社，2009，第 226 页。

② 向晖等：《中国农村最低生活保障制度运行绩效评价》，《江西社会科学》2010 年第 11 期。

③ 方菲等：《农村最低生活保障制度运行中的示范效应研究》，《中州学刊》2010 年第 3 期。

最低生活保障制度的通知》中规定，中央财政对财政困难地区给予适当补助，意思就比较笼统。又如对违法违纪行为及时纠正处理，也没有作具体规定。其次，监管体制方面存在一些不足。农村低保、新型农村合作医疗、农民社会养老保险都属于农村农民社会保障工作，却各有一套班子、一批工作人员，分别属于民政部、卫生部和人社部等，这不仅造成资源浪费，工作难协调，甚至在工作中互相扯皮，这些问题在基层表现得很突出。监督不力，《国务院关于在全国建立农村最低生活制度的通知》规定，财政部门要加强对资金使用和管理的监督，县级以上地方人民政府及其相关部门要加强监督检查，对违法违纪行为及时纠正处理。我们认为监督不是全方位的，特别是没有规定对监督出的问题的惩罚力度。乡镇级管理人员少，活动经费少，硬件落后，缺乏对管理人员培训指导；村级组织没有专门管理人员，一些村干部办事程序简单，随意性大，"公事私了"，甚至违法犯罪。再次，农村低保运行中问题多。从中观层次看"农村低保制度运行的绩效与某省的经济没有必然联系"，各地的农村低保制度标准差距较大，经济发达地区剔除经济发展水平等因素以后，制度运行绩效低于经济相对落后的中、西部地区。[①] 这说明中、西部地区农村低保制度运行的绩效好。从微观层面看，农村低保制度在运行中部分地被扭曲，如在低保对象确定方面存在人情保、关系保的现象；又如低保对象按政策规定以户为单位，一些农村在执行中将户拆解成人，即以人为单位，而且是上报时以户为单位，下发时以人为单位；还有一些农村干部确定低保时"公事私了"。低保运行中客观存在的问题。一是低保对象确定难。农业生产受自然影响大，农产品价格受市场因素影响更大，务工农民收入监测难，低保对象的确定主要根据经济收入，农民的经济收入难监测，再加上对农民的家庭财产没有登记，还有可能在低保人员抽查、调查时因有人通风报信，隐匿财物和隐瞒实情。二是低保资金筹措难。低保资金筹措渠道单一，以地方为主，中央对财政困难地区给予适当补助。地方在低保资金筹措中实行分级承担，有的地方给乡镇甚至村分配承担一定比例。这就导致一些地方压低低保标准，降低了低保的实际效益。三是保障标准的差距大。一方面表现为城市低保差距大，城市是农村低保的 2.5 倍；另一方面表现

---

① 向晖等：《中国农村最低生活保障制度运行绩效评价》，《江西社会科学》2010 年第 11 期。

为农村地区之间的低保金差距大，比较高的上海市是比较低的地区的2.6倍。[①] 四是部分制度被扭曲。如有的地方筹不到足够的低保资金，就降低低保的标准；再如有的地方克扣低保对象的应领钱物。最后，农村低保运行结果也存在一些问题：由低保实施产生的意见多。有关低保的评价，民政部门工作人员和享受低保的人给予了高度的评价，而一般群众对低保制度的评价不高，而一些想享受但没有享受到的群众有意见；低保对象的自主创收能力缺乏，发展后劲不足。据调查，低保对象中具有小学文化程度的和文盲占77%，主要以传统的种植农作物为收入来源的家庭占79%，他们中希望得到外出打工机会的占65%[②]。让这部分群众在激烈的竞争中，经过一段低保扶助脱贫致富难度很大；"低保对象有进有出"机制的作用发挥得不充分，而我国实施农村低保的目的是经过对低保对象的一段时间扶助，使其脱贫致富。

农村低保存在一定的问题是可以理解并逐步解决的。我们是在人口大国办社保，支撑能力有限；是在市场机制条件下的农村办低保，情况肯定复杂。农村低保是一项积极的社保措施，具有中国社会主义特色，是在受保对象没有陷入困境之前给予扶持和帮助，支持其积极发展并脱贫致富，应该做为一项长期的制度加以实行。低保制度同农村五保制度、救济制度构成了对农村弱势群体扶持帮助的科学体系。五保制度对农村长期陷入困境的人口给予救助；低保制度对农村可能在一段时间存在困难的人口给予扶持；救济给农村短期陷入困境的给予帮助。这就覆盖了各个层面所有可能陷入困境的农村人口，体现了党和政府对农村弱势人口的关怀。

农村低保应是一项长期的救助政策，可以和城市居民的低保政策在管理体制、运行机制上统一，因为其基本属性相同，但在救助标准上不应相等，至少目前阶段做不到。一方面因为城乡居民的生活费用不同，城市居民生活费用远高于农村；另一方面农村居民都拥有承包地，农业免税后，承包地流转有一定的费用，在人多地少和一年收获2~3季的农业地区，土地流转费用很高。农村低保制度也不能同农村五保制度合并，因为低保对象是阶段性陷入困境的人口，经过扶持可以发展，而五保对象除了未成年的16岁以下人口外，属于三无人员，没有任何发展的潜力和可能性。低保制度也不应和

---

① 《2010 年中国民政统计年鉴》，中国统计出版社，2010，第 340~343 页。
② 栗志强：《农村低保制度实施中地位问题研究》，《社会工作》2010 年第 8 期（下）。

农村救济合并执行。低保对象陷入困境是一个时间段，而救济对象陷入困境一般是一个时间点，具有应急性，经过救助很快会恢复发展。从管理和施救的角度可以统一和合并，但在各自享有权利和待遇上不能相同。农村低保是中国特色保障制度的组成部分，是积极的社会保障，可以有效防止低保对象陷入绝对贫困，是事半功倍的社会保障措施，应长期坚持，并随经济社会的发展而加大力度。

农村低保制度需要进一步探索和完善。首先，在制度中要确立被救助低保对象的权利和尊严，明确救助者的职责是履行政府对低保对象救助义务和责任，而不是对被救助对象的施舍和恩赐。政府和代表政府实施救助的人要树立"公共人"的观念，并将社会公共人道德规范纳入低保制度。在探索和完善的基础上将行政政策上升为法律，强化低保制度的权威性，要尽快制定《社会救助法》，并将探索成熟的农村低保制度以法律的形式加以肯定。其次，农村低保制度要有一般适应性，全面体现社会公平公正，特别是要将社会公正公平贯穿到底，消除一些地方相关行政规章中带有侵蚀低保对象生活自主性规定的内容，那些内容将低保对象标签为无能者或失败者，使低保对象难以发展，违背了低保制度扶助低保对象增强发展后劲的宗旨。再次，低保制度相关规定要严密、准确，对针对各地具体情况所留有的余地要有确定的幅度，要做到一般规范与具体要求结合，指导意见与实施细则配套，并加强监督和检查，对查出的问题要有明确的惩罚条款。如对随意降低低保标准、随意将低保单位由户拆成人的做法要有相应的处惩规定。最后，低保制度要详尽、确切，不能模棱两可，特别是在市场经济条件下的农村实行低保，低保是一种只享受权利，没什么义务的事项，情况非常复杂，即使有详尽、确切的规定都很难执行，模棱两可就更难了。在农村低保探索一段时间后，根据农村的实施情况和相关专家及实际工作者的意见对农村低保制度进行认真的修改和完善。

进行管理体制的改革。我国有关社会保障方面的体制不仅存在二元结构状况，而且是碎片化的二元结构，低保由民政部门管，养老保险由人社部门管，新型农村合作医疗由卫生部门管，造成资源浪费，工作扯皮、效率低下、责权不清、权力交叉重叠等现象。要进行社保管理资源的整合，特别是在乡、村两级基层，要做到上边千条线，下边一根绳，形成合力。要统一乡镇一级社保工作的办事机构、办事人员、办事场所和办事经费。工作要协调和"错峰"，新型农村合作医疗要收费，农民养老保险也要收费，可把工作最忙时期安排在秋季，而低保、五保、各种救济主要是发放钱物，工作最忙季节可放在冬初或者春节前后。工作规划和调研放在春季或夏季，使人员、设施、场所满负荷工作；加强对农村低保工作的检查、监督。市场机制条件下的农村低保情况非常复杂，要强化全面的、全方位的跟踪监督，并加大对违法行为的惩罚力度。查低保实施的秩序，查享受低保对象的经济情况，查低保钱物的发放情况，真正使低保工作做到公平、公正、公开。加强乡镇低保工作，增加人员编制，加强管理人员培训，使其达到一专多能，成为"全科"社保工作人员，即要熟悉农村社保所涉及的养老保险、新型农村合作医疗、低保、五保等所有的政策、法规和法律、办事秩序和原则。增加乡镇社保机构办公经费和硬件设施，优化乡镇社保机构的办事环境。村级是能否做好农村低保工作的关键所在。村级组织的低保工作要在村党支部领导下由村委会主任牵头，村委会干部集体负责，村干部自身要学习好相关政策文件，并进行广泛的宣传活动，组织村民参与推荐和评审活动。村级组织要严格地按政策规定的原则和秩序办事，要广泛听取当地群众意见。要按规定公示相关情况，对公示有异议的，要进行调查核实，认真处理。

农村低保制度在运行中需要着重解决以下问题：一是低保对象的准确确定问题。低保对象确立的标准能充分发挥低保制度的功能，做到低保制度真正地保低保，有利于低保对象的脱贫致富，有利于农村的稳定和谐。要准确地确定低保对象，第一要教育、培训经办干部，特别是村级干部，要求其严格按政策要求办事；第二要坚持公开、公平、公正原则，广泛听取当地群众的意见，一定数量的当地群众对某一低保对象有意见的，就要进行复查和重新认定。第三，进行严格的财产调查和核实，实行定期不定期的抽查，真正让符合条件的困难家庭享受低保补助。第四，扩大申请受理的范围。村民可以向村委会、乡镇人民政府申请，也可以直接向县人民政府民政部门申请，扩大民主，多一条申请低保的途径。二是筹措足够的资金。农村低保实施的基础是筹到足够的资金。农村低保所需资金的大部分应由政府承担，以法律的形式加以确认，中、西部地区应主要由中央财政承担，并科学地确立各级财政所要承担的比例。开拓多元筹资渠道作补充，通过动员农村集体经济组织、企业、民间捐赠，发行福利彩票、发行国债等途径筹集，建立政府给予一定政策优惠的群众互助的合作社性质的经济组织，筹集救助资金。三是要严格执行制度。严禁压低低保救助标准，严禁以人为单位实施低保救助，严禁克扣低保对象应领受的钱物，维护低保对象的人格尊严。四是缩小低保标准的差距。地区之间、城乡之间的差距是历史形成的，也有现实的物价和生活费用等客观因素，在短期内不可能改变。但应采取相应的措施，至少不能让差距继续扩大。中央应加大对中、西部地区低保资金的支持力度，使中、西部地区一些地方政府不因支付不了低保资金而压低低保标准。中央可以给中、西部地区筹措低保资金以一定的政策优惠，如可以允许其发放募集低保资金的彩票和地方债券，可以增收一些低保税金，等等，以改变地区之间低保标准差距太大的状况。城乡之间的低保金差距一方面是由于城乡物价和生活水平不同而形成的，另一方面是城镇市民低保中包括一部分类似于农村五保户的"三无人员"，他们处于绝对贫困的状况。对于城乡低保标准的差距，一方面要逐步提高农村低保标准，另一方面可将城市低保群体分成绝对贫困和相对贫困两类，适当提高城市三无人员的保障水平，维持一般低保人员的补助水平。

做好农村低保的善后工作。首先，在公开公正的基础上，做好农村低保工作的宣传疏导工作，让该享受低保的农民享受低保，使没享受低保的农民心服口服，尽可能地化解和消除矛盾和争议，促进农村的稳定与和谐。其次，通过低保扶持使享受过低保的农民家庭增强发展后劲，脱贫致富，这是实行农村低保政策的根本目的，也是做好低保工作的重要标志。最后，要畅通低保制度的退出机制，对一些经过低保扶持其收入越过了低保线的农民，鼓励其自觉主动退出，让其他需要低保扶持的人们接受低保救助，寻求发展机会。

第四节　农村五保户、低保户与承包地的关系

一　五保户、低保户与承包地关系的研究意义

五保户供养和低保户扶持是我国农村的两项社会救助制度。现阶段，五保户一般享受政府全资供养和社会照顾，低保户一般享受其自主生产经营收入不达贫困线的那部分差额的社会救助。农村五保户和低保户人口占全国农村总人口的 7.5% 左右。[①] 按 2011 年确定的贫困线标准，低保人口会大幅增

---

①　根据《2010 年中国统计年鉴》和《2010 年中国社会统计年鉴》第 45 页和 301 页数据计算所得。两本年鉴均为中国统计出版社出版，分别为 2010 年 9 月和 11 月出版。

加。与农村五保户和低保户相联系的耕地约 1.2 亿亩。① 近年来，由于我国贫困线标准的提高，低保户的人口有所增加，相应的与农村五保户、低保户联系的耕地数量也会增加。

农村五保户与承包地的关系比较复杂。在推行家庭联产承包责任制之初，五保户主要以集体供养为主，民政部门救济为辅，自己承包集体土地的很少。在承包制度实施之后，进入五保户行列的农民，一般都承包了集体的土地。值得注意的是，由于当时承包集体土地要交农业税和一些其他费用，而且土地流转的政策也不明确，他们中的一部分人在加入五保户行列之后，将自己的承包地交回了集体。后来五保户供养逐步改变为民政部门救助为主，集体供养为辅。2006 年颁布的《中华人民共和国农村五保户工作条例》明确规定，五保户承包集体土地可以流转，流转费用作为五保户的零用钱。这样，五保户的承包地开始名正言顺地流转了。农村低保户一般都承包了集体的土地，低保户主要是土地经营不善或其他天灾人祸的原因所致。在政府的大力扶持下，他们中的一部分经过一段时间的努力可能脱贫致富，退出低保户的行列。也有一些年老体弱的低保户将承包地转给了自己的子女或别人耕种。

这一研究主要内容是：首先，了解五保户、低保户农地承包情况、经营情况、流转情况；其次，探究五保户低保户与承包地关系中存在的问题；再次，征询五保户、低保户有关承包地的诉求，他们是否继续承包土地，是否流转土地，如何实现承包地换社保等方面的意见；最后，提出科学合理的处理五保户、低保户与承包地关系的建议，探析承包地流转、农业规模经营和五保户、低保户社会保障多赢的模式。这一研究意义重大。众所周知，农地是我国稀缺生产要素，我国作为人口大国存在粮食安全问题。而五保户和低保户所承包的农地的效益如何同上述几个方面的关系密切。

二　五保户、低保户与承包地关系的现状

课题组主要对山西 13 个村的五保户、低保户进行了问卷调查和访谈。

---

① 按农村耕地 18 亿亩，农村人口 8 亿计算，农村人均 2.25 亩耕地。2009 年，农村五保户和低保户人口达 5313.4 万人。若按农村五保户和低保户拥有平均承包地计算，约涉及 1.2 亿亩耕地。

共发放问卷 150 份，收回问卷 150 份，其中有效问卷 142 份，有效率达
94%。在问卷调查的同时，课题组就一些问题进行了访谈和观察。通过问卷
调查和访谈了解到的五保户、低保户与承包地关系现状如下。

五保户、低保户承包集体农地情况。在所调查的 142 户中，过去承包过
集体农地的 133 户，占总户数的 92.4%，没承包集体农地的主要是那些在
推行家庭联产承包责任制时已是五保户的农民。现在仍承包着集体农地的五
保户、低保户 107 户，占总户数的 75%。现在仍承包集体农地的主要是低
保户，低保户占农村五保户、低保户总数的 89.6%[①]，低保制度实施时间很
短，享受低保农民一般仍在从事农业生产经营活动。而五保户有的当初就没
有承包集体土地，有的在农业税持续时期将承包地交回了集体。

仍由五保户、低保户承包的集体农地的情况。五保户、低保户耕种农地
的有 52 户，占总数的 48.6%。据访谈了解到，仍由五保户、低保户耕种的农
地由于五保户、低保户年老体弱和无力在资金、技术等方面进行投入，生产
经营的收益也较差。这其中不排除部分农民已将农地流转出去了，只是没办
手续。因为农业免税后，农民担心政策有变，不愿公开自己承包地流转信息。
其余的 51.4% 的五保户、低保户的承包地流转了出去，其中交给家人耕种的
有 23 户，占总户数的 21.5%，这部分农户主要是五保户和低保户中年老体弱
者，已届退休年龄者，或者是残疾人。有 16 户将承包地交给了集体经营，占
总数的 15%，这些农村农业生产条件较好，引入了农业公司，集体同公司谈
判，实行返租倒包，农民以承包地入股分红。采取这种形式流转承包地的效
益比较好。还有 16 户承包地采用分散流转方式流转，占总户数的 15%。

五保户、低保户分散流转承包地的情况。流转给邻里的 19 户，占流出
农地户总数的 48.7%。流转给家人的 14 户，占流出农地总数的 35.7%，流
转给家人的主要是残疾人或低保户中的只有一个儿子的家庭。流转给子女的
五保户，占总数的 3.5%。这里的子女是指多子女的低保户家庭，经家长提
议和几个子女协商，确定将长辈的承包地由某一子女耕种。一般情况下，长
辈和耕种其承包地的子女一起生活，年老时主要由该子女照顾其生活起居。
只有 1 户将承包地流向了农业开发公司。五保户、低保户承包地基本是在熟
人社会流转，一般也没有正式手续。流转费用一般比其他农民要低，双方有

---

① 见《2010 年中国社会统计年鉴》，中国统计出版社，2010，第 301 页。

一定的感情基础，不好讨价还价。多数情况土地流转费以实物给付为主，如一亩地给 200 斤左右小麦。

　　总之，在政府关于土地流转的政策明确以来，在政府肯定了五保户等的承包地可以流转后，特别是实行农业免税和种粮补贴的政策之后，五保户、低保户开始重视集体农地的承包权，不会轻易放弃或流转承包地。

三　农村五保户、低保户承包地流转的思考

　　农地流转是指农地经营权的流转，农地流转是中国农业现代化的重要环节。土地是中国农业生产的稀缺要素，规模经营是现代农业的基本要求，资金和技术投入是制约中国农业发展的瓶颈。从这三个方面看，中国农村五保户、低保户承包的农地都应该流转。农村五保户、低保户承包的集体土地都存在规模小、效益差、投入少，有的处于荒芜和半荒芜状态等问题。当初给五保户、低保户承包农地主要考虑到承包地的社保功能。现在五保户、低保户的社会保障制度基本建立。五保户、低保户医疗方面有合作医疗和医疗救助，生活方面有五保金和低保金，60 岁之后还有社会养老保险金。据调查，一般农村人口的社会养老保险替代率已达 45%～50%。五保户、低保户加上他们的五保金和低保金后会更高。现在应该考虑做好五保户、低保户承包地流转工作。

　　土地流转和农地规模经营是各国农业现代化过程中都曾面临的难题，也都是必须解决的问题。发达国家和地区在农业现代化过程中，农地规模经营主要运用政府扶持和市场倒逼两种办法推进。政府扶持主要是对生产规模达到要求的农业企业给予技术支持和信贷优惠，同时对离农的农民给予一定的离农津贴以保证他们离开农业后的生活。市场倒逼方法是发挥价值规律的作用，规模小、效益差、投入少的农业生产经营单位，农业生产的成本高、收益低，在竞争中会被淘汰。现在，我国农民社会保障，特别是农村五保户、低保户的社会保障基本建立，在他们的生活有了基本保障之后，应该引导他们实行承包土地流转。

　　促进五保户、低保户承包土地流转：首先，积极开展宣传动员工作。宣传党和政府的承包地政策，宣传规模经营的优点，宣传承包地流转对个人、集体和国家的好处，提高他们对流转承包地的认识，鼓励其自愿流转承包地。其次，坚持利益引导。实行农地有偿流转，保障其流转费用按时足额到位。保证其同质土地同等流转费标准。再次，坚持其承包地自愿依法有偿流

转，公开透明，办理正式手续。并在合同中附有在承包期内，其本人百年之后的支配意愿。最后，放开市场倒逼机制。五保户、低保户承包地的科技、资本和劳动力的投入相对少，在市场竞争中处于劣势，可能在中国农业现代化的浪潮中不情愿地流转承包地。

针对五保户、低保户的具体特点，有针对性地开展工作。对五保户、低保户中的年老体弱者、自己耕种的承包地效益很差的，要耐心细致地做好其思想工作，解除其疑虑，打开其心结，在做好其社会保障工作的同时鼓励和帮助其流转承包地；对有能力和信心经营好承包地，只是由于天灾人祸而一时陷入贫困的低保户，要帮助其尽快走出困境，帮助其经营好承包地，并尽快脱贫致富，尽早退出低保户行列，走上富裕之路；对介于二者之间的，又没有希望脱贫致富的农户，在做好其社会保障的同时，鼓励其流转承包地，以土地流转费补贴生活，做到衣食无忧。

第五节　农村救济和扶贫

一　农村社会救济

社会救助可以分为许多类，我们这里主要探析农村临时社会救助，即研究被救助农民临时陷入生活困难时的社会救助，具有应急性的特点。

新中国成立初期，农村进行了土地改革，农民分得了土地，大多数人的生活困难问题初步得到了解决，但由于长期战乱、自然灾害和疾病等原因，仍有部分人生活困难。据统计，1949 年底全国 4500 万灾民中无口粮的有 800 多万人，另外还有数百万孤老病残人员。[①] 1951 年，政务院颁发的《关于城市救济福利工作报告》中，规定对农村的饥民、难民给予一定救助。1953 年，中央人民政府内务部制定的《农村灾荒救济粮款发放使用办法》，把无劳动能力、无依无靠的孤老残幼定为一等救济户。并规定一等救济户，按缺粮日期长短全部救济。对于遭受自然灾害的灾民，在农村坚持生产自救、以工代赈、民间互助的方针，辅之以一定的救济和减免农业税等政策。1950～1954 年，国家共发放农村救济款近 10 亿元，使农村贫困人口的基本

---

① 多吉才让：《中国最低生活保障制度研究与实践》，人民出版社，2001，第 54 页。

生活得到了保障。[①] 政府积极主张和参与了农村的社会救济制度建设，当时的农村救济实行得比较公平。当时农村土地属于农民个人所有，经过土改农民都拥有土地，土地是农民社保的主要依托，政府的社会救济是补充。

农业社会主义改造完成后，建立了人民公社体制，集体经济基本确立，逐步形成了计划经济体制。这时的农村救济除"五保"制度外，还有救灾和救济等形式。在农村救灾工作方面，1963 年，中共中央国务院《关于生产救灾工作的决定》颁布，形成了依靠群众、依靠集体、生产自救为主，辅之以国家必要的救济的工作方针。当时的救灾款，70% 左右用于解决灾民的吃粮问题。在农村救济方面，1962 年通过的《农村人民公社工作条例（修正草案）》把对贫弱社员的救济作为人民公社的一项制度固定下来。规定生产队可以从可分配的总收入中，扣留不超过 2% ~ 3% 的公益金作为社会保险和集体福利事业的费用，给当时的"五保户"、困难户以必要的生活补助。对于集体给予补助之后仍有生活困难的贫困人口，国家给予适当救济。国家对农村贫困人口的救济采取的是临时救济的方式。1955 ~ 1978 年，国家用于救济农村贫困对象的款项达 22 亿元。同时农村集体对困难家庭以生产自救的方式进行扶持，如给半劳力安排适当活计，帮助贫困家庭发展副业，等等。[②] 这一阶段经历了三年困难时期的考验，农村社会救济制度发挥了极大的保障作用。

"文化大革命"期间农村社会救济深受影响。1969 年，国家内务部被撤销，民政工作遇到挫折。当时农村社会救助一方面是对贫困社员给予一定帮助，另一方面是对遭受重大自然灾害地区的社员给予一定救灾款物。当时处于全国内乱时期，社会救助缺乏统一的规划和管理，社会救助主要以家庭成分为判断标准，一般是家庭成分好的贫农和贫下中农，且是贫困和受灾人口才能得到社会救助，有一些灾民和贫困户无法得到社会救助。当时的经济遭受了极大破坏，农村集体经济发展滞后，集体没有足够经济能力支撑社会救助，国家的社会救助事业遭遇空前的挫折。

改革开放以来，农村社会救助经历了转轨过程和基本定型时期两个阶段。转轨时期是指从 1978 年到 1994 年社会主义市场经济体制确立这段时

---

① 李本公等：《救灾救济》，中国社会出版社，1996，第 159 页。

② 宋士云：《中国农村社会保障结构与变迁》，人民出版社，2006，第 71 ~ 95 页。

期。党的十一届三中全会以后，党和政府的工作重点转向了经济建设，极"左"思想的影响在逐步清除，政策不断放宽，农业实行了家庭联产承包责任制，市场经济体制在不断深入。这一时期集体经济逐步弱化，集体经济所承担的农村五保户供养，贫困农户救济的压力增大，有些地方对五保户供养和贫困户的救济不了了之。随着农业家庭联产承包责任制的实施和市场机制的深入，农户生产经营的风险增大。土地作为社会保障手段和作为农业生产稀缺要素的矛盾加剧。农村社会保障制度构建提到了议事日程。为此，中央全面启动了农村社会保障机制，逐步地将五保户、低保户从农村贫困户中分流，构建新型农村合作医疗和农民社会养老保险制度。开始探索市场经济体制下农村社会保障的新体制，逐步地将农村社保的任务由集体承担向农村集体与政府共担转变。农村的社会救济相应地也发生了变化。

在农村社会救灾方面：1983 年第八次全国民政会议确定了新的救灾工作方针——依靠群众，依靠集体，生产自救，互助互济，辅之以国家必要的救济和扶持。对传统救灾体制进行改革：在探索救灾款的分段管理方面，对部分省、区实行救灾经费包干，在救灾款的使用上，实行无偿救济与有偿使用相结合，变单纯的生活救济为保障灾民有基本生活与扶持贫困户生产自救相结合；在探索救灾体制的改革上，引入保险机制，实行救灾与保险相结合；在发动群众互助互济方面，国家积极组织募捐，倡导互助。[①] 这一时期救灾体制改革逐步确立了现代化和市场化的取向。确立了救灾工作分级管理体制，建立了救灾工作综合协调机制，实行救灾物资储备制度，实现了救灾工作规范化、社会化。据统计 1978～1994 年国家和集体用于农村灾民生活救济费 170 多亿元。这一时期救灾体制改革具有转轨过渡性质，与市场经济体制下的农村救灾要求不完全适应。在农村社会救济方面：改革救济款使用管理办法，把救济与扶贫结合起来，主要对农村集体经济实力相对减弱的地方根据困难的不同层次，分别以救济、补助和酌情减免农业税的措施给予帮助，推行定期定量救济，使农村临时救济费改为"人头费"固定使用，逐步使定期定量救济成为农村救济的主要形式之一。探索实行乡镇统筹集体困难补助费。在当时一些集体的公益金无力负担集体困难补助费情况下，采取由乡镇统筹集体困难补助费的办法拓

---

① 宋士云：《中国农村社会保障结构与变迁》，人民出版社，2006，第 155～160 页。

宽了集体困难补助费的来源，减轻了群众负担，提高了对困难对象的保障能力。① 这一时期农村社会救济具有转轨过渡性质。

1994 年以来，农村社会保障制度进入了试点、恢复和推广的新阶段，农村社会保障制度的框架体系基本形成。2003 年新型农村合作医疗全面启动，2006 年开始实施新的五保户供养制度，2007 年农村低保工作全面展开，2009 年农村社会养老保险逐步推开，农村的扶贫攻坚取得了巨大的成就，农村的医疗救助、法律援助等社会救助活动全面开展。新的农村社会保障体系以市场经济体制为基础，政府负主要责任，社会（集体）和个人广泛参与，对农民的生产和生活起到了积极的保障作用。由于农村五保、低保人员的分流，农村临时社会救济的压力减轻，救济的水平提高，享受救济的人次在减少。2005 年全国农村接受临时救济的为 1359.9 万人次，2009 年降为546.4 万人次。② 农村社会救济费用在逐年提高，农村自然灾害救济费的享受人数和费用支出数量随灾害发生情况而波动，详见表 5 - 3。社会救济事业在救灾救急中发挥了巨大的作用。

表 5 - 3　农村社会救济费和自然灾害救济费

单位：万元

指　　标	1995 年	2000 年	2005 年	2008 年
农村社会救济费	30425	87321	898604	3267531
农村自然灾害救济费	234755	352024	625798	6098084

资料来源：《中国农村统计年鉴》，中国统计出版社，2009，第 294 页。

社会救济方面存在的一系列问题。首先，没有正式出台《社会救助法》，一般都是政府部门一些法规指导社会救济工作，缺乏权威性，运行难规范，资金难筹措，效果不明显，尤其是在农村方面表现得更为严重。其次，社会救济存在城乡二元现象。农民享受社会救助的数量少，可享受的种类少，享受的面比较窄，同城市居民有一定差别，同时还存在救助不及时的问题。再次，政府在社会救助方面仍存在失范现象，"主体失范，没有强力引导和干预市场，以发挥市场这一福利供给主体的效用；救助内容失范，注

① 邓大松等：《新农村社会保障体系研究》，人民出版社，2007，第 53 页。
② 《2010 年中国统计年鉴》，中国统计出版社，2010，第 903 页。

重生存问题，对受救助对象的社会参与和发展关注不够"①；操作失范，民政干部专业水平低，操作秩序不规范，没有详尽的相关数据库。最后，民间社会的社会救助作用调动和发挥不够。社会慈善、公益文化培育不够，企业和民间社会救助捐赠不多，民间组织在社会救助中的作用发挥得不充分。对于这些问题，我们在顺利实现社会转轨之后要认真加以研究解决。

做好农村社会救济工作。首先，提高对农村救济工作重要性的认识，要坚持以人为本，尤其要关注农村贫困人口，要改变二元社会结构状况，实现城乡一体化，做好农村贫困人口救济工作，让农民和市民同时步入全面小康社会。要实现社会和谐，农村社会救济工作不仅要承担贫困人口的温饱和生存责任，而且要增强他们社会参与和自我发展能力。要看到市场经济对承包土地经营的农民的风险。要实现社会救助由计划体制向市场经济体制彻底转轨。要认识到对贫困农民救济是政府和社会的责任。要明确现阶段临时救助主要是救灾和救急。其次，要制定颁布和实施《社会救助法》，以增强社会救助的权威性，明确政府在社会救济中的主要责任，实现社会救助城乡一体化，规范社会救助的运行，确立政府为主社会参与的多元筹资机制，确定社会救助违法行为的法律责任，实现社会救助的法制化。再次，规范政府社会救助行为。落实社会救助资金，除了社会捐赠外政府要将社会救助资金列入预算，并逐年提高。因为现阶段的社会救助不仅仅是解决温饱问题，而且是提高被救助对象的参与和发展能力问题。要提高救助水平，使被救助对象在被救助期间不陷入贫困。实行社会救助的社会化监管。要培训社会救助工作人员，提高其社会救助的专业水平。建立社会救助数据化信息平台，实现相关信息网络化。实现社会救助资金运行规范化监管。提高社会救助的效益。规范社会救助的运行程序。对重大的社会救助活动要有预案。实现社会救助的公平、公正、公开，对社会救助的申请、审查、审批、公示要有严格的程序，保证社会救助的钱物及时准确地投放。最后，要拓展农村社会救助的渠道，充分发挥社会力量在社会救助中的作用。培育公民、法人的社会慈善公益意识，发扬中华民族济贫帮困的传统美德，激发公民和法人的社会救助责任，特别是动员企业承担社会救助的责任，解决困扰社会救助的资金问题。

---

① 李珊等：《倒置的福利三角：从福利的范式转轨窥视中国社会救济的发展》，《长春工程学院学报》2009 年第 4 期。

启动政府与非政府组织在社会救济合作中的运行机制，采用"政府委托经营、政府购买服务、政府补贴服务"三种形式①，整合社会各方的力量，做好社会救济工作。

二　农村扶贫

农村扶贫历程。扶贫又叫开发扶贫，是国家通过财政、金融、税收等支持，对贫困地区实施的扶助性工作。开发扶贫是政府主导支持，发达地区参与帮助，以贫困地区和人民自力更生为主的脱贫致富方式，是积极的社会保障工作，具有一定的开创性。温家宝在2011年政府工作报告中指出"提高扶贫标准，减少贫困人口""提高扶贫标准，加大扶贫开发力度"②。

1978年，我国农业人均收入只有133.5元，其中近1/4的生产队社员的收入在40元以下。按照国家贫困标准，当时有2.5亿农村人口处于贫困线以下，占农村总人口的33%。③党的十一届三中全会以来，采取了加快农业和农村发展的措施。农业实行家庭联产承包责任制，改变农村分配制度，放开农产品价格，鼓励发展工商业，乡镇企业异军突起，市场机制初步启动，调动了农民生产经营积极性，使农民人均收入在1978～1985年增长了1.69倍，贫困发生率下降了50%。④改革开放之初采取的是救济式的扶贫措施，主要由民政部门给贫困户提供为数不多的钱物。

1986～1992年是采取开发式扶贫的阶段。这期间市场机制在农村全面发挥作用，并于1992年邓小平南方谈话发表后在全国确立社会主义市场经济体制。当时全国经济社会发展的差距已经拉大，出现了集中连片的贫困地区，这些贫困地区主要集中在革命老区、少数民族地区和边远地区。为了改变这种状况，1984年9月，中共中央、国务院发布了《关于帮助贫困地区尽快改变面貌的通知》。《通知》确立了开发式扶贫的方针，成立了各级扶贫开发领导组，划定了331个国家级贫困县和300多个省级贫困县，确定了贫困标准，安排了专项扶贫资金。确立"三个基本"的工作思路，即改善基

①　牛银端等：《论我国社会救济的科学发展模式》，《昆明理工大学学报（社会科学版）》2009年第4期。
②　《政府工作报告》辅导读本，人民出版社，2011，第15、21页。
③　宋洪运：《中国农村改革三十年》，中国农业出版社，2008，第373页。
④　宋洪运：《中国农村改革三十年》，中国农业出版社，2008，第374页。

本的生产生活条件，提高农民的基本素质，寻找基本的增收门路。这段时间贫困人口从 1.25 亿减少到 7500 万人，年均减少 625 万人。[①]

1993～2000 年为扶贫攻坚阶段。随着改革开放的深入，贫困人口逐步减少，贫困主要是由于恶劣的自然环境、薄弱的基础设施和落后的发展机制引起的。1994 年，国务院制定了《国家八七扶贫攻坚计划》，《计划》指出，1994 年到 2000 年，用 7 年时间，争取基本解决目前全国农村 8000 万贫困人口的温饱问题。继续坚持开发式扶贫的方针。重点发展有助于直接解决群众温饱问题的种养业和相关产业，对极少数生存和发展条件特别困难的村庄和农户实行开发式移民。扶持贫困地区举办经济实体和企业，扩大贫困地区与发达地区的干部交流和经济技术合作，帮助贫困县兴办骨干企业，放手发展个体经济、私营经济和股份合作制经济，对贫困残疾人开展康复扶贫。在信贷、财税、经济开发方面，制定了对贫困地区的优惠政策。到 2000 年贫困人口减少到 3209 万人，年均减少 613 万人。[②]

2000 年以来的扶贫工作。2000 年以来贫困人口不断减少，大面积的连片贫困问题初步得到解决，零星的处于一种插花状的贫困仍然存在，还有一些由于自然灾害、疾病等引发的返贫现象，特别是我国调高了贫困线标准之后，原有的一些低收入家庭进入贫困人口行列。为此，中央制定了《中国农村扶贫开发纲要》（2001～2010 年）。中共中央国务院决定 2001～2010 年集中力量，加快贫困地区脱贫致富的进程，把我国扶贫开发事业推向一个新的阶段。

《纲要》的主要内容有：扶贫的目标是尽快解决少数贫困人口温饱问题，进一步改善贫困地区的基本生产、生活条件，巩固温饱成果，提高贫困人口的生活质量和素质，加强贫困乡村的基础设施建设，改善生态环境，逐步改变贫困地区经济、社会、文化的落后状况，为达到小康水平创造条件。方针坚持综合开发，全面发展；坚持可持续发展；坚持自力更生、艰苦奋斗；坚持政府主导、全社会共同参与。扶贫开发的对象是尚未解决温饱问题的贫困人口，同时帮助初步解决温饱问题的贫困人口增加收入，巩固扶贫成果。重点是按照集中连片的原则，把贫困人口集中的中、西部少数民族地

---

① 范小建：《中国农村的扶贫事业》，《中共中央学校报告选》2009 年第 9 期。
② 范小建：《中国农村的扶贫事业》，《中共中央学校报告选》2009 年第 9 期。

区、革命老区、边疆地区和特困地区作为扶贫开发的重点。扶贫开发的内容和途径是，继续把发展种养业作为扶贫开发重点，推进农业产业化经营，改善贫困地区的基本生产、生活条件，加大科技扶贫的力度，努力提高贫困地区群众的科技文化素质，扩大贫困地区劳务输出，推进贫困村自愿移民搬迁，鼓励多种所有制经济组织参与扶贫开发。扶贫开发的政策保障措施有：进一步增加财政扶贫资金；加强财政扶贫管理，努力提高使用效益；继续安排并增加扶贫贷款；密切结合西部大开发，促进贫困地区发展；继续开展党政机关定点扶贫工作，继续做好沿海发达地区对口帮扶西部贫困地区的东西扶贫协作工作，积极开展扶贫开发领域的国际交流与合作；继续实行扶贫工作党政"一把手"负责制。

由于《纲要》的全面贯彻落实，到 2007 年我国绝对贫困人口从 3209 万减少到 1479 万，低收入人口从 6213 万减少到 2841 万。2007 年以来，我国的扶贫事业进入了开发扶贫与救助扶贫两轮驱动的新阶段。救助扶贫主要体现在农村低保事业的全面展开，低保主要解决"插花贫"问题，而开发扶贫主要解决集中连片贫困问题。到 2010 年，贫困人口从上年的 3597 万，减少到 2688 万，减少了 909 万人，贫困发生率从 3.8% 下降到 2.8%，重点县农民人均纯收入从上年的 2842 元，增加到 2010 年的 3273 元，增加了 431元，扣除物价因素，实际增长 11.2%，高于全国农村平均水平 0.3 个百分点。[①] 扶贫开发采取的主要措施有：实施整村推进，改善贫困地区生产、生活与发展条件。《纲要》实施之初，全国共确定 15 万个贫困村，以基础设施、社会事业、产业发展、精神文明和基层组织建设五个方面为核心，采用参与式方法逐村制定扶贫规划，分年组织实施，全面改善贫困地区生产、生活和发展条件。到 2010 年，已经完成 12 万个贫困村的整村推进计划；扶持产业化经营，发展特色优势产业，带动贫困农户增收；组织劳动力转移培训，提高贫困地区劳动力素质；实施移民搬迁，改善贫困地区群众基本生存环境，实施连片开发，调整贫困地区产业结构；对连片深度贫困地区进行集中攻坚，消除经济发展主要制约因素。[②]

中国的扶贫开发取得了巨大的成就。在改革开放的 30 多年中，农村绝

---

① 洪天云：《国务院扶贫办新闻通气会发言稿》，国务院扶贫办网站，2011 年 3 月 7 日。

② 洪天云：《国务院扶贫办新闻通气会发言稿》，国务院扶贫办网站，2011 年 3 月 7 日。

对贫困人口从 2.5 亿人减少到 1479 万人，低收入人群减少到 2841 万人，令世人瞩目，贫困地区的农民收入稳步提高。重点扶贫县农民人均纯收入高于农村年均人均收入 0.3 个百分点，而且形成了稳定发展的机制，这确实是奇迹。农村贫困地区的基础设施得到显著改善。从 2002 年到 2008 年，在国家扶贫开发工作重点县自然村实现通路从 72% 提高到 84.4%，通电从 92% 提高到 96.8%，通电话从 52% 提高到 87.5%，通广播电视从 83% 提高到 92%，饮用自来水、深井水的农户比重达到了 58.1%。贫困农村的生产生活环境有了很大改善。社会事业得到了长足发展，实现了九年义务教育，国家扶贫开发重点村 2002～2008 年有幼儿园、学前班的村占调查村的比重从 7.38% 增至 55.2%，新型农村合作医疗参合率达到 91.5% 左右。区域经济加快发展，一部分重点县产业结构、就业结构发生了重大的调整。国家扶贫开发工作重点县面貌发生了很大变化，国内生产总值和第一产业增加值增长高于全国平均水平，劳动力就业结构也进入快速调整期。世界银行中国贫困评估报告指出，中国在"十一五"规划的头几年间，贫困继续快速下降。①

中国扶贫开发取得成功的原因。坚持改革开放，实现体制创新是取得扶贫开发成功的第一个原因。废除人民公社，实行家庭联产承包责任制，成立专门扶贫领导组织，实行有组织、有计划、大规模的扶贫开发计划；坚持开发式扶贫，变输血为造血；坚持城市带动农村，工业扶持农业；坚持扶贫与救助相结合，实行两轮驱动的扶贫工作格局。中国扶贫开发的主要做法是：政府主导，政府建立扶贫机构、制订规划、划定区域、提出绝对贫困标准，实行财政支持。社会广泛参与，社会参与主要包括国企、私营企业、学校、科研院所、军队和社会各界，也包括国际合作与交流。坚持自力更生，而且是组织起来自力更生。坚持"三个基本"，即改善基本生产生活条件，提高贫困人口的基本素质，选择基本增收门路，提高贫困人口的自我发展能力。强调科学发展。既要改变条件，也要提高素质；既要发展经济，也要发展社会事业；既要增加收入，也要保护环境；既要立足农村，也要统筹城乡。中国扶贫开发的做法的科学性是扶贫开发成功的第二个原因。② 第三方面的原因是城乡统筹，实施反哺，形成大的扶贫格局。一是"四减免、四补贴"，

---

① 范小建：《中国农村的扶贫事业》，《中共中央学校报告选》2009 年第 9 期。
② 范小建：《中国农村的扶贫事业》，《中共中央学校报告选》2009 年第 9 期。

全面推行农村税费改革，取消农业税、牧业税、特产税和其他不合理收费，减轻农民负担。二是实行农产品最低收购价政策，对增加种粮农民收入作用很大。三是基础设施投入，增强贫困地区发展后劲。四是发展农村社会事业，教育方面"两免一补"，两基攻坚，实行九年义务教育，卫生方面实行新型农村合作医疗。五是全面建立农村最低生活保障制度。这些措施对改变贫困地区的面貌发挥了重要作用。

中国农村扶贫面临的挑战。一是贫困人口的规模在增加，这主要是因为我们确定贫困的标准正在国际化，即按购买力平价计算，贫困的标准提高了，贫困的人口增加了。2011年底，中央决定将农民人均纯收入2300元作为新的国家扶贫标准，这个标准比2009年的1196元提高了92%，农村贫困人口约为1.28亿人，占农户人口的比例约为13.4%。我国贫困人口的规模还比较庞大。二是在农村经过长期扶贫，并全面构建社会保障制度的现阶段，仍然陷入贫困的人口，其贫困具有全方位性，现阶段的贫困人口一般处在恶劣的自然环境条件中，如封闭的少数民族生活的山区；自身的素质较低，文化水平低，思想保守，进取心差，发展后劲不足；可能出现一些天灾人祸。减贫的难度增大。三是返贫现象突出。据调查，刚刚脱贫的人口有三分之二处于不稳定的状态。[①] 遇上自然灾害、疾病、子女上大学，或对市场机制不适应等问题极容易返贫。四是收入差距拉大，表现为东、中、西三个地区之间，农村和城市居民之间，农村内部从事不同产业方向的劳动力之间的收入差距拉大。我国的基尼系数长期居高不下，我国居民收入水平难以平衡。五是国际金融危机和经济衰退对贫困地区和贫困人口冲击。中国扶贫、减贫事业任重而道远。

2011年5月，中共中央发布《中国农村扶贫开发纲要（2011~2020）》。《纲要》指出，我国扶贫开发已经从以解决温饱为主要任务的阶段转入巩固温饱成果、尽快脱贫致富、改善生态环境、提高发展能力、缩小发展差距的新阶段。《纲要》认为，深入推进扶贫开发意义重大。扶贫开发事关巩固党的执政基础，事关国家长治久安，事关社会主义现代化大局。深入推进扶贫开发，是建设中国特色社会主义的重要任务，是深入贯彻落实科学发展观的必然要求，是坚持以人为本、执政为民的重要体现，是统筹城乡区域发展、

---

① 范小建：《中国农村的扶贫事业》，《中共中央学校报告选》2009年第9期。

保障和改善民生、缩小发展差距、促进全体人民共享改革发展成果的重大举措，是全面建设小康社会、构建会主义和谐社会的迫切需要。必须以更大的决心、更强的力度、更有效的举措，打好新一轮扶贫开发攻坚战，确保全国人民共同实现全面小康。

《纲要》提出了 2011～2020 年扶贫开发的指导思想、工作方针和基本原则。指导思想是加大投入力度，把连片特困地区作为主战场，把稳定解决扶贫对象温饱、尽快实现脱贫致富作为首要任务，坚持政府主导，坚持统筹发展，更加注重转变经济发展方式，更加注重增强扶贫对象自我发展能力，更加注重基本公共服务均等化，更加注重解决制约发展的突出问题，努力推动贫困地区经济社会更好、更快发展。工作方针是坚持开发式扶贫，实行扶贫开发和农村最低生活保障制度有效衔接。把扶贫开发作为脱贫致富的主要途径，鼓励和帮助有劳动能力的扶贫对象通过自身努力摆脱贫困；把社会保障作为解决温饱问题的基本手段，逐步完善社会保障体系。基本原则是政府主导，分级负责；突出重点，分类指导；部门协作，合力推进；自力更生，艰苦奋斗；社会帮扶，共同致富；统筹兼顾，科学发展；改革创新，扩大开放。

《纲要》规定了 2011～2020 年扶贫开发的总体目标和主要任务。总体目标是到 2020 年，稳定实现扶贫对象不愁吃、不愁穿，保障其义务教育、基本医疗和住房。贫困地区农民人均纯收入增长幅度高于全国平均水平，基本公共服务主要领域指标接近全国平均水平，扭转发展差距扩大趋势。主要任务是到 2020 年，农田基础设施建设水平明显提高；初步构建特色支柱产业体系；农村饮水安全保障程度和自来水普及率进一步提高；全面解决无电人口用电问题；实现具备条件的建制村通沥青（水泥）路，推进村庄内道路硬化，实现村村通班车，全面提高农村公路服务水平和防灾抗灾能力；贫困地区群众的居住条件得到显著改善；基本普及学前教育，义务教育水平进一步提高，普及高中阶段教育，加快发展继续教育和社区教育；贫困地区群众获得公共卫生和基本医疗服务更加均等；健全农村公共文化服务体系，全面实现每个国家扶贫开发的重点县有图书馆、文化馆，乡镇有综合文化站，行政村有文化活动室；农村社会保障和服务水平进一步提升；重点扶贫县低生育水平持续稳定，逐步实现人口均衡发展；森林覆盖率比 2010 年底增加 3.5 个百分点。

中国扶贫、减贫的思路。总的目标应该是到2020年消灭绝对贫困，在此基础上构建和谐社会，让人民有尊严地生活，让贫困人口同步进入小康社会。要使原来比较贫困的地区和贫困人口同步进入小康社会，就要加大扶持的力度，其中关键是提高贫困地区贫困人口的素质，提高其依托的生产力的水平，调整产业结构，转变发展方式，增强发展后劲。要提高扶贫标准，明确扶贫不仅仅是解决贫困人口的温饱问题，而且是扶持贫困人口向小康社会迈进，扶贫的标准要同国际社会接轨。要继续推行过去行之有效的扶贫方法和政策，并放手让贫困地区和贫困人口探索脱贫致富的路子，增强自我发展的后劲。要以集中连片扶贫地区为主战场，打好集中连片贫困地区的扶贫攻坚战，对于"插花贫"要以低保和救济的方式给予扶持，实行多轮驱动，分工协作，消灭绝对贫困，并逐步消除相对贫困。实行全方位的扶贫战略，加强贫困地区和贫困人口的教育和卫生工作，提高贫困人口的素质；加大贫困地区基础设施建设力度，逐步实现公共服务均等化；发展贫困地区的社会事业，改变贫困地区的发展环境，创新贫困地区的发展机制，给予必要的政策倾斜和优惠。坚持政府主导，东部地区支援，社会力量广泛参与，开展有组织、有计划的扶贫减贫工作。

第六章
农地流转背景下的农村社会福利

第一节　农村社会福利概述

一　农村社会福利的概念

社会福利概念有广义和狭义两种。广义的社会福利包括政府举办的文化、教育、医疗卫生事业、城市住房事业、各种服务事业以及各项福利性财政补贴。概括地讲，包括社会救助、社会保险和全民福利。狭义的社会福利仅指国家出资或者给予税收优惠照顾而兴办的、以低费或免费形式向一部分需要特殊照顾的社会成员提供物质帮助或服务的制度，包括老人、儿童、妇女、残疾人等特殊群体的福利津贴或福利设施。狭义社会福利的举办主体是国家、社区、企业和社会，主要是为了满足特殊人群的特殊需要。[1]

社会福利一词通用的概念是狭义上的，是指由政府和社会提供的一切低于或高于基本生活水平的经济收入、政策扶持和服务保障，既包括通过民政部门提供的针对老年人、残疾人、孤儿、优抚对象的收入保障、政策优惠、福利服务，还包括建设、教育、卫生、司法等部门提供的住房、教育、医疗、司法方面的帮助和救助，还包括工会、妇联、共青团等社会团体采取的保护弱势群体的各种措施和服务，等等。

农村社会福利是指由国家、农村经济组织、农村社区组织和社会各界为农村有困难的特殊群体提供经济支持和组织实施的社会服务。我国农村社会

---

[1]　邓大松、刘昌平：《新农村社会保障体系研究》，人民出版社，2007，第246页。

福利目前主要是以孤老残幼妇为主要服务对象，以敬老院、福利院等福利事业单位为基地，提供无偿供养和服务的福利保障。具体而言，保障对象是那些无劳动能力、无经济收入和无法定义务抚养人的老年人、未成年人、生活无人照顾的老复员退伍军人及需要特殊关照的妇女等社会成员。

二　发展农村社会福利事业的意义

（一）发展农村社会福利事业是全面建设小康社会的必然要求

《中共中央关于制定国民经济和社会发展第十二个五年规划的建议》明确提出，坚持把保障和改善民生作为加快转变经济发展方式的根本出发点和落脚点。要增加政府支出用于改善民生和社会事业比重，扩大社会保障制度覆盖面，逐步完善基本公共服务体系，形成良好的居民消费预期。作为社会保障体系重要组成部分的社会福利制度建设，在完善社会保障体系过程中迎来新的发展机遇和新的任务，在"十二五"期间要加快改革的步伐，以适应社会主义市场经济体制的要求，更好地满足广大群众和特殊群体的基本福利需求，充分发挥促进经济发展和维护社会稳定的作用。

十七大报告指出，必须在经济发展的基础上，更加注重社会建设，着力保障和改善民生，推进社会体制改革，扩大公共服务，完善社会管理，促进社会公平正义，努力使全体人民学有所教、劳有所得、病有所医、老有所养、住有所居。社会福利是国家和社会为增进和完善社会成员尤其是困难群体的社会生活而实施的一种社会制度，旨在通过提供资金和服务，保障社会成员一定的生活水平，并尽可能提高他们的生活质量。农村社会福利是我国社会福利制度的重要组成部分，农村社会福利服务对象是农村人口中的弱势群体，在我国人口中占有较大的比例。这部分人由于自身能力的限制，不能完全依靠自己生活，需要国家和社会加以帮助，如果他们的生活水平不能提高，他们的特别需求不能满足，就不能说我们建立了全面的小康社会。因此，全面建立小康社会要求建立和健全农村的社会福利事业。

（二）发展农村社会福利事业是建设社会主义新农村的迫切需求

随着中国农村经济和社会的发展，以及人民生活水平的提高，发展农村社会福利事业具有迫切的要求。

1. 农村人口老龄化速度加快，老年人对社会福利的需求将迅速膨胀

"十二五"时期，我国将出现第一个老年人口增长高峰，60 岁以上老年

人将由 1.78 亿增加到 2.21 亿，老年人口比重将由 13.3% 增加到 16%，农村老年人口所占的比例更高。人口老龄化进程将加快，社会养老保障和养老服务需求将大量增加。农村地区社会保障制度相对滞后。① 根据第六次全国人口普查数据，居住在乡村的人口占总人口的 50.32%，农村居民为 6.74 亿人，按农村老年人口比重 18.3% 计算，农村地区 60 岁以上老年人口为 1.23 亿人。② 农村老年人口将迅速增加，需要政府抚养的"五保"老人也会增加，由此将带来对社会福利机构和服务的需求膨胀。

2. 随着农村工业化、城镇化进程的加快，小城镇迅速增加

小城镇是介于农村和城市之间的社区，小城镇居民的生活水平比较高，这就需要我们相应地提高农民社会福利的待遇水平。随着我国经济社会的发展，要改变我国城乡二元社会福利结构的状况，提升农民社会福利的水平，让农村弱势群体共享改革开放的成果。农民的生活水平随着经济的发展也不断提高，农村对社会福利的要求将提高，不仅需要条件更好的社会福利机构和服务，而且小城镇的形成也将使城乡社区联系更紧密，对社区福利的需求也将增加。

3. 建设社会主义新农村的迫切需求

2005 年 10 月，中国共产党十六届五中全会通过《十一五规划纲要建议》，提出要按照"生产发展、生活宽裕、乡风文明、村容整洁、管理民主"的要求，扎实推进社会主义新农村建设。长期以来，中国农村的发展落后于城市，而且中国农村社会事业的发展又落后于经济的发展。具体地讲，多数地方基层政府财力不足，本身难以支撑社会事业方面的开支，并且在农村的公共产品的提供和基本社会福利方面，欠债很多。如果继续维持目前的农村公共物品和社会福利供给制度，继续依靠增加农民收入、通过使用者付费的办法来提高农民获取公共服务和个人的社会福利的水平，那么，农村人口特别是农村中的穷人将很难获得基本的公共服务和社会福利，其最基本的生存权和发展权都得不到保障。通过国家政策的调整，在较短的时间内，缩小城乡之间、发达地区与欠发达地区之间人均享有公共物品和社会福利方面的差距。这不仅是解决公平问题，构建和谐社会的要求，更是社会主

---

① 《"十二五时期"中国将出现第一个老年人口增长高峰》，中国新闻网，2011 年 1 月 11 日。
② 《我国老年人口过亿社会保障制度面临挑战》，天津网，2011 年 5 月 19 日。

义新农村建设应有之义。

（三）扩大农村社会福利覆盖范围的现实需要

随着市场经济体制的建立和不断完善，农村经济体制改革的不断深入，农民收入水平和生活水平将不断提高，农村社会福利的内涵也需要不断地扩大和丰富，农村社会福利事业将面临巨大的需求和发展空间。

一是享受农村社会福利待遇的范围扩大。农村的老年人、残疾人、妇女和儿童都应该是社会福利的享受对象；二是要扩大农村社会福利项目的内容，以城市居民社会福利项目为参照，逐步地扩大；三是动员社会力量广泛关注农村社会福利事业，形成政府、农村社区和经济组织、社会各界共同参与农村社会福利事业的合力，增加农民社会福利项目，提高农民社会福利的待遇。

第二节 农村社会福利的历史和现状

一 农村社会福利的历史

我国农村社会福利经历了互助合作、人民公社和改革开放三个发展阶段，即互助合作阶段和人民公社时期逐步形成了二元社会福利结构，改革开放以来农村社会福利事业有所发展，但农民享受社会福利项目仍然比较少，待遇水平仍较低，农村社会福利事业发展的任务仍然很艰巨。

1. 互助合作阶段的农村社会福利

20 世纪 50 年代初，政府在农村掀起了合作化运动。合作化经历了三个阶段，即互助组、初级社和高级社。互助组的互助层次最低，福利功能很弱。初级社通过对生产要素，如劳动力、耕畜、农具进行结构性调整和适当的组合，形成一定的公共积累，从而具备一定的扩大再生产和举办社区公共福利的能力。高级社则按照社会主义原则，把社员私有的主要生产资料转为合作社集体所有，组织集体劳动，实行各尽所能，按劳取酬，其积累能力大大增强，实施社会福利能力也有所提高。高级社中的主要福利措施有：五保供养制度（初步建立）；优抚政策（对于军人家属、烈士家属和残废军人社员，合作社按照国家规定的优待办法给予优待）；劳动保护（不使孕妇、老年和少年负担过重和过多的体力劳动，使女社员在产前产后得到适当的休息，对于因公负伤或因公致病的社员负责医治并酌量给予劳动待遇作为补助，对于因公死亡社员的家属给予抚恤）；利用公益金举办文化福利事业（如利用业余时间组织社员学习文化科学知识及开展文化娱乐活动等）；集体救济（对于遭到不幸事故、生活发生严重困难的社员酌量给予补助）；集体粮食储备等。这些福利措施标志着农村集体福利制度的基本形成，也确立了农村社会福利的发展方向。①

2. 人民公社时期的农村集体福利

人民公社实行"工资制＋供给制"的福利制度。工资制即按照劳动的繁重程度和个人体力技能差异，由群众评定每个劳力的不同工资等级，按月发放。供给制就是由公社或大队无偿为社员提供一定的实物和福利待遇，其中对农民最具吸引力的是"大跃进"时期的吃饭不要钱，也就是大锅饭。三年困难时期之后，政府开始修正平均主义福利体制。1961 年，中央颁布《农村人民公社工作条例》，正式宣布取消人民公社分配中的供给制内容，同意解散公共食堂，允许社员发展家庭副业，活跃农村市场。人民公社期间，农民为解决看病难问题还创立了合作医疗制度。家庭副业保障了农民的基本生活，合作医疗制度为农民提供了基本的医疗保健服务。农村的这种福利模式在一定程度上大大提高了我国社会发展水平，它不仅改善了农民的生活，还提高了农民的健康水平。"文化大革命"期间，农村社会福利事业受到了严重挫折，几近停顿。

3. 市场经济体制下的农村社会福利

改革开放之初，农村经济发展的成就有目共睹，但由于集体经济的日渐式微，多数农村由集体和社区提供的社会福利未能得到发展。政府提供的社会福利有一定的发展，但不能满足农民对社会福利的需求。目前农村社会福利事业还很落后，尚未形成一个完整的体系和制度。农村家庭仍然是完成社会成员生、老、病、死等事务职能的主要单位，只有部分没有经济能力自我照顾的公民，才享有一些由集体或政府提供资源、兴办福利机构的社会福利待遇，来解决他们的生活和福利需要。农村社会福利的内容是残缺的，体系很不完善。

二 农村社会福利的发展现状

1. 农村老年人的社会福利

近几年来，我国农村五保供养工作取得了较大发展，并逐渐形成了机构

---

① 童星、林闽钢：《中国农村社会保障》，人民出版社，2011，第 221 页。

保障网络和五保户服务网络相结合的福利服务体系，较好地保护了五保老人的基本生活和合法权益。2009 年年底，全国有乡镇敬老院 3.1 万个，床位 208.8 万张。① 2009 年年底，供养五保户 553.4 万人，集中供养 171.8 万人，分散供养 381.6 万人。② 当前我国的农村老年人社会福利事业主要呈现如下特征。

一是农村社会福利以五保户为主。以山西省为例，山西省共有五保供养对象 14 万余人。③ 为保障"五保"供养对象的正常生活，规范供养工作，促进社会保障事业发展，山西省结合本省实际制定了实施办法。"五保"供养内容包括供给粮油、副食品和生活用燃料，供给服装、被褥等生活用品和零用钱，提供符合基本居住条件的住房，提供疾病治疗等；卫生部门及医疗机构对"五保"供养对象疾病诊疗实行优惠政策和医疗救助；民政部门资助农村五保供养对象参加新型农村合作医疗；"五保"供养对象的疾病治疗费用，按新型农村合作医疗规定报销后，个人承担部分纳入农村医疗救助范围给予重点保障。老年人养老问题已经开始实现养老保险，农村老年人还可以通过流转承包地获得流转费用补贴生活。农村老年人一般居家养老较多。

二是加大对农村社会福利机构的投资力度。近年来，国家和集体适应农村人口老龄化发展的要求，不断增加对农村养老机构以及设施的建设投入，有计划、有目的地建成了一大批农村养老机构。2006 年，全国 4.3 万个乡镇中 70% 都有敬老院，共有床位 38 万张。2010 年年底，全国已建成国家级"全国模范敬老院" 300 所，200 个"全国农村五保供养工作先进单位"，④由此推进农村老年人供养事业健康快速发展。

三是农村社会福利机构的服务功能开始扩展。随着农村经济的发展，国家和集体对社会福利投资加大，我国农村改建和新建了一大批敬老院、光荣院、老人公寓等社会福利养老机构，增加了社会福利服务设施，如老年活动中心、活动站、茶社等，为农村老年人提供了满足基本生活需要和精神需要

---

① 《中国民政统计年鉴 2010》，中国统计出版社，2010，第 16 页。
② 《中国民政统计年鉴 2010》，中国统计出版社，2010，第 22 页。
③ 山西省民政厅：《山西省农村五保供养事业发展报告 2006～2010》，民政部门户网站，2010 年 11 月 30 日。
④ 社会救助司：《全国农村五保供养工作先进单位、先进个人和全国模范敬老院公示》，2010 - 11 - 01。

的各类服务项目。同时社会福利机构的服务对象开始公众化，不仅对五保老人提供五保服务，还逐步扩大到一般社会老人，提供了诸如寄养代养、托老服务、家庭护理以及其他一些临时性的养老服务。

2. 农村残疾人社会福利

农村人口发生残疾的原因很多，主要有以下几种：地方病，地方病是具有区域性特点的一类疾病，如地氟病、粗脖子病；遗传病，因近亲结婚或者母亲在孕期服药不慎或受到意外伤害事故造成残疾等；职业病，包括乡镇企业职工的职业病和外出务工人员的职业病；突发性灾害与环境灾害原因造成的伤残等。

通过举办农村五保供养事业，对无法定抚养人、无劳动能力、无生活来源的老年人、残疾人和未成年人实行集中供养。目前全国农村五保供养机构近 35000 家，供养人员 149 万；社会福利院 1490 家，供养人员数 10 万；儿童福利机构 269 家，供养人员 3.4 万；精神病人福利院 153 家，供养人员 2.9 万。① 这些集中供养的人员中相当一部分是残疾人，特别是儿童福利院，供养的绝大多数都是残疾孤儿，精神病人福利院基本上是残疾人。近年来民政部高度重视城乡社会福利机构的建设。从 2006 年起，民政部在全国启动实施了农村五保公营机构霞光计划，还启动了全国县（市、区）社会福利中心建设计划。在未来的几年时间内，在全国地市一级的城市都要建立一所儿童福利机构，在全国各个县（市、区）都要建立一所包括供养残疾人在内的社会福利中心。

在加强机构建设的同时，民政部注重针对残疾人的特点，加强福利机构和福利工作中的医疗康复功能建设，努力提高残疾人康复水平。目前民政部正在开展农村社区建设实验工作，确定了 304 个全国农村社区建设实验县（市、区），都把残疾人康复纳入农村社区服务体系中，为农村残疾人享受康复服务创造有利条件。

3. 农村妇女社会福利

新中国成立以来，我国的妇女事业获得了较快发展。我国的根本大法《宪法》《刑法》《民法》《继承法》等基本法，以及一些行政法规、地方性法规等都明确规定了保护妇女权益的条款，赋予妇女享有与男子平等的

---

① 《大力发展社会福利事业提升残疾人保障水平》，残奥官网，2008 年 9 月 9 日。

政治权利、文化教育权利、劳动权利、婚姻自由权利、家庭平等权利等。1992 年颁布实施的《妇女权益保障法》，为进一步提高妇女的社会地位，保障妇女的基本权益，提供了有力的法律依据。由于女性的生理特征和母亲职能，以及女性在实际社会经济生活、政治生活中的弱势地位，从保护女性和儿童的权益出发，妇女福利事业成为我国社会福利事业的一个重要组成部分。

农村妇女亟须改善的是她们的健康和受教育的状况，农村妇女社会福利事业主要包括健康福利和教育福利。妇女健康福利中特别值得关注的是生殖健康，因为它关系到两代人的健康。为此，党和政府采取了相应的措施。

发展农村妇幼保健事业。妇幼卫生服务体系以妇幼保健专业机构为核心，以城乡基层医疗卫生机构为基础，以大中型综合医疗机构和相关科研教学机构为技术支撑。各级妇幼保健机构是由政府举办、不以营利为目的、具有公共卫生性质的公益性事业单位，是辖区妇幼保健工作的组织者、管理者和服务提供者，为妇女儿童提供公共卫生服务和与妇女儿童健康密切相关的基本医疗服务。截至 2010 年底，全国共有妇幼保健机构 3025 个、妇产医院 398 个、儿童医院 72 个、社区卫生服务中心（站）3.3 万个、乡镇卫生院 3.8 万个、村卫生室 64.8 万个；妇幼保健机构工作人员 24.5 万人，社区卫生服务机构、乡镇卫生院和村卫生室均有专兼职妇幼保健工作人员。[①] 中国先后建立了妇幼卫生年报信息系统、妇幼卫生监测信息系统和妇幼保健机构监测信息系统，成为世界上最大的妇幼卫生信息网络，为各级政府制定卫生政策提供了科学依据。

针对农村贫困地区孕产妇和新生儿死亡率较高的状况，由卫生部、国务院妇女儿童工作委员会和财政部共同组织实施了"降低孕产妇死亡率和消除新生儿破伤风项目"，承办了大型公益项目"母亲健康快车"，以解决危害广大妇女和儿童健康的突出问题，降低妇女妇科病发病率和孕妇死亡率，全面提高妇女的健康水平。与此同时，针对少数民族地区卫生和医护条件差、妇女患病率高的状况，国家特别重视发展少数民族地区的妇女保健事业，大力普及新法接生、妇幼保健、多发病防治和普及生活卫生常识，积极开展对民族地区妇幼保健医护人员和接生员的培训工作。

---

① 见 2011 年 8 月中华人民共和国卫生部《中国妇幼卫生事业发展报告（2011）》。

农村妇女教育福利。中华人民共和国《"九五"计划和 2010 年远景目标规划》《中国教育改革和发展纲要》《中国妇女发展纲要》都明确提出，到 2000 年实现基本扫除青壮年文盲的目标。为此，政府先后颁布了《扫除文盲工作条例》和《扫除青壮年文盲单位考核验收办法》。近几年，平均每年扫除 400 多万文盲，其中 65% 以上是妇女。截至 1998 年，我国 15 岁以上青壮年文盲率为 5.5%，妇女成人文盲率为 22.6%，比 1995 年下降 1.5 个百分点。在正规教育中，国家积极采取措施，提高妇女入学率、在学率和升学率，努力消除两性在接受教育机会上的差距。1998 年，妇女平均受教育年限为 6.5 年，男女差异从 1995 年的 1.7 年减少到 1998 年的 1.5 年。针对部分边远、贫困和少数民族地区妇女就学存在的实际困难，采取办女童班、办女校、实现免费上学等办法，努力消除妇女受教育的障碍。目前，在校学生中的女性比重进一步提高。1998 年大学、高中、初中、小学女生所占比例分别比 1995 年提高 2.9、1.3、0.9、0.3 个百分点。女童入学率提高，辍学率下降。1998 年全国女童小学入学率比 1995 年提高 0.7 个百分点，达到 98.9%，接近发达国家水平。小学女生辍学率为 0.92%，比 1995 年下降了 0.6 个百分点。男女受教育程度的差异进一步缩小。[①]

1995 年世妇会后，全国妇联针对文盲人群中妇女占 70% 的现状，开展了以妇女扫盲为目标的"巾帼扫盲行动"，设立"巾帼扫盲奖"，协助政府做好妇女脱盲工作。把扫盲与学习农业科学技术相结合，与贫困地区的脱贫致富相结合，与普及法律知识、维护自身权益相结合，动员广大妇女积极参加扫盲，收到良好的社会效果。

中国青少年发展基金会自 1989 年实施以救助失学儿童为目的的"希望工程"，到 1999 年底共援建"希望小学"7812 所，使贫困地区 229 万失学儿童重返校园，其中近一半为女童。[②]

4. 农村儿童社会福利

在我国农村，不仅孤残儿童的生活和受教育状况令人担忧，农村一般儿童的生活和受教育状况同样问题重重。我国城市、农村少年儿童的生活、受教育状况存在较大差异，表现为以下几个方面。

---

① 《中国妇女与受教育权利》，东北新闻网，2008 年 3 月 3 日。
② 《我国男女受教育水平差异进一步缩小》，新华网，2000 年 7 月 21 日。

一是农村家庭收入少。2008 年全国城镇人均可支配收入 15781 元，农村居民人均收入 4761 元；2009 年全国城镇人均可支配收入 17175 元，农村居民人均收入 5153 元。城乡收入表面差距约是 3.3:1，考虑到城乡居民享有的诸如住房、养老保险等福利以及农村居民收入中部分是生产基金，城乡居民的收入差距可能达 5:1，甚至 6:1。① 由此可以看出，我国城市和农村儿童成长的家庭经济环境有着较大的差距。

二是农村家庭对少年儿童的日常花费支出少。十年来，我国儿童拥有的个人财富不断增加，城乡儿童之间的"贫富差距"有所缩小，这从儿童压岁钱和个人储蓄两个方面可以反映出来。1999 年，我国有 12.3% 的儿童可以获得 500 元以上的压岁钱，而 2005 年、2010 年这一数据分别为 27.2% 和 44.1%，增长了 3.5 倍。1999 年，我国有 14.8% 的儿童个人存款达到千元以上，而 2005 年、2010 年的这一数据分别为 39.0% 和 49.8%，增长了 3.3 倍。十年来，虽然我国城乡儿童之间个人财富差距在不断缩小，但绝对值依然很大。从获得 500 元以上压岁钱的城乡对比来看，1999 年高达 7.82:1，2005 年缩小为 3.76:1，2010 年进一步缩小为 2.46:1。从千元以上儿童存款的对比看，1999 年、2005 年、2010 年分别为 7.33:1、3.19:1、1.87:1。②

三是农村学前教育问题突出。学前教育是终生学习的开端，是国民教育体系的重要组成部分，是重要的社会公益事业。改革开放特别是 21 世纪以来，我国学前教育取得长足发展，普及程度逐步提高。但总体上看，学前教育仍是各级各类教育中的薄弱环节，主要表现为教育资源短缺、投入不足，师资队伍不健全，体制机制不完善，城乡区域发展不平衡，一些地方"入园难"问题突出。2009 年，我国学前三年毛入学率仅为 50.9%，学前一年毛入园率为 74%。我国学前教育总体上生师比还比较高，2009 年全国平均师生比是 24:1，而农村地区超过这个比例，达到 40:1，农村幼儿教师缺口依然很大。③

---

① 见 2009 年 3 月 5 日十一届全国人大二次会议《政府工作报告》。
② 《少年儿童个人存款 10 年增 3 倍以上》，http://baby.sina.com.cn/news/2011-06-07/142648618.shtml。
③ 《未来 10 年全国学前三年毛入园率将达到 70%》，http://www.gov.cn/zxft/ft211/content_1762648.htm。

第三节　农村社会福利存在的问题和对策

一　农村社会福利存在的问题

改革开放以来，我国农村的社会福利事业有了较大的发展，但和市民相比差距还很大。总体上看，存在以下几方面的问题：第一，政府对农民的社会福利投入仍然比市民少，农村人口多、基数大，而且还面临着发展的问题，政府只能面对农村急需的福利项目酌情投入。第二，农村的集体经济弱化，无力投入社会福利事业，而市民中的许多人就业于企业、事业和政府部门，享有较丰厚的社会福利。第三，农村居民的社会福利事业发展极不平衡，东部经济发达地区经济发展较快，农民的社会福利较好，中、西部地区农民的社会福利普遍较差。具体到应该充分享受社会福利的群体，存在的问题表现如下。

1. 农村老年人社会福利事业面临的问题

一是农村老年人社会福利的覆盖面还较狭窄，供需矛盾突出。农村老年人的社会福利设施供给远远满足不了需求。全国农村地区 60 岁以上的老年人口为 1.23 亿人，超过农村总人口的 18%，全国 3 万多家农村敬老院仅有 208.8 万张床位，仅能满足农村老年人口总量的 1.7%。[①] 从农村敬老院拥有的床位数看，现有的社会福利事业只能保障部分福利对象的需要。

二从农村老年社会福利机构的数量、服务项目等方面来看，地区间发展不平衡。全国有许多乡村应办而未办敬老院等社会福利机构，这些乡村主要集中在经济欠发达地区。在发达地区，许多农村不仅有敬老院、光荣院、老人公寓等养老服务机构，有的乡镇和村集体还建立了老年活动中心、活动站等，基本能满足老年人养老、康复、医疗保健和精神生活等各个方面的需要。

三从农村老年社会福利机构的供养标准，福利机构的人员素质和管理水平、服务质量等方面来看，地区间发展不平衡。在经济发达地区，人均

---

① 见《2009 年度全国民政事业发展统计报告》，http://baike.baidu.com/view/4399325.htm。

供养标准有的达到几千元，在贫困地区人均则只有一百多元，甚至只有几十元。[①] 贫困地区即使五保户的生活水平也相当低下，主要以保障供养对象不挨饿、不受冻为目的。欠发达地区敬老院的管理工作存在观念守旧、管理不到位、督察不力的问题。

四是缺乏统一有效的组织管理。目前，民政部门主要负责农村老年社会福利工作。而在各乡镇，政府对老年人社会保障工作重视程度不一，有些乡镇有民政助理员，负责开展老年人福利工作，有些乡镇没有，落实老年人社会福利工作有较大的难度。

2. 农村残疾人社会福利事业面临的问题

1991 年 5 月正式实施的《中华人民共和国残疾人权益保障法》，首次对残疾人在社会福利等方面做了法律规定，各级地方政府也制定了相应的具体实施办法，但在农村地区，实际情况并非如此。

残疾人保障法远远没有发挥应有的作用，一些农村残疾人福利事业还没有纳入农村社会福利事业当中去，更谈不上全面保障残疾人各方面的合法权益。由于我国农村残疾人基本是由家庭血缘关系网加以保障，从经济生活到日常照料，90% 以上的都是靠家庭成员和亲戚的帮助，且只能维持低水准的生活状态；农村也没有专门的残疾人治疗康复医院机构，更谈不上进行康复治疗。残疾人由于某些方面的生理缺陷，以及针对残疾人的特殊教育和职业培训匮乏，残疾人在就业方面也处于弱势地位。有一点劳动能力的残疾人大多从事农业劳动，收入微不足道。就业困难进一步导致了残疾人及其家庭生活困难，使其陷入更贫困的状态。

3. 农村儿童福利事业面临的问题

一是多胎家庭、残疾家庭、贫困家庭的儿童生活依旧贫困。不少地区养儿防老的观念仍然根深蒂固，陷入了"越生越穷，越穷越生"的恶性循环，儿童的生活水平极其低下。

二是农村儿童的受教育状况有待提高。农村经济发展落后，农村义务教育环境与城市之间存在较大的差距，师资力量薄弱，教师待遇差，教育质量无法得到保障，用于义务教育的财政经费吃紧，教育经费严重短缺。农村教育的低水平也是导致当前农村儿童辍学的主要原因之一。许多初中毕业的农

---

① 周志凯：《论我国农村老年恩社会福利事业》，《社会主义研究》2005 年第 3 期。

村少年，面临着"升学无望、挣钱无术、就业无路"的窘境，这样一种低水平的教育导致许多家庭宁愿儿童失学在家，帮助家长干农活、做家务，有的外出打工，赚钱补贴家用。

三是进城务工人员子女的受教育问题。随着农村剩余劳动力转移，大量农民工子女随父母流入城市。尽管国家已经确立了解决流动儿童接受义务教育"以流入地为主，以公办学校为主"的原则，但仍然有相当多的流动儿童难以进入流入地的公办学校。2005年底，北京市打工子弟在公办中小学就读的比例为62%，上海市的这一比例2006年为50.7%，武汉市的这一比例2006年已达81.5%。① 一些大城市流动儿童入学的问题正在解决中，而在中小城市或小城镇的问题就比较严重，打工子弟初中毕业后的教育问题更为严重。由于初中后教育不是义务教育，政府没有保障的责任。

4. 农村妇女社会福利事业面临的问题

一是农村妇幼保健福利存在问题。由于各级政府缺乏对农村妇幼保健事业重要性的宣传，农村妇女卫生保健知识贫乏；妇幼保健事业经费匮乏，相关专业技能人员也较为缺乏，村级卫生员大多是村级接生员，没有经过良好的专业培训，农村妇女儿童享受不到和市民一样的保健待遇。

二是农村妇女教育福利问题严重。在现实生活中，妇女受教育机会存在不平等，尤其是在农村和贫困地区，妇女的受教育程度仍明显低于男性。目前针对农村妇女尤其是贫困地区农村妇女的各种职业教育（种植养殖技术的培训班、各种手工工艺的培训班等）严重缺失，使农村女性缺乏接受职业教育的机会。

二　关于完善农村社会福利事业的思考

随着我国改革开放的发展、市场机制的深入和经济社会的发展，我们应充分发展我国农村的社会福利事业，提高农民的社会福利水平。政府要加大对农村社会福利事业的投入，增加社会福利项目的内容，要把农村社会福利的投入纳入政府的年度预算中。农村集体和社区尽可能地为农村福利事业的发展创造良好的条件，发达地区农村集体、社区和经济组织要全方位地增加

---

① 教育改革发展的热点问题，http：//www.china.com.cn/info/zhuanti/08jylps/2008－05/06/content_15086782.htm。

对农民社会福利的投入。欠发达地区农村集体、社区和经济组织也要尽可能地增加对农村社会福利事业的投入，如建设一些公共活动场所，提供公共活动场所的建设用地等。发动涉农企业、社会各界捐赠，支持农村社会福利事业的发展，形成支持农村社会福利事业发展的合力。

统一城乡社会福利事业管理。随着农村城镇化进程的加速，在制定农村社会福利政策和规划农村社会福利事业时，要将城镇和农村结合起来统一规划，构建城乡一体化的社会福利事业。社会福利事业的发展往往涉及多个部门，但由于各个部门之间缺乏必要的协调而使简单的工作也变得复杂，因此有必要成立社会福利协调性的领导组织。在我国农村社会福利事业发展的过程中，还要密切结合当地农村的城市化进程，合理安排本地区的社会福利事业布局。近期要重点做好农村特殊群体的社会福利工作。

1. 加快发展农村老年社会福利事业

建立和完善农村社会福利相关法规。需要加大《中华人民共和国老年人权益保障法》《农村敬老院管理暂行办法》等法律法规的宣传力度，大力营造敬老抚孤、爱老助残的社会氛围，逐步改变社会上"重小轻老"的思想观念和现象，增强各级政府对农村老年人社会福利工作的责任感，强化主管部门的管理督察手段。同时还应因地制宜地建立和完善相关的地方性规章制度，加大宣传和执行力度。

完善筹资渠道。农村社会福利事业的资金投入要打破集体经济单独负担的局面，开辟多元化的筹资渠道。建立和完善财政专项转移支付制度，经济发展水平高、财政收入好的地方，地方政府要承担大部分的责任；经济发展水平低、财政收入状况差甚至入不敷出的地方，中央政府要加大财政转移支付的力度，最终实现各地农村社会福利事业发展水平与当地经济发展水平相适应。民政部和各地民政部门还应继续开展社会有奖募捐，发行福利彩票，募捐农村社会福利基金。

做好老年医疗卫生保健工作。基层医疗卫生机构要为辖区内 65 岁以上老年人建立健康档案，组织定期体检。广泛开展老年健康教育，更加注重对老年人的精神关怀和心理慰藉；完善家庭养老支持政策，完善老年人口户籍迁移管理政策、家庭养老保障和照料扶持政策；大力发展老龄服务，力争居家养老服务网络覆盖所有的城市街道、社区和 80% 以上的乡镇、50% 以上的农村社区。实现每千名老年人拥有 30 张敬老院养老床位；加快老年活动场所和无障碍设施建设，增加文化、教育和体育健身设施；完善老龄产业引导和扶持政策，促进老年用品、用具和服务产品开发；加强老龄法制建设和法律服务，加强养老服务行业监管，维护老年人合法权益。

2. 完善农村残疾人社会福利事业

完善、细化和落实《残疾人保障法》，使之切实可行，是解决当前农村残疾人社会福利事业发展中存在问题的重要保障和法律支撑。在制定各地农村残疾人保障法的实施细则时，要结合当地农村经济的实际，制定鼓励和支持残疾人就业的具体、详细、可实际操作的各项优惠措施。

完善残疾人联合会的功能。中国残疾人联合会作为为全国残疾人谋福利的社会团体，应该在农村残疾人社会福利事业发展中发挥中介和监督的作用，应该进一步完善结构，明确目标，实现团结区域内残疾人、与社会各方面沟通、组织各种社会活动、社会资金筹资与分配、监督残疾人保障法的实施等功能，切实维护残疾人的权益。

完善农村残疾人的康复医疗体系。残疾人的康复与医疗是残疾人早日脱残，回归社会的必经之路。应该建立全国卫生事业投入的倾斜机制，加大对贫困地区的卫生经费投入，建立贫困地区各乡镇卫生医院地方病的预防与康复医疗的网络，确保当地残疾人获得及时的康复医疗。同时要确保每个县市有专门的残疾人康复训练中，定期安排全县或市的残疾人进行康复训练。建立城市支援农村残疾人社会福利事业的机制。

建立农村残疾人特殊教育与职业教育体系，积极支持农村残疾人就业。提高农村残疾人素质，增强他们的谋生能力，关键是发展农村职业教育体系。地方政府有关部门，要重视残疾人职业培训工作，将残疾人的职业培训纳入整体职业教育和培训计划，加强领导，大力支持，努力提高培训质量。对于从事各类农业生产劳动的残疾人，有关部门应当在生产服务、技术指导、农用物资供应、农副产品收购和信贷等方面，给予帮助。部分残疾人由于生理缺陷，只能从事较轻的体力劳动，对这部分残疾人有关部门可以鼓励其从事个体经营。有一定技能的残疾人愿意外出打工的，地方政府有关部门和残疾人联合会应该积极帮助他们联系工作单位，为他们的出行提供方便。

3. 完善农村儿童社会福利事业

完善农村儿童权益保障制度。近年来，我国加强了对儿童权益的保护，先后出台了一系列的法律法规、政策，如《中华人民共和国未成年人保护法》《中华人民共和国义务教育法》《中华人民共和国残疾人保护法》《中华人民共和国收养法》《儿童权利公约》及《关于加强儿童福利事业发展的通知》等。但是，总体上来看，在农村，我国有关儿童权益保护的政策法规落实不到位，没有形成体系，在实际工作中缺乏可操作性。在农村儿童的权益保护方面，应该关注农村儿童的平等受教育权。各级政府要完善并落实教育法律法规、政策，巩固和发展农村九年制义务教育的成果，这是保障农村人口素质提高的关键。还要建立健全政策法规执行的监督机制，加大监督法律法规的执行力度。

完善农村儿童教育福利。由于农村经济发展相对较低，发展学前教育要因地制宜地采取多种形式，并且形成多种渠道的投资体制。支持农村扩大学前教育资源，包括利用农村闲置校舍改扩建幼儿园，依托农村小学富余校舍增设附属幼儿园，在偏远农村地区开展学前教育巡回支教试点，等等；鼓励社会参与，多渠道多形式举办幼儿园，努力解决进城务工农民工随迁子女入园问题，扶持普惠性民办幼儿园等；实施幼儿教师国家级培训计划；建立学前教育资助制度，对家庭经济困难儿童、孤儿和残疾儿童入园给予资助；还要根据农村分布特点，采取集中和分散相结合的方式开展学前教育，使农村幼儿园的质量得以提高。对于义务教育，应建立规范的义务教育财政转移支付制度，明确各级政府对义务教育的财政承担责任和比例，使义务教育经费投入制度化、法制化，确保经费投入有稳定来源；还要建立农村贫困学生的教育援助机制，帮助家庭经济困难的学生就学，切实保障儿童受教育权的实现。

4. 完善农村妇女社会福利事业

完善农村妇幼保健事业。构建完善的农村妇幼保健事业制度，需要从农村妇女、儿童的卫生保健、预防和营养几方面着手。各级政府要加强农村妇幼保健服务体系的建设，加快立法，完善和落实以公共卫生和妇幼健康为主要内容的法律法规和政策，保护妇幼的健康权利，并要建立面向农村妇女保健服务体系的资金投入机制。

对农村妇幼卫生人员进行卫生保健专业知识培训，强化基本知识和技能，提高卫生保健技术水平和服务质量。全面开展妇女生殖保健服务，加强对孕妇产前、产时和产后的保健服务。以生殖健康教育为中心，普及生殖保健、优生优育、避孕节育知识，使农村妇女能正确了解自身的健康状况，从而及时就医或及时预防，进而增强农村妇女获得及时医疗保健的能力。还要通过合作医疗等多种形式的健康保障制度，解决农村妇女看病难的问题。

完善农村妇女教育福利。重点解决西部贫困地区和少数民族地区女童、残疾女童、流动人口中的女童的义务教育问题，帮助失学、辍学女童完成九年义务教育，全面落实各项资助经济困难学生的政策，逐步提高农村女性接受各级正规教育的水平。加强农村妇女扫盲工作，因地制宜地发展各种职业教育、成人教育、技术培训，创造条件使农村妇女普遍受到技术培训和文化知识教育，加强农村女性的非正规教育。

第七章
土地流转制度下农民工社会
保障体系构建

农民工作为从农村游离出来的产业劳动者群体，在目前中国城乡二元体制格局难以破冰的前提之下，他们的生存、就业、社会保障等仍将是一系列困扰农民工群体和中国社会管理者的难题。社会保障作为一种保障公民基本生活权利的社会安全制度，理应对社会成员一视同仁。但由于中国特殊的国情和管理体制，社会保障在某种意义上却成为一种身份象征。城市居民与农村居民、正规就业者与非正规就业者、体制内与体制外，不同群体所享受的社会保障待遇差异明显。受户籍制度的约束，农民工群体的社会保障问题一直备受关注。

值得注意的一个问题是，农民工已经不是一个"绝对游离"的群体，部分农民工尤其是新生代农民工已经或正在潜移默化地融入城市社会，成为"新市民"。因此，他们应该享受城市居民基本的社会保障待遇。但是，在农民工社会保障制度体系的构建过程中，又无法回避他们的身份特征和生存生态。很显然，倘若把农民工完全纳入城镇社保体系，不仅面临技术难题，也会招致既得利益群体的反对。本书立足于这一现实前提，研究和讨论如何通过一条独特的途径，在既有的社会资源和经济条件下，最大程度地给农民工群体提供社会保障待遇。

第一节　农民工社会保障——理论与实践

一　农民工社会保障研究回顾

从世界各国工业化和城市化的进程来看，大多数国家都曾面临或正在面临大规模的人口区域性流动,因此国外关于流动人口,尤其是移民生存问题的研究汗牛充栋。但是,多数发达国家及一些发展中国家并没有类似中国的森严的户籍制度壁垒,所以相关的研究成果也无法给我们带来直接的启示。值得注意的是,近年来,中国的社会保障尤其是流动人口的社会保障已引起国外学者的关注。比如里本斯、尼古拉斯·巴尔等,他们从不同侧面对中国流动人口的社会保障问题展开研究。而且,国外学者对中国本土问题的研究往往容易忽略中国国情,诸如户籍制度、土地公有等基本问题,因此他们更倾向于讨论制度的彻底性变革。而本土学者的研究虽然容易陷入"制度内窠臼",但他们的研究更具针对性和现实性。

目前,从国内学者的研究看来,农民工社会保障体系的构建首先是观念问题。诚然,农民工群体从农村游离出来,而我国农村的社会保障制度很不健全,因此,农民工群体有不享受社会保障待遇的制度"传统"。但实际上,随着农民工群体身份的渐进性转换和生存需要,对社会保障的制度诉求已越来越强烈。而现在,中国经济持续高速增长了二十多年,国家财力和政府承受能力已逐步增强。因此,应该抛弃长期以来一种思想上的误区,过分强调国家财力不足和过高估计农民工社会保障的投入成本,而应该发挥政府主导作用,分类分层对农民工进行保障。①

关于农民工社会保障体系构建,目前还存在较大分歧,基本思路分为三种:(1)"纳入论",即将农民工纳入到现有的城镇社会保障制度之内,可供选择的两条途径是通过户籍改革将其变成城镇居民进而纳入城镇社会保障体系,或者通过城镇社会保障制度的扩面将农民工直接纳入城镇社保范畴。②(2)"三元论",即认为应推出相对独立的农民工社会保障制度,建构一种作为过渡形态的"三元社会保障模式",农民工身份的特殊性要求必须建立有利于城乡衔接的农民工社会保障制度。③(3)"回归论",即认为应将农民工纳入农村社会保障体系。这种观点认为农民工社会保障制度的两种模式无论在理论上还是实践上都不具备可行性,要从根本上解决农民工的社会

---

① 郑功成:《农民工的权益与社会保障》,《中国党政干部论坛》2002 年第 8 期。
② 张启春:《谈谈进城务工人员的社会保障问题》,《江汉论坛》2003 年第 4 期。
③ 李迎生:《以城乡整合为目标 推进我国社会保障体系的改革》,2001,《社会科学研究》第 1 期;罗遐、夏淑梅:《农民工社会保障现状分析与政策建议》,2003,《西安电子科技大学学报(社科版)》第 3 期。

保障问题，应把农民工纳入农村社会保障体系，加快改革和完善农村社会保障制度，并最终向城乡一体化的社会保障体制过渡。[①]

二　农民工"社保困境"：问题及成因

（一）农民工社会保障的基本问题

我国当前所实行的社会保障制度包括社会保险、社会福利和社会救济，而针对于农民工而言，这方面的法规和政策建设仍很落后。各地方政府出于自身利益考虑，企业出于自己利润考虑，加上我国现在社会保险关系转移接续困难，所以绝大多数城市中社会保障、社会救助和社会福利方面的排他性依然很强。社会保障立法方面仍然存在很多滞后的地方。农民工在经济、政治、文化、教育和人身健康等权益方面屡屡受到侵害，这极大地增加了社会的不稳定因素，且影响了社会的和谐发展。具体而言，主要存在以下几方面的问题。

1. 立法缺陷

目前，社会保障在保护农民工群体的权益方面仍存在盲区，在现行的社会保障法规政策中，还没有一部综合的关于农民工社会保障的全国性专门法律法规，这就导致保障农民工群体权益的法律法规缺失，现在大多是以"决定""规定""意见""通知"等形式出现，其法律效力大打折扣且层次较低。在法律保护层面农民工群体已经成了弱势群体，这表明政策制度安排的缺陷。还有社会保障相关立法范围较为狭窄，配套的法律法规不健全。社会保障立法缺乏统筹规划和衔接性，体系结构残缺，没有形成统一的社会保障法律体系。在现有的《工资支付暂行规定》和《工伤保险条例》中关于对农民工权益的保障也显得比较笼统，缺乏具体的实际的可操作性。并且，由于农民工是一个特殊的被边缘化的群体，在立法中农民工的主体地位不明确，很多法律法规文件的适用主体都是具有城市户口的城镇职工，相对而言仅有很少的法律文件将农民工纳入其适用范围。

除此之外，各地立法也存在很大差异。社会保障的项目缺乏正式和统一的立法，由于各项法规政策出台时间不一致，往往单项重点突进，少全局统筹，多应急政策，少长远规划。而且有些地方对立法适用主体进行差别对

[①]　杨立雄：《我国农村社会保障制度创新研究》，《中国软科学》2003 年第 10 期。

待，也没有统一的险种规定。很多地方性社会保障立法中规定的社会保障内容不完整，由于各个地方的经济发展水平存在很大差异使得其设立的关于农民工社会保险的缴费基数和缴费额度也不统一，各地方政府各自为政，农民工社保情况比较混乱。这种现状不仅影响地区之间的公平竞争，也阻碍农民工社会保险制度的统一与完善。

2. 基本社会保障权利严重缺失

农民工的社会保障权，是指在城镇务工具有农村户口的劳动者享有的从社会获得基本生活保障和旨在提高生活质量的权利，包括工伤保险权、医疗保险权、失业保险权、养老保险权、生育保险权、社会救济权、社会福利权、请求保护的权利等。[①] 从全国范围来看，农民工群体不论是在法律法规制定上，还是在实际享受得到的待遇上，其社会保障权都存在严重缺失。首先，农民工没有城镇户口，这就决定了他们这一群体不享有失业保险保障权。而城镇职工具有城市户口，他们在失业时就享有失业保险权。并且由于农民工没有城镇户口也不是城镇职工，在法律上其不享有失业补助，因此失业时只能另谋出路或者干脆直接回乡继续务农。其次，农民工群体不享有工伤保险权。进城务工的农民工大部分学历水平层次低，所以他们中绝大多数是在私营企业或者个体单位打工，由于这些单位和部门机动性大，政府部门对其监管难度较大，因此在工伤事故出现以后，这些单位极少为农民工的保险费用做出支出。而且有些工种的职业病在当时根本无法检查出来，直到几年过去了，症状才显现出来，这时用工单位就会完全推卸责任，对他们置之不理。最后，农民工群体也不享有医疗保障权。农民工群体作为弱势群体，其看病难、看病贵等问题十分突出。农民工看病支出绝大部分是靠自费，用工单位很少为他们负担看病的费用。

3. 相关社会保障部门执行力度不严

劳动保障监察部门依据《劳动法》《劳动保障监察条例》等相关法律法规，代表国家对劳动保障违法侵权行为进行监督、检查和依法处理。现行的农民工社会保障管理制度比较混乱，多个部门交叉分管，协调能力差，所以遇到问题难以很好地应对处理。当前劳动保障监察部门存在的诸多问题导致劳动保障监管的缺位，这极大影响了劳动争议处理和仲裁的效率。劳动和社

---

① 刘士平、邓娟：《论农民工社会保障权的法律保护》，《太平洋学报》2009 年第 11 期。

会保障部作为主管农民工社会保障的部门缺乏有效的宏观调控与综合平衡能力，致使各个部门职能相互交叉、权责不清且效率低下，所以当农民工的权益受到侵害时很难及时有效地处理。

此外，民间组织和社会保障监督力量发展不健全。在我国，民间组织通常是在官方指定下建立的，其大都依附于行政机关的管辖，与政府部门一样也存在很多缺陷，如效率低下和无责任承担力等。民间组织在维护农民工权益方面大都是事后维权和补救性维权，此时农民工已经受到伤害，并且通常来讲，民间组织对政府部门存在一定的监管力度，但是民间组织的发育不全难以承担监督的责任，只能是事后采取补救措施。显而易见，无论是在民间还是在政府部门之间，社会保障的监督机制都存在严重的不足。民间组织，如工会、媒体和社会舆论等力量在现行体制下并不能完全坚定自己的信念和立场，很多监督也仅仅是流于形式，比较空泛。

（二）农民工"社保困境"的成因

1. 中央政府财政调控能力有限

通常来说，国家财政实力状况决定了政府有没有能力建设社会保障制度。随着中国社会人口老龄化趋势的日趋明显，再加上基本养老保险的历史欠账问题，使得中国社会养老保险面临巨大的资金问题。伴随着中国社会由计划经济体制向市场经济体制的转轨，中国的社会保障体系也经历了由"国家—单位"保障制向"国家—社会"保障制的转变，在新旧养老制度的转轨过程中，产生并积累了巨大的中老年职工养老金债务，这笔巨大的债务迅速转化为巨额的历史欠账。伴随着我国社会发生的一系列改革，产生了大量的下岗人员，以及受到国际经济形势的影响，就业形势越来越严峻，这使得领取失业保险金的人越来越多，失业保险金的支出呈现明显的上升趋势。同时社会化管理、监督及运行系统的建设也需要大量的资金投入，比如说社会保险经办机构的人员费用、技术设备投资等，均需要政府投入或从社会保险基金中扣除。国家和政府集中精力和财力加强社会保障改革与建设，以确保经济体制改革的顺利进行。上述所有这些新出现的因素使得维持原有的低层次、低水平的社会保障体系尚力不从心，资金短缺状况严重，在这个前提下，再把农民工社会保障所需资金纳入主要依赖于政府财政支持的社会保障制度范围内，其所遇到的资金困难是可想而知的。

2. 农民工的主体性因素

农民工是我国特有的城乡二元体制的产物，产生于我国二元结构的制度安排，是我国在特殊的历史时期出现的一个特殊的社会群体。农民工群体被称为边缘性群体主要是其社会身份和职业上的矛盾所直接导致的，硬性的制度约束和软性的市场约束交互调控，造就了我国农民工这样一个庞大而特殊的群体。农民工无法有效地表达其利益诉求就源于其社会边缘性地位，而且关于农民工的社会保障政策设立过程也比较缓慢。农民工所处的社会边缘性地位使得他们成为弱势群体，这也导致其在公共政策制定过程中处于弱势地位。由于农民工群体在城市生活中被边缘化，其选举权和被选举权无法得到有效保障，其利益诉求方式相对极端而且单一，因此他们无法充分、全面地表达其社会保障方面的利益诉求。在政策制定过程中农民工处于被动地位，缺乏表达其利益诉求的制度化途径。这也成为农民工社会保障制度供给滞后的一个原因。一些民间组织如工会组织发展迟缓，整合程度很低，所以农民工的利益诉求很难得到有效的组织支持，其缺乏利益诉求的抗争力和平等博弈的能力。此外，农民工群体就业范围比较广，分散性与流动性强，农民工群体的复杂性加大了建立农民工社会保障制度的难度。

3. 企业的缴费意愿及缴费能力低下

社会保障制度资金来源的主体是企业，而企业在市场经济竞争中所追求的目标是尽可能地降低生产成本已达到利润最大化。降低生产成本就包括降低劳动力这一生产要素的成本，这是企业实现利润最大化的基本途径。社会保障制度的建立毫无疑问地将会增加企业的劳动力成本，因此企业出于自身利润最大化的考虑一般不会主动给工人提供各种社会保障项目。社会保障费用的缴纳与企业追求利润最大化相矛盾，许多企业往往不愿或逃避为农民工缴纳社会保障费用，把缴费看成是企业的负担，这就使得农民工社会保障制度建立的资金来源受到制约。我们还应看到，我国农民工很多都是临时性地到非正规部门就业，这些企业生产规模小，所面临的产品需求不稳定，盈利能力也比较有限，因此这些企业为农民工群体缴纳社会保障费的能力也比较低。

三 农民工"社保困境"的突破口：土地流转制度

农民工社会保障体制构建的主要障碍就是农民工社会保障资金匮乏，资金规模的大小是农民工社会保障制度运行的关键，资金的缺乏极大地影响了农民工社会保障体制构建的步伐。而我国当前现有的经济发展水平决定了政府和企业都不可能完全承担这部分资金。筹集农民工社会保障资金应该实现多元化，多渠道促进壮大农民工社会保障资金规模。农民工社会保障的资金来源的一部分可以从其土地使用权流转价值补偿中提取。① 对于那些具有稳定收入并打算定居于城市的农民工，如果他们自愿放弃土地承包权而将土地进行流转，可以把其土地流转所获得的价值补偿的全部或部分纳入农民工社会保险基金账户；而对于那些不愿意放弃土地承包权的农民工，其社会保险个人缴费部分可以通过其土地使用权流转的价值补偿来负担；如果农民工既不愿意放弃土地承包权又不愿意流转其土地使用权，则其社会保险费用个人负担部分用人单位可以从工资中为其代缴代扣。这几种情况都是在稳定农民工土地承包权的基础上，开拓其社会保障资金的来源渠道。这样既消除了农民工的后顾之忧，也实现了土地的规模经营及规模效益，更好地促进我国社会经济的发展。

我国是社会主义市场经济体制，土地作为市场经济发展的基本生产要素，在我国这一特殊体制中，土地市场以公有制为基础，只交易使用权，不让渡所有权。因此我国土地资源的配置是在稳定土地承包权的基础上，以市场为导向，承包权和使用权分离，只能流转土地的使用权，而不能改变土地的所有权。我们提倡积极推行农村土地使用权的流转，这不仅有助于推进土地规模化经营，提高土地规模效益和提升农业产业化发展水平，同时也可以促进农村劳动力的进一步转移，促进农业现代化的发展水平。目前，虽然我国政府已经从法律和政策层面上给予土地使用权的流转极大的支持，但是在现实层面上土地使用权流转仍存在很多不合理的现象，比如土地流转信息不对称，流转范围狭窄，流转补偿不合理，等等。要实现土地流转就必须同时具备两个条件，即流转供给与流转需求。土地供求是土地市场运行的重要机制，土地供给和需求受各种因素的影响，政府应该视土地需求与供给的具体情况而采取不同的促进和鼓励流转的措施。对于那些自愿主动放弃土地承包权的农民工而言，我们应该按照市场价格给予补偿；而对于那些不愿意放弃土地承包权的农民工，我们也必须在遵循"依法、自愿、有偿"的土地使用权流转的原则下，按照租赁、委托承包、反租承包、入股等流转方式实现土地使用

---

① 姜长云：《农村土地与农民的社会保障》，《经济社会体制比较》2002年第1期。

权的流转。土地流转的目的在于提高广大农民工的生活水平，切实保障农民工的根本利益。由于土地流转制度还不够完善，相应的法律制度又过于片面、笼统，且不够灵活，土地流转缺乏规范的操作程序。因此我们要不断地完善和严格控制土地流转操作程序，避免因手续不完备等问题引起的法律纷争。

我国当前的经济发展水平决定了农民工社会保障是个循序渐进的过程，因此农民工社会保险只能根据农民工需求的迫切程度逐步提供。当前农民工群体迫切所需的社会保险有养老保险、工伤保险和医疗保险，这些保险虽然已经存在，但仍需我们进一步完善与扩展。这几类社会保险中，工伤保险的缴纳完全由用人单位所负担，并不需要土地流转价值补偿的支持，而养老保险和医疗保险的个人缴费部分则由农民工土地流转价值补偿负担一定的比例。伴随着农民工市民化程度的日益提高，加上农民工能够获得相应的社会保障，我们可以将符合城市户籍条件的农民工纳入城市户籍中来，并对其土地进行征回。

因此，在当前我国进一步深化经济体制改革的同时，政府也应该继续深化农村土地制度改革，不断完善农民工社会保障体制，结合农民工自身的特点，以土地保障为基础，并且联系我国当前经济发展水平的实际情况，根据农民工对社会保障项目需求程度的轻重缓急，分层次、分类别逐步构建农民工的社会保障体制，同时要改革和完善相关的一系列配套措施。我国当前的发展现状决定了构建农民工社会保障体制所采取的方式方法必须要以土地保障为基础和补充。农民工对土地拥有承包权，而在当前农民工社会保障体制还不尽完善的情况下，土地承包权仍然是发挥土地各项功能的基础和保证，是农民工家庭维持生计的最后一道防线。要充分认识土地对农民生活保障的特殊重要性，要切实确保农民工对土地的承包权，这实现了土地对农民工的保障功能，农民工也因此没有了后顾之忧。即便是农民工由于种种原因返回到农村，土地仍然可以给他们以生活的保障。所以，除排农民工自觉自愿放弃土地承包权，否则我们绝对不能以任何理由来剥夺农民工对土地的承包权。

第二节　土地流转制度下农民工社会保障制度构建的可行性

土地保障功能是农民生活的重要保障来源之一，也正是因为农民拥有土地使用权，长期以来才成为社会保障制度设计中的边缘群体。

一　数据来源与样本情况

为了初步了解农村土地流转及社会保障相关情况，课题组在 2009 年展开了一项覆盖中国东、中、西部地区农村的社会调查。中国农村具有区域间异质性较强而村庄内部同质性较强的特征，基于此种考虑，本次调查以村为单位展开。抽样过程基本遵循概率抽样原则，采取多阶段抽样、pps 抽样等相结合的具体抽样技术，共抽取 113 个村庄，东、中、西部分别为 49 个、40 个和 24 个，见图 7 – 1。

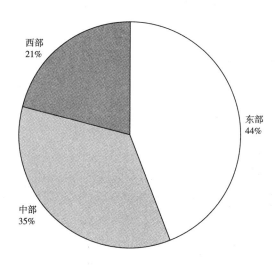

图 7 – 1　2009 年"百村调查"区域百分比

在抽中的 113 个村庄中，每个村庄抽取 4 户农民家庭展开问卷调查，由其户主或其他家庭成员填答问卷。本次调查共发放问卷 452 份，回收问卷 435 份，其中有效问卷 417 份。从问卷初步统计结果看，有 217 份问卷由外出务工人员填答，占总体比例的 52%，这部分数据为子课题"土地流转制度下农民工社会保障制度构建"的研究提供探索性数据资料。表 7 – 1 为此次调查的人口特征统计量：①性别：男性占 66.8%，女性占 33.2%。②文化程度：初中文化比例最高，为 57.1%，其次为小学及以下和高中，分别占 19.4% 和 15.2%。③婚姻状况：未婚和在婚分别占 7.9% 和 89.4%。④外出务工年限：3 年以下的占 41.5%，3～5 年的比例为 20.7%，5 年以上的占 37.7% 。⑤户口：农业户口占绝大多数，为 93.1% ，非农业户口仅占 6.5% 。此外，此次调查样本的年龄平均值为 40.8 岁，其中最小为 19 岁，最大值为 65 岁。

表 7 - 1   2009 年 "百村调查" 人口特征统计量（农民工部分）

		频次	百分比（%）
性别	男	145	66.8
	女	72	33.2
文化程度	小学及以下	42	19.4
	初中	124	57.1
	高中	33	15.2
	中专、技校或职业高中	12	5.5
	大学专科	3	1.4
	大学本科	3	1.4
婚姻状况	未婚	17	7.9
	在婚	193	89.4
	丧偶	3	1.4
	离婚	3	1.4
外出务工年限	1 年以下	26	12.0
	1~3 年	64	29.5
	3~5 年	45	20.7
	5~7 年	22	10.1
	7 年以上	60	27.6
户　口	农业户口	202	93.1
	非农业户口	14	6.5

二　土地流转与社会保障：现状描述与因素分析

（一）农民工参与土地流转情况

从古至今，土地是农民的衣食之源、生存之本，是农村家庭养老的保障，土地不仅保障了农民的生活，也使他们的就业得以实现。农民深深地扎根于土地，土地是农民最重要和最主要的谋生手段，他们在土地上日出而作，日落而息，不断繁衍生息。虽然农民工离开了农村走进城市，慢慢地具有了工人的某些特征，但究其本质而言，他们仍然还是农民。因此土地对于农民工而言，仍是他们最后的防线，是他们最根本的生活保障。在当前这种情况下，由于农民工在城市中的特殊身份使其尚缺乏制度性的保障，土地对农民工来说依然有其独特的重要性。

就大多数农民工而言，他们把土地看得极其重要，他们把自己在农村的土地看作是"进可攻，退可守"的资本，一旦在城市遇到找不到工作或者对工作不满意等障碍，他们便可以返乡继续务农，在农村拥有土地承包权打消了他们进城务工的后顾之忧。无论在城市打拼得好与坏，土地都是农民工最后所能依赖的资本。基于市场经济人的理性选择考虑，农村税费改革后，农民耕种土地不需要上缴税赋，农民工更是不愿意主动放弃自己的土地承包经营权，就算是农民工在城市中生活得很好并在经济上绰绰有余，他们对于流转土地承包地经营权还是心存疑虑，除非政府在关于流转土地承包地经营权方面的政策安排比较令人鼓舞。从目前的实际状况看，土地对于农民的社会保障功能在不断地弱化，而且农民工进城务工的收入水平也在逐步地提高，农民工对土地流转的态度与之前相比较已经有所改观，我们的实证研究也进一步证实了这点。

通过我们对实地调查数据的整理与分析可以看出，农民工对土地承包权流转所持的态度不一，有12.7%的农民工持完全赞同的态度，39.1%的农民工持赞同态度，33.8%的农民工认为无所谓，而11.2%的农民工持反对态度，还有3.2%的农民工则是完全反对。整体而言，相当大一部分农民工对土地承包权流转还是持肯定态度的，当然我们也不可否认还是有很大一部分农民工对土地承包权流转持否定或者怀疑的态度。

我们对调查数据分析整理可以发现，农民工在土地流转的态度与性别、年龄段、受教育程度、婚姻状况、职业层次的交互分析呈现以下几个特点。

首先，我们从性别方面可以看出，男性农民工和女性农民工对土地承包权流转持赞同态度的比例分别为51.7%、53.9%；持不赞同态度的比例分别为13.6%、9.2%。显而易见，女性农民工与男性农民工相比较对土地流转所持态度更为肯定。

其次，我们从不同的年龄段可以看出，25岁及以下、26~40岁、40岁以上的农民工对土地承包权流转持不赞同态度的比例分别为17.3%、13.2%、11.3%，持赞同态度的比例分别为45.2%、53.6%、58.4%。从这些数据中我们可以总结出：不同的年龄段对土地流转所持态度也不一样，而伴随年龄段的不断提高，持不赞同态度的比例呈现出逐步递减，持赞同态度的比例呈现逐步递增。很显然，农民工对土地流转所持态度受年龄段的影响，并且年龄段越高的农民工对土地流转越是赞同。

再次，我们从受教育程度上可以看出，不同文化程度的农民工，即小学及以下、初高中（中专/职高）、大专及以上对土地承包权流转持不赞同态度的比例分别为 16.9%、13.1%、33.2%，而持赞同态度的比例分别为 42.3%、52.9%、57.6%。这些数据表明大专及以上文化程度的农民工与其他几个受教育程度相比较对土地流转持赞同态度的比例偏高，而持不赞同态度的比例也明显偏高。由此可以看出，农民工对土地承包权流转的态度受到受教育程度的影响很明显，相对而言，大专以下与大专以上文化程度的农民工对土地流转态度存在明显的两极分化。

又次，我们从婚姻状况上可以看出，已婚农民工与未婚农民工对土地流转持不赞同态度的比例分别为 33.1%、42.7%，而持赞同态度的比例分别为 57.2%、43.6%。从这些数据可以看到，已婚农民工对土地流转持更为肯定的态度。

最后，我们从农民工职业层次上可以看出，对应于中下层、中中层、中上层职业的农民工，其对土地流转持不赞同态度的比例分别为 13.1%、15.2%、26.1%，持赞同态度的比例分别为 51.7%、52.2%、56.3%。这些数据对比可以看出，处于中上层职业的农民工与处于中下层、中中层职业的农民工与相比较对土地流转持赞同态度的比例偏低，持不赞同态度的比例也明显偏低。由此可以看出，职业分层显然影响了农民工对土地流转的态度，职业处于中上层的农民工对土地流转的态度存在明显分化。

（二）"土地换社保"：农民工的意愿及影响因素

调查中涉及关于"土地换社保"参与意愿的问题，被访者中有 62.3% 的农民工选择"如果政府实施这一政策，将乐于参与"。但仍有近 40% 的农民工认为土地是最后的保障，不能轻易放弃，是否享受相关的社会保障待遇无所谓。在此我们采用 Logistic 回归简单总结影响农民工参与这一政策构想的系列因素[1]，如表 7-2 所示。

---

[1]　此处数据源于 2011 年的深圳调查。

表7-2 "土地换社保":农民工政策认知的 Logistic 回归

		B	S. E.	Wald	df	Sig.	Exp（B）
出生年份	1960 年以前	—	—	—	—	—	—
	1961 年~1969 年	0.37	0.27	1.89	1	0.17	1.44
	1970 年~1979 年	0.79	0.33	5.72	1	0.02	2.19
	1980 年~1989 年	0.31	0.38	0.69	1	0.41	1.37
	1990 年以后	2.10	0.84	6.26	1	0.01	8.15
企业性质	个体、私营	—	—	—	—	—	—
	国有、集体、外资	0.55	0.22	5.93	1	0.01	1.73
婚姻	未婚	—	—	—	—	—	—
	已婚	-0.53	0.20	7.04	1	0.01	0.59
城市户口	无	—	—	—	—	—	—
	有	0.55	0.20	7.36	1	0.01	1.73
城市居留意愿	不愿意、无所谓	—	—	—	—	—	—
	愿意	0.82	0.20	16.41	1	0.00	2.27
	constant	-0.95	0.31	9.15	1	0.00	0.39

第一是关于年龄结构与农民工参与意愿。我们从表7-2可以看到，农民工的参与意愿直接受到年龄结构的影响。总的来说，年龄越小，参与的可能性越大。"60后""70后""80后"和"90后"农民工的参与意愿分别是"60前"农民工的参与意愿的1.44倍、2.19倍、1.37倍和8.15倍。我们更需要关注的是"90后"的农民工的参与意愿，其表现得最为强烈。

第二是企业性质与农民工参与意愿。从回归分析的结果可以看出，进城农民的参与意愿受到其从事工作的单位性质的影响。在国有、集体和外企性质工作单位就业的进城农民相对于个体、私营及其他性质工作单位就业的进城农民更具参与的可能，且前者的参与意愿大概是后者的参与意愿的1.73倍。以上这些都表明进城农民对政策的认识不同程度上受到就业单位或者就业方式的影响，而农民工认识的提升与具有稳定性质的工作单位的关系更加密切，这也进一步使其对社会保障权利的诉求得以增强。

第三是户口类型与农民工参与意愿。一部分农民工通过各种途径获得了城市户口，这使其参与意愿比还没有获得城市户口的农民工的参与意愿更为强烈，有户口的大概是没有户口的2.27倍。与前面情形相类似，那些愿意定居于城市的农民工比不愿意定居于城市的农民工的参与意愿更为强烈，他们也愿意用其家乡的土地换取城市社会保障权利。

第四是婚姻状况与进城农民参与意愿。通过回归分析我们看到，进城农民的参与意愿也一定程度上受到其婚姻状况的影响。已婚进城农民与未婚进城农民相比较，其参与意愿显然比较低，未婚农民工只是已婚农民工的0.59 倍。对于很多已婚男性农民工而言，其配偶与子女仍留守在农村，这成为其牵绊，直接影响了他们不愿意主动融入城市社会，这些农民工对其生活的农村归属感比较强烈，他们到城市打工仅仅是为了谋生，对城市的依恋与归属感比较低，他们不愿意成为城市的主人，因此他们对社会保障等公共权力的诉求程度也相对较低。与他们不同，那些未婚的农民工年轻力壮，对自己在城市生活的未来充满了希望，预期很高，他们适应能力的主动性很强，这些人的参与意愿相对的也就更强。

第三节　农民工基本社会保障制度构建

一　基本思路

作为社会公众利益代表的政府承担着保护与救助弱势群体、维护社会公正和主导整个社会保障制度的责任，这将直接关系未来我国社会的稳定和可持续发展。当前农民工社会保障制度还很不健全，在设计农民工社会保障制度的框架中，政府所承担的角色至关重要，在农民工社会保障相关立法的构建、农民工社会保障管理体制的进一步完善以及农民工社会保障的财政支持等方面政府承担着很大的责任。构建农民工社会保障体制是个复杂的系统工程，国家应当系统合理地协调和划分中央政府与地方政府的责任，明确中央政府与地方政府在农民工社会保障中财政投入的比重，农民工社会保障问题不是地方政府可以单独解决的，中央政府在协调各地方政府的同时要承担起主要责任。政府应该通过采取各种鼓励措施和创新机制，不断增强企业和农民工的参保意识。我国计划经济时代的二元结构体制导致农民工这一特殊身份的边缘性群体的存在，诸多原因导致农民工社会保障制度的缺失。随着我国市场经济的发展和社会的不断进步，农民工社会保障问题也应该与时俱进。

首先，健全农民工社会保障的法律法规。目前我国在农民工保护这方面，立法保护彰显的力度确实还很不够，在法律法规的具体规定上存在诸多缺陷。当前，在我国沿海一些发达地区虽然已经颁布实施了很多关于社会保障方面的法律法规政策，但是关于农民工保障的立法层次较低，法律保障明显供给不足，其效果也很不理想。当前有关农民工社会保障法律制度的建设异常苍白，我们应该尽快制定针对于农民工的专门的社会保障法律法规，不断完善社会保障体系。

其次，我们要抓住重点，并且分层次地建立农民工社会保障制度。从目前情况来看，农民工的社会保险参保率非常低，所以我们要协调政府、企业与农民工个人之间的关系，使农民工利益切实得到保障。我们应根据不同地区的实际情况及现有的条件，加大对农民工的社会救济，并且不断完善农民工社会保险制度。

再次，我们要切实加大农民工社会保障政策的落实力度。随着我国改革的不断深化，我国政府对农民工的保障问题越来越重视，各地方政府已经出台了一系列关于农民工社会保障方面的政策和措施，但在实施过程中也彰显出其存在的缺陷。所谓上有政策，下有对策，比如规定企业应当为农民工购买养老保险，但在实施过程中却不尽其然。因此，为了更好地落实农民工社会保障政策的实施效果，在政策的实施过程中，我们应当实行专人负责，并且加强监督管理，以确保农民工社会保障制度更好、更健康稳定地运行。

最后，农民工社会保障制度应该具有很强的灵活性。农民工这一群体具有很强的流动性，所以针对于农民工的社会保障制度也应该具有灵活性，特别是要关注农民工迁出地与迁入地的有效衔接。我国政府要协调好中央与地方以及各地方政府之间的关系，使得农民工社会保险的异地转移有效地衔接而不致中断。我们可以通过实行网络化的管理，使农民工社会保险的个人账户可以在全国范围内转移，以达到农民工养老保险的有效接续，灵活多样地为农民工参加社会保险创造更为方便快捷的条件。灵活性可以使农民工在各个地区、各个城市之间自由迁移，为城市建设与城市经济发展作出更大的贡献。

二　工伤保险

1. 工伤预防制度体系的构建要合理有效

工伤保险制度是社会保障体系的重要组成部分，我们通过世界各国的工伤保险制度体系可以看出，使保障工伤保险制度体系最主要的前提就是不断完善工伤预防制度的设计。以往工伤保险的立足点是工伤补偿，现在我们应该将立足点转移到工伤预防上来，即把预防工作放在首位，在工伤保险未来的发展中，工伤预防将代替工伤补偿而成为工伤保险的核心内容。我们在制度安排上首先要不断完善工伤预防政策，明确其项目范围和实施的具体措施，通过制定和完善现有的工伤预防政策，为参保单位开展各项工伤预防措施提供政策依据。在不断完善工伤预防政策的基础上，我们还要不断完善工伤预防管理体系，具体操作如下：首先，在工伤预防方面，不同部门要明确职责分工和职能范围；其次，鼓励用人单位在安全健康生产设施、预防措施等方面进行投资优化；最后，加强对劳动者职业安全健康知识的培训。通过各方面的协调与配合以及各种措施的实施，最终达到良好的预防效果。

2. 确保相关农民工合法权益的制度的创新

为了确保农民工合法权益的及时实现，我们要在不断完善现有法律法规政策的前提下，加强政府职能在农民工工伤索赔中的作用，并且简化理赔的程序。同时还要规范农民工的用人单位在农民工发生工伤事故后，要及时组织对农民工进行有效的抢救，这是用工单位不可推卸的责任。此外，还可以通过实行工伤保险基金的先行垫付制度，使农民工在伤残等级确定后，由工伤保险基金根据伤残等级对其费用多退少补。

3. 设计与完善促进农民工工伤异地康复的相关制度

农民工工伤康复直接关系到伤残农民工能否重返工作岗位、重新融入社会。由于在大城市进行工伤康复成本较高，农民工对康复后重返工作岗位没有信心和市场经济条件下求职农民工供大于求，加之他们基本上是家庭的支柱，需要赡养父母、抚养子女，一旦发生工伤事故，必将给整个家庭带来巨大影响。农民工在城市因工致残后多数选择返乡进行治疗。工伤康复通行原则是"先康复治疗、后评残补偿"，这个过程也很漫长。因此，我们要从多方面着手解决这个问题。首先可以通过大力宣传工伤康复成功返岗的案例，鼓励因工致残的农民工参加工伤康复。同时还应从财政补贴或者已参保的农民工的工伤保险费中支出一部分费用来确保因工致残的异地农民工发生事故后康复期间的医疗费用、基本生活费用等，以此激励其重返工作岗位的信心。与此同时，我们还要不断寻求适合农民工的工伤康复模式，充分整合各种资源，完善农民工医疗心理康复与职业康复机制，采取"先评残、后康复"的模式，缩短农民工维权时间并解除农民工的后顾之忧，使其尽快重返工作岗位。

4. 农民工工伤保险费率和浮动费率的合理设置

通过总结其他国家在工伤保险的保险费收取比例和浮动费率制度上的经验，我国在确定行业缴费费率时，应对行业进行细分，对行业的职业风险进行深入研究，对于危险行业工伤保险缴费率要大幅提高，要对工伤事故发生率、发生行业进行深入的调查研究，进一步完善现有工伤保险费收费比例。在确定行业缴费费率时，还需要考虑企业经营的特点，增强企业参保和工伤预防的积极性。工伤保险制度中费率的调节作用可以起到较好的预防事故的作用，所以我们要科学合理地应用浮动费率，来调动企业和农民工加强工伤预防意识和措施的积极性，通过缴费费率鼓励企业重视职业安全健康，并努力降低职业伤害发生率。同时还要通过浮动费率等经济机制激励企业加强工伤预防。

5. 农民工工伤保险长效机制与创新

我们要为农民工建立多层次、全方位的工伤保障长效机制，就要不断优化"预防－康复－补偿"模式结构。[①] 我们通过借鉴和研究世界其他国家在工伤预防方面的工作经验可以看出，我们应该加大对工伤保险预防工作的资金投入，并加强对农民工职业安全健康知识的培训，让劳动者具备职业安全健康知识和经验，这样便可以起到良好的预防效果，同时也将有效地降低工伤事故的发生率。在我国现行体制下，应强化工伤补偿方面的制度和管理模式的创新，使农民工在工作中受到伤害后能及时获得充分的工伤保险补偿。与此同时，还要注重农民工生理康复、心理康复与职业康复的同时并举。为了促进工伤伤残农民工职业康复和再就业的顺利进行，我们要通过多种措施和制度，使工伤保险的保障作用得到全方位的发挥。

三　医疗保险

1. 账户设计

我国当前正处于计划经济体制向市场经济体制转型的关键时期，农民工群体目前以灵活就业为主，具有很强的流动性，且其收入水平较低，所以农

---

① 李朝晖：《农民工工伤保险制度重构与创新研究："预防—康复—补偿"工伤保险模式探讨》，《金融与经济》2007 年第 11 期。

民工缴纳医疗保险的能力和意愿不是很强烈，这就决定了在我国体制转型这一过渡性时期的农民工医疗保险制度具有很强的特殊性，即单位应该承担主要的缴费责任，农民工个人固定低缴费甚至不缴费。因而，对当前的农民工医疗保险制度进行账户设计时，应分别设立社会统筹基金账户、个人基金账户和准备基金账户，并且其基金应专门管理、专门使用。在这方面，北京市农民工医疗保险制度的实施是个很好的例子，具有很强的推广意义。北京市将医疗保险基金分为基本医疗保险统筹基金和大额医疗互助基金，设置起付标准为1300元，起付标准以上的统筹基金按比例支付基本的医疗费用；在一个年度内超过基本医疗保险统筹基金最高支付限额的，大额医疗费用互助资金支付70%，个人支付30%，大额医疗费用互助资金在一个年度内累计支付最高数额为10万元。[①]这为我们设置农民工医疗保险账户提供了一个很好的参考，这种设置方法在减轻了农民工负担的同时还形成了不同层次的账户，且能够应对存在不同问题的账户。在我国目前的医疗保障体制尚未完善的情况下，实行这一方法是一种简便易行且降低管理成本的很好的方法。

2. 缴费基数与缴费比率

由于农民工收入水平在其从业城市属于中下等水平，所以各地设计农民工医疗保险缴费基数应依据农民工收入水平低的特点而进行。很多城市对于农民工的医疗保险政策的缴费基数的设计所选用的标准大都是农民工从业城市的社会平均工资的60%。我们认为从维护农民工切身利益的角度出发，这种选择是比较可行的。按照农民工从业所在城市社会平均工资的60%为缴费基数，不仅保障了农民工对医疗保险的利益诉求，使农民工医疗保险水平维持在一个很好的高度，而且也考虑到企业为农民工缴费的能力。所以我们认为把农民工医疗保险制度的缴费基数设定为当地社会平均工资的60%左右是切实可行的，值得广泛推广。

3. 费用支付及结算方式

许多城市都规定了参加保险的农民工在享受医疗服务时所采取的费用结算方式，为了很好地控制农民工医疗保险费用额度，我们可以通过界定医疗保险费用的起付线及封顶线来达到这个目的。不同地区要根据农民工从业城市的经济发展水平和生活成本，以及农民工的就业收入特点来决定医疗保险

① 曲雅萍：《农民工医疗保险模式初探》，《卫生经济研究》2007年第5期。

费用的起付线和封顶线的标准，这个标准因地区不同而存在很大差异。但共通的一点是在制定起付线标准的过程中，为了提高农民工参保的积极性，符合农民工年龄结构较年轻的特点，我们制定的起付线标准不能太高。

医疗保险费用结算方式是医疗保险制度运行中的一个重要环节，它是指医疗保险费用拨付的方式和流向，不同的费用结算方式会影响医疗费用的开支、资源的配置，以及患者得到的医疗服务质量。合理的医疗保险费用结算方式可以提高参保人的就医质量，引导卫生资源合理配置，确保医疗保险基金的合理支出与有效使用。在我国医疗保险制度中，医疗保险费用的结算方式主要有按服务项目支付制、按人头预付制、按平均定额支付制、按病种分类支付制和按总额预付制等。

我们从城镇职工基本医疗保险的实践可以看出，各种结算方式各有利弊，任何单一的结算办法都难以应付复杂的医疗保险费用支出管理，且单一的费用结算方式难以达到预期的效果。所以我们在制定结算办法时应该从本城市实际情况出发，根据医疗服务的不同特点，采取适宜的结算方式，建立多层次、多元化、复合式的费用结算体系，扬长避短，制定相应的配套措施，有效控制医疗费用的支出。因此，农民工医疗保险的费用结算方式完全可以借鉴城镇医保实践的经验，使多种费用结算方式交互进行。

四　养老保险

1. 农民工养老保险制度体系的不断完善

在农民工的社会保障中，最复杂和最难解决的就是农民工的养老保险，我国农民工养老保险问题越来越受到政府和社会的关注。尽管很多地方政府在农民工参加社会养老保险方面都制定了相关的政策，而且各具特色、各有优长，但其实施效果却不是很理想。各地方政府在农民工社会养老保险制度的探索和实践中取得了一定的成绩、积累了一定的经验，但是当前农民工社会养老保险制度仍然很不完善。政府和学术界对如何进一步建立和完善农民工社会养老保险制度进行了多方面的调查研究，形成了一些重要的观点和政策主张。其中包括建立全国统筹的农民工养老保险卡技术平台，其可以借鉴银联或邮政系统平台建立的数据库技术平台的经验，实现全国范围内的"一卡通"。在平台建立的基础上，还要进一步建立养老保险地方财政激励机制，提高地方政府投入农民工养老保险推广工作的热情。与此同时，我们还要培养一批全国统筹社保平台的技术操作人员，以提高工作效率。对于新型统筹养老保险制度的推广，我们要加大宣传力度，使农民工转变对养老保险所持有的传统落后的思想观念，使养老保险制度从根本上得到认同。

2. 农民工养老保险法律法规政策的建立与健全

要想真正把农民工纳入社会养老保险体系，必须通过立法来强制执行。通过立法的形式建立与健全社会保险与社会保障制度，是世界各国开展社会保险工作的通行做法。我们要建立一部专门针对农民工养老保险的法律，使农民工养老保险的进行有法可依，以达到切实保障农民工根本利益的目的。将全国范围内的农民工养老保险统筹上升到法律的高度，不同的社保单位均按照新规定的内容办事，对参保各方在法律中都要有明确的责任界定。在农民工社会保障制度建立方面最主要的是要明确政府部门的责任，政府部门人员要严格依法办事，切实保障农民工的合法权益不受侵害。与此同时，我们可以通过设立专门的法律援助机构来帮助农民工维权，这些机构的工作人员在维权的同时要广泛听取农民工的意见，然后汇总报告给相关部门，这样便可以起到进一步完善农民工养老保险制度法律法规政策的作用。

3. 政府工作职能的转变

农民工养老保险的问题，说到底就是钱的问题，从国家层面来说就是财政的问题。政府公共财政支持建立农民工养老保险制度有利于发挥其"减震器"的功能，可以减少社会动荡和维护社会稳定。农民工之所以不愿意参加养老保险，主要还是在于政府的支持力度太小，所以政府要加大对农民工养老保险财政支出的力度。中央财政与地方财政可以相互协调共同给予农民工养老保险财政支持，让农民工在年老后多一份保障，这样也有利于社会公平。政府部门除了提供财政资金支持以外，还应该在农民工养老保险的信访、监督、执法方面加大工作力度。多方面共同协调配合，使农民工养老保险制度体系切实地发挥功能。我们还应该注意到，体现政府工作职能转变的干部考核评价体系的创新对于完善我国转型阶段的农民工养老保险制度的作用也是不容忽视的。我们要创新体系，把农民工参保率、农民工对社会保障工作的满意度和用工单位按规定缴纳保险费率等指标纳入政府职能部门干部考核的内容中。

五　失业保险

当前，农民工已经成为我国城市建设不可或缺的一支重要力量，农民工为城市建设作出了重要贡献。要想解决好农民工问题，就必须使农民工的合法权益得到切实的保障，贯彻落实好国家对农民工参加失业保险的各项具体规定，而现行失业保险制度难以适应农民工群体潜在需求的挑战。让农民工失业得到保障的根本前提就是健全与完善农民工失业保险制度。

1. 取消农民工个人最低缴费基数的规定

目前，我国关于农民工失业保险缴费基数的上下限还没有明确的规定。在具体的操作过程中，农民工的失业保险缴费基数和缴费比例因地区差异而不同，但基本上参照当地基本养老保险缴费基数和比例进行缴纳，地方政府参照养老保险缴费办法也设定了农民工失业保险最低缴费基数。缴费基数决定了参保的农民工每月缴纳的社保费用，由于各地区之间的经济发展水平存在差异，所以根据其设定的缴费基数乘以缴费比例所计算出的缴费金额也就不同。当缴费比例不变时，随着缴费基数的提高，应缴保险费金额也会相应提高。每个人都会有年老的时候，为了老有所养，老有依靠，国家设立的农民工养老保险制度应使农民工年老时的基本生活得到保障，所以国家设定养老保险最低缴费基数是比较合理的。但是由于劳动者个体差异的存在，其所面临的失业风险也存在很大差异，加之农民工群体收入水平较低，如果设定农民工失业保险最低缴费基数，就有可能造成农民工个人实际缴费率高于城镇职工，这就加大了农民工的负担，显然无法体现社会公平。因此农民工失业保险缴费基数应以农民工实际工资为准，这样才能够使更多的农民工参与失业保险，使其得到切实的失业保障。

2. 设计个人梯度缴费率

社会保障制度本身就是解决公平问题，效率与公平是相统一的，我国目前农民工失业保险资金由政府、企业和农民工三者来共同承担，确保农民工失业保险制度更好地运行。目前我国农民工群体规模庞大，因各地经济发展水平存在差异，农民工的收入水平也存在很大的差异。但从总体上看，农民工群体工资水平普遍低，这也导致农民工缴纳失业保险的能力低下，因此我们应该针对农民工不同的收入水平设置分层次的农民工个人梯度缴费率。为了使农民工有能力负担失业保险缴费额，我们可以设计 0、0.5% 与 1% 这三档的梯度缴费率，让农民工根据其实际的收入水平灵活自由地选择失业保险缴费率。当农民工收入水平较低时可以选择低缴费率，当其收入水平较高时可以选择高缴费率。设计个人梯度缴费率保障了低收入水平的农民工也可以参保失业保险，这充分体现了失业保险制度所彰显的公平性原则。

3. 有差别的失业保险金支付制度

社会保障制度注重效率与公平相统一。我们上面提出根据农民工自身的收入水平差异设立农民工失业保险个人梯度缴费率，那么农民工失业保险的支付标准也应与此相呼应，应该实行有差别的失业保险金支付制度。我国目前农民工失业保险金的发放是按固定数额支付的，我们应该改变这种方式，以有差别的失业保险金支付制度取而代之。根据农民工个人的缴费情况来确定其领取的失业保险金额。如果农民工个人缴费率越高，那么其失业后领取到的失业保险金就越多。有差别的失业保险金支付制度的建立可以极大地激励农民工群体参加失业保险的积极性，使农民工得到更好、更实惠的保障。

4. 促进农民工再就业服务体系的建立

失业保险是预防失业的"防护墙"，是促进就业的"缓冲器"。失业保险有保生活、促就业、防失业的功能。失业保险的促就业功能可以使失业问题得到根本缓解。失业风险大、生活保障弱与再就业困难是农民工群体所无法应对的，这就使农民工群体对失业保险制度存在巨大的潜在需求。为了使失业保险制度所具有的公平性原则得以真正体现，我们就必需重视失业保险的促就业功能，促进参加失业保险的农民工再就业。农民工要实现再就业需从两方面着手，一个是提高自身的职业技能，另外就是增加获得就业信息的渠道。我们要在政府、企业与社会三方的支持下，建立长效的可持续服务体系，加大农民工自身职业技能培训力度，不断提升其人力资本水平，促进农民工再就业，更好地加大我国产业结构的合理调整。

六 农民工社会救助体系的构建

随着我国社会救助制度的逐渐完善，建立农民工社会救助体系势在必行。完善农民工的社会救助体系是构建和谐社会的一个重要任务。

1. 常规救助

常规救助是社会救助的最基础的内容，对农民工实施的常规救助主要是指保障其最低生活水平。对于那些生活贫困的农民工，我们要给予金钱、物资（如生活必需品）方面的常规救助。在市场经济社会中，货币作为商品的支付手段，可以通过货币购买到商品。钱是货币，生活在贫困中的人们可以通过钱购买到所需要的生活必需品，所以对于贫穷的人们来说最需要的就是金钱。农民工社会救助的主要内容也包括直接的金钱救助。我们通过给生活贫困的农民工发放最低生活保障金等措施来保障农民工最基本的生存权利。与其他救助相比，实施金钱救助更为快捷方便，它以最快捷的方式来缓解农民工穷困的生活现状。在极其紧急特殊的情况下，给生活贫困的农民工群体提供直接的生活必需品的救助，体现了社会救助的救急功能。

2. 医疗救助

医疗救助是我国社会保障制度的重要组成部分，在我国虽然明文规定只要农民工与用工单位建立劳动关系，用工单位就必须为农民工及时办理工伤保险参保手续，并缴纳一定额度的费用。但由于农民工就业的企业多数规模很小，而且企业出于追逐自身利益最大化的考虑，再加上相关监管单位监督管理力度不够，造成农民工与这些用人单位达成的多数是口头协议，很少签订正式的合同，因而农民工参加工伤保险的参保率都不是很高。农民工由于其自身文化水平较低，大多从事的是城市中最脏、最累、最危险的工作，这些工作患职业病的机率和出现工伤事故的机率很高。农民工一旦发生工伤事故或者疾病，都会对农民工的生命造成严重的威胁，而抢救伤者的医院进行救治时常常面对拖欠治疗费用的尴尬局面，有时甚至可能会出现因得不到及时救治，农民工伤者失去生命的危险。为了确保农民工在发生工伤事故后能够得到及时有效的救治，同时减轻医院的负担，农民工医疗救助基金的设立就显得很有必要。

3. 职业培训救助

对那些生活贫困的农民工实施常规救助，保障其最低生活水平；对那些有劳动能力而处于失业状态导致生活贫困的农民工，我们仅仅采取常规救助是远远不够的。因为常规救助仅仅局限于对贫困农民工的生活救济，缓解贫困农民工的生存危机，而当给予他们的救助资源消费殆尽时，他们又将陷入缺乏基本生活和生产资料的贫困状态，自我生存与发展能力极其欠缺。因此，只有在农民工的自我生存与发展能力提高的前提下，才能达到脱离贫困的最终目的。对有劳动能力的贫困农民工进行职业培训才是提升他们自助能力的最主要的途径。在我国市场经济条件下，由于农民工群体的整体素质不高，所以在供大于求的劳动力市场中农民工处于劣势地位，他们极易处于失业状态。我们必须加大对农民工职业培训救助的力度，以促进社会的和谐发展。

4. 维权救助

近些年来，农民工维权问题屡见不鲜。如何更好地维护农民工的合法权益，一些公益性组织如工会组织在农民工维权中应当发挥积极的作用。工会是城镇职工的合法维权组织，维护职工合法权益是工会的基本职责，工会是连接职工与政府的纽带。工会作为城镇职工与政府谈判的代表，城镇职工可以通过工会来维护其合法权益，可以向政府表达自身的意愿。而在各级城镇的人民代表大会中几乎没有维护农民工这一弱势群体利益的代表，而且他们也没有自己可以加入的合法的维权组织。如果成立农民工工会，农民工就有了与地方政府沟通的渠道，可以将其真实意愿反映给地方政府，这样农民工群体也就有了稳定的利益表达机制。在农民工与企业主的博弈中，农民工的组织化程度是一个重要的变量。如果农民工组建工会，农民工群体便由弱势变为强势，企业主就不敢随意侵犯农民工的合法权益了。

5. 子女入学救助

当前，农民工子女教育问题成为社会广泛关注的一个重点。农民工同住子女义务教育要以流入地政府管理为主，以全日制中小学接受为主，要将农民工同住子女教育工作列入流入地义务教育工作范围，将农民工同住子女义务教育纳入流入地教育发展规划。农民工流入地政府要承担起主要责任，解决的渠道应该以公办学校为主，民办教育为辅，调整现有教育资源的分布，实现现有资源利用的最大化。

6. 住房补助

农民工是实现工业化、城市化的参与者和建设者，在工业化、城市化的进程中要提高农民工参与城市建设的积极性，最根本的做法就是使农民工真正融入城市，首先就是要解决他们的住房问题。在我国当前情况下，很多城市房价持续走高，城市居民想拥有自己的住房都有很大的困难，对于农民工来说困难更是十分艰巨。但城市居民有一定的住房保障和住房优惠补贴，而农民工则不享有这些优惠。为了促进农民工参与城市建设的积极性，我们应将在城市具有一定居住年限、稳定就业、有一定经济能力的农民工直接纳入城市住房保障体系中，在廉租房、经济适用房等保障性住房的申请、分配方面，享有与城市户籍居民相同的住房保障待遇。

第八章
失地农民的社会保障研究

第一节　失地农民社会保障概述

一　问题的提出

改革开放以来，尤其是自 20 世纪 90 年代以来，伴随着我国工业化和城市化进程的不断加快，非农建设用地需求迅速上升，导致越来越多的农民失去了其赖以维持生计的生产和生活资料——土地。据有关研究资料显示，1987～2001 年，全国因工业化和城市化而征占的耕地面积已达 160 万公顷，若按每位农民占用 0.04 公顷耕地的标准衡量，这样就会有 3400 万农民因此减少或失去了土地，而以现在的经济发展速度来估算，2010～2030 年占用的耕地面积将达到 5450 万亩以上，由此而造成的失地和部分失地的农民将超过 7800 万人①②。

毋庸置疑，加快工业化和城市化进程是目前我们解决许多社会、经济深层次矛盾的现实选择，也是我国步入现代化的必由之路。因为工业化和城市化不仅是一国经济和社会发展的客观要求，同时也是人类文明进步的重要标志之一。另外，由于现阶段乃至今后一段时期内土地仍然是大多数农民生活工作的生存基础和重要场所。因此，在还未建立起一套完善的能够解决农民生活、医疗、养老和就业等问题的保障体系之前，土地仍将是"农民社会

---

① 李剑阁、韩俊：《解决我国新阶段"三农"问题的政策思路》，《改革》2004 年第 4 期。
② 韩俊：《当前农业和农村经济形势与政策走向》，《发展》2004 年第 4 期。

保障的最基本载体"和"农民家庭最基本的经济基础"。农民失去土地就意味着失去了最基本的生活保障,进而成为严重的社会和经济问题。换言之,尽管失地农民是我国城市化和工业化过程中必然出现的一种正常现象,但在一个全面规范的农村社会保障体系尚未充分建立的情况下,土地实际上担负着农民最基本的生活保障功能,失去了土地也就丧失了最基本的社会保障,社会也由此增加了不稳定因素。因此,如何解决目前失地农民普遍面临的"种地无田、上班无岗、低保无份"的"三无"状况,就成为我国现代化过程中必须首先着重解决的重大问题之一。

这其中如何对失地农民进行合理有效的安置则是解决上述问题的关键所在,同时也是解决失地农民生存与可持续发展的重要环节。就现实经验而言,20 世纪 90 年代以来,被征地农民的安置方式一直处在不断创新的过程中,已由过去的农业安置、招工安置以及货币安置逐步发展到留地安置、入股安置、住房安置、移民安置与社会保障安置等多种方式(见表 8-1)。客观地讲,以上各种安置方式在特定的历史阶段确实发挥了其积极的社会作用,但同时也不可避免地产生了一些新问题。如招工安置方式可能会因接纳企业生产经营不稳定以及被安置失地农民自身素质不高,存在失地农民被安置后随即就下岗的情形,失业风险较大,因而大部分失地农民不愿接受;农业安置方式因目前土地承包法的限制而引发各种矛盾,从而难以操作;留地安置方式只能在耕地较多的地方实施,并且农地资源的分配也存在一定程度的困难;土地入股安置方式尽管可能会为失地农民提供一个较高的收益,但通常在未来面临较大的风险。近年来,一次性货币补偿(俗称"一脚踢")的安置方式是社会上普遍推行的一种模式。这种安置方式以土地近三年平均农业产值的数倍给付,简单易行,操作方便,但却难以保障失地农民的长远生计和未来的可持续发展。可以说,伴随着我国工业化和城镇化的加速发展,失地农民群体呈现日益膨胀的趋势,从而使得失地农民所面临的风险已从先前的分散性个体风险逐渐演变为集聚性的群体风险。因此仅仅对失地农民进行一些"短平快式"的安置可能会对他们未来的生存和发展产生不利影响,同时也为社会的和谐与稳定埋下较大的隐患。如此一来,失地农民问题的解决,我们不仅要正视问题本身,还要积极探讨可持续的安置方式。而从已有的经验来看,社会保障安置应当是一种相对具有可持续性的安置方式,值得进行尝试和探索。进一步地,在这一变革过程中，社会保障能否得到有效解决，不仅关系到失地农民合法权益的保护与获取，还关系到城乡经济社会的统筹与协调，进而关系到整个社会的稳定与发展。

表 8 - 1　失地农民安置方式的内容及特点

安置方式	内　　容	优　　点	缺　　点
货币安置	一次性付清征地补偿费用，包括土地补偿费、安置补助费及地面附着物与青苗补助费	操作简单易行	难以解决失地农民的长远生计和可持续发展
留地安置	为失地农民留出一定面积的土地，帮助其生活和生产发展	使农民可以长久获取土地增值收益	只有人均耕地充裕的地方才可以实行
入股安置	以补偿安置费为股本进行投资并参与利润分配	收益比较高	风险比较大
招工安置	帮助失地农民当地就业	能够获得工资保障	失业风险依然存在
住房安置	统一规划，为失地农民提供住宅	可以解决失地农民的居住问题	难以获得其他方面的保障
移民安置	在当地确实无法安置的情况下，由政府统一组织安排迁移到环境容量许可的地区	可以缓解原居住地的生产生活条件，从而为失地农民找到更好的生存发展空间	迁移后生产资源通常仍然比较匮乏
社保安置	统一纳入社会保障体系，按月领取保障金	能够长久解决失地农民的各方面保障	保障面仍较狭窄，保障力度不够

二　失地农民社会保障研究综述

如前所述，在目前中国的广大农村地区，土地既是大部分农民家庭的基本财富和农业生产的基本要素，同时又是为农民提供社会保障的基本载体，这样一来，当农民失去土地时，也就失去了与其密切相关的绝大部分基本保障。基于此，如何解决好这些失地农民的社会保障问题，不仅受到国家决策层的高度重视，而且学术界也给予了密切关注。从已有的研究成果来看，关注的焦点主要集中在以下几个方面。

1. 关于失地农民社会保障缺失的原因分析

周其仁从产权经济学的角度展开研究，认为我国农民社会保障缺失的根本原因在于农地产权制度的缺陷，国家通过其强制性权力控制着农村集体所有的土地，而农村土地的集体所有权主体模糊，所有者与经营者、占有者与使用者之间的权责利关系不明确。[①] 朱明芬等人认为，土地市场垄断是失地农民权益受损的主要原因。[②] 目前，国家垄断了土地一级市场，只有城镇国有土地才能在市场上出让，农村集体土地只能由政府征用转为国有土地后才可转让。这样一来，农村集体土地的先征后让，实际上是将农民和农村集体经济组织排除在了土地市场主体之外，因此他们也就不可能分享土地转让后所产生的巨额增值收益。韩俊认为失地农民权益受侵犯的根本原因在于农村土地所有权的缺位。[③] 朱林兴等学者则认为失地农民权益之所以受侵犯是由于现有的土地征收制度既不能适应经济发展的要求，也不符合市场经济规律。[④] 党国英认为造成失地农民困境的原因：一是现行征地制度把农民排除在土地增值收益分配之外，补偿标准太低；二是一次性货币补偿未考虑失地农民的长远生计；三是征地速度超越了当地经济发展水平，导致失地农民缺乏就业机会。[⑤] 曲天娥分析指出，城市化和工业化的快速发展，扩大了非农用地；各类开发园区过多过滥，侵吞了大量农民土地；土地流转中行政管理缺位与执法不严流失了一部分土地；工商企业和专业大户直接进入农业生产领域，导致农民间接失地；"圈地之风"盛行，"征而不用"，造成耕地资源闲置浪费。[⑥] 孔祥利、王君萍和李志建则认为，地权主体的缺失是造成农民失地的根本原因；现行补偿制度不合理所导致其的征地成本－收益的不对称刺激了圈地行为；利益集团的寻租行为助长了土地的征占；信息不对称下农民的劣势地位必然导致其在与政府博弈中失地的结果；政府对土地征占监管不力，以及圈地带来的暴利，致使占用农地的利益主体有恃无恐。[⑦]

2. 关于失地农民社会保障安置存在的主要问题

从现有的研究文献来看，学者对这一问题进行的讨论比较多，较为一致的观点主要有：补偿标准普遍过低，安置办法单一、以货币安置为主，没有

① 周其仁：《产权与制度变迁》，社会科学文献出版社，2002，第115页。
② 朱明芬：《浙江失地农民利益保障现状调查及对策》，《中国农村经济》2003年第3期。
③ 韩俊：《失地农民的就业和社会保障》，《决策管理》2005年第13期。
④ 朱林兴：《要维护城镇化进程中农民的权益》，《理论前沿》2002年第7期。
⑤ 党国英：《以市场化为目标改造农村社会经济制度》，《中国农村观察》2002年第3期。
⑥ 曲天娥：《农民失地的原因分析及对策》，《中国国土资源经济》2004年第3期。
⑦ 孔祥利、王君萍、李志建：《农民失地的路径、成因与对策》，《云南民族大学学报（哲学社会科学版）》2004年第6期。

考虑失地农民的居住安顿、重新就业等问题。此外，补偿费用支配缺乏规范使得失地农民的社保费用承受力不够，年轻农民参保积极性不高，因而难以将其纳入城镇社会保障体系，并且社会保障机制尚未形成等问题也是关注的焦点。樊小钢认为，必须构建一种以放弃承包土地来换取全面享受城镇居民社会保障利益的机制，从而为失地农民完全市民化提供制度渠道。[1] 鲍海君和吴次芳认为，在征地过程中，没有对征地补偿款和安置补助费进行合理分配和有效利用，同时对这笔款项也缺乏必要的社会监督机制。[2] 从现实情况来看，如果以成本价（征地价加上地方各级政府收取的各类费用）为100进行衡量，则拥有集体土地使用权的农民只得其中的5%～10%，而拥有集体土地所有权的村级集体经济组织得25%～30%，剩余的60%～70%则为政府及其各部门获得，而从成本价到出让价之间所产生的土地资本的巨额增值收益，则大部分被中间商或地方政府获取。国土资源部征地制度改革研究课题组则明确指出现行征地补偿的测算办法没有体现土地的潜在收益和利用价值，没有考虑土地对农民承担的生产资料和社会保障的双重职能，更未体现目前土地市场的供需状况。

3. 关于失地农民社会保障基金筹措的来源问题

目前学术界对这一问题主要有三种看法。第一种观点认为，土地补偿安置费以及土地转用后的增值收益应该成为失地农民社会保障基金的主要来源。[3] 第二种观点则认为，缴纳社会保障的费用可以由政府、土地开发中的增值收益、农民各出一部分。[4] 而第三种观点则认为，失地农民的社会保障专项基金可通过如下渠道筹集：一是政府一定比例的财政划拨；二是从政府土地出让金的净收益中提取不少于10%的资金；三是在行政划拨土地以及有偿出让土地时，按照每平方米30元的标准提取资金；四是从土地储备增值收益中提取10%的收益；五是从全国社会保障基金的投资收益、社会各界捐献、国有资产变现收入等渠道筹集资金。[5] 如周琳琅认为政府应该承担

① 樊小钢：《促进流动人口市民化的社会保障制度创新》，《商业经济与管理》2004 年第 4 期。

② 鲍海君、吴次芳：《试谈现行征地安置的缺陷及未来改革设想》，《河南国土资源》2003 年第 6 期。

③ 马驰、张荣：《城市化进程与失地农民》，《农村金融研究》2004 年第 1 期。

④ 杨盛海、曹金波：《失地农民市民化的瓶颈及对策思路》，《广西社会主义学院学报》2005 年第 5 期。

⑤ 张时飞、唐钧：《土地换保障：解决失地农民问题的唯一可行之策》，北京劳动保障网：www. bjld. gov. cn，2004。

筹集失地农民社会保障基金的基本任务，即从年度财政中列支一块作为专项基金，从经营性房地产项目用地的招标拍卖所得的土地有偿使用费中留出一块以及社会各界的捐助；[①] 而葛永明则提出由国家、集体和个人三者共担，其中国家出资部分在土地出让净收益中列支。在此基础上，一些学者进一步提出了具体的资金筹集方案。如张时飞提出从政府土地出让金中提取不少于10%的资金；在行政划拨土地和有偿出让土地时，按照每平方米30元的标准提取资金；从土地储备增值收益中提取10%的收益。[②] 而宋斌文和荆玮则认为政府承担的部分不应低于保障资金总额的30%，可先从土地出让金收入等政府性资金中列支，村（组）集体经济组织和个人承担70%，其中集体承担部分不应低于保障资金总额的40%。[③]

4. 关于失地农民社会保障基金的运行机制问题

在这一问题上学者们关注的焦点主要是基金由谁运营以及让谁监管。有学者认为，按照资本运作模式的基本要求，这部分资金应交由私营机构管理，但不一定要照搬西方国家的做法，可以结合我国的具体国情，将这部分资金交由银行和非银行金融机构进行经营管理，并引入市场竞争机制，以促进基金的保值增值。[④] 还有学者建议可结合我国现阶段的具体国情，在劳动和社会保障部门或财政部门设立一个专门从事失地农民社会养老保险基金存储和管理的机构，实行收支两条线和财政专户管理，单独建账、专款专用。[⑤] 与此同时，还有学者从实际出发，分别对失地劳动力、已到退休年龄的失地农民、未成年失地农民的社会保障体系如何构建提出了相应的具体操作方法[⑥]。而王斌认为，要分开设置失地农民社会保障基金的管理机构与经营机构，前者负责对后者的监管和对社会保障市场的调控，后者负责基金的筹集、投资运营和保险金的发放等，并保证监督管理机构的权威性、公正性、独立性和科学性。[⑦] 另外，还有专家提出要为失地农民提供相应的法律

---

① 周琳琅：《城郊失土农民就业的路径思考》，《经济问题探索》2004 年第 1 期。
② 葛永明：《在农村工业化、城市化进程中必须高度重视和关心"失地农民"》，《调研世界》2003 年第 3 期。
③ 宋斌文、荆玮：《城市化进程中失地农民社会保障问题研究》，《理论探讨》2004 年第 3 期。
④ 鲍海君、吴次芳：《论失地农民社会保障体系建设》，《管理世界》2002 年第 10 期。
⑤ 陈信勇、蓝邓骏：《失地农民社会保障的制度建构》，《中国软科学》2004 年第 3 期。
⑥ 朱明芬：《浙江失地农民利益保障现状调查及对策》，《中国农村经济》2003 年第 3 期。
⑦ 王斌：《对失地农民社会保障问题的认识及思考》，《国土资源》2004 年第 8 期。

援助，成立农会、土地法庭，同时建立一个律师援助系统，从而保障失地农民在提起诉讼时有能力进入司法程序。

5. 关于失地农民社会保障基金的监管问题

对于这一问题，学者们的观点主要体现在这样几个方面：其一，可设立由各级政府组建的基金管理委员会和由缴费人、受益人以及社会公益组织共同组成的非官方监督机构；其二，为防止舞弊行为，应该建立严格的市场准入制度；其三，规定基金经营管理机构的最低法定准备金和相应责任，建立财务公开、信用和绩效评级体制以及严格的经济处罚制度；其四，为保证被保险人的利益，必须建立指数化的最低投资回报率制度，规定投资的方向、项目和所占比例等。[①] 如冯健认为基金运行中的监管非常重要，在构建明确的法律体系的前提下，依法赋予监督主体的监督权，要分开设置失地农民社会保障基金的管理机构和经营机构，前者负责对后者的监管和对社会保障市场的调控，后者负责基金的筹集、投资运营和保险金的发放等，并保证监督管理机构的权威性、公正性、独立性和科学性。[②] 而周舟则认为，应交由私营机构管理，不一定要按照西方国家的做法，可以结合中国国情，交由银行和非银行金融机构经营管理，并引入竞争机制，来促进基金的保值增值。[③]

6. 关于失地农民社会保障体系的内容安排问题

有关失地农民社会保障内容安排的研究，学者们的观点差别比较大，具体而言主要有以下几种观点：国土资源部有关文件指出，"对失地农民的安置要以提供长期可靠的基本生活保障为核心，鼓励和支持各地探索适应社会主义市场经济要求的安置途径"。[④] 杨盛海和曹金波指出，政府或社会保障部门应该建立面向失地农民的特殊社会保障，按照不同年龄阶段，分别设立教育、养老、医疗、最低生活保障等多种保障项目，凭身份证和失地证明办理。[⑤] 马驰和张荣指出，补偿、保障和就业是解决失地农民生存和发展的三

---

① 梁坚、黄世贤：《中国共产党农业经济思想的形成和发展》，《江西财经大学学报》2001 年第 4 期；鲍海君、吴次芳：《论失地农民社会保障体系建设》，《管理世界》2002 年第 10 期。

② 冯健：《失地农民社会保障初探》，《财政研究》2004 年第 6 期。

③ 周舟：《国外失地农民补偿办法》，《农村工作通讯》2007 年第 10 期。

④ 梁世盛：《从全面建设小康社会的高度认识和解决农民失地问题》，《中国乡镇企业》2004 年第 5 期。

⑤ 杨盛海、曹金波：《失地农民市民化的瓶颈及对策思路》，《广西社会主义学院学报》2005 年第 5 期。

个重要方面，并且补偿、保障是基础，就业是关键。① 而梁世盛则强调，对失地农民的社会保障要有区别、有重点地加以实施，并认为保障涵盖养老保障、教育培训、促进就业、土地征用资金及集体资产管理的保值增值等方面。② 徐元明提出要针对日益增多的失地农民建构社会保障，其目标不能仅停留在基本生活保障上，而是要保障其实现小康。为此，他提出了要设立失地农民基本生活保障基金制度、基本养老保障制度、农民转市民与留地保障这四种方式相结合的保障体系。③ 此外，周志坚和周庆松提出了颇有创见的失地农民的社会保障配套措施。即提高农民土地收益分配标准，建立"低门槛进入，低标准享受"的养老保险机制，留地、调地安置，就业、投资安置，生产资料转换安置，大病医疗统筹。④

7. 关于失地农民社会保障的制度统筹层次问题

目前学术界在这个问题上主要存在以下两种观点：第一种观点认为，应该将失地农民社会保障纳入城乡统筹层次上予以考虑，并按照城市和农村人口统一标准建立社会保障，因为此举顺应了政府提出的城乡统筹发展的目的。⑤ 第二种观点则认为，目前还不应该将失地农民社会保障完全纳入城乡统筹层次，应该有效地区分失地农民这一特殊群体，从而加以区别对待。因此，为失地农民设立的各项社会保障制度，不宜直接与现行城镇的类似制度衔接，而应该要循序渐进。⑥ 陈信勇和蓝邓俊也是此观点的支持者，他们认为，对于已经就业的失地农民，可以归入城镇职工养老保险制度；而对于那些尚未就业的失地农民，则应建立有别于城镇的统账结合的养老保险模式。⑦

8. 关于失地农民社会保障的模式选择问题

樊小钢认为，必须构建一种以放弃承包土地来换取全面享受城镇居民社

---

① 马驰、张荣：《城市化进程与农民失地》，《农村金融研究》2004 年第 1 期。

② 梁世盛：《从全面建设小康社会的高度认识和解决农民失地问题》，《中国乡镇企业》2004 年第 5 期。

③ 徐元明：《土地利用制度创新与失地农民保障制度的建构》，德宁在线（www.dnxk.com）。

④ 周志坚、周庆松：《兰溪社会城市化失地农民社会保障问题研究》，兰溪市党政干部论坛（www.lxdx.gov.cn）。

⑤ 杨盛海、曹金波：《失地农民市民化的瓶颈及对策思路》，《广西社会主义学院学报》2005 年第 5 期。

⑥ 张时飞、唐钧：《土地换保障：解决失地农民问题的唯一可行之策》，北京劳动保障网：www.bjld.gov.cn，2004。

⑦ 陈信勇、蓝邓骏：《失地农民社会保障的制度建构》，《中国软科学》2004 年第 3 期。

会保障利益的机制，为失地农民完全市民化提供制度渠道。[1] 鲍海君和吴次芳指出，以征地补偿安置费和土地转用后的增值收益为主要资金来源，设立失地农民社会保障基金，建立失地农民社会保障体系。张时飞和唐钧则提出了"以土地换保障"，形成"以土地换保障，以保障促就业，以就业促发展"的失地农民安置模式。[2] 朱明芬认为，对于土地被全部或大部分征用的失地农民，应建立、健全养老保障制度，在条件许可的情况下，为社区失地农民购买大病医疗保险，同时，对丧失劳动能力的失地农民实行最低生活保障制度。[3] 徐琴认为征地补偿政策调整的重点应当在于长期的就业补偿和社会保障补偿，建立与市场经济条件相适应的货币补偿、就业培训与安置、创业扶持和社会保障相结合的模式。[4] 更多的研究则建议建立养老保障、医疗保障、失业保障、最低生活保障、就业培训等"一揽子"的保障模式。[5]

9. 关于失地农民社会保障制度的运行和实践研究

刘金红、段庆林与董明辉从经济发展和政策取向的角度出发，研究了新中国成立 50 年来我国农村社会保障制度的阶段性特征以及各种保障形式的制度变迁与制度绩效，从而提出了建立与我国目前农村生产力发展水平和各方面的承受力相适应的农村社会保障制度的政策建议。[6] 朱明芬认为，应为失地农民建立、健全养老保障制度。失地农民养老保险资金应主要从征地补偿费、土地出让增值中列支。在条件许可的情况下，为失地农民购买大病医疗保险，同时，对丧失劳动能力的失地农民实行最低生活保障制度。[7] 徐凯赞与欧阳亮辉依据城乡属性把我国社会保障制度界定为一种二元社会保障制度，指出按照社会保障人人共享和普遍受益的公平原则，我国现行的二元社会保障体系无论从其形成历史和政策影响来看，还是就目前农村的现实需要而论，都表现出一种公平性的缺失。[8] 陈信勇和蓝邓骏从阐释建立失地农民

① 樊小钢：《促进流动人口市民化的社会保障制度创新》，《商业经济与管理》2004 年第 4 期。

② 张时飞、唐钧：《土地换保障：解决失地农民问题的唯一可行之策》，北京劳动保障网：www.bjld.gov.cn，2004。

③ 朱明芬：《浙江失地农民利益保障现状调查及对策》，《中国农村经济》2003 年第 3 期。

④ 徐琴：《农村土地的社会功能与失地农民的利益补偿》，《江海学刊》2003 年第 6 期。

⑤ 鲍海君、吴次芳：《论失地农民社会保障体系建设》，《管理世界》2002 年第 10 期。

⑥ 刘金红、段庆林、董明辉：《我国农村社会保障制度研究》，《中国软科学》2001 年第 1 期。

⑦ 朱明芬：《浙江失地农民利益保障现状调查及对策》，《中国农村经济》2003 年第 3 期。

⑧ 徐凯赞、欧阳亮辉：《我国社会保障制度的公平性思考》，《宁夏社会科学》2004 年第 3 期。

社会保障制度的必要性入手，提出了建立失地农民社会保障制度应坚持的原则及社会养老保险制度、医疗保险制度、最低生活保障制度、就业培训和社会服务保障制度的制度构想。[①] 樊小钢认为促进失地农民市民化的制度创新，需构建一种城镇居民社会保障利益的机制来换取失去土地保障的机制，为失地农民市民化提供制度保障。[②] 吕勇、赵友谊、贾平和张婷分析了我国失地农民社会保障制度的现状，进而较为详细地探讨了失地农民社会保障的构建。[③] 唐莉和胡宏伟指出失地农民的社会保障制度是结构性嵌入我国土地产权制度、征地制度、城乡社会保障制度、农民利益诉求实现制度之中的，这种结构性嵌入机制提出仅仅靠完善失地农民社会保障制度本身是不够的，失地农保制度的完善必须以上述四项制度的完善为前提。[④] 而白凤峥和姚诣路则分析了农民工的社会保障现状及问题，并据此提出了相关政策建议。[⑤]

第二节　我国失地农民社会保障的现状及存在的问题

一　失地农民社会保障现状

在我国，由于历史遗留问题以及体制的路径依赖性所导致的社会主义市场运行机制与运行方式的不完善，使得农民这一社会群体长期处于一种弱势地位，从而在其正常的社会交往中经常受到有意和无意的歧视，这已是一个不争的事实和一个无法回避的社会问题。目前，我国已在城市初步建立起较为完善的社会保障体系，但在农村，农民社会保障体系及制度的构建则远落后于现实需要。由于我国城乡发展的失衡（如城乡收入比率从 1978 年的

---

① 陈信勇、蓝邓骏：《失地农民社会保障的制度建构》，《中国软科学》2004 年第 3 期。

② 樊小钢：《促进流动人口市民化的社会保障制度创新》，《商业经济与管理》2004 年第 4 期。

③ 吕勇：《失地农民社会保障制度的现状与思考》，《山东省农业管理干部学院学报》2005 年第 4 期；赵友谊：《失地农民社会保障制度的探讨——来自浙江省的经验与启示》，《经济师》2005 年第 9 期；贾平、张婷：《被征地农民社会保障制度研究》，《经济纵横》2008 年第 3 期。

④ 唐莉、胡宏伟：《我国农村社会保障制度建设滞后的原因及对策》，《科技创业月刊》2005 年第 4 期。

⑤ 白凤峥：《对建立农民工社会保障制度的认识》，《生产力研究》2004 年第 7 期；姚诣路：《关于建立农民工社会保障制度的研究》，《经济纵横》2006 年第 7 期。

2.57：1 上升为 2009 年的 3.33：1），导致其在承担社会保障费用和能力上产生显著差别，使得农村社会保障制度的构建举步维艰，从而加剧了城乡社会保障给付的不公平。如 2000 年占人口 70% 左右的农民的社会保障支出仅占全国保障总支出的 11%，而占人口 30% 的城镇居民却占全国社会保障费的 89%；而在人均占有方面，城市人均社会保障费 455 元，农民人均仅 15 元，相差 30 倍；此外，从社会保障的覆盖范围来看，城市已达 90%，而农村只有 24%。因此，与城市较为健全和完善的社会保障相比，我国农村社会保障体系和制度的现状可以概括为以下四个方面。

1. 农村社会保障覆盖范围狭窄

如上所述，目前我国城镇社会保障制度已普遍建立，并且基本涵盖了社会保障的所有项目。而农村社会保障的内容安排仅包括五保供养、低保、特困户基本生活救助及优抚安置等项目，其中至为关键的养老保险在一些农村地区还未建立，而不可或缺的失业保险、工伤保险、住房保险以及不少社会福利项目则没有或基本没有。另外，在城乡已有的社会保障项目中，保障的覆盖范围差异也比较大。以养老保险为例，2008 年，城镇基本养老保险的参保人数为 21891 万，其基金累计结余已达 9931 亿元；而农村养老保险年末参保人数只有 5595 万人，当年领取养老金的农民人数也仅有 512 万人。[①]

2. 农村社会保障水平低下

若不考虑城乡社会保障内容安排方面的差距，仅就保障的水平和力度而言，二者的差距也是显而易见的。据有关统计数据显示，2007 年城乡居民享用的社会保障费用支出比已达 100：1，而城乡人均社会保障费用支出在数额上的差距也已超过 1500 元。以养老保险为例，2008 年城镇居民人均年基本养老保险待遇支付已达 13933 元，而同年农村人均年基本养老保险待遇支付仅为 1109 元，城镇水平约为农村水平的 12.56 倍。[②]

3. 农村社会保障的筹资方式不合理

与城镇社会保障的筹资方式相比，我国农村社会保障的资金来源也存在着较大的问题。以养老保险制度为例，2003 年全国企业基本养老保险征缴

---

① 根据《2008 年劳动和社会保障事业发展统计公报》整理得到。
② 根据《2008 年中国劳动和社会保障年鉴》整理得到。

收入总额为 2595 亿元，若加上各级财政补助的基本养老基金 544 亿元，共有资金 3139 亿元，其中国家、企业和个人筹资的比例分别为 17.3%、59.1% 和 23.6% 。并且行政事业单位的大部分职工都未参加个人缴费的社会养老保险，也就是说这部分人的养老费用基本上仍是由国家财政或单位来提供的。而相比之下，农村社会养老保险的资金筹集则按照"个人缴纳为主、集体补助为辅、政府予以政策扶持"的方式进行，且自 1992 年进行试点以来，积累资金仅 259 亿元，2003 年养老保险收入仅为 38 亿元，政府、集体和个人筹资的比例分别为 3.3%、14.7% 与 82%。[①] 近年来，城乡居民社会养老保险政府出资基本相同，但居民同职工、事业单位从业人员和公务员政府出资额相比差距仍很大。

4. 农村社会保障运行机制不成熟

人力资源和社会保障部成立后，随之对城市社会保障进行了一系列改革，到目前为止，已基本实现了统一管理，并且其制度化和社会化程度也有了很大的提高，同时运行机制也开始趋于成熟。相比而言，农村社会保障多头管理的现状并未从根本上得到改变，主要表现为合作医疗归卫生部门管理，社会养老保险归人力资源与社会保障部门管理，而社会救助、社会福利则归民政部门管理。这样一来，由于建立时间短、管理不统一等，使得其管理效率较为低下，运作不够规范。[②]

二 失地农民社会保障存在的问题

如前所述，在我国目前这种城乡二元社会保障结构下，土地是农民赖以生存的物质基础。因此，在当前我国社会保障体系还不健全的条件下，土地在一定程度上发挥了社会保障制度的作用，而失去了土地的农民在失地的同时也失掉了最后的社会保障内容，而且他们还处于城镇居民的社会保障体系之外。20 世纪 80 年代左右，政府对失地农民的保障重点是将其安排进入乡镇或集体企业作为用工，但缺乏基本的养老、最低生活保障等项目，而且随着企业改革和职工的下岗分流，大部分先前进入工厂的失地农民因为缺乏竞

---

① 薛兴利、厉昌习等：《城乡社会保障制度的差异分析与统筹对策》，《山东农业大学学报（社会科学版）》2006 年第 3 期。

② 信长星：《2008 年中国劳动和社会保障年鉴》，中国劳动和社会保障出版社，2008。

争力，成为优先下岗的对象，又重新回到失业状态。近些年来，国家对失地农民通常采用的补偿方法就是一次性货币安置方式。但因为征地补偿标准过低，被征用的土地并未获得与之价值相应的经济补偿。目前我国除部分试点省市以外，大部分仍未启动针对农村失地农民的社会保障体系，大量失地农民存在着基本生活困难的难题。我国失地农民社会保障主要存在以下两个问题。

1. 社会保障供给城乡分配不均匀

失地农民的产生是一个国家在现代化过程中的必然。在我国，由于长期的城乡二元格局，使得农民一直被排除在国家的一般社会保障之外，在城市实行的是"高补贴高就业"的社会保障制度，即拥有城市户口就可以享有就业、养老、医疗、住房和粮食等一系列的社会保险和社会补贴；而在农村实行的则是"以群众互助和国家救济为主体的社会保障制度"，若就失地农民而言，其所能享受到的社会保障更是相形见绌。1980 年以后，我国开始实行家庭联产承包责任制，在土地福利均分（农村按人口均分土地）的原则下，把土地分给农民，并以此作为保障农民基本生活需要的手段，通过土地政策努力协调公平与效率的关系，土地的福利绩效在很大程度上抵消其效率的损失，从而为家庭经济的发展及其保障功能的发挥奠定了基础，为农民的土地保障和家庭保障提供了制度安排。然而，工业化和城市化的迅速推进，却使失地农民丧失了由土地所提供的社会福利待遇。有资料显示，目前占中国人口 70% 的农民只享有社会保障支出的 10% 左右，而占总人口不到 30% 的城镇居民却占用了社会保障的 80% 左右，失地农民的现实状况不容乐观，大批真正需要社会保障的失地农民尚未纳入保险范围，社会保障缺位，统筹程度低，资金调剂能力弱，抗风险能力差，各地普遍存在着保险水平低、保险资金没来源等情况，绝大部分地区失地农民的社会保障还无法纳入当地城镇社会保障体系中。

2. 建立失地农民社会保障存在诸多障碍因素

首先是主观方面的因素：①失地农民没有得到充分的身份认证，一些人单纯地站在城市社会经济发展的角度看问题，忽视失地农民自身的基本利益；②大部分失地农民由于各方面的原因缺乏自我保护的意识，而政府为了经济的发展也在一定程度上忽视了对失地农民的保护；③部分城市居民对建立失地农民社会保障体系通常具有较强的抵触心理，担心会引来更多的失地农民进入城市；④一些地方搞失地农民的社会保障往往是按上级政府下达的指标层层进行安排，都不管失地农民是否真正需要，这种行政强制的工作方式让失地农民心生反感。

其次是体制方面的因素：①社会保障立法不健全。目前，有关失地农民的社会保障问题主要有劳动部 2007 年发布的《关于切实做好被征地农民社会保障工作有关问题的通知》和《关于做好农村社会养老保险和被征地农民社会保障工作有关问题的通知》两个法规性文件，使得现实中的社会保障工作难以实现强制性的原则。②失地农民社会保障制度滞后甚至缺失。目前我国广大农村的社会保障制度远未形成，与城市社会保障存在严重的脱节，这已严重影响了失地农民在"农转居"过程中相关保障工作的有效开展。③失地农民虽然人数众多却由于其弱势地位和较低的组织程度使得其争取社会保障等合法权益的能力不足，使得他们的诉求和意愿难以引起决策层的应有重视。

最后是客观方面的因素：①失地农民在经济收入上的障碍。大多数失地农民的就业和收入都很不稳定，这种状况使其难以取得进入现有社会保障体系的资格。②社会保障资金的障碍。近年来，社会保障资金短缺状况使得政府财政维持原有社会保障水平尚力不从心，如果再将失地农民纳入社会保障体系将不堪重负。

第三节　失地农民社会保障的内容安排

一　一般意义的失地农民社会保障内容

一般说来，失地农民社会保障的内容安排大致包括：最低生活保障、养老保障、医疗保障、为失地农民提供受教育和培训机会以及为失地农民提供相关法律援助。从已有的国际经验来看，一些西方发达国家尤其重视教育和职业培训在社会保障中的作用，因为这是解决受保障者可持续生计的根本所在，也是充分发挥非物质性社会保障的关键所在。如美国的一些地方，在一个人申请救济之前，他们会首先问你愿不愿意接受某种职业培训。自 20 世纪 60 年代以来，美国已颁布了许多有关职业培训和职业教育的法令。这样一来，通过职业培训，不仅提高了劳动者素质，有利于劳动者就业，而且在一定程度上缓解了失业问题，从而成为美国社会保障不可或缺的部分。然而，与西方发达国家相对完善的失地农民社会保障体系相比，我国失地农民社会保障体系的构建还有很长的路要走，而这也是我们考察失地农民社会保障问题时首先需要关注的问题之一。

此外，按照1952年国际劳工组织颁布的《社会保障（最低标准）公约》，在失地农民社会保障内容安排的选择上，应采取"一揽子"安置模式，即失地农民社会保障的内容安排是一个包括最低生活保障、医疗保险、养老保险、失业保险、工伤保险和生育保险等在内的"一揽子"保障体系。但从目前我国失地农民的实际情况尤其是国家财政上的可承受性来看，迅速构建一个非常完善的城乡统筹的社会保障体系是不现实的，也就是说在社会保障的内容安排上，在现有的国情背景下，采取一种均衡发展的思路似乎并不是最优选择。事实上，失地农民对于社会保障内容的需求程度是不一样的，也即失地农民对于社会保障的内容选择在迫切程度上大致有一个比较明确的排列顺序。按照需求程度依次为最低生活保障、医疗保险、养老保险、失业保险、工伤保险以及生育保险等。

二 宏观层面的失地农民社会保障内容安排

首先，从保障的具体内容来看，应采取渐进性的方式逐步推进和扩大失地农民社会保障的有关内容的安排，也就是说，在失地农民社会保障内容安排的具体选择上可以是一种非均衡发展的模式，这样一来，就可以为我们在目前社会保障基金有限的情况下由点到面逐步推进和完善社会保障体系提供一种切实可行的现实突破口，事实上这也是我们长期以来"集中力量办大事"这一理念在失地农民社会保障内容安排的具体运用。简单说来，可先行建立最低生活保障、医疗保险和养老保障，并以最低生活保障、医疗保险和养老保障为基础，逐渐向失业保险推进，进而覆盖和扩大到工伤保险和生育保险等险种，还要安排失地农民的职业培训。考虑到各地区经济发展水平的差异，各地应根据当地实际情况制定出切合实际的推进顺序。由于最低生活保障和医疗保险为农民失地后的即期生存和生活保障，养老保障为远期生存和生活保障。这三个保障是失地农民最起码的生活保障。因此，各地应先行满足这三大保障需求，再根据经济发展水平和实际情况在其他保障内容方面进行拓展和延伸。但应当注意的是，从可持续的角度来看，失业保险语境下的职业培训则是构建失地农民社会保障的根本举措。

其次，从其中最重要的养老保障所涉及的对象来看，对于不同年龄阶段的失地农民，可以有选择地实行不同的养老保障措施。这在不少地方已经进行了积极的探索和实践，同时也形成了不少有益的经验和成果，具体操作模式也不尽相同，但有一点各地基本上达成了共识，即处于某一年龄段（如16~40岁，但在具体的年龄上下限上，各地还是有细微的差别）的年轻劳动力需要自行交纳部分社会保障统筹费。因此，针对这部分群体必须结合就业安置进行，以就业安置促社会保障安置。

再次，从保障对象所处的地理位置来看，不同地理区位上的失地农民社会保障的内容选择也应有所侧重。对于城中村、城乡结合部以及近郊村这些在地理位置上毗邻城市的地区，可以尝试构建一种适应城乡一体化要求的社会保障体系，也即在征地后应尽量将失地农民纳入城镇社会保障体系。而对于那些远离城市中心的边远农村地区，可以考虑先行构建一种仅针对失地农民这一特殊群体的社会保障体系，或者可先将失地农民纳入现行农村社会保障体系，待时机成熟后再与城镇社会保障体系接轨。

在我们这样一个幅员辽阔、人口众多的发展中国家里，由于经济基础还不是很丰厚，生产力水平也不是十分发达，再加上各地区发展水平差距比较大，这样一来，地区经济发展差异和失地农民社会生活需求的异质性必然导致各方面的承受能力也不平衡，所以要完整地反映失地农民的生活生存保障问题也就不可能全面。因此，就目前中国经济发展的现实情况以及失地农民的多层次需求而言，在构建失地农民社会保障模式的过程中，一个基本可行的思路是要建立统一多层次的保障模式。原因在于，一方面，城市化进程需要把农民土地转为城市建设使用，这样一来，就应该将失去土地的劳动者转化为非农人员，并将其纳入城市社会保障体系；而另一方面，只有最终构建一种统一的城乡保障体系，才利于失地农民的跨地区流动，同时也利于我国社会保障制度的长远发展。以上是从我国城镇化长远目标考虑的，但目前将失地农民全部纳入市民行列显然是不现实的，因此可建立统一多层次的社保体系以实现对失地农民进行分类分层次保障。

简单说来就是，国家可以从制度构建上入手，按照分类分层次的思路明确扩大对失地农民社会保障的覆盖范围，首先在最低生活保障、医疗保险、养老保险和其他基本生活条件上加大投入力度，从而将失地农民的生存保障问题纳入国家整体保障系统之内，以缩小城乡保障差别，同时将失地农民的社会保障问题融入土地征用和"公益"发展的整体规划中去，使农民能够事实上参与到社会发展和城市化建设中，进而实现"无差别"保障。其次可以进一步考虑从土地增值收益中提取一部分利益作为保障资金，加大农民的就业和生存能力，使失地农民实现由农民向城市居民的顺利转变，以便国家有针对性地、持续地实施社会综合保障功能。在此基础上，随着国家经济的不断发展和政府财政力量的持续增长，最终将失地农民的社会保障内涵拓展到其他所有项目以及配套措施上。

三 具体层面的失地农民社会保障安排

1. 当务之急是建立失地农民的最低生活保障制度，因为这是失地农民的基本生存权能否得到保障的根本体现

如前所述，从现实情况来看，失去土地的农民既丧失了其原有的土地保障，同时也不大可能享有城市居民所拥有的社会保障，从而被排挤到整个社会保障体系的边缘地带，但是从社会公平正义和公共福利政策的角度来看，最低生活保障既是全体国民都应享有的基本权利，同时也是社会主义制度框架运行的重要体现之一，因而为失地农民提供一个最基本的生存生活保障就成为题中应有之义。对于符合享受城乡最低生活保障条件的农民，让其享受城乡居民最低生活保障。现实中一些地方在这方面也进行了积极探索，以浙江省为例，在其 2001 年颁布实施的《浙江省最低生活保障办法》中就明确提出要"实行城乡联动、整体推进，抓紧建立面向城乡居民的最低生活保障制度"，从而建立起城乡一体化的最低生活保障制度，为失地农民提供了兜底性的最低生活保障，以确保他们不至于因为失去土地而生活没有着落。并且对其中确实生活困难的，基本参照城市居民最低生活保障水平，给予最低生活补偿。

2. 关键之举在于建立失地农民的基本医疗保险制度

现代医学技术的进步在提高人们健康水平的同时，也带来了医疗费用的大幅攀升。有关统计资料表明，近年来我国医药费的增速已经远远超过农民收入的增速，尽管新型农村合作医疗制度对于减轻农民负担、缓解农民"看病难"起到了一定作用，但其补助额度毕竟十分有限，因而高额的医疗费用始终是农民的沉重负担。而对于失地农民而言，由于已经转为城市居民，不再享受新型农村合作医疗服务，所领取的安置费只够维持一段时间的基本生活，额外的医疗费用必定会给他们造成更大的压力。因此，医疗保障就成为失地农民社会保障制度中不可或缺的重要内容。结合我国国情，应坚持因地制宜的原则，构建多形式、多层次的医疗保障体系，并建立国家、集体和个人共同投入、风险共担的机制。一是为失地农民建立相应的社会医疗救助制度，将其纳入城镇居民医疗救助的范围。二是将商业保险作为一条重要的选择途径或补充模式，为失地农民购买团体大病保险等。三是允许他们参加城镇居民医疗保险或新型合作医疗保障制度。

3. 重中之重是建立失地农民的基本养老保险制度

养老保险是目前我国社会保险体系中最重要，也是最基本的构成部分，通常采取社会统筹与个人账户相结合的方式。一般说来，参加基本养老保险就要履行相应的缴纳保险费的义务，而现实中失地农民基本上都是利用土地补偿金和安置补助费，采用一次性缴费的完全积累模式，个人承担的部分出资可从安置费中列支。一次性缴足养老保险费后，失地农民可以等到约定年龄之后再按期领取基本养老保险金。而符合参加城镇职工养老保险的失地农民可以参加城镇职工的养老保险，也可以选择参加农民或城镇居民社会养老保险。此外，还应从土地出让金中提取部分资金用于建立被征地农民的社会保障风险准备金。

4. 长远举措在于建立失地农民的失业保险制度

社会保障作为能够让全体国民共享发展成果的一种基本制度安排，近百年来已逐渐成为世界上大多数国家社会发展的主体内容及其社会文明进步程度的重要标志。工业化和城镇化是推进我国现代化建设的重要内容，但是在我国现行的产权制度下，农民很多时候被排斥在城镇化和工业化进程之外，无形之中为工业化和城镇化支付了太多成本和代价。然而，在失去土地以后，由于各方面原因导致农民的整体文化素质较低，普遍缺乏工业化发展所需的基本生产技能，因而在参与城市就业市场竞争的过程中处于劣势地位，这样一来，在失去土地保障后无论是退路还是出路都将面临更高的风险，从而对社会保障和就业均有着强烈的需求。一般说来，个体风险可以通过家庭和社区的帮助来解决，而群体风险则只能在政府的主导下，通过相应的社会保障机制来予以化解。如果失地农民的风险得不到应有的保障，不但难以顺利转变为城市居民，分享不到城市文明成果，而且还有可能成为社会不稳定的因素，影响社会的和谐发展。由于长期以来农村社会保障体系发展相对滞后，因而建立失地农民的社会保障则是发展农村社会保障体系的一个重要契机，是逐步完善农村社会保障体系的一个重要措施。因此，建立和完善失地农民的社会保障和解决失地农民的就业出路问题是建设和谐社会的重要内容。

需要强调的是，为失地农民提供社会保障，从一定意义上说，并不是简单地给其相应的经济补偿，让农民搬进新楼就可以了。解决失地农民社会保障及其长期生活问题，一个更为根本的举措就是为其提供教育培训保障，做好农民离土后向非农产业转移的准备。因此，就需要通过专门的知识和技能教育，教会农民如何在城市中生活，实现从农民到市民的平稳过渡，使他们能够在城市找到生活门路。尤其是要解决失地农民的就业难题，除尽量实现就业安置外，关键还在于帮助他们建立全新的就业观念，鼓励他们积极参加就业培训，提高劳动技能，努力通过劳动力市场寻找就业机会。

进一步地，若将失地农民看做经济运行过程中的潜在人力资本，在失业保险制度的框架下对其进行就业培训就成为一种典型的人力资本投资活动。正如著名经济学家赫克曼指出的那样，人力资本不仅是中国财富状况的最终决定因素，同时也是其实现可持续增长以及效率与公平的关键。因此，对农民尤其是失地农民进行人力资本补偿，不仅可以增加农村地区的人力资本存量，而且还可以改善农村劳动力市场的供给状况，有利于减轻农村农民教育、卫生保健等方面的负担，提升农村劳动力的素质，进而更好地保证对先进的城市工业部门稳定有序的劳动力供给，持续推进中国的经济增长，促进其比较优势的积累与发挥。此外，农村劳动力综合素质的提高，还有利于促进农业产业结构升级和农民非农化转移，增加农民创收的途径，从根本上保证农民收入增加，从而缩小城乡收入差距，进而有效解决失地农民的社会保障问题。

基于上述考虑，在当前的现实背景下，在失业保险制度的框架下健全失地农民的就业保障机制，全面推行市场化就业，多渠道促进失地农民非农就业就成为一种必然。在具体操作上，失地农民的就业可以从建立失业登记制度、失业预防、失业补救、失业保险和就业培训等方面来进行保障，并在政策上给予一定的优惠扶持。简单说来，失地农民进城后，政府应针对失地农民重新就业困难的现实，着力抓好进城失地农民的教育培训保障，主要包含四个方面：一是失地农民子女的九年制义务教育。失地农民进城后，其子女入学应与城镇居民的子女一视同仁，享受国家九年制义务教育所赋予的所有权利。二是失地农民的职业技能培训。在对失地农民进行职业技能培训时，要充分利用公共资源，建立健全布局合理的培训网络，根据不同的年龄阶段和文化层次进行有针对性的培训，要让失地农民真正掌握一门非农职业技能，提高他们的就业能力。三是将失地农民的培训工作纳入城镇下岗人员再就业培训体系，并将二者有机结合起来，同时将失地农民纳入城镇劳动力的管理范围，对城市下岗职工的优惠安置办法应延伸到失地农民。四是发展地方经济，尤其需要着力发展第三产业和劳动密集型产业，从而为失地农民创造更多的机会。此外，对于失地农民培训方面的费用，不能从征地补偿费中扣除，一般应由政府财政列支，实行免费培训，以保障失地农民都能够得到切实有效的教育和技能培训。

5. 还应该为失地农民提供法律援助，从而为失地农民提供相应的法律保障

由于在现行的社会结构框架下失地农民是一个社会弱势群体，因而当他们的权益受到侵害时，通常没有能力支付因启动并进而诉求行政救济途径所需的各种成本（包括金钱、时间、精力和相关法律知识等）。然而，"法律面前，人人平等"的宪法原则要求所有公民能够一律平等地站在法律面前，即公民接近法律的能力不应受到其他条件尤其是经济状况的影响。因此，这就要求我们在构建社会保障体系时必须为失地农民提供法律支持。

目前，我国对失地农民的司法救助体系普遍缺失。这样一来，尽管土地征用中出现了诸多问题，但真正能够诉诸法律层面予以解决的并不是很多。这是因为按照《土地管理法实施条例》第二十五条的规定："对征地补偿有争议的，由县级以上人民政府协调；协调不成的，由批准征用土地的人民政府裁决。"这就意味着现行法律将征地补偿标准争议的最终裁决权赋予了批准征地的人民政府。然而，目前的法律法规没有对如何实行裁决制度以及究竟由哪个机构具体承担相应的职责做出明确的规定，因而在实际执行中存在着许多困难。而地方法院为了避免社会矛盾，一般都将批准征用土地的人民政府的裁决作为法院审理征地补偿标准争议案件的前置程序，从而也就在很大程度上限制了司法救助体系的介入。法律救助的缺失，既为地方政府动用强制力提供了便利，也为具有机会主义动机的农民提供了空子，两者呈现此消彼长的关系。如果地方政府经常采取强制手段征用土地，农民的利益就要受到损失；而如果地方政府严格按照法律规定征用土地，征地难的问题就会凸显出来。因此，为了有效协调征地中各方的利益关系，就必须建立一套司法救助体系，且这套体系不仅能维护农民的利益，而且也能满足政府正当的征地需求。

就目前的具体情况来说，对失地农民提供法律保障主要应该包括以下几点。一是根据社会经济发展需要和国际惯例，可以考虑单独制定《失地农民社会保障法》。由于没有独立的法律体系，没有相关的法律条文，使得现行的征地程序没有法制化的约束和制约。一些地方忽视农民对征地的知情权和依法获得补偿安置的权利，在土地被征用后，生活保障问题很难得到落实。《失地农民社会保障法》内容应该包括：土地征用范围，土地征用权的行使机构及该机构的权限，土地征用的补偿原则、补偿方式、补偿标准，征用程序以及法律责任等。其根本目的是保证失地农民享有充分的知情权，实现征地过程的公开、公平和公正，解决征地后失地农民的基本生活问题。二是要为失地农民提供相应的法律援助。为失地农民提供法律援助，可以通过提供司法救助的形式确保失地农民在其合法权益遭到侵害时具有平等接近法律寻求保护的能力，真正解决他们诉讼难、维权难等问题。三是要通过有关法律服务，宣传法律知识和国家有关政策，减少误会和矛盾。不可否认，由于部分农民对国家征地政策不了解，或者一知半解，甚至是误解和曲解有关政策，因而导致在征地补偿问题上，少数农民往往提出一些过分要求，甚至有个别农民胡搅蛮缠，漫天要价。因此，应通过国家政策和法律的宣传教育，使他们真正了解相关政策，了解有关法律，尽量化解不必要的误会和矛盾，以维护社会稳定。

第四节　失地农民社会保障的模式选择

一　失地农民社会保障模式选择概述

从现有的文献资料来看，有关失地农民社会保障的模式选择问题，主要存在两种基本看法：第一种观点认为，由于失地农民所承受的社会风险与城市居民没有明显差别，因而应当建立与市民相同的社会保障制度，以此为城乡社会保障制度的最终接轨和失地农民市民化的全面完成提供一种必要的制度通道。第二种观点则认为，基于现实情况的考虑，目前将失地农民社会保障模式与城镇完全接轨很不现实，因而主张建立一种专门针对失地农民的特殊保障制度。然而，究竟应该建立何种失地农民的社会保障模式，目前学术界还存在着一定的争论。

从具体的实践情况来看，有关失地农民社会保障模式改革的基本思路是，中央政府放权给地方政府，由地方政府结合本地的实际情况对失地农民社会保障模式进行积极的探索和创新，因地制宜地制定和实施具体可行的办法与措施。基于此，2001年，国土资源部正式批准嘉兴、苏州、芜湖等九个城市进行全国首批征地制度改革试点。应该说，在各地政府的积极实践和探索下，失地农民社会保障模式的选择已经取得了一定的成果。与此同时，各地结合自身实际，大胆进行制度创新，形成了一些具有当地特色的失地农民社会保障的有效模式。根据劳动保障课题组的研究，大致说来，各地对失地农民保障模式的选择主要有六种类型：北京模式、上海模式、青岛模式、天津模式、重庆模式和江苏模式（见表8-2）。

表8-2　失地农民社会保障模式选择实践

代表地区	模式选择	基本措施
北京、成都	纳入城镇社会保障体系	将被征地农民纳入城镇职工基本养老、医疗与失业保险体系之内，并将其纳入城镇居民最低生活保障体系之中
上海	纳入小城镇社会保险体系	要求被征地农民按规定一次性缴纳不低于15年的基本养老保险和医疗保险费，并缴纳一定比例的补充社会保险
青岛	纳入农村社会养老保险体系	要求被征地农民按规定缴纳相关费用，村集体和地方财政按相同比例予以补助
天津、广东、西安、安徽	建立失地农民社会保险制度	建立被征地参保人员社会保障基金与被征地养老人员社会保障基金，资金主要来源于征地补偿费和政府补贴
重庆、福建	纳入商业保险体系	通过招投标，将保障资金交由承保机构运营，再由承保机构与每一个参保的被征地农民签订保险合同
江苏、浙江、河北	建立失地农民基本生活保障制度	设立被征地农民基本生活保障专项资金账户，由政府、集体和个人共同筹资，定期向失地农民发放一定数额的生活费用

尽管在现实的具体操作过程中，上述六种模式选择所需要的前提条件、具体操作程序及其实施效果存在着这样或那样的差异，但其中还是具有某些共同的内涵和特征，简单说来，这六种模式的共性主要表现在以下五个方面：第一，都是依据本地颁布的办法、措施和文件等来具体构建其失地农民的社保制度。第二，基本上都是将失地农民按年龄划分为两大类，从而实施不同的社会保障方案。第三，尽管各地针对失地农民社会保障制度设计的出发点与理念各异，但如果进一步把失地农民看成是城市化进程中的一个必然结果，那么这些异质的制度框架构建理念若认为城市化应是总人口中城市人口的增加，就会将失地农民纳入城市社保体系，也即建立城乡统筹的社会保障体系；而若认为失地农民本身仍是农民群体的一个组成部分，则会将其纳入农村社会保险体系；另外若认为他们既不属于农民也不属于市民，则通常会单独为失地农民构建一种特殊的社保制度。第四，各地根据自身的具体情况，实行具有本地特色的失地农民社会保障模式，从而造成这种社会保障模式呈现出较为明显的地方化特征。第五，各地失地农民社会保障制度运作的资金来源大致相同，主要来源于被征地农民所获得的征地补偿费、安置补助费以及当地政府通过出让土地所获得的增值收益部分。

　　总的来说，上述六种失地农民社会保障模式在其实际运作过程中都取得了或多或少的成效，同时也积累了一定的经验，但其缺陷也是显而易见的，具体主要体现在如下几点：第一，由于各地有关失地农民社会保障的建立主要依据的是其政府颁布的法规、办法和文件等，因而立法层次和水平均较低，从而也就使其缺乏相应的法律框架作为保障，同时也就意味着这些社会保障模式缺乏内在的稳定性和连续性，是一种临时性、不可持续的保障。第二，出于对失地农民身份认识和界定的模糊，导致各地在建立其失地农民社会保障时的出发点与基本理念并不是很清晰。第三，各地有关失地农民社会保障模式的构建并未真正考虑过针对不同的对象和群体而分门别类地建立适合其自身需求的保障项目。也就是说，各地目前在构建失地农民社保模式时仅从失地农民年龄特征对其进行分类保障，而未从其对土地依赖程度上进行分类保障。然而，年龄只是划分失地农民是否应该加入社会保险以及缴费标准的一个依据，而关注他们对土地的依赖程度，才能真正了解失地农民最需要的保障。第四，地方化的或者说细碎化的保障模式，不利于整个保障制度的衔接。各地在建立失地农民的社会保障模式时，仅从自身发展情况考虑，而未从失地农民的长远利益角度考虑。这样一来，如果失地农民进行跨地区流动时，则会因制度的碎片化，缺乏衔接而产生保障阻碍。并且最终我们是要构建统一的失地农民社会保障制度的，虽然目前条件不具备，但这种碎片化的保障模式向未来失地农民保障的统一提出了挑战。第五，失地农民社保金来源单一且有限，导致保障水平低。这主要是因为征地补偿标准过低，使得社会保障金来源少，进而造成失地农民保障水平低。

二 构建失地农民社会保障模式的几点认识

客观地讲，大规模的农民失去土地，不仅在世界工业化和城市化的历史上绝无仅有，而且也因其地域范围之广以及时间跨度之长而表现出显著的中国特色，而国外没有现成的做法可以借鉴，国内尚没有成熟完善的经验可以推广。因而如何解决好失地农民的社会保障问题，不仅需要对问题本身的准确认识和把握，更需要观念上的不断更新和创造，才可能推动方法、手段和实践上的不断进步。因此，在构建失地农民社会保障的过程中，首先需要把握好以下几个基本观念。

1. 坚持以城市保障的思维来解决失地农民的社会保障问题

按照经济和社会发展的基本规律，城市化无疑是一个国家走向现代化的必然选择。并且城市化也必然伴随着农村人口持续不断地向城市流动，在这一过程中，生产要素将得以重新优化配置，利益格局将重新进行调整，农业生产方式将发生重大变革，农民生活方式也将随之改变。当前我国正处于工业化加速发展的关键阶段，城市化不仅是大势所趋，更是一个国家和民族走向现代化不可逾越的阶段。而在这个过程中，失去土地的农民则为之作出了巨大的牺牲和贡献。因此，必须把解决好失地农民的社会保障问题，置于城乡统筹的大背景下来思考，放在工业化和城市化进程中不可或缺的重要环节来把握，当作一项关系数以千万计人口的重大改革来对待。因为只有这样，才能够让我们在享受经济发展成果的同时，不至于使大量失地农民的社会保障成为一个历史遗留问题。此外，从方向上看，解决失地农民的社会保障问题无外乎三种模式：一是重新回归传统的农村社会保障模式。这显然行不通，原因在于目前的农村社会保障仍然处于初创阶段，虽然投入成本少，但保障水平低，保障能力弱，如果没有土地的收益作基础，根本无法维持失地农民的基本生活。二是探索构建专门针对失地农民的社会保障体系。一些城市虽然在这一方面上进行了积极的探索和尝试，但大都因统筹层次低、大数效应不明显以及个性化矛盾突出等问题而缺乏由点到面的推广价值。尽管有些地方也不乏成功的案例，但总体上看也只能将其看作是由"农保"向"城保"的一种过渡性尝试。三是将失地农民有条件地纳入城市社会保障体系之中。从现实层面来看，这一模式既符合城市化的总体要求，又能够高层次统筹失地农民的社会保障。但需要注意的是实现这种保障必须满足相关的前提条件，首先是打破户籍的限制，其次是属地政府或相关土地受益方对失地农民参与城市保障必须给予稳定和必要的资金支撑。

2. 树立失地农民是重要人力资源的观念，发挥好他们在促进经济持续稳定增长中的独特作用

客观地讲，进城打工的不都是失地农民，而失地农民却是彻底离开土地的农民。尽管从整体上看，失地农民的文化层次和专业技能并不是很高，但足以应付以手工为主的简单劳动。他们数以千万计，来源充足，要求的薪酬水平低，足以起到平抑劳动力市场价格的作用，对于提高中国制造的竞争力将长期起到不可估量的作用。是资源就要合理配置，就要有序开发，而配置和开发劳动力资源最有效的手段之一就是提供良好的社会保障。

3. 树立政府主导的观念，在统筹兼顾的同时切实保障失地农民的利益

在征用农民土地的过程中，要积极推行先保障后征地的做法，在合理补偿土地征用费用和安置补偿费用之后，必须将土地的保障功能以另外一种保障方式予以体现。而在这一过程中，不要期望失地农民的社会保障问题会通过市场化的手段彻底解决，因而政府必须要发挥主导作用。这既是后发式现代化过程的通则，也是中国社会现实的必然要求。在具体的实践操作层面上，诸如要通过改革户籍制度，让失地农民在参与城市保障时有合法的身份；要通过充足的资金预留和农民自主缴费，来保证他们在参与高层次的保障中尽到缴费义务；要通过有针对性的就业培训，不断提高失地农民适应新岗位的技术能力和业务素质，以获得足以支撑高水平保障的工资性收入；此外，社保经办部门还要为失地农民参与城保尽可能地降低门槛，为其在能力允许的情况下参与大社保创造条件，等等。

4. 树立依法行政的观念，依靠完善的法律法规和制度安排推动失地农民社会保障问题的有序解决

解决失地农民问题，必须有一套严密的法律制度。由于农民丧失生产资

料是长期的，因此在相关制度设计上也要立足当前，着眼长远。应及时修订相关的法律法规，重点解决好征地补偿与社会保障等法律法规的有机衔接问题，使之与现实情况相适应，增强可操作性。要鼓励地方政府出台适应本地经济社会水平的地方性法规，目前重点不应该是为这部分人构建一整套全新的社会保障制度，而是构建好失地农民"宜农则农、宜城则城"的社会保障过渡通道，做到既要保障基本，又不超前保障。

三　失地农民社会保障模式构建的再思考

就像我们前面所指出的那样，由于我国各个地区之间的经济发展水平存在着较为明显的差异，在不同的时期，不同的地域都有适合自身的经济发展模式，因此，各地失地农民的社会保障模式也应具有各自的特点。但从当前各地社会保障实践来看，这些模式都存在着若干不足之处，其中最主要的问题就是资金不足，即构建失地农民社会保障模式的关键是如何保障其长期的支付能力。原因在于，如果一个社会保障方案缺乏稳定可靠的资金供给，那么这样的方案设计也只是保障失地农民的权宜之计或空中楼阁。事实上，从各地的具体实践模式来看，目前失地农民社会保障资金来源主要包括以下四个部分：一是政府土地出让金收入（除去补偿安置费等必要支出）；二是农村集体的经济积累和土地补偿费；三是失地农民应得的一次性补偿安置费；四是其他资金来源，如失地农民自筹资金、财政拨款、慈善机构捐赠以及失地农民社会保障基金运营收入等。其中，前三部分是制度运行的主要资金来源渠道。而在有关资金筹措问题上，学者们讨论的焦点主要集中在资金来源渠道的分担比例上，其基本思路是由政府、集体和个人按一定比例分摊[1][2]。这其中主张由政府承担大部分保障资金的呼声越来越高。此外，一些学者明确指出，政府承担 10% ~ 20% 的比例太低，主张政府应承担其中 30% 的筹资比例。[3] 而学者卢海元则明确提出保障资金应由政府进行多渠道筹集：一是政府给予一定比例的财政拨款；二是从政府土地出让金净收益中提取不少

---

[1] 唐启国：《关于城市发展进程中保护失地农民利益的思考》，《农村经营管理》2004 年第 12 期。

[2] 于维军、曹桂华：《城镇化进程中失地农民利益保障问题探析》，《中国国土资源经济》2004 年第 7 期。

[3] 宋斌文、荆玮：《城市化进程中失地农民社会保障问题研究》，《理论探讨》2004 年第 3 期。

于 10% 的资金；三是在行政划拨土地和有偿出让土地时，按照每平方米 30 元以上的标准提取资金；四是从土地储备增值收益中提取 10% 的收益；五是通过全国社会保障基金投资收益、社会各界捐献、国有资产变现收入等渠道筹集资金。实际上，探讨保障资金是由政府、集体还是个人承担意义并不是太大，因为这些资金主要来源于土地的征收和有偿出让，只要将土地出让过程中的收益尽可能返还给失地农民，就能够为社会保障资金的筹集提供可能。并且从社会保障的特定内涵以及中国经济发展和政府财政收入增长的现实情况来看，政府在失地农民社会保障资金筹措中的责任应该得到进一步的凸显。

从目前各地的具体实践情况看，浙江、山东、江苏、河北、福建以及广东等省的社会保障资金的来源基本上都是由政府、集体和个人分别从土地出让金、土地补偿费以及征地安置补助费进行列支和分摊。并且浙江、山东、江苏、福建等地由政府、集体和个人承担的比例均为 30%、40% 与 30%。实际上，在具体的操作过程中，三个筹资渠道的承担比例是视各地的经济发展水平、保障内容、土地补偿费与安置补助费的规模以及失地农民的数量等情况决定的。因此，各地应实事求是，充分考虑当地的实际情况，量力而行，建立适合当地社会经济发展条件的保障内容和机制，进而进行相应的资金筹集。而对于保障险种较多、保障资金需求量比较大的地区，如果集体和个人所分别承担的土地补偿费和征地安置补助费尚不足以应付资金分担比例，则不足部分应由政府从土地出让金中补充。很明显，这种做法可以在一定程度上避免因集体或个人筹资不足而导致的资金链断裂问题，从而保证保障机制的正常运行。

第五节　失地农民社会保障制度的构建

一　对现行城乡二元社会保障制度的一个简单评价

就总体而言，我国目前城乡社会保障制度的形成及其在模式选择、管理体制与保障水平等方面所存在的巨大差异，在很大程度上与我国长期以来的二元社会、经济及政治制度的变迁相一致。毋庸置疑，在实施工业化战略伊始，政府通过这种特定的二元社会保障制度确实为大多数公民提供了最基本的生存保护，使全体国民的积极性、主动性和创造性得以较好的发挥，从而保证了工业化战略的顺利推进以及农业生产的正常发展，同时也为我国的现代化建设提供了一个坚实的资本积累。然而，自 20 世纪 80 年代以来，伴随着体制转轨的全面启动和推进，我国的社会经济结构开始转型，产业结构逐渐得以优化和调整，但为之提供配套服务的社会保障制度却未得到切实有效的改革，尤其是为中国城市化的进程作出巨大贡献和牺牲的失地农民的社会保障制度构建进展缓慢。由此也导致我国传统的二元社会保障制度框架与转轨中的经济制度的错位。也就是说，现行的社会保障制度结构本身的缺陷及其改革的滞后，已经对我国目前经济社会的全面发展产生了较为严重的负面影响，并且这种负面影响可以通过公平性、有效性、可持续性和可衔接性这四个指标予以说明。

1. 公平性

就最一般的意义而言，公平性是现代社会保障制度的基本特征之一，同时也是社会保障制度实施的首要原则。通常说来，公平性包括制度内部和制度之间两个层面的公平。但此处我们所考察的公平性主要是针对城乡之间社会保障制度的公平性。众所周知，目前我国城乡之间社会保障制度的公平性还比较欠缺，具体表现在城镇社会保障制度已普遍建立，并且基本涵盖了社会保障的所有项目，而农村社会保障仅涉及合作医疗、五保供养、低保、特困户基本生活救助和优抚安置等项目，养老保险与合作医疗仅在部分农村地区建立，而失业保险、工伤保险、生育保险、住房保障及其他社会福利项目则没有或基本没有，至于失地农民社会保障制度的构建，则更为滞后。通常在具体分析公平性指标时，可选取城乡社会保障待遇水平、城乡社会保障财政投入比重等相关数量指标进行考核。以养老保险为例，2008 年城镇居民人均年基本养老保险待遇支付已达 13933 元，而同年农村人均年基本养老保险待遇支付仅为 1109 元，城镇水平约为农村水平的 12.56 倍。同年城镇基本养老保险基金总收入 9740 亿元，其中各级财政补贴的基本养老保险基金 1437 亿元，政府财政投入在城镇基本养老保险上的比重已达 14.73%，而农村基本养老保险年末基金累计结存仅为 499 亿元，其中政府财政投入比重也只有 3.3%。[①] 由此可以看出，这种城乡分割的二元社会保障实际上是以牺

---

① 根据《2008 年度劳动和社会保障事业发展统计公报》的有关数据整理而得。

牲农民的利益为代价的，也就是说国家将本应平等投向全社会的社会保障资金中的大部分投向了城市，广大农民却无缘与城镇居民一道共享社会经济发展的成果，其结果是进一步扩大了城乡收入差距，不利于农村经济的发展和社会的稳定。若进一步考虑失地农民的社会保障现状，则这种公平性就更难以得到保证。

2. 有效性

脱离效率的公平是没有意义的，因此在保证制度公平的基础上还需要关注社会保障制度的实施效果。这样一来，有效性就成为城乡社会保障制度评价指标体系中的另一个关键指标。此处的有效性指标具体可从三方面来分析。首先，需要分析现行制度是否能够保证参保群体的基本生活。这里的一个基本原则是，既要保证社会保障的待遇不能过高，以免给国家带来巨大的财政负担，同时又要防止社会保障的待遇过低，以致无法保证参保对象的基本生活需要。其次，需要分析制度的覆盖面如何。一般说来，制度的覆盖范围越大，就越有利于制度的理性演进。最后，还需要分析制度与目前的社会经济发展水平是否相适应。这是因为，一方面，社会经济的发展状况决定着社会保障制度的水平。另一方面，社会保障制度的发展又离不开相应的财力支撑。因此，当利用有效性这一指标进行考核时，可以选取社会保障覆盖率与人均保障水平这样一些能反映制度实施效果的具体数量指标进行分析。仍以养老保险为例，截至 2008 年年底，城镇基本养老保险的参保人数为20137 万，参保率为 36.06%，而同期农村基本养老保险的参保人数仅为5595 万，参保率只有 7.83%。若从人均保障水平来看，城镇基本养老保险的待遇水平为每人 13933 元，而农村基本养老保险的待遇水平每人只有1109 元[1]。很明显，提高农村社会保障的覆盖率以及人均保障水平，尤其是加快农村社会保障制度的构建，是提高城乡社会保障制度有效性的关键环节，而这其中有关失地农民社会保障制度的构建则更应引起我们的关注和重视。

3. 可持续性

上述公平性和有效性指标可以评估社会保障制度的运行是否科学合理，而要评估制度能否长远健康发展，则需要运用可持续性指标。这样一来，可持续性也就成为评价指标体系中的又一个关键指标。毋庸置疑，社会保障制

---

[1] 根据《2008 年度中国劳动和社会保障年鉴》的有关数据整理而得。

度在其运行过程中通常面临财务平衡的问题。因此，在可持续性指标的考核过程中，最为关键的是考察社会保障基金的可持续，而这需要从基金的来源和运营两个角度进行评价。现实中，在可持续性指标的考核过程中，一般选取社会保障基金征缴率、基金投资收益率与政府财政投入的比重这样一些定量指标进行分析。仍以养老保险为例，截至 2010 年年底，全国基本养老保险基金收支总规模达到 23975 亿元。其中，总收入 13420 亿元，总支出 10555 亿元，当年结余 2865 亿元，累计结余 15365 亿元。[①] 而从基金投资收益率来看，2010 年社保基金投资收益额为 321 亿元，收益率为 4.23%。[②] 另外，政府财政对社会保障制度建设投入力度也在不断加强，已从 2001 年的 18902.58 亿元增加到 2006 年的 40422.73 亿元，增长了 113.85%。[③] 因此，从这三个指标来看，尽管我国社会保障制度的可持续性在整体上得到了明显改善，但就现实国情而论，城乡社会保障制度的可持续性还有待提高，应进一步加大政府财政投入对农村社会保障制度尤其是失地农民社会保障制度构建的支持力度。

4. 制度间的可衔接性

受制于我国长期以来经济社会发展的城乡和地区失衡以及某些制度安排（如户籍政策）的路径依赖性，目前城乡之间以及地区之间社会保障制度发展的不平衡不仅依然存在，而且还有继续扩大的趋势。出于"本位主义"考虑，各地在社会保障关系的转移过程中，都更多地关注当地利益，存在较大分歧。这种分歧阻碍了社会保障关系的正常转移，从而影响劳动力的自由流动。此外，由于福利的结构刚性，也使得地区之间的不同保障待遇水平在城乡统一的趋势下最终趋向于高待遇水平，这样一来，不同待遇水平间的差距就只能由政府财政来弥补，这必然加重政府的财政压力。因此，就需要使用可衔接性指标来考核不同制度间的衔接性问题。这里的可衔接性指标可从两方面进行分析。一方面是城乡社会保障制度的衔接问题。评估制度的兼容性，应打破参保对象的户籍界限，加强制度的扩展性，从制度上实现城乡居民参保的可选择性。另一方面是地区间养老保险制度的衔接问题。可以通过

---

① 《民政部发布 2010 年社会服务发展统计报告》，民政部门户网站，2011 年 6 月 16 日。
② 东方财富网，2011 年 5 月 19 日。
③ 根据《中国财政年鉴 – 2007（总第 16 卷）》的有关数据整理而得。

分析养老保险关系跨地区转移的有关规定以及养老保险的统筹层次，来评估地区间养老保险制度的衔接问题。从现实情况来看，目前已有部分地方正在尝试建立城乡社会保障制度衔接，并取得了初步成效，如四川成都建立了农民工综合社会保险，上海市城镇社会保障正在逐步向农民工和失地农民放开。截至 2008 年年底，全国已有 18 个省份和新疆生产建设兵团出台了养老保险的省级统筹制度。但需要指出的是，目前城乡社会保障制度的衔接机制还未完全建立起来，城乡之间以及地区之间的不平衡状况仍然存在。因此，必须继续强化政府的主导作用，尤其需要不断提高城乡社会保障的统筹层次，为城乡居民提供公平有效的社会保障，建立失地农民社会保障关系的合理流动机制，为构建和谐社会奠定坚实的制度基础。

二 构建失地农民社会保障制度的基本原则

由于我国社会经济目前正处于快速发展阶段，因而城乡居民对社会保障的内在需求也在不断增大，并且由于社会救济、社会保险、社会福利和社会优抚所覆盖的对象在城乡之间同时存在，因此必须建立结构统一的城乡社会保障体系。然而由于长期以来城乡经济发展水平上的差异，因而在未来相当长的一段时期内我们仍然无法建立城乡保障水平统一的社会保障体系，因为过高的保障水平会加重国家、社会与个人的负担，同时也不利于经济的长远发展。因此必须基于城镇传统保障水平高于农村的现实，实施循序渐进的原则，合理调整城乡保障水平，建立并不断完善城乡保障水平有别的社会保障体系。这样一来，在构建失地农民社会保障制度时，应该首先遵循以下基本原则。

1. 以城乡统筹作为构建失地农民社会保障的前提条件

坚持"城乡统筹"的基本原则，分阶段、有步骤、按层次、依类别地建立适合于农村经济社会现实状况的失地农民社会保障制度，最终实现城乡社会保障制度统一。需要强调的是，此处的"城乡统筹"并非"城乡统一"，因为"统筹"强调"统一筹划"，即在社会保障制度的设计过程中，要摒弃"城乡分治"的传统观念和做法，要有一种"城乡融合"的意识，以发展的眼光看问题，务必求得城乡社会保障制度的安排能够适应工业化和城镇化的发展需要，能够适应经济社会转型的基本趋势。由于社会保障制度的构建内在地要受制于政治、人口、国力、地区差别、传统经济保障制度、社会经济结构转型、民族传统与历史文化等诸多因素，因此在目前事实上的城乡差别彻底消除之前，我们不可能在短时间内建立完全统一的社会保障制度，这既是发达国家社会保障制度构建过程中留给我们的有益启示，同时也是我们基于中国现实国情的理性选择。此外还需要指出的是，在城乡统筹的具体实践过程中，一定不能简单盲目地模仿和照搬已有的城镇社会保障制度，而要根据具体情况进行适时的制度创新，即创建一种低门槛、易进入、可持续的适合中国国情的失地农民社会保障制度。

2. 以明确的战略思路作为失地农民社会保障制度构建的指导原则

现阶段我们在构建社会保障制度架构方面的一个基本思路就是构建体系结构统一、资金来源多渠道、保障水平有别的公平有效的城乡社会保障制度，即建立一种"三维"的城乡社会保障体系，包括"基本保障""补充保障"与"附加保障"三个层次。简单来说就是，按照我国宪法的基本精神，全体国民都有权享受"基本保障"，以保障全体公民在其生命波折期内最基本的生活需要。此处的基本保障费用应该全部由国家中央财政出资，保障内容包括城乡社会福利、城乡社会救助和城乡优抚安置或城乡居民最低生活保障等。很明显，"基本保障"的目的在于实现全体国民的底线公平。而"补充保障"则是基本保障的补充，目前保障范围包括所有企业（国有、集体、混营、合资以及乡镇企业等）和事业单位的职工及政府公务员。保障费用由企业和职工各按职工工资额的一定比例缴纳，政府部门公务员由财政和公务员共同负担费用，采用"社会统筹与个人账户相结合"的方式。保障项目主要是失业、工伤、生育保险以及在养老和健康基本保障之上的养老、健康保险等社会保险。"补充保障"采用混合制，保障基金的支付方式采用半积累半现收现付制。而"附加保障"主要是为那些不满足于基本保障和补充保障的经济收入较高的城乡居民所提供的，属自愿性质。其保费完全自负或由愿意为个人支付保费的雇主协商共同支付，但国家可给予某些税收优惠。要为失地农民创造条件，使其逐步享受这三个层次的社会保障，从而逐步实现失地农民这一特殊社会群体的国民身份。

3. 以失地农民社会保障制度的构建作为城乡社会保障制度的衔接机制

完善失地农民和农民工社会保障，构建城乡社会保障制度的衔接机制。妥善合理地解决农民工和失地农民的社会保障问题，是解决城乡社会保障制度有效衔接的关键。在我国工业化和城市化快速发展的进程中，随着农村劳动力向非农产业转移速度的不断加快，首先应当确立将这类人员纳入城镇社会保障体系的原则，并分层分类地建立农民工的社会保障项目，其中最紧迫的保障项目，应当是确立农民工的工伤保障制度；其次，建立农民工的疾病医疗保障尤其是大病保障机制；再次，为失地农民建立相应的社会救助制度。这方面应考虑到不同地区、不同年龄的人群的特点及其最迫切的需求，在制度设计上体现保障制度的高度弹性、适应性和可行性，努力实现失地农民的全覆盖。即对已转为非农业户口的被征地农民、符合城镇居民最低生活保障条件的被征地农民、仍保留农业户口的被征地农民和符合农村特困救助和农村最低生活保障条件的被征地农民，分别采取不同保障措施：城镇企业职工基本养老保险制度、城镇居民最低生活保障范围、农村居民社会保障体系和农村最低生活保障标准。但需要强调的是，这种灵活性安排只能作为一种过渡性制度设计，待时机成熟后应完全纳入城镇社会保障体系，在此基础上引导农村社会保障制度向城镇社会保障制度并轨。

4. 以明晰的筹资方式与责任分担作为失地农民社会保障制度构建的长效机制

切实保障失地农民社会保障制度构建的资金来源渠道，即构建政府、失地农民与村集体的三方筹资机制，尤其要强化政府对农村社会保障制度建设中的出资责任。以养老保险为例，20世纪90年代初，我国所推行的农村社会养老保险，主要采取"个人交纳为主，集体补助为辅，国家给予政策扶持"的筹资模式。然而，随着我国农村土地制度改革的不断推进以及农村集体经济逐步萎缩，传统农保在本质上已演变成一种强制性储蓄，这就在一定程度上抑制了农民的当前消费需求。而新型农民社会养老保险则采取个人缴费、集体补助和地方财政（中、西部部分由中央财政补贴）补贴三方分担的原则，这有利于调动农民参保的积极性，提高其保障水平。因此，对于农村社会保障制度建设，必须明确各级政府的财政责任，并提供相应的财政支持。建议增加对农村社会保障的支持力度，可以考虑将其纳入经济社会发展的战略部署和长期发展计划来安排财政支持资金额度。进一步地，在构建失地农民社会保障制度的过程中，也可参照这种筹资模式，强化政府在其中的责任和义务。因为只有这样，才能真正体现社会保障公平性和福利性的内涵。

5. 以可持续发展作为失地农民社会保障制度构建的基本着眼点

建立适度的战略储备基金，提高社保基金投资管理效益，提前做好应对人口老龄化挑战的准备。据国家统计局人口和就业统计司 2007 年我国人口变动情况抽样调查数据显示：目前我国 65 岁及以上人口共计 10636 万人，占全国总人口的比重已达 8.1%（大于国际老龄化标准 7%）。显然，我国已经开始步入人口老龄化社会。根据测算，在 2040 年前，我国基本养老保险制度的运行状况表现为养老保险基金前期高速积累，后期支大于收，但整个期间可以实现收支平衡；到 2040 年后则需要寻求外部资金支持。因此，在老龄化趋势日益显化的前提下，建立战略储备性基金并在 2040 年后开始投入使用，是完全必要的。截至 2007 年，全国社会保障基金中战略性储备基金约 5000 多亿元，按照年收益 8% 计算（其中 2003～2007 年的平均投资收益率达 10.7%），30 年后基金总量将达到近 5 万亿元，因而可以成为重要的基金补充来源。适度规模的战略储备，既能满足未来弥补基本养老保险制度收支缺口的需求，又可以规避基金规模过大的管理与投资风险。同时，对该项基金的投资还需要做进一步规范，以战略性投资并获取长期收益为主要取向为宜，不宜以短期风险投资收益为追求目标。并且需要努力提高社会保障基金投资管理效益，推动城乡社会保障制度可持续发展，进而为失地农民社会保障制度有效运行提供一个基本的物质支撑。

三 构建失地农民社会保障制度的一些思考

根据我国目前的基本国情以及 2004 年宪法修正案的有关规定，构建失地农民的社会保障制度应与我国目前的经济发展水平相适应。近年来，我国经济虽然发展较快，但与发达工业化国家相比，仍然比较落后。就宏观层面而论，我国目前有 8 亿多农民，因而想一下子建立起一种能够覆盖全体农民的社会保障制度还不太现实，那么构建农村社会保障制度就应该有重点、分阶段地逐步推进。进一步地，从现实情况来看，目前失地农民的群体性上访已成为一个影响社会稳定的突出社会问题，在这种情况下，充分发挥社会保障维护社会稳定的功能就显得尤为重要，因此，应优先构建失地农民的社会保障制度。

可以肯定，作为城镇化进程中一个特殊社会群体的失地农民，他们对社会保障在各方面的需求水平及其承受能力普遍没有城镇居民高，而目前以

"三高"（高基数、高费率、高待遇）为特征的城镇社会保障制度，主要是针对城镇居民而构建的，因而其制度设计本身就具有一种明显的过渡性质，因而若将这一制度模式简单地应用于失地农民，既不具有合理性，同时也可能使政府财政背上沉重的包袱。所以，应从实际出发，建立适合失地农民自身特点的社会保障制度，而不是以现行方式简单地将其纳入城镇保障体系。但同时还应注意进行适时的制度创新，最终将失地农民的社会保障纳入统一的社会保障制度框架之内，因为从本质上讲，有关失地农民社会保障制度的构建也具有过渡性的特征。因此，在建立失地农民社会保障制度时，应该着重考虑以下几个方面。

首先，坚持统账结合的基本模式，分阶段、有步骤地予以实施。在建立失地农民社会保障制度的过程中，应该继续坚持社会统筹和个人账户相结合这一基本模式。这是因为，社会统筹体现公平和社会共济性以及国家的基本保障义务，而个人账户则体现效率和保障水平以及个人缴费义务。在具体操作过程中，社会统筹的水平不应低于农民失地前的耕种收益和城镇居民最低生活保障金中的均值，这既是经济补偿政策的底线，也是建立失地农民保障制度的最低成本线；同时还应为每一位失地农民建立个人账户，按照权利与义务对等的原则，设计不同的缴费标准，根据集体和个人缴费的不同得到相应的保障待遇，缴费水平可以较低但应有一个下限，并鼓励多缴费。从目前的现实情况来看，为失地农民建立社会保障制度的工作大致可分为两步，可以先行建立失地农民的最低生活保障以及包括大病统筹在内的医疗保障，然后再建立基本养老保障。另外，还可以根据当地集体经济的发展水平与个人的现实需要，提供多元化的制度安排框架，包括允许自谋职业的失地农民以个人身份参加工伤保险，有条件的地方允许村集体出资为失地农民购买商业保险作为现行失地农民社会保障的补充。但需要指出的一点是，从公平正义和社会福利的角度看，今后政府的财政支持应该体现出向经济落后地区倾斜的趋势。

其次，妥善处理新旧关系，按类别、分对象地予以实施。妥善解决以往土地征收过程中农民面临的现实困难，对于一次性领取安置补助费和招工进厂现又下岗的部分被征地人员，因年龄偏大和技术欠缺等方面的原因，重新就业较为困难的，允许将其纳入"低保"。对于已安置工作的征地劳动力，安置单位应为其缴纳足额的社会保障费用，并签订劳动合同；对于需要解除劳动关系的征地劳动力，安置单位须为其落实基本社会保障后才能依法解除劳动关系；而对于那些已解除劳动关系的征地劳动力，个人、安置单位与当地政府三方应各出一部分资金缴纳社会保障费。至于原先已进行货币安置的征地农民，允许其自愿参加社会保障，由政府与失地农民共同解决社会保障费用。对于新产生的土地被征收农民，一个可行的做法是按不同年龄段对被征地人员进行安置。例如，对在征地时已达到男 60 周岁、女 55 周岁法定退休年龄的失地农民，户口"农转非"，并为其一次性缴纳15 城镇居民年养老保障统筹费和医疗保险费，从次月起开始按月发放养老金；未达到"退休"年龄的 18 周岁以上的失地农民，户口"农转非"，按其在农村劳动年限（18 周岁起算），每满 2 年为其缴纳 1 年社会养老社会保险费，一次性缴纳，最高为 15 年，以后由本人继续参加基本养老保障和医疗保障，当达到"退休"年龄后，就可按月领取"养老保障金"；两年后仍未就业的可申请进入失业保险以及后续的就业培训程序，而对他们当中生活确实困难且没有能力参加医疗保险的应适时纳入社会医疗救助制度；对在征地时未满 18 周岁的被征地人员或在校学生给予办理"农转非"，当其进入劳动力年龄或从学校毕业后，统一进入劳动力市场进行择业，并将其作为城镇新生劳动力同等对待。在此应该注意的是，一要最大限度地解决以往有关失地农民社会保障的历史遗留问题，二要在未来的制度构建中给予失地农民更多的政策优惠，因为这符合福利经济学的内在要求。

再次，采用灵活多样的筹资方式，并加强基金管理。从现实情况来看，建立失地农民社会保险制度的关键是如何落实资金。目前失地农民社会保障所需资金主要来自于土地征收的补偿收入。失地农民社会保障资金可由政府、村集体和个人分别合理负担，即政府出一点、集体补一点、个人缴一点。从社会公平正义的角度来看，要保障土地被征收农民的利益，政府出资部分不低于保障资金总额的 40%，可从土地出让金中列支；集体承担部分不低于保障资金总额的 30%，可从土地补偿费用中列支；而剩余的个人承担部分则可从征地安置补偿费中列支，即将原来交付给村集体的土地补偿费的大部分和安置费一并直接纳入劳动部门的专门账户，统一用于被征地人员的社会保障统筹。保障基金由劳动部门的专用账户统一存储、统一管理，制定实施细则，并将安全性作为保障基金运作的最大原则，使基金的管理与运作能够实现效率化、法律化和规范化。

最后，建立和完善失地农民社会保障制度的配套政策和措施。从理论上讲，要构建一套行之有效的失地农民社会保障制度，还需要有相应的配套政策措施。因此，应该做好以下几方面的工作：一是要加大政策的宣传力度。政府应加大有关失地农民社会保障政策的宣传力度，使失地农民社会保障制度的基本原理、目的、参保方法以及各项条款更加清晰易懂，让失地农民能够看到参加社保的好处，从而积极参加社会保障。二是建立失地农民的就业培训基金。如前所述，失地农民在技术、文化素质和心理等因素方面先天不足，要想从根本上为其提供一种可持续的保障，就必须针对失地农民的自身特点和现实需求进行各种技能培训。因此，政府应为失地农民建立就业培训基金，并负责培训工作。其中再就业培训基金可从土地征用款项与集体资产积累中按一定比例提取，政府也应给予相应的财政支持，并且政府的支持力度应该逐步占据主导地位。此外，为鼓励失地农民参加就业培训的积极性，还可考虑将经过培训作为照顾性工种用工的一个优先条件。三是积极开拓多种就业渠道。农民失去土地也就意味着失去生产资料，同下岗工人一样失去了生活来源，所以两者对保障的需要程度是一样的，因而应该同等地享受各种福利保障。因此，失地农民在再就业时可享受与城镇下岗职工同样的待遇，并且政府在税收、就业门路等方面应该给予更多的政策性扶持。最后，还应积极开发各种社区服务岗位，如由政府出资设立部分保洁、保绿和保安等公益性岗位，并协调有关企业提供就业岗位，帮助土地被征用农民实现再就业，提高被征地人员的就业率。

总而言之，虽然目前我们可以在政策上或是理论上为失地农民提供一些可行的措施和方案，也可以从民间的角度向政府有关部门的管理者提供一些切实可行的建议，但是要从根本上解决失地农民的社会保障制度这一重大课题仍然任重道远。这是因为，仅有理论上的建议并不能完全解决实际问题，解决现实的问题更需要社会各方面的重视，也需要政府部门尽快出台一系列有助于解决现实问题的可行性政策与法规，因此可以预见，解决失地农民的社会保障问题必将是一个长期的过程，但是我们坚信只要全社会都能对这一问题加以重视，并形成一种舆论和政策导向，这一城市化过程中的遗留问题——农村失地农民的社会保障制度应该能从根本上得到解决。

四 结束语

客观地讲，若以新中国成立作为起点，以改革开放作为分水岭，在这两个 30 年的阶段中，中国经济的迅速发展及其工业化和城市化稳步推进，广大农民确实为之作出了巨大的牺牲和贡献，同时承担了与其收益并不对等的成本和代价。尤其是那些因同一原因而失去祖祖辈辈赖以生存的土地的农民，可以说，他们是中国工业化、城市化和现代化的直接成本支付者。然而，现行的制度运行框架因路径依赖性所表现出的制度刚性却将其作为一个特殊的弱势群体而排斥在社会保障之外。也就是说，从经济学的角度讲，这不符合基本的成本收益法则。这样一来，原本内含公平正义和福利共享的社会保障制度却恰恰将为中国经济发展作出重要贡献的失地农民不自觉地排斥在共享改革和发展成果之外。甚至从更深层次的意义上讲，这既不体现经济效益的原则，也不符合社会公平的要求。

事实上，从我国的现实情况来看，失地农民，失去的不仅仅是土地这一生产要素本身，同时还有一系列直接或间接地与土地相关联的权利和利益。我们必须认识到，为失地的农民提供社会保障措施并非是维护其合法权益、保障其生活安全的唯一或最佳途径。加快经济的发展，为失去土地的农民提供更多的就业机会和生存机会才是问题的根本；同时，改革土地征用制度、户籍制度以及其他差别性和歧视性待遇也迫在眉睫，需同步进行。

我们认为，失地农民作为中国工业化、城市化进程中的一个特殊群体，以其"生计代价"为小康社会的建设作出了历史性的贡献，他们今天所面临的社会保障问题应该得到社会各方面的重视和关注。同时，因为这个群体如此庞大，分布如此广泛，所处的经济社会条件又如此不同，因此，所有有关这一问题的讨论，都应该也必须是一个开放式的讨论。其目的就是力求在理论和实践两个层面上，尽快达成共识、有所作为。尤其是中国正处在工业化和城市化的关键时期，失地农民给予了政府太多的理解和支持，而政府也必须给予他们更多的关心和实惠。如果说我们的国家正面临更伟大也更深刻的变革，那么，需要的不仅是我们的理性、我们的良知和我们的智慧，同时更需要社会全体成员同舟共济的勇气。

第九章
农业保险问题研究

第一节　农业保险研究的意义、方法和内容

一　研究背景与研究意义

农业是国民经济的基础，是稳民心、安天下的基础性、战略性产业，具有明显的正外部性。农业保险是土地流转和农民社会保障的内在要求。随着我国工业化和城镇化的快速发展，农业比重日趋下降，但仍是关系 13 亿人生存和国家发展的第一产业，粮食生产和吃饭问题一直是中国发展的头等大事。

然而，农业又是弱质产业，不但综合比较效益低，而且自然风险大。我国农业经常遭受自然灾害危害。但是，以救灾救济、无偿援助为主渠道的传统农业风险管理方法，其风险防范范围有限，风险化解能力不足，属于人道主义性质的临时措施和短期行为，不符合市场经济法则和农业产业化发展要求，不是建立支持农业、农村发展的长效机制。

农业保险是现代农业风险管理方法，具有广阔的覆盖面和旺盛的生命力，是 WTO 框架内允许的"绿箱"政策（绿箱政策是政府通过服务计划，提供没有或仅有最微小的贸易扭曲作用的农业支持补贴。包括一般性农业生产服务；为保障粮食安全而提供的储存补贴；自然灾害救济补贴等），世界各国普遍采用，是实践反复证明有效的制度安排。以 1997 年为例，"绿箱"政策支出占当年日本政府农业预算支出的 90%。1947～1977 年，日本农险业务总支出为

4953.83 亿日元，而政府提供了其中的 3265.59 亿日元，占 65%。① 可见，包括农业保险在内的"绿箱"政策早已成为提高农业生产投资和稳定农民收入的重要政策。从实际运行情况分析，农业保险发展符合投保双方利益，有利于提高社会福利水平。从投保方说，支出摊入生产成本，符合经营核算制度；从保险方说，增强防灾防损能力，减少利润费用损失，提高社会福利水平，能够形成现实意义的互助性风险保障。我国传统农业风险管理方法长期占据主导地位，无论是 20 世纪上半叶个别地方试行的农业保险，还是新中国成立至改革开放前试点的农业保险，基本自生自灭。20 世纪 80 年代农业保险恢复办理以来，1993 年前曾出现了短时期的迅速发展，特别是 20 世纪 90 年代初期的三年，农业保险承保规模扩大和保费收入获得较快增长。但是随着 1994 年保险公司市场化改革，农业保险发展一度陷入困境。

2004～2010 年，中央七个一号文件连续 7 年锁定三农问题，都强调加强农业保险。历年有关表述如下："加快建立政策性农业保险制度，选择部分产品和部分地区率先试点，有条件的地方可对参加种养业保险的农户给予一定的保费补贴。"（2004）"扩大农业政策性保险的试点范围，鼓励商业性保险机构开展农业保险业务。"（2005）"稳步推进政策性农业保险试点工作，加快发展多种形式、多种渠道的农业保险。"（2006）"积极发展农业保险，按照政府引导、政策支持、市场运作、农民自愿的原则，建立完善农业保险体系。扩大农业政策性保险试点范围，各级财政对农户参加农业保险给予保费补贴，完善农业巨灾风险转移分摊机制，探索建立中央、地方财政支持的农业再保险体系。鼓励龙头企业、中介组织帮助农户参加农业保险。"（2007）"认真总结各地开展政策性农业保险试点的经验和做法，稳步扩大试点范围，科学确定补贴品种。支持发展主要粮食作物的政策性保险。建立健全生猪、奶牛等政策性保险制度。支持发展农产品出口信贷和信用保险。完善政策性农业保险经营机制和发展模式。建立健全农业再保险体系，逐步形成农业巨灾风险转移分担机制。"（2008）"加快发展政策性农业保险，扩大试点范围、增加险种，加大中央财政对中、西部地区保费补贴力度，加快建立农业再保险体系和财政支持的巨灾风险分散机制，鼓励在农村发展互助合作保险和商业保险业务。探索建立农村信贷与农业保险相结合的银保互动

---

① 李果仁：《欧美日等发达国家财政支农的成功经验及启示》，《财政金融文摘》2010 年第 1 期。

机制。扩大农产品出口信用保险承保范围，探索出口信用保险与农业保险、出口信贷相结合的风险防范机制。加大财政对集体林权制度改革的支持力度，开展政策性森林保险试点。"（2009）"积极扩大农业保险保费补贴的品种和区域覆盖范围，加大中央财政对中、西部地区保费补贴力度。鼓励各地对特色农业、农房等保险进行保费补贴。发展农村小额保险。健全农业再保险体系，建立财政支持的巨灾风险分散机制。逐步扩大政策性森林保险试点范围。推动农产品出口信贷创新，探索建立出口信用保险与农业保险相结合的风险防范机制。"（2010）

中央一号文件政策透露的信息表明，政府对农业保险已经转向政策支持与资金支持并重，制度建设与机制建设并举。尤其是自2007年起，随着中央财政建立农业保险补贴制度，全国农业保险保费收入大幅增长，农业保险承保面积大幅扩大。2011年中央一号文件锁定水利事业，为农业、农村发展提供了良好的外部发展环境，更为农业保险发展提供了重要的农业科技、规模经营和农业气象支撑条件。然而，从农业保险实际运行情况分析，农业保险保费收入占全国财产保险保费收入的比重仍然偏低；财政补贴的稳定物价总水平取向明显；商业保险公司依靠经营大农险（指由于农业保险亏损严重，经营农业保险的商业保险公司可以在经营农业保险的同时，独家经营农村住房保险或其他盈利性涉农保险，即在大农险范围内达到以险养险、以盈补亏的目的）以盈补亏，农业保险实现可持续发展受到明显制约。外在原因主要是保险的大数法则难以满足，规模经营的基本条件尚不具备。农业保险的经营必须考虑规模经营，这既是一般保险产品经营的要求，更是农业风险和农业保险经营风险发生的特点和规律的要求。内在原因主要是农业保险特性有别于一般保险发展，明显的正外部性屏蔽了农户和保险公司的参与积极性。农业保险的发展必须考虑正外部性，这不仅是农业保险发展的自身要求，也是国家发展和社会稳定的客观需要。因此，如何创造更加有利的发展条件，积极推进中国特色的农业保险，科学有效地解决中国的三农问题，成为我国农业和农村发展新阶段需要考虑的重要问题。

大数法则和概率论是现代保险事业经营和发展的科学基础。从根本上说，我国农业保险之所以一直没有取得实质性突破的重要原因之一，是农业分散化生产、小规模经营、不符合保险大数法则，地区差异性大、农业保险外部性强、规模效应体现不明显。党的十七届三中全会作的《中共中央关于推进农村改革发展若干重大问题的决定》明确规定，按照依法自愿有偿原则，允许农民以转包、出租、互换、转让、股份合作等形式流转土地承包经营权，发展多种形式的适度规模经营。有条件的地方可以发展专业大户、家庭农场、农民专业合作社等规模经营主体。现实实践中，农村土地流转有序快速推进，增大保险公司进入农业保险市场的可能性；农业风险增大，使农村土地流转对农业保险产生强烈的客观需求。尽管从 2004 年新一轮农业保险试点以来，我国农业保险研究和探索不断发展，制度模式、保险主体、运行机制和农业保险立法等方面涌现出大量的研究成果，但是农业改革和发展第二个飞跃（中国社会主义农业的改革和发展，从长远的观点看，有两个飞跃。第一个飞跃是废除人民公社，实行家庭联产承包为主的责任制。这是一个很大的前进，要长期坚持不变。第二个飞跃，是适应科学种田和生产社会化的需要，发展适度规模经营，发展集体经济。这是又一个很大的进步，当然这是很长的过程）时期的农业保险缺乏相应研究。

因此，着眼于农村土地流转制度下的农业保险研究，理论方面能够弥补农村土地流转制度下的农业保险发展缺失，对于新形势下更好地推进农村土地流转、发展农业保险具有重要的理论意义。实践方面，综合提出组织制度模式、保险公司变革和政府服务创新的发展举措，对于实现政府财政支农惠农的政策创新，发展具有中国特色的农业保险制度具有重要的应用价值。

二　国内外研究文献综述

（一）国外农业保险研究综述

农业保险市场失灵原因。主要围绕信息不对称和系统性风险展开。信息不对称研究方面，Ahsan 认为由于信息搜集、传播困难，农户和代理人各自利益最大化，导致农业保险市场失灵。[①] Yan 和 Coble 实证研究认为道德风险在特定条件下存在，与生产和销售条件相关，在一定条件下是不可避免的。[②] 系统性风险研究方面，Mirandaa 和 Clauber 认为农业保险人面临的系

---

① Ahsan, S. , A. Ali, and N. Kurian. , "Toward a Theory of Agricultural Insurance." *Amer. J. Agricultural Economics*, 1982 (64): 520 – 529.

② Liang, Yan, and Coble, Keith H. , "A Cost Function Analysis of Crop Insurance Moral Hazard and Agricultural Chemical Use," *Agricultural and Applied Economics Association*, 2009 Annual Meeting, July 26 – 28, 2009, Milwaukee, Wisconsin 49485.

统性风险，是一般保险人的 10 倍左右，风险性巨大。[①] Duncan 和 Myers 认为系统性风险的相关性削弱了保险公司在农户之间、作物之间、地区之间分散风险的能力，不利于农业保险开展。[②] 不同观点是，Wright 和 Hewitt 认为农户运用成本更低的多样化种植方式分散农业风险，是农业保险市场失灵的主要原因，从而质疑道德风险、逆向选择及系统性风险。[③]

政府干预农业保险理由。主要围绕弥补市场失灵展开。Bassoco 认为政府补贴低于 2/3 时，对农业生产者缺乏足够吸引力。[④] Glauber 和 Collins 认为，如果取消政府补贴，农业保险市场存在不确定性。[⑤] K. Goodwin 实证研究认为农民平均支付 1 美元农业保费，可以得到 1.88 美元赔偿，政府转移支付具有引导效应。[⑥] 不同观点是，Siamwalla 和 Valdes 运用成本—收益方法分析，得出政府不应该补贴农业保险的结论。[⑦]

农业保险市场需求动机。Goodwin 和 Smith、Calvin 和 Quiggin 研究发现，风险规避仅仅是次要原因、很小的因素，农户参保主要为了得到政府补贴而非风险意识。[⑧] Serra 和 Goodwin 实证研究认为农民的初始财富增加到达一定程度后，规避风险意识减弱，购买农业保险动机降低，不利于农业保险发展。[⑨] Goodwin 和 Rejesus 认为农场主希望得到特别灾害救济金而

① Miranda, M. J., and J. W. Glauber, "Systemic Risk, Reinsurance, and the Failure of Crop Insurance Markets." *AmericanJournal ofAgriculturalEconomics*, 1997, 79 (1): 206 – 215.

② John Duncan, Robert J., "Myers. Crop insurance under catatrophic risk". *American Journal of Argricultural Economics*, 2000, 82 (4): 89 – 105.

③ Wright, B. D., J. D. Hewitt. *All Risk Crop Insurance*: *Lessons From Theory and Berkeley*, *Giannini Foundation*: *California Agricultural Experiment Station*, 1994, *April Experience*.

④ Bassoco, L. M., C. Cartas, and R. D. Norton, "Sectoral Analysis of the Benefits of Subsidized Insurance in Mexico." In Heazel, Peter, Carlos Pomerada, and Alberto Valdes, eds., Crop Insurance for Agricultural Development; Issues and Expenience Baltimore : Johns Hopkins University Press. 1986.

⑤ Glauber, J. W., and K. J. Collins, "Crop Insurance, Disaster Assistance, and the Role of the Federal Government in providing Catastrophic Risk Protection". *Agricultural Finance Review*, 2002, Fall: 81 – 101.

⑥ Goodwin, B. K., "Problems with Market Insurance in Agriculture". *American Journal of Agricultural Economics*, 2001, 83 (3).

⑦ Siamwalla, Valdes, "Should crop insurance be subsidized?" In *Crop insurance for agricultural development*: *Issues and experience*, 1986.

⑧ Just, R. E., L. Calvin, and J. Quiggin. "AdverseSelectioninCropInsurance". *Amer. J. Agr. Econ.* 81 (November 1999).

⑨ Serra, T., B. k. Goodwin, and A. M. Featherstone, "Modeling Changes in the U. 5. Demand for CroP Insuranee during the 1990 ~ 5." *Agrieultural FinaneeReview*2003, 63 (2).

不愿购买农业保险，前者具有产品替代效应，削弱了农业保险的投保动机。[1]

（二）国内农业保险研究综述

农业保险属性。李军认为农业保险属于准公共物品，政府应当通过税收、立法和直接提供等途径，纠正市场供给失灵。[2] 刘京生认为农业保险具有商品和非商品双重属性，国家应该采取财税金融手段补贴农业保险。[3] 庹国柱、王国军认为农业保险在直接消费环节具有排他性，在间接消费环节具有非排他性，主张采取政策性农业保险。[4] 冯文丽和林宝清认为农业保险具有生产正外部性和消费正外部性，是一种准公共物品。[5] 陈璐认为农业保险属于混合产品[6]，具有利益外溢特征。[7] 黎已铭认为农业保险不具备保险理想条件，只具有"弱可保性"，提出实行统保和法定保险、加强政策性补贴的对策建议。[8] 张跃华认为农业保险作为国家支农惠农政策的创新工具，应该列为支持农业发展的优先采用序列。[9] 冯文丽认为农业保险具有体现国家风险管理政策和收入转移政策的"双重政策性功能"。[10]

农业保险供需。皮立波和李军通过对我国农村经济发展新阶段的供需关系研究，提出激励商业性农业保险供给的发展思路。[11] 顾海英认为政策性农业保险设计宜采取统一制度框架与分散决策相结合的原则，将制度自然演进

---

[1] Goodwin, B. K., and R. M. Rejesus, "Safety Nets or Trampolines? Federal Crop Insurance, Disaster Assistance, and the Farm Bill." *Journal of Agricultural and Applied Economics*, 2008, 40 (2): 415 - 429.

[2] 李军：《农业保险的性质、立法原则及发展思路》，《中国农业经济》1996 年第 1 期。

[3] 刘京生：《中国农村保险制度论纲》，中国社会科学出版社，2000，第 245 页。

[4] 庹国柱、王国军：《中国农业保险与农村社会保障制度研究》，首都经贸大学出版社，2002。

[5] 冯文丽、林宝清：《我国农业保险短缺的经济分析》，《福建论坛》2003 年第 6 期。

[6] "混合产品"亦称准公共产品，是指具有有限的非竞争性或有限的非排他性的公共产品，它介于纯公共产品和私人产品之间。对于"混合产品"的供给，理论上采取政府和市场共同分担原则。

[7] 陈璐：《政府扶持农业保险发展的经济学分析》，《江西财经大学学报》2004 年第 3 期。

[8] 黎已铭：《农业保险性质与农业风险的可保性分析》，《保险研究》2005 年第 11 期。

[9] 张跃华：《农业保险需求问题的一个理论研究及实证分析》，《数量经济技术经济研究》2007 年第 4 期。

[10] 冯文丽：《改革开放以来我国农业保险发展历程与展望》，《中国金融》2008 年第 13 期。

[11] 皮立波、李军：《我国农村经济发展新阶段的保险需求与商业性供给分析》，《中国农村经济》2003 年第 5 期。

和人为设计有机结合起来，合力发展农业保险。[①] 庹国柱、王国军认为农业保险需求不足原因主要是：小农经济占主导，农户保险意识差；部分地区务工收入高，对农业不重视；利用多样化种植等其他渠道分散，可以替代农业保险；保险险种不合乎农户需求；保费超出农户承受能力。[②] 张跃华认为农业保险的商业需求很难在短期内启动，必须寻求新的途径。[③] 方伶俐认为农户规避农业风险首选政府资助而非农业保险。[④]

组织制度模式。庹国柱认为农业保险制度目标是促进农业和农村经济发展，推进农村社会保障制度建设，并据此提出五种组织制度模式。[⑤] 赵山认为完善多层次风险转移分担机制，完善以再保险为核心的巨灾和农业保险体系，是解决我国巨灾和农业风险可保性的重要措施。[⑥] 朱俊生认为我国应逐步形成政府引导、市场运作的"公私合营"制度模式。[⑦]

国内研究不同观点方面，张国海认为农业保险并不紧迫，应放在整个农村社会保障体系、农业支持体系和风险管理体系中考虑，提出农业保险"冷思考"命题，并相应提出发展我国农业保险必须解决的若干问题。[⑧] 官兵从农业保险能否保障收入和保险的公共产品属性是否可以等同于粮食的公共产品属性两方面提出了不同见解，认为农业保险是私人产品而非公共物品，是市场缺失而非市场失灵，其原因在于农业保险制度建设高昂的固定成本和农业保险需求的相对不足。[⑨]

我国农村土地流转研究综述。我国农村土地流转研究以经济学、社会学和法学领域居多，保险保障相关论述主要有：李录堂认为要利用社会职业保险代替农村土地对农民的社会保障，弱化土地保障，强化社会保障。[⑩] 冷崇

① 顾海英：《公平、有效、和谐：农业保险制度的取向》，《光明日报》2005 年 9 月 6 日。
② 庹国柱、王国军：《中国农业保险与农村社会保障制度研究》，首都经贸大学出版社，2002。
③ 张跃华：《农业保险需求问题的一个理论研究及实证分析》，《数量经济技术经济研究》2007 年第 4 期。
④ 方伶俐：《中国农业保险需求与补贴问题研究》，华中农业大学图书馆，2008。
⑤ 庹国柱：《农业保险制度建设的有益尝试》，《中国金融》2007 年第 15 期。
⑥ 赵山：《以再保险为核心的巨灾和农业保险体系研究》，《保险研究》2007 年第 12 期。
⑦ 朱俊生：《农业保险问题研究综述》，《重庆社会科学》2009 年第 9 期。
⑧ 张国海：《关于我国农业保险发展的"冷思考"》，《当代经济研究》2007 年第 12 期。
⑨ 官兵：《农业保险是公共产品吗？——既有理论的反思与修正》，《财经科学》2008 年第 4 期。
⑩ 李录堂：《试谈农地使用权保险与农地流转集中问题》，《江西农业经济》1994 年第 6 期。

总认为农村土地流转的首要条件是农村土地产权分离，根本条件是农村土地产权市场化，必要条件是发展壮大集体经济，其中的重要环节是剥离农村土地社会保障功能。[①] 韩江河认为农村土地流转的土地股份合作形式最重要的意义是初步实现农民产权革命，真正改变农民身份，为社会主义农村建设奠定制度创新基石。[②] 孟勤国认为基于土地的社会价值和社会功能现状，我国农村土地流转的主要目的是解决人多地少的矛盾，归根到底是要保护土地上的合法权益。[③]

农村土地流转与农业保险研究评述。国内外研究表明，农村土地流转是促进农业生产经营专业化、标准化、规模化、集约化的必由之路；农业保险具有明显正外部性和福利耗散效应，是准公共产品。不足之处是农村土地流转制度下的农业保险研究国外居多，国内则立足于小户分散经营研究。农业保险在一定范围内和时期内，其效用是可以分割的。它的经营必须考虑规模经营，这既是一般保险产品经营的要求，更是农业风险和农业保险经营风险发生的特点和规律的要求。[④] 2004 年以来的农业保险新一轮试点和党的十七届三中全会以来的农村土地流转实践，为农村土地流转制度下的农业保险研究提供了重要的经验基础。

三　研究思路与研究方法

1. 研究思路

本着从理论到实践、由一般到特殊的研究思路，本书首先构筑理论框架，为研究提供理论指南和依据支持；其次进行系统有机研究，重点是组织制度模式、保险公司变革和政府服务创新，旨在系统集成农业保险发展路径；再次发展实践分析，对河南省部分农村土地流转制度下的农业保险发展情况进行实证研究；最后得出主要结论及提出政策建议，以期有效推进农村土地流转制度下的农业保险又好又快发展。

2. 研究方法

规范分析与实证研究。农村土地流转制度下农业保险发展路径的政策选

---

① 冷崇总：《试论农村土地使用权流转》，《上海农村经济》1999 年第 4 期。

② 韩江河：《关于农村土地流转的"成都模式"和"温州模式"比较与启示》，《广西大学学报（哲学社会科学版）》2008 年第 6 期。

③ 孟勤国：《中国农村土地流转问题研究》，法律出版社，2009，第 28 页。

④ 庹国柱、李军：《农业保险》，中国人民大学出版社，2005，第 43 页。

择、制度安排涉及价值判断，主要采用规范分析。河南省农村土地流转制度下的农业保险发展以调查问卷、实践验证为主，主要采用实证研究。

文献研究与实地调研。本研究整理散落于农村土地流转和农业保险的相关文献资料，结合中国国情和目前经济社会发展阶段的文献资料，融合运用到农村土地流转制度下的农业保险研究中。同时，深入农村一线，剖析典型案例，获得第一手资料，实现理论与实践的统一。

历史分析与比较研究。追溯农村土地流转和农业保险实践和理论演进进程，汲取特定历史条件和具体发展环境下的经验教训，借鉴国际发展和区域发展实证经验，立足第二个飞跃，提出我国农业保险特定发展阶段的发展路径。

四　研究内容

（一）概念界定

本研究主要包括农村土地流转和农业保险两个概念。著名物权法专家孟勤国认为我国农村土地流转是土地承包经营权流转，土地承包经营权流转是非永久性移转，农村土地流转主要是为了维护地上权益，解决人多地少矛盾。[①] 农业保险有广义狭义之分。联合国贸易与发展委员会的广义定义，是涉及农业供应、生产、加工、运输、储藏和销售环节的农业活动全过程，甚至包括农业经营主体农民以及农业生产工具、房屋、机器、设备保险；我国著名农业保险专家庹国柱的狭义定义为，农业生产者以支付小额保险费为代价，把农业生产过程中由于灾害事故造成的农业财产损失转嫁给保险人的一种制度安排。[②] 本书从农村土地流转制度视角研究农业保险，我国农村土地流转是土地承包经营权流转，农业保险采用狭义定义，包括自然灾害方面的种植业和养殖业保险。

需要说明的是，农业保险之所以采用狭义定义，是因为广义定义是一种扩大和理想范围，可能使农业保险与其他保险边界模糊化、范围泛化，使政府无从下手、力不从心，弱化支持力度。而采用狭义定义，着重强调农村地区自然灾害方面的种植业和养殖业保险拓展业务，初期能够划清政府补贴经

---

① 孟勤国：《中国农村土地流转问题研究》，法律出版社，2009，第67页。

② 庹国柱、李军：《农业保险》，中国人民大学出版社，2005。

营范围，促进农业保险经营主体积极经营农业保险业务，从而达到政府支农惠农的既定目的。

（二）研究内容

除了研究背景和意义，本研究共分为四个部分。第一部分是农业保险理论依据；第二部分是农村土地流转制度下的农业保险发展路径；第三部分是省级案例；第四部分是主要结论及政策建议。

理论依据：马克思主义再生产理论、组织环境理论、交易费用理论、国家干预理论和激励相容理论。本书摒弃以往片面、割裂农村土地流转和农业保险有机联系的研究方法，运用马克思主义再生产理论、组织环境理论、交易费用理论、国家干预理论和激励相容理论，以理论促进二者融合发展，重点从组织模式形式、保险公司和政府服务创新三方面分析影响因子、有机联系和整体互动。

农村土地流转制度下的农业保险发展路径研究。组织制度模式发挥纲举目张作用，保险公司变革发挥关键枢纽作用，政府服务创新发挥重要保障作用，共同决定农村土地流转制度下的农业保险发展路径。研究保险公司分散风险的同时，重点研究弥补农户合作组织中介和政府层面政策性农业再保险缺失，形成抗击农业自然风险的巨大合力。

河南省农村土地流转制度下的农业保险实证研究。河南省是我国最大的农业省，总人口占全国1/13，粮食产量占全国1/10，在我国农村土地流转与农业保险发展中具有典型意义。尤其是不以牺牲农业和粮食、生态和环境为代价，实现工业化、城镇化和农业现代化"三化"协调科学发展之路的中原经济区建设战略，以及处于工业化中后期的发展阶段，与全国总体经济社会发展情况比较吻合，研究结果客观典型、易于推广。

主要结论及政策建议。通过系统研究和实证研究，提出农村土地流转制度下的农业保险发展路径、主要结论及政策建议，形成农户获得相当投保利益、保险公司获得一定利润、政府获得良好社会效益的共赢局面，以期实现中国社会主义农业改革发展第二个飞跃时期农业保险又好又快发展和"三农"问题有效解决。

五　创新之处

开辟新的研究视角。本研究着眼于党的十七届三中全会以来农村土地流转对农业保险的客观需求，重点通过开展农业保险发展的系统理论分析和实证研究，提出农村土地流转制度下的农业保险发展路径，开辟农村土地流转制度视角下的农业保险发展新"航线"。研究过程中，注重运用激励相容机制，把农村土地流转农户、保险公司与政府的发展利益和价值取向融为一体。在设计组织体系、增强内生动力和出台服务举措时，通盘考虑三者之间的紧密关系，以实现外部环境和内生动力、政府服务和市场运作、自治组织和公司治理的有效合力，确保中国社会主义农业改革发展第二个飞跃的成功实现。

提出新的发展模式。本书把农村土地流转制度下的农业保险发展作为整体，把内生动力与外部环境作为系统，把自治组织、市场运作和政府服务作为相关内容，重点提出农业生产经营组织制度模式、保险公司变革和政府服务创新三个方面的整体发展战略和系统集成模式，形成新型农民专业合作经济组织为依托，农业互助合作保险组织为纽带，政策性农业保险与商业性农业保险相结合，组织形式多样化、组织体系合理化的多元化经营、多主体共济的组织制度模式。开发区域产品和加强技术创新双轮驱动，保险文化传播和科研人才培育双策并举，促进保险公司外部环境与内生动力良性互动和农业保险可持续发展，建立政府诱导型农业保险运行机制，政府与市场结合，地方与中央结合，正负激励结合，服务合作经济组织与服务农业保险公司统一，推动农村土地流转制度下农业保险快速健康发展。通过适应农村土地流转制度下农业保险发展的客观需求和政府支农惠农政策创新的内在要求，推动中国特色农业保险制度发展，更好地推进新形势下农村土地流转、农业保险发展和中国"三农"问题的有效解决。

第二节　农业保险发展的依据和路径

一　农村土地流转制度下农业保险发展的依据

（一）农业保险理论

农村土地流转制度下的农业保险发展，需要科学理论提供支持、指导方向，保证农业保险持续健康快速发展。鉴于农业保险能够提高全社会福利水平，国家干预理论是重要理论根据；鉴于农业保险是社会总产品的一种必要扣除，马克思主义再生产理论是重要理论支持；鉴于农业保险发展涉及农户、公司和政府的博弈，组织环境理论、交易费用理论和激励相容理论是重要理论依据。因此，本研究把马克思主义再生产理论、组织环境理论、交易费用理论、国家干预理论和激励相容理论列为主要理论依据。由于理论本身体系庞大，本书仅选择与农业保险研究主题相关的理论内容加以介绍。

马克思主义认为，"在不变资本的再生产过程中，从物质方面来看，总是处于各种使他遭到损失的意外和危险中，因此，利润的一部分，即剩余价值的一部分，必须充当社会保障基金"。[①] 再生产理论论述表明，社会保障基金是发展储备资金的必要组成部分。"如果我们把劳动所得这个用语首先理解为劳动的产品，那么集体的劳动所得就是社会总产品。现在从它里面应该扣除……用来应对不幸事故、自然灾害等的后备基金或保险基金……在把这部分进行个人分配之前，还得从里面扣除：第一，和生产没有关系的一般管理费用……"[②] 可见，农业再生产是自然再生产与经济再生产相互交织的过程，从国民收入分配中扣除农业保险基金、管理费用，给予农业保险发展足够财力支持和费用补贴，是应对农业生产不确定性，提高农民社会保障和保证收入分配公平的必要制度安排。

组织环境是与农业保险发展相关的一系列条件，二者的适应程度决定农村土地流转制度下的农业保险组织制度模式取向，并影响政策性农业保险实施范围和政府服务创新力度。组织环境理论强调与发展环境匹配与外部物质条件依赖。农村土地流转制度下，农业保险组织体系与内外发展环境紧密相关。运用组织环境理论，分析组织形式、组织体系之间的相互依赖关系，科学设计制度，形成合理组织关系和组织体系，使各种组织形式内部形成有机整体，外部耦合整体发展环境，着力推动组织整体高效发展，是提高农村土地流转制度下农业保险发展效能、效率和效力的重要保证。

交易费用理论存在机会主义和有限理性假设，现实中存在市场型交易费用、政治型交易费用和管理型交易费用类型。农村土地流转制度下的农业保险创新需要支付成本，属于政治型交易成本，而政府存在一定路径依赖。只有农业保险市场失灵现象严重时，政府才可能改变法律，创新组织形式，诱

---

① 马克思：《资本论（第三卷）》，人民出版社，1975，第900页。
② 马克思、恩格斯：《马克思恩格斯选集（第三卷）》，人民出版社，1972，第9～10页。

导市场运作，减少机会主义，化解有限理性，以期降低市场型交易费用和管理型交易费用。农村土地流转制度下的农业保险发展，代表农业保险发展的最新趋势和最终方向，形成政府、公司和农户三者之间合理的制度安排，有利于减少交易费用，扩大农业保险创新制度成果运用范围。

国家干预理论认为，由于行为人的有限理性、经济信息的不完全性和外部性的存在，产生市场不完善和机会主义，国家积极介入、承担重要责任，才能消除市场缺陷、实现既定发展战略。"积极探索扶持、保护、促进农业发展的新机制、新办法。农业是社会效益大而比较效益低的产业，光靠市场调节不行，必须通过国家宏观调控加以扶持和保护，这也是世界上许多国家的共同做法。"[1] 农业保险保障的是基础产业，能够带来政策功效和乘数效应，稳定整个国民经济，增加社会总福利。基础产业受益的是全体国民，国家干预农业保险发展，具有充分理论依据、拥有广阔发展前景。

激励相容理论认为，每个理性经济人都会有自利的一面，如果能够有一种制度安排，使人们追求个人利益的行为正好与社会实现价值最大化的目标相吻合，使个体活动的取向正好与企业发展目标趋于一致，就能共同调动相关利益各方积极性。在农业保险存在道德风险的情况下，激励相容使代表农户利益的新型农民专业合作经济组织、政策性农业保险公司和政府支农惠农政策趋于相容，共同服务于农村土地流转制度下的农业保险发展。通过激励相容，保证代理人按照委托人意愿行动，个人利益和集体利益一致，每个人努力为实现个人利益工作同时实现社会利益最大化，使农村土地流转制度下农业保险利益主体各方行为都能趋向于效用最大化，能取得集体利益最大化的优化结果。

（二）农业保险实践

作为准公共物品的农业保险，只能采取国家财政支持下的政府经营方式或国家支持下的商业保险公司经营方式，服务于政府给定的经济和社会政策。从这个意义上说，只能采取我们所说的政策性保险。[2] 从世界成功运用农业保险的国家共同之处分析，政策性农业保险是各国基本取向。本研究以

①　江泽民：《论有中国特色的社会主义（专题摘编）》，中央文献出版社，2002，第130页。

②　庹国柱、王国军：《中国农业保险与农村社会保障制度研究》，首都经济贸易大学出版社，2002，第104页。

美国、加拿大等发达国家农业大国，德国、法国、日本等发达国家农业小国和发展中农业大国印度为例，简析政策性农业保险、农业保险公司和政府服务创新发展情况，归纳世界各国成功经验的共同法则，以期为中国农村土地流转制度下农业保险发展路径提供有益借鉴和重要启示。

美国农业保险发展历程充满改革创新气息，贯穿法律制度主线。经过60多年的改革与发展，农作物保险业务范围不断扩大，保障水平和农民参与率不断提高，对稳定农业生产、提高国民福利水平起到了重要作用。[①] 美国农业生产规模大，农场主风险意识强，主要险种实现农业风险的全覆盖，农业保险需求强烈。农业保险科研提供坚强的智力支撑，强制性制度变迁与国会听证制度相结合，政府支持手段和法律保障随着经济社会和农业保险发展新阶段不断创新，农业保险公司和农场主合作力度不断加强，有力推进农业保险制度化建设。目前，美国已经基本完成了传统风险管理制度向现代风险管理制度的历史性转变，从政策研究、立法、组织机构设置、产品设计开发，到产品销售、定损、统计、精算、资料收集加工以及宣传推广和教育科研形成了完整健全的农业保险发展体系。

加拿大借助国内构建社会保障制度的热潮，构筑农业保险完整保障体系。国家成立专门保险机构，主导和经营政策性农业保险。政府认捐农作物保险公司相当数额的资本股份，支付一切经营管理费用，对资本、存款、收入和财产免征一切赋税，提供一系列优惠支持政策。农民对投保的农作物仅支付纯保费的一部分，其余部分由政府补贴，体现政府支农惠农政策创新支持力度。同时，还拥有健全和不断完善的农作物保险法律法规，由政府提供农作物一切直接保险和再保险，解除农户和公司的后顾之忧。农业保险制度和社会保障制度互促共进，不断提升农业、农民和农村的保障水平。

德国农业保险制度的形成主要成因是特殊自然灾害和独特学术研究的结果。由于所处的特殊地理和气候因素，导致气象灾害给集约化经营带来的影响比粗放经营更加严重，尤其冰雹灾害发生概率虽然不多，但是一次发生即具有毁灭性，对农业发展威胁巨大。因此，针对冰雹单一风险责任的农作物保险一枝独秀。同时，德国农经学界19世纪以来的研究一直认为，农作物保险对农村经济发展和繁荣必不可少，但是除冰雹单一风险责任外的一切农

---

① 中国赴美农业保险考察团：《美国农业保险考察报告》，《中国农村经济》2002年第1期。

作物险不能成立。这些理论见解至今没有改变。

法国农业保险主要由相互竞争的互助保险组织和商业性保险公司共同承办，以依附于各种农业生产者合作组织的互助合作保险组织为主。中央保险公司、专业保险公司、本土和海外保险公司、农业保险社组成"金字塔"式的组织结构，共同服务于农业保险发展。政府建立农业灾害基金，对于互助保险机构不能承担的风险损失，给予补贴性赔偿；成立农业相互保险集团公司，按市场和保户需求设计险种，并将农业作为一个系统扩大承保范围、迎合大数法则；成立中央互助保险机构，对保险公司无法承保的巨灾风险进行分保，同时对互保协会及再保险机构定期给予一定的财政补贴。

1947年，日本颁布《农业灾害补偿法》，国家通过立法对关乎国计民生和对农民收入影响较大的农作物和饲养动物实行法定保险，其他种植业和养殖业自愿投保。在全国推行以系统性合作组织为基本组织形式的农业保险制度，同时规定农产品加工部门和农产品消费者也通过一定的渠道分担部分保险费。政府加强对农业保险监督指导，补贴农业保险保费和管理费。采取农业保险与农业信贷相结合的挂钩方法，凡有农业生产借贷的农业保险标的，即使自愿保险项目也应依法强制投保。

印度在1947年广泛深入调研基础上，决定实行以大面积保险方法为基础，与作物信贷计划结合的保险方案，并于1976年取得初步实验成效。1985年正式推出综合作物保险计划，经过进一步试验改革完善后，于2000年开始执行全国农业保险计划，规定实行区别对待原则的改革方案：把保险种类细分为统一保险与单独保险，经济作物划分为享受政府支持和不享受政府支持两个类别；对划定区域内特定农作物的大面积灾害统一保险，对雹灾、滑坡、气旋、洪灾进行单独保险；对关系国计民生的农作物，一般由保险公司承办，政府提供相关支持；单独园艺和种植园保险计划则不享受政府支持政策。

总之，美国、加拿大、日本、德国、法国等发达国家财力雄厚，旨在把农业保险作为农业保护政策和农村社会福利制度的重要组成部分，承保范围广、保险产品多、保障水平高。相比之下，印度经济发展比较落后，旨在把农业保险作为农业发展政策的重要组成部分，承保范围较窄、承保风险较小、保障水平较低。尽管如此，各国农业保险发展共性仍十分清晰：农业保险发展与农业生产规模化水平成正相关；农业保险组织形式、组织体系较为完善；农业保险产品不断创新，保险文化气息浓厚；政府提供优惠政策支持；农业保险法律体系较为健全；农业保险再保险能力不断提升。

各国成功应用政策性农业保险的案例，给我国正在推进的农村土地流转制度下的农业保险提供了重要启示：一是农村土地和农业保险要求规模经营。各国农业保险大发展都以适度规模经营或大农场为基础，即使日本规模经营较小，但也比我国每户承包一亩三分地的面积大得多。农村土地规模经营能够转移农村劳动力，推进农业机械化和产业化，实现农业现代化。农业保险规模经营能够符合保险大数法则，增强保险公司的市场准入程度，实现农业保险大发展。农村土地和农业保险规模经营互相促进，农村土地流转和农业保险成正相关关系。我国农业保险要获得大发展，需要借助农村土地流转的契机，推进土地适度规模经营和保险大数法则的对接。二是建立健全农业保险发展组织体系。美国完善的组织机构为农业保险各环节发展提供了坚实的基础，法国"金字塔"式的组织结构保证农业保险与社会保障机制建设同步推进，日本以系统性合作组织为基本组织形式组成完整的组织体系。组织体系和组织机构的完善，是农业保险适应外部环境和增强内生动力的重要基础。我国农村集体经济组织和相关的合作经济组织及自治组织建设要加紧推进。这不仅是新农村建设本身的内在需要，也是推进农村土地流转、加快农业保险和维护农户权益的客观需求。三是保险公司对农业保险的支持范围不断扩大、扶持力度不断加大、自身变革不断增大。世界各国农业保险制度的成熟和完善都经历了一个过程，即使大农场发展时期农业保险发展也是在不断探索中日益成熟完善起来的。我国农业保险正处于试验阶段，农村土地流转正处于起步时期，不能指望一步到位解决农业保险问题，国家财政实力也不允许。我们既要考虑农业保险大发展的必要性，也要关注各方面条件允许的可能性，把客观需要与现实可能结合起来，在创造条件中不断探索，在改革创新中逐步完善。四是政府公共服务主导农业保险发展。农业保险因其准公共产品属性，对政府服务的角度、范围和力度提出了非同一般的要求。各国农业保险的发展都存在政府活跃的身影，不但主导农业保险发展，而且又承担其后盾，但同时又不过度干预。我国正处于政府职能转变和发展方式转变的关键期，要抓住职能转变、思想观念更新的重要历史契机，为农业保险创造良好的发展环境和社会环境。

总之，我国正处于工业化发展中后期，社会保障制度体系建设正逐步全面推开，农业保险试点工作已经取得初步成效，农村土地流转体现的保险大数法则日益明显，农户投保的意愿明显增强，保险公司承保能力不断提高，政府再保险实力不断提升。借鉴国外农业保险发展成功经验，总结其对我国的重要启示，结合我国农村土地流转阶段性特征，不断完善农户保险组织体系建设、农业保险公司制度变革和政府服务创新力度，必将极大促进农村土地流转制度下的农业保险又好又快发展。

二　农村土地流转制度下的农业保险发展路径

农业现代化关系国民经济发展全局。农村土地流转是农业现代化的必由之路。农业保险是现代农业风险管理的核心。国内外大量理论研究和实证研究表明，只有当农村土地流转、农业生产规模达到一定程度，国家支持农业发展，农民收入达到一定阈值，农业保险的客观需求才能真正产生。农村土地流转是新形势下农业发展必要和有效的制度安排。然而，农村土地流转常伴有农业风险。农村土地流转不同于小户分散经营，农业保险亦不同于普通财产保险，农村土地流转制度下的农业保险发展路径更不同于一般农业保险发展路径。因此，农村土地流转制度下的农业保险发展路径设计，应是农户获得相当投保利益，保险公司获得一定利润，政府获得良好社会效益的统一。为此，需要从农业保险组织制度模式、保险公司变革和政府服务创新三个层面统筹考虑出发，科学推进发展。

(一) 组织制度模式方面

组织制度模式要以新型农民专业合作经济组织为依托，农业互助合作保险组织为纽带，政策性农业保险与商业性农业保险相结合，组织形式多样化、组织体系合理化的多元化经营、多主体共济模式。

农村土地流转制度下的农业保险组织制度模式，是有效解决农业弱质性与资本逐利性矛盾的重要组织保障。2003年以来，中国保监会提出发展农业保险的五种模式：与地方政府签订协议，由商业保险公司代办农业保险；在经营农业保险基础较好的地区，设立专业性农业保险公司；设立农业相互保险公司；在地方财力允许情况下，尝试地方财政兜底的政策性农业保险公司；继续引进具有农业保险经营的先进技术及管理经验的外资或合资保险公司。通过对五种模式适用范围和推广价值的比较，结合农业发展和农民需要保护的必要性和工业化阶段的可能性及其相应的政策取向分析，专业性农业保险公司、地方财政兜底政策性农业保险公司是理想组织制度模式，但囿于我国农业保险发展滞后、财政保障能力有限，可作为远期模式；政府委托商业保险公司代办、外部引进农业保险公司，需要一定的心理接受期和信任缓冲期，可作为辅助模式；以新型农民专业合作经济组织为依托发展农业互助合作制保险组织，立足农村培育相互制农业保险公司，大力发展政策性农业保险，符合我国国情，与农村土地流转相适应，具有区域优势，易于群众接受，利于推广应用，可作为近期模式。

我国农业保险要取得实质性突破，必须彻底解决由我国农业碎片化、小规模和农业保险的外部性等问题引发的矛盾。农村土地流转过程中，农业产业化自身经营和发展方向及市场经济的运作，提出对以农作物承保为代表的农业保险的强烈客观需求。通过农业保险，将农业产业化组织中的各个经营主体的利益和风险进行有机的联系，形成一种有效的利益共享、风险共担机制，进而强化农业产业化的组织基础，确保产业化进程的顺利开展。① 我国农村土地流转主旨是加快农业产业化进程。农业产业化需要通过农业保险强化组织基础，帮助处于弱势群体一端的农民建立维护自身发展权益的自治组织，实现各方利益主体合作共赢和农业产业化持续健康发展。因此，农村土地流转制度下的农业保险组织制度模式标准的确定，既要优化内部治理结构以提高组织效率，又要耦合外部发展环境以提高组织效力，致力实现交易成本最小化、各方利益诉求均衡化。

1. 大力发展新型农民专业合作经济组织

根据 1895 年国际合作社联盟确立的共同纲领和行为准则规定，合作社的主要内容是：合作社开放和成员入社自愿、民主管理、资本报酬有限、按惠顾额分配盈余、只销售货真量足的商品、按市价进行交易、现金交易、保持政治和宗教独立、重视社员教育等。国际合作社联盟在 1995 年举行的100 周年代表大会上定义：合作社是人们自愿联合，通过共同所有和民主管理的企业，来满足共同的经济和社会需求的自治组织。同时，为了适应经济一体化、全球化趋势，适应市场经济环境，也为区别于其他经济组织，更好地指导 21 世纪合作经济运动的发展，确立了七项合作社原则：自愿和开放的社员原则；社员民主管理原则；社员经济参与原则；自主和自立原则；教

---

① 郑功成：《中国救灾保险通论》，湖南出版社，1994，第 55 页。

育、培训和信息原则；合作社间合作原则；关心社区。以上共同构成合作社的基本内涵和发展要领。

新型农民专业合作经济组织的科学内涵。新型农民专业合作经济组织是合作社的典型和最新发展，是农村土地流转制度下农业保险发展的组织依托。新型农民专业合作经济组织泛指我国农村市场化改革以来，在家庭承包经营制度基础上发育成长的，由农民按照自愿、民主、平等、互利原则自发组织的，以为其成员的专业化生产提供产前、产中、产后服务为宗旨，谋求和维护其成员的社会经济利益的各种经济组织和社会团队。[①] 新型农民专业合作经济组织的制度特征是人们自愿联合、共同所有和民主管理。价值取向是满足社员的经济和社会需求，社会基础是农民的广泛认同和积极参与，具体形式包括农民专业协会、技术研究会、专业合作社和各种农民专业合作联合组织等。

新型农民专业合作经济组织是农业保险的组织依托。继 2006 年国务院《关于保险业改革的若干意见》提出有步骤地建立多形式经营、多渠道支持的农业保险体系之后，2007 年中央一号文件提出鼓励龙头企业、中介组织帮助农户参加农业保险。然而，传统意义上的"公司＋基地＋农户"的农业产业化发展模式，当龙头企业面临风险的时候，致使简单组织起来的农民很难平等参与谈判，经常把风险转嫁到农民头上，导致龙头企业一枝独大、侵犯农民合法权益的情况出现。因此，必须把中介组织作为维护农民合法权益，帮助农户参加农业保险的基础途径，形成"公司＋基地＋组织＋农户"的发展新模式，嵌入新型农民专业合作经济组织，构筑龙头企业对等地位。根据组织理论，有组织的行为优于无组织的行为，因此在一个组织内部，目标产生信息，并依此形成一定的假设和态度，从而影响决策。[②] 改革开放以来，我国农村合作社性质的自治组织并未建立，甚至处于真空状态。这是由于在实行家庭承包责任制以后，作为原农村人民公社基本核算单位的生产队或生产大队纷纷解体，而相应的经济组织又普遍未建立起来，或未能有效地运转。[③] 农村供销合作社、农村信用合作社是我国 20 世纪 50 年代农业合作

① 孙亚范：《新型农民专业合作经济组织发展研究》，社会科学文献出版社，2006，第 30 页。
② 杨生斌：《论中国农村保险组织制度安排》，《当代经济科学》1994 年第 5 期。
③ 农业部经济政策研究中心：《中国农村地域性合作组织的实证描述》，《中国农村经济》1989 年第 1 期。

化制度的遗产，在农业、农村发展中仍发挥着重要作用，但与农村市场化改革和农业保险现实需求不相适应，需要嫁接、改造、提升，建立新型农民专业合作经济组织。

建立两个层次农业保险组织。农户依托合作经济组织参与农业保险，具有保险人和被保险人的双重身份，即同一性，能够有效激励社员的投保热情，易于控制道德风险；合作经济组织有较为严格的章程和管理要求，即规范性，能够保持稳定的资本积累机制和自我发展能力。发达国家如日本、法国、英国，发展中国家如菲律宾、斯里兰卡、印度等，农业保险发展基本上都以农业互助合作制为基础。我国农业人口多，农村土地流转面积较小，宜借鉴国外农业保险组织发展的成功经验，结合我国农村土地流转制度下农业保险发展的自身特点，考虑建立两个层次的农业保险组织。

第一层次，考虑以乡镇为单位，直接面向农村土地流转农户，建立互助合作保险组织，实现一定范围的覆盖。互助合作制保险组织是利用保险的形式，把面临相同风险的人联合起来共同抵御灾害减少损失，它的本质是互助共济。① 根据我们的实地调查，农村土地以村内流转和跨村流转为主。可规定农村土地流转达到一定规定面积之上（比如50亩），作为农业互助保险组织会员资格，对会员在信贷支持、技术扶持和市场开拓等方面采取诱致措施，提供签订保险合同、明确承保标的、收取保险费用、开展防灾防损、评定标的损失、支付保险赔偿和依法及时分保等系列化社会服务。农村社会是"乡土社会""熟人社会"，基于乡土情结和地缘关系，农户之间交往频繁、守望相助，与农业互助合作保险组织的互助共济本质要求相符合，与目前农村土地小规模流转情况相适应，以乡镇为单位能够更好地协调保险各方的利益关系，实现农业保险的健康发展。

第二层次，考虑以特色产业或主导产业基地形成的农村经济地理区域为单位，成立互助合作保险联合社，面向以乡镇为单位成立的互助合作保险组织服务，实现一定区域的覆盖。以区域为单位成立互助合作保险联合社，等于改变了农村土地分散经营的组织资源环境，相当于组合形成了保险大客户，更加符合保险大数法则要求。农村土地流转农户联合成立更高层次的互助合作保险组织，既能吸引农业产业化龙头企业、农业开发公司、农业科技

---

① 江生忠：《保险企业组织形式研究》，《中国财政经济出版社》，2008，第161页。

园区参与农业保险，形成参保成员间的信息沟通、技术合作、共拓市场的组合效应；又能利用各方积累资金，增强承接分保业务能力，缓解互助合作保险组织资金紧张问题；还能发挥桥梁纽带作用，支持保险公司建立服务网络和销售渠道。

建立合作经济制度。合作经济制度是指合作经济组织中的制度，它是指导合作经济组织活动和合作经济组织与其他成员之间关系方面所有的管理规则的总体，包括正规约束（如书面的规则章程）和非正规约束（如习俗和行为准则），是合作经济组织进行组织、管理、经营和分配的行为规范和准则，它贯穿于合作经济组织活动的全过程。[①] 合作经济制度作为一种企业制度，具有存在的必要性和特定的生存空间。从企业规模看，主要适合于中小型企业；从产业领域看，主要分布于农业、商业和城市小工业；从要素密集程度看，主要集中在劳动密集型的行业。[②] 把合作经济组织引入农业保险领域，按照现代管理制度，实现所有者、管理者和经营者三权分立，放大成本激励优势和参与激励优势，能够形成非正式规则、国家规定的正式规则和实施机制合力，增强制度活力和生命力。

政府提供优质服务。民政部从 1987 年在部分县试点进行了救灾保险，范围是农村保险，农业风险是其中的一个主要部分。救灾保险组织采用合作社的形式，由于合作社规模小，缺少再保险分散风险的机制，救灾保险实行几年后因无力维持逐渐停办。[③] 应该看到，我国目前农村经济发展状况、保险法制制度规范、政府财税金融政策和国家宏观调控能力已经完全不同于20 世纪八九十年代，外部发展环境已经得到极大改观。合作经济组织与农村经济发展兼容适应，和中小经济群体天然相容，能够容纳我国现阶段生产力发展水平，是农村土地流转制度下农业保险发展的现实选择。因此，政府要会同合作经济组织和农业保险专家，科学设计合同，有效传递信息，营造社会氛围，充分发挥村干部、农村党员和大学生村官的带头作用，带动农民积极参与农业保险。以农村供销合作社、农村信用合作社为依托，促进、培育和领办新型农民专业合作经济组织。充分利用合作经济组织属于"绿箱"

---

① 孙亚范：《新型农民专业合作经济组织发展研究》，社会科学文献出版社，2006，第 31 页。
② 孙亚范：《新型农民专业合作经济组织发展研究》，社会科学文献出版社，2006，第 74 页。
③ 冯登艳、张安忠、马卫平：《新农村建设中的农业保险问题》，知识产权出版社，2009，第72 页。

政策的有利条件，减免所得税、营业税、增值税，加大财政支持，补助涉农服务的社会性支出。用于农产品加工进口的技术和设备免征关税，直接出口农产品全额退税。提供发起人申请、农业部门初审、工商部门登记的一条龙服务。保监会对费率厘定、发展基金和偿付能力进行必要监督支持。

2. 政策性农业保险与商业性农业保险相结合

实践证明，农业保险的准公共产品属性决定农业保险单纯商业化道路走不通，但是农业保险发展又离不开商业保险支持。因此，有必要从政策性和商业性相结合的角度寻求农业保险破解之道。

政策性农业保险是必然取向。农业保险高成本导致供给不足，高价格导致有效需求不足。但这些特性在农村土地流转制度下有了极大改观。随着农业投资增大，农民的风险防范化解意识明显增强，农业保险客观需求日益增加，保险大数法则体现得日益明显。我国粮食供应主要是立足国内而非依赖进口，农村流转土地种植关系国计民生的粮食、油料作物，具有明显的正外部性，提高的是全社会福利水平，具有准公共产品属性的政策性农业保险应该得到大力支持。事实上，政策性农业保险是利用保险的"外壳"，注入政府支持农业的政策"内容"。政府通过给予农业保险法律、经济和行政的支持，运用农业保险的方式为农业提供较全面的风险保险，用以提高农业经济的稳定性，并逐步走上制度化的轨道，使之成为一个支持和保护农业的政策工具。[①] 实行政策性农业保险，政府对农业保险的经营管理费用及纯保费给予大量补贴，投保农户只需交纳部分保险费用，就能取得政府的净收入转移，实质是政府保障农业、农村发展，保护农民收入的支农惠农政策创新，这是一种必然的政策取向。

商业性农业保险是必要条件。总体分析，农村土地流转制度下，商业保险进入农业保险存在两个有利条件。一是农村土地流转极大地改变了农业保险的外部发展环境，更加符合保险大数法则；政府提供管理费用补贴，畅通农业保险发展渠道，有效激发商业保险公司积极性；公司自主经营和农户自愿入保有效对接，更有利于农业保险市场主体合作发展。二是政策性农业保险最终退出是必然选择，商业保险公司提前介入以积累发展经验和运营基础，探索发展规律和总结经验教训，有利于日后更好地参与农业保险。更何

---

① 庹国柱：《农业保险》，中国人民大学出版社，2005，第 40～41 页。

况，农业互助合作保险组织一般规模较小、技术落后，商业保险公司介入不仅可以稳定互助合作保险组织发展预期，而且出于公司自身利益考虑，也会主动提供保险技术指导和防灾防损支持，以提高公司市场份额和盈利能力，并且通过互信、互利、互助，实现合作共赢。

结合发展是必由之路。随着人民生活水平的提高和消费结构的升级，对水果、牛奶、蔬菜等高营养品的消费需求成倍增长，发展高附加值农业是必然趋势。从事粮食规模生产、经济作物种植和商品牲畜饲养的农户，存在对长期风险的忧虑和损失转嫁的需求，并且拥有足够的保费支付能力。在国家产业政策允许范围内和国家粮食安全前提下，高附加值农业理应得到适当发展。然而，国家政策性农业保险覆盖面毕竟有限。鉴于满足客观需求和调动农户生产积极性，可考虑把商业性农业保险纳入，实现政策性农业保险与商业性农业保险相结合。当然，商业性农业保险要按照真正意义上的保险经营要求，针对农业中经济价值高的标的，选择损失机会少但强度大的风险作为承保对象。其实，农业保险本身即有商业属性和政策属性双重性质：关系国计民生的粮食、油料作物和巨灾、多风险等保险险种，农户有需求但无能力，适应于政策性农业保险；高附加值的经济作物和单风险保险险种，农户有需求且有能力，从这个意义说宜于商业性农业保险。实际上，出于人口大国和粮食安全考虑，商业性农业保险覆盖面不可能太广泛，只能作为辅助形式。对于高价值的农作物，选择适当的风险承保，采用商业性经营原则，完全可以获得经营的成功。因此，在调动积极性、建立基础组织的发展初期，无论是实行政策性农业保险还是商业性农业保险，考虑到农民要支付一定的农业保险保费，政府要同时对农村土地流转农户进行保费补贴，对开展农业保险业务的组织或公司进行管理费用补贴，并且提供政策性农业再保险，承担最后的经营性亏损；都要以新型农民专业合作经济组织为依托，农业互助合作制保险组织为纽带，扶持农业保险基础组织业务开展，维护农户的切身发展利益。

3. 优化完善农业保险组织体系

近年来，我国农业保险组织体系研究方面有所发展。刘京生提出政府支持下的相互保险公司组织形式，形成国家、省、市、县、乡村相互保险公司的思想；农业部软科学办公室（2001）提出国家经营政策性农业保险，形成中央、省、县三级组织体系，同时不排斥商业保险公司、合作社和相互保险公司经营农业保险业务的思想；姚海明支持建立农业保险合作社，提出建立多层级的农业保险合作组织体系的建议。[①] 本书认为，适应何种组织制度模式要视内外环境而定。农村土地流转制度下的农业保险组织体系设计，关键要结合农村土地流转现状、农业保险阶段性发展和外在发展环境等因素综合确定。

我国农业保险发展历程表明，组织形式单一，农业保险萎缩、徘徊不前；组织体系合理，农业保险繁荣、稳健向前。国外发达国家的农业保险实践证明，由于农业的系统性风险、信息不对称，即使大规模经营，正常年景依靠微薄利润尚能生存，但多灾巨灾年份，公司根本无力承担因巨额损失而造成的巨额亏损。政府干预是必然。然而，政府直接经营成本过高，我国也难以承受财政的高额补贴，更多的时候还必须依靠组织、市场和政府的力量共同解决。本书认为，优化完善农业保险组织体系，要重点适应农村经济发展水平、农业产业组织化程度和农民保险意识，客观遵循组织行为学理论、帕累托最优原理和交易成本最小化法则，着力以组织体系优化组合，实现新型农民专业合作经济组织、政府创新服务和政策性农业保险公司共赢。法律效力和制度环境在一定程度上决定了组织的生存空间和发展领域，信息不对称和代理成本影响激励和监督实效，不同的组织体系安排和制度设计影响组织的交易成本和产权安排。因此，选择合适组织体系的优先次序，既要考虑组织的交易成本，也要考虑自身的组织成本，更要着力实现综合效果。客观地说，农村土地流转制度下建立的合作经济组织属于 WTO 范围内的"绿箱"政策，我国先后出台了以中央一号文件为代表的农业保险支持政策和以 2006 年《中华人民共和国农民专业合作社法》、2009 年《国务院关于加快供销合作社改革发展的若干意见》为代表的一系列法律制度。农村土地流转和合作经济组织不但有效降低信息不对称和代理成本，还能减少监督成本和交易成本。农业保险准公共产品属性，保险大数法则要求和具有明显范围经济的互助合作保险组织，更有利于农村土地流转制度下实现有机结合。

因此，本书认为，农村土地流转制度下的农业保险组织制度模式，应该以新型农民专业合作经济组织为依托，农业互助合作保险组织为纽带，政策性保险与商业性保险相结合，组织形式多样化、组织体系合理化的多元化经

---

① 刘京生：《中国农村保险制度论纲》，中国社会科学出版社，2000，第 245 页；姚海明：《合作保险：我国农业保险模式的理性选择》，《农业经济问题》2004 年第 9 期。

营、多主体共济模式。首先，积极鼓励农户依托新型农民专业合作经济组织，建立互助合作保险组织和互助合作保险联合社。由于我国农村土地流转并非国外大农场，宜于在最基层建立单一农业保险互助合作组织形式，以有效降低道德风险和逆向选择，实现维护农村土地流转农户利益和增强保险公司进入农业保险市场可能性的统一。其次，提供政策性农业保险政策，合理利用商业性保险公司资源。农业的公共福利性和农业保险的正外部性，决定政策性农业保险取向。可允许合作经济组织经营政策性农业保险，但必须要求按照一定比例向商业保险公司分保。我国农村土地流转和农业保险尚处于发展初期，政策性农业保险和商业性农业保险相结合是现实选择，补贴农户保险费用和补贴公司管理费用是必要政策。最后，政策性再保险介入，主要对组织体系激励，不承担具体农业原保险业务。我国自然灾害分布区域各异，宜于在省级层面成立政策性农业再保险公司，代行暂时缺位的国家农业再保险公司，力避互助合作保险组织因再保险缺失而丧失可持续发展能力。通过组织设计和优化组合，建立分工明确、优势互补、互相激励的组织制度模式，为推动农村土地流转制度下的农业保险发展提供坚实的组织保障。

（二）保险公司变革方面

开发区域产品和加强技术创新双轮驱动，保险文化传播和科研人才培育双策并举，促进保险公司外部环境与内生动力良性互动和农业保险可持续发展。

无论是哪种组织形式的农业保险，市场化的经营模式基本行不通，而政府的资助和补贴一方面使政府陷入沉重的财政负担，降低资金的配套效用，另一方面农业保险的功能也大大地被扭曲。[①] 农村土地流转制度下，要破除农业保险发展困境，关键是在组织创新基础上，研发差异化产品，运用现代化技术，培养应用型人才，提供个性化服务，增强保险公司发展内生动力。

1. 开发区域产品，扩展农业保险供给范围

著名经济学家斯蒂格利茨认为在保险市场上只存在分离的均衡，而不存在混同的均衡。实践证明，只有客观反映当地的风险水平和紧密结合经济发展能力的保险产品，才能被农民接受，农业保险的发展才有客观存在的基

---

① 谢家智：《政府诱导型农业保险发展模式研究》，《保险研究》2003 年第 12 期。

础。① 农村土地流转连片开发、区域经营，本身具有区域性，区域农业保险产品易于开发成功；农业自然条件、自然灾害分布具有区域特征，利于农业保险经营核算；经济发展区域性、主体功能区建设符合中国国情和发展阶段性特征，宜于区域性产品开发。农村土地流转制度必然要求农业保险产品区域化开发。区域性农业保险产品的设计与开发，不但能紧贴农业保险市场，刺激保险产品的需求，还能较好地防止逆向选择问题，提高保险管理水平，增强区域保险的发展能力。② 农村土地流转制度下，区域性农业保险产品开发，农业风险区域属性和农业保险大数法则得以明显体现；农业保险赔付与农业特定区域挂钩，区域产品创新设计与农业互助合作保险组织适应。因此，农业保险区域产品的优先开发，是农村土地流转制度下农业保险发展的必然选择。

根据国内外保险产品开发情况和我国农村土地流转阶段性特征，农村土地流转制度下，开展农业保险业务的保险公司宜于重点开发区域团体风险保险、指数保险和巨灾风险保险等农业保险产品。

开发区域团体风险保险。我国主体功能区发展不平衡，同一区域的农业风险单位具有明显"均质"特性，保险费率对所有农业保险投保人相对公平。以团体风险作为投保单位，保险对象产量与所在地区农作物平均产量挂钩，保险赔偿与整个投保地区的农作物损失水平挂钩，有利于解决信息不对称难题，符合农村土地流转实际，应该成为农村土地流转制度下农业保险优先开发的创新产品。

开发指数保险。农村土地流转制度下，指数保险合约主要用于相互保险，主要包括农业气象指数保险和区域产量指数保险。其中，农业气象指数保险是在一个事先确定的区域内，以一种事先规定的气象事件的发生为基础，根据灾害性气候出现的频率与强度来确定损失补偿金额的合同，它直接以系统性气象风险的测定确定赔付标准，而与投保人个体的损失情况无关。③ 现代气象技术和卫星遥感技术发展，增强了农业保险信息的透明度和对称性，减少经营成本、降低交易成本、扩大购买群体，有助于农业保险在

---

① 谢家智：《中国农业保险发展研究》，科学出版社，2009，第 203 页。
② 谢家智：《中国农业保险发展研究》，科学出版社，2009，第 203 页。
③ 张祖荣：《论农业保险经营中的技术障碍与技术选择》，《经济问题》2007 年第 6 期。

农村土地流转制度下取得大发展。区域产量指数保险是以一个事先确定的区域的平均产量为基础,损失补偿取决于区域当年实际平均产量与指定水平的数量关系,当该区域的实际平均产量低于指定水平时,所有投保人都可获得相同差额的补偿。区域产量指数保险理赔基于同一风险区域内的"平均损失",不因单个投保人的产量高低而异。[①] 地区平均产量或平均降雨量等客观条件增强保险信息的对称性,标准化合同增强保险产品的流动性,能够流动到社会、金融和再保险市场各个方面,当保险机制的作用范围延伸到金融体系内部的时候,就会起到稳定金融体系的作用。尤其是当指数保险被用于将范围广泛的农作物损失转移到金融和再保险市场时,剩余的协同性风险就可以由农村银行通过贷款来平滑消费的减少。与传统的根据个人农场产量进行赔偿的多重风险农作物保险合约相比,指数保险提供了超级的风险保护。[②] 农村土地流转制度下开发指数保险的有利条件,一是农业互助合作保险组织提供指数保险基础组织保障;二是农业部门和气象部门齐全完善的历史数据提供产品设计技术资源。完整的资料和信息,使较之其他保险具有明显可操作性和可靠性。指数保险具有合同标准化和信息对称性优势,不仅能够成功克服定损难题,有效防范道德风险,而且奠定再保险发展和农业保险技术创新基础,应该在农村土地流转制度下得到优先开发。

在农业保险的理论研究中,逆向选择、道德风险、交易成本和巨灾风险四个问题是公认的制约和影响农业保险市场的主要因素。近年来,已经将农业保险重心转移到农业巨灾风险的研究上。[③] 农村土地流转制度下,新型农民专业合作经济组织介入,使逆向选择、道德风险和交易成本极大降低,巨灾风险凸显为制约农业保险供给,抑制农业保险市场发展的关键因素。鉴于巨灾风险的严重性,本着从根本上保护农户利益、保持农业经营稳定的目的,农村土地流转制度下,可考虑构建形成国家再保险公司、国内再保险公司联合体和国际再保险合作共担风险的多层次保障体系,实现省级再保险和国家农业再保险公司对接,力求最大限度、最大范围的风险分散,推进农业保险的大发展。

---

① 张祖荣:《论农业保险经营中的技术障碍与技术选择》,《经济问题》2007 年第 6 期。

② 张惠如:《指数合约保险——农业保险创新探索》,《中央财经大学学报》2008 年第 11 期。

③ John Duncan, Robert J. Myers, "Crop insurance under catatrophic risk". *American Journal of Argricultural Economics*. 2000, 82 (4).

客观分析，区域团体风险保险虽然难以保证对该区域单个农户的特定损失进行专门补偿，但与传统的保险方式相比，具有成本优势和效率优势，尤其在农村土地流转制度下农户联合，在合作经济组织内身份合一，更有利于激励农业保险需求。指数保险不足之处主要是基本风险的存在，即实际损失指数与指数保险合约中所选择指数之间的低相关性，但农村土地流转连片经营，承包经营者风险同等、机会均等，保险指数相对公平，农村土地流转农户易于接受。互助合作保险组织的整体优势，政策性农业保险公司再保险与国家再保险制度的逐步建立，政府投入、农业保险公司提取和市场筹集等多种渠道的农业巨灾风险基金日益壮大，使巨灾风险政策性再保险基础条件日趋完善。

2. 加强技术创新促进农业保险可持续发展

将农业保险视为普通的财产保险，并简单、机械地套用财产保险技术，对农业保险技术的复杂性、特殊性和重要性认识不足，对技术研究和开发的投入不足，是我国农业保险经营技术发展滞后的重要原因，也是长期以来农业保险难以发展的根本所在。[①] 农业保险的准公共产品性质定位和农村土地流转制度下的互助合作保险组织形式，为农业保险发展提供了良好的外部环境条件，但并不能从根本上解决农业保险自身的内在发展问题。财税金融支持、组织体系保障固然重要，然而从长远看，把外在"推力"和内在"动力"结合起来，组织创新与技术创新联系起来，才是解决根本性问题的关键所在。比如，引入信息科技进行农业灾情监测，寻求适应农村土地流转制度下农业保险的发展技术，不仅有助于摆脱农业风险评估和保险理赔困境，而且有利于解决投保双方信息不对称的难题。

保险基本理论认为，"理想的可保风险"必须满足两个条件：一是以可保风险为经营对象；二是满足大数法则和概率论的理论基础。实践中，农业保险陷入困境的主要原因，是理论和技术上并不具备"理想的可保风险"条件。结合农村土地流转生动实践丰富保险理论，借助农业保险技术创新弱化"理想的可保风险"条件，开展重点环节的技术创新，是增强农业保险内在动力的现实选择。

加强农业风险监测技术创新。农业风险监测通常包括农业风险的识别、

---

① 谢家智：《中国农业保险发展研究》，科学出版社，2009，第205页。

预测和预警、损失测量、统计及信息管理技术等。从国外农业保险理赔技术的发展趋势来看：第一，充分依托和利用现代先进的卫星通信遥感技术在灾害损失测定方面的作用；第二，加快农业保险产品设计的创新。[①] 农业风险监测，是农业保险经营管理和科学理赔的重要环节，是技术创新有效运用和发挥作用的重要前提。我国农业信息和气象资料完整准确，现代信息网络和气象观测网络系统健全完善，具有区域覆盖优势，与农村土地流转区域产品创新相适应，能够更好开展技术创新。农业部门与气象部门联袂合作、资源共享，区域创新特色与农民互助合作保险组织的合作，能够更好地服务农业风险监测技术创新。

加强农作物保险区划技术创新。所谓农作物保险区划，是指以各地自然经济条件的相关性和农作物风险的同一性（也称同质性）为标志，按照保险经营原则的要求将不同地区加以组合分区。农作物保险区划的目的，在于从长期的观点、总体的观点出发，全面规划某一地区的农作物保险，为其普遍推行奠定科学基础。[②] 在农业保险发展实践中，农作物保险区划既是农业保险产品开发、探索分保机制的科学依据，也是确定费率和保险责任的重要前提，还是减少逆向选择和道德风险的主要手段。农村土地流转制度下，要从区域实际出发，根据风险分散理论和农业气象学理论，依据气候、土壤、地形、地貌和地方经济社会技术发展情况及农作物种类分布、水利条件，根据农作物产量水平、产量变异系数、灾害发生频率和强度指标、气候综合评判值、地理指标、土壤等级、水利设施指标、其他社会经济条件综合评判值和作物结构指标体系，科学合理划分风险区域。在此基础上，建立多档次保险费率体系，使不同风险等级区域承担不同费率水平，实现农业风险责任与农业保险保费负担一致，防止因风险不均导致逆向选择，推进农村土地流转制度下的农业保险健康发展。

加强农作物保险再保险技术创新。再保险作为"保险的保险"，是一种有效的分散和分摊保险公司风险损失的经营形式，它对提高保险公司的风险保障能力以及增强保险业的可持续发展水平起着重要的作用。再保险是现代保险业快速稳健发展的重要因素，是对传统保险经营技术的突破。农业保险

① 谢家智：《中国农业保险发展研究》，科学出版社，2009，第207页。
② 庹国柱：《农业保险》，中国人民大学出版社，2005，第381～382页。

的发展对价格合理、方便快捷的农业再保险有强烈的依赖。① 农村土地流转制度下，必须利用再保险手段，在更大范围寻求空间上的风险分散。应该建立健全农业保险的政策性再保险制度，并通过政策性再保险制度，激励互助合作保险组织利用政策性保险扩大投保，同时向商业保险公司提供技术、信息和必要的政策引导，使商业保险公司敢于承接互助合作保险组织分保。要利用巨灾风险证券化有机融合灾害风险与资本市场优势，解决保险准备金积累平滑增长与灾害损失赔偿支付突变性的矛盾和农业灾害风险规模与保险资本总量缺口的矛盾，开辟农业再保险技术创新的科学途径。

加强农业保险科研人才队伍建设。实践证明：科学研究项目的实质突破，展现新的前景和条件支撑；应用转化速度不断加快，造就新的追赶和跨越机会。保险本身是一个技术含量很高的产品，专业人才和技术创新在农业保险中具有非常重要的作用。保险公司要积极联合农业类和财经类高等院校，共同推进农业保险专业课程、课题研究和实践基地建设。依托现有农科院所的优势人才和科研条件，成立农业保险研究所，组合农业、生物、气象人才，吸纳金融、保险人才，重组农业保险技术创新研究团队，培养专业型和复合型农业保险研究人才，协同农业互助合作保险组织，深入农村土地流转一线，加快推广应用农业保险技术创新成果，增强农业保险做强、做大、做优的核心竞争力。

3. 传播保险文化，营造农业保险发展浓厚氛围

文化对内具有凝聚作用，对外具有辐射作用。保险文化为农业保险提供文化发展环境。若保险产品和技术专业化、知识化程度较高，保险文化传播滞后，必将导致农业保险意识淡薄。保险意识属于社会意识的范畴，它的形成和发展既取决于商品经济与保险业的发展，又对保险业和商品经济的发展起一定的促进作用。强化农村土地流转农户保险意识，不仅能够带动小农户参加农业保险，而且能够促进社会主义市场经济健康发展。要借助农村土地流转农户市场观念较强，接受新生事物能力较强的优势，注重保险文化传播，加强保险文化熏陶，培育团结互助的经营伦理和最大诚信的交易伦理，形成科学农业保险文化，营造农村土地流转制度下农业保险发展的浓厚氛围。

主要内容和目的：一是加强农业保险为社会防灾、减灾、刺激生产带来

---

① 谢家智：《中国农业保险发展研究》，科学出版社，2009，第207页。

物质效应为主要内容的物质文化建设，增强农业保险视觉识别能力；二是加强长期保险实践中形成的农业保险当事人共同约定，规范、激励、约束当事人行为的一系列价值和道德范畴为主要内容的精神文明建设，增强农业保险理念识别能力；三是加强规范农业保险交易、保护农业保险当事人利益和维系农业保险市场秩序的规范范畴为主要内容的制度文化建设，满足农业保险作为典型契约经济形式的内在要求。

（三）政府服务创新方面

建立政府诱导型农业保险运行机制，政府市场结合，地方中央结合，正负激励结合，服务合作经济组织与服务农业保险公司统一，推动农村土地流转制度下农业保险快速健康发展。农业保险的准公共物品的属性，决定着农业保险应该走政策性发展之路；农业保险更接近私人物品的属性，又决定着发展农业保险应该市场多一些。[1] 按照经济学一般理论，私人产品由市场提供，公共产品由政府提供，介于二者之间的准公共产品既可以由市场提供，也可能由政府提供。但是，单纯商业化道路行不通。市场提供难以达到社会最优水平，因其正外部性存在，政府有必要提供适当支持、激励和扶植。然而，农业保险发展又离不开商业保险支持，必须从市场角度寻求最终出路。其实，现代市场经济是一种市场机制与政府干预相结合的混合经济，只有两者共同发挥作用才能保证经济社会稳定健康发展。政府服务创新的关键是激励而非包揽。激励核心是通过科学合理的机制设计、制度安排和政策措施，增强农业保险供给意愿和能力，提高分散和抵御农业风险能力。因此，结合新一轮农业保险试点和农村土地流转契机，要着眼政府与市场协同发力，地方与中央形成合力，采取政府诱导与市场退出相结合的政府创新举措，着力服务农村土地流转制度下的农业保险大发展。

"农业保险发展中不容忽视而又往往被忽视的原因是在抓农业保险时对农业保险机制的激励问题重视不够"。[2] 在农村土地流转符合大数法则的有利条件下，能否成功取决于政府诱导的方式方法。政府诱导型农业保险运行机制是指政府从农业保险经营主体中退出，通过为保险公司提供平台，创造

---

①　冯登艳、张安忠、马卫平：《新农村建设中的农业保险问题》，知识产权出版社，2009，第237页。

②　周赛阳、海滨：《市场化进程中的农业保险机制设计》，《中国保险管理干部学院学报》1998年第6期。

经营环境和条件，降低经营成本和控制风险水平等手段，以建立对保险公司诱导机制为主，最终引导农业保险走上市场化发展模式为目标。① 实践表明，农业保险私人收益小于社会收益，私人成本大于社会成本，具有明显的正外部性；正外部性的存在屏蔽农户投保热情，并非市场本身能够解决。其实，农业问题是一个融合了经济发展、政治稳定和社会繁荣的系统性问题，农业保险完全不同于单纯的市场商品交易业务。政府承担经济管理职能，主导国民财富分配，有能力、有条件推动农业保险发展。但是，国外发展经验证明，政府直接介入农业保险容易扭曲农业保险功能，降低社会资金使用效用，并对商业保险公司产生"挤出效应"，具有较高机会成本、昂贵社会成本和较低运行效率。农村土地流转制度下的农业保险发展，必须寻求新的出路，促进政府机制和市场机制优势互补，加大政府服务创新力度，建立政府诱导型农业保险运行机制。

1. 财政补贴支持

市场经济条件下，市场主导资源配置，政府职能应该努力实现向创造良好发展环境、提供优质公共服务和维护社会公平正义转变。农业保险领域，政府主要作用应该是矫正市场失灵，弥补市场功能的不足与缺陷，为实现市场配置效率创造良好的外部条件。以此为出发点，财政补贴既要注重引导和扶持，调动农户和保险公司的积极性，共同支持农业保险发展；又要充分发挥市场激励和约束机制，化解农业保险经营风险，避免对保险公司产生"挤出效应"和政府直接经营产生"权力寻租"。

国内外农业保险实践反复证明，发展农业保险，如果没有充足的财政补贴支持，无论采取何种农业保险模式，保障作用都很有限。农村土地流转制度下，农业保险财政补贴诱导支持，要重点把握补贴范围、补贴标准。结合我国实际，为提高农业保险供给能力，农业保险市场准入可采取选择性政策，即对发展农业保险业务、开拓农村保险市场的保险主体，采取适当降低准入条件的办法，引导那些愿意涉足农业保险业务的公司进军中国的农业保险市场；同时对开发城市保险业务并已呈过度竞争态势的保险公司逐渐提高市场准入条件。② 与此相对应，政策性农业保险标的要优先选择关系国计民

---

① 谢家智：《中国农业保险发展研究》，科学出版社，2009，第142页。
② 谢家智：《中国农业保险发展研究》，科学出版社，2009，第148页。

生，对经济社会发展具有基础意义，商业保险公司不愿意或不可能经营的种植业和养殖业。财政补贴宜于从保基本、合理补偿逐步向保收益、多重风险保险过渡，根据农业产业政策动态调整补贴范围，并适当向粮食主产区倾斜。本着减少信息不对称和共同防范化解风险的目的，对于政策性极强的农业保险标的，财政补贴也要合理划分分担比例，采用政府财政为主、农户为辅方案。对于关系国计民生的种植业和养殖业，农户负担要控制在10%以内，以发挥减少道德风险和提高财政效力目的。对于农户互助合作保险组织，应该在财政补贴前提下引入市场机制，实现财务安排上的可持续发展，互助合作保险组织要尊重规律，加强管理，努力通过市场机制实现自身利益最大化。

2. 优惠政策扶持

除了直接和间接的财政补贴支持，鉴于优惠政策对财政压力较小，并且较小力度能够起到较大效果，可考虑同步推行优惠政策扶持。市场经济条件下，政府的支持方式也相应要求从直接的费用和费率补贴等传统支持方式转向财税金融等现代支持方式。国际发展经验表明，以险养险，税收、金融和再保险，应该能够成为农村土地流转制度下农业保险优惠政策扶持的重点内容。我国在目前政府财力不足和产品供应不足的现实条件下，以险养险是应对之策；在农村土地流转风险增加和农户负担能力增强的条件下，再保险是必由之路；我国农业保险处于起步阶段，税收金融支持是必然选择。

首先，开展以险养险。按照市场主体平等竞争原则，农业保险本不应该扩大保险范围，但是鉴于政府财力不足、补贴比例不大、公司盈少亏多、自身积累有限，加之我国农业保险还处于初级阶段，农村土地流转尚处于起步阶段，并且开展以险养险更加有利于减少交易费用，提高农户和公司参保积极性，可暂将以险养险作为现阶段农业保险的一个诱致性险种。因此，可考虑准许保险公司经营政策性农业保险的同时，从事农业生产设备、农民人身安全、农村财产保险等"三农"保险，财政拨款单位的交强险、政府性投资工程及人身意外伤害险，以自我盈利补贴政策性农业保险。

其次，税收金融支持。许多国家对农业保险免征一切税收，并提供金融优惠政策。我国农村土地流转制度下，可考虑参照国际上的通用做法，免征经营农业保险的公司企业所得税，对以险养险项目降低营业税和印花税；农村土地流转参加农业保险农户凭保单优先享受农业信用借款和小额担保；国家开发银行、农业发展银行等政策性农业保险和国有商业银行要积极提供财政贴息优惠贷款，营造宽松的融资支持。同时，鉴于民政救济的赠予性质、农业保险的商品属性及二者之间的替代效应，民政救济宜限制在临时应急性人道救助等农村特定的范围内，而对农业风险损失则鼓励农民积极参加农业保险，并规定农村土地流转农户未加入农业保险，自然灾害造成农业损失，不给予民政救济。

再次，鉴于农村土地流转信贷资金需求大的新情况，克服信息不对称以及由此带来的交易成本过高，并引发农村信贷缺乏有效的抵押和担保，从而授信条件弱、信贷供给少的矛盾，要着力实现农业保险和农村信贷的良性发展。因为农业保险可作为部分农业信贷担保物品的替代品，农业保险可将银行的部分不良贷款损失转嫁到农业保险人，农业保险的发展可扩大农村低收入者的信贷供给。农村土地流转制度下，可考虑将参与农业保险作为获得农村公共金融机构农业信贷的激励措施，将农村土地流转农户购买的农业保险作为信贷抵押品，并在信贷利率上给予优惠，以借助农业保险发展，提高农业风险管理水平，改善农业信贷条件，提高农村信贷质量。

最后，组建再保险公司。在现代保险业的发展中，再保险是保险人扩展业务和进行风险管理不可缺少的工具和途径。从我国农业保险发展的实际分析，制约我国农业保险发展的关键是缺乏巨灾支持体系、财政支持体系和农业保险的再保险体系。而三大支撑体系中，关键是财政支持体系，核心是巨灾风险支持体系。[1] 国际发展的成功经验表明，农村土地流转连片经营、高额投入，增加巨灾风险严重危害性。巨灾风险的防范与化解与其他一般保险显著不同，必须采取自上而下的顺序，而非相反。但是，我国发展不平衡，地区差异大，农业风险区域特征明显。为此，农村土地流转制度下的农业巨灾再保险发展，宜率先在省级层面成立农业再保险公司，代行暂时缺位的国家再保险公司。巨灾风险基金筹集要以国家财政为主、地方为辅，由中央、地方提供财政支持的基础上，按照一定比例从农业保费收入中逐年提取巨灾风险基金，中央承担再保险业务经营最终亏损责任和财务支出。

---

① 谢家智：《中国农业保险发展研究》，科学出版社，2009，第 161 页。

3. 法律制度保障

保险是一种制度化和契约化特征十分明显的现代金融产品，运行的重要前提是建立完善的法律制度。鉴于农业保险的特殊性，一般适用于各种商业保险的《保险法》不适用或不完全适用于农业保险。[①] 世界各国发展实践证明，农业保险对法律制度具有明显寄生性。由于其准公共产品属性和政策性保险定位，因此各国在农业保险发展过程中，均先行制定农业保险相关法规及实施细则，确立基本法律依据。农村土地流转制度下，我国政府应尽快研究制定《农业保险法》及其配套法律法规，把已有的好经验、好办法以法律形式固定下来，明确保险标的范围，建立规范运行机制，为农业保险发展提供良好的制度环境。基本设想是：指导思想应以科学发展观为指导，以促进农业农村经济发展和推进农村社会保障制度建设为目的。立法内容至少应包括目的原则、市场准入、主体构成、组织机构、标的范围、保费分担、政府责任、保险监管、政策支持、巨灾准备金提取、再保险支持、理赔纠纷、违约责任等。要统筹考虑农村土地流转大势所趋，充分尊重统分结合的基本制度，规范相关主体的法律行为，明确农业保险运行机制中农户、保险公司与政府，地方与中央的关系、责任和义务，并根据经济社会发展修订完善，提高农业保险法律的效能和效率，确保农业保险当事人的合法权益，保障农村土地流转制度下农业保险的可持续发展，保证政府宏观经济发展目标顺利实现。

4. 畅通进出通道

一般而论，进入农业保险市场的可能性至少应包括健全的农业保险市场主体、良好的农业保险法律制度保障、理想的农业可保风险条件、充分的农业保险市场信息和良好的巨灾风险分摊机制等。在分散小农户条件下，理应加快保险市场开放进程，降低农业保险准入限制。是采用先准入、再规范，还是严准入、强监管，应与发展阶段和发展必要性、可能性相适应。我国是传统的农业大国，农业保险市场潜力巨大，随着保险主体不断增多，保险业竞争不断加剧，我国保险市场准入应当逐渐受到控制。尤其是在农村土地流转制度下，我国农业保险市场进入可能性条件基本满足，农业保险市场准入

---

① 庹国柱、李军、王国军：《外国农业保险立法的比较和借鉴》，《中国农村经济》2001 年第 1 期。

条件应该是逐步提高、加强监管，而不能仅仅是一般的、简单的放宽准入、放松监管。

目前，启动农业保险市场支持政策较多，农村土地流转大户投保热情较高，个别投资者极易以经营农业保险为由，获取政府经营许可后却弱化农业保险业务。获得政府的各种直接和间接资助而不从事农业保险，既占用纳税人的公共资源而扭曲市场发展环境，又使真正经营农业保险的公司难以获得足够支持而出现新的市场空白。同时，还面临平稳经营时虽然不太可能出现争先恐后地进入局面，一旦出现巨灾赔付则极有可能集体退场的市场风险。可考虑从业务比例和财产约束两个方面对农业保险经营主体进行调控。规定进入农业保险市场的保险企业，一经进入后若干年不能退出，提供的农业保险业务不能低于60%，以确保农业保险供给市场的稳定性。财政补贴保费以启动政策性农业保险市场并维持市场平衡为宜。对于新型农民专业合作经济组织，要求规范内控经营机制，建立良好风险控制制度和财务约束机制，增强内生动力和可持续发展能力；对于农业保险公司，要求建立健全现代企业制度，加强法人治理和公司管理，增强市场主体核心竞争力。政府保费财政补贴宜于从高比例开始，随着风险保障程度提高，比例要逐步降低；管理费用补贴宜于从低比例开始，随着农业保险业务扩张，比例要逐渐提高，以培植一个动态相对平衡的政策性农业保险市场体系。

第三节　农业保险的实践和政策建议

一　农村土地流转制度下的农业保险发展实证研究

我国地大物博，经济社会发展不平衡，自然灾害分布区域性明显，导致各地农村土地流转情况各异，农业保险发展状况不一。我国是农业大国，总体经济发展处于工业化中后期，城镇化率约为47%，自然灾害以洪涝、干旱为主。以符合基本国情、体现中国缩影的省份展开实证研究，是农村土地流转制度下农业保险先行先试的客观需要，也是完善农业保险自身发展的内在需要。

河南是中国第三人口大省、全国农业大省和新兴工业大省，农村土地流转起步，农业自然灾害以洪涝、干旱为主，存在农业保险试验的客观需求和支持农业保险的经济基础。本书以河南省农村土地流转制度下农业保险发展为实证案例，通过验证农村土地流转制度下的农业保险发展路径，以期为其他省市及全国更好地推进农村土地流转制度下的农业保险发展提供发展经验和路径借鉴。

（一）河南省经济和社会发展、农业和自然灾害基本情况

2010 年，河南省生产总值达到 22942.68 亿元，比上年增长 12.2%；财政总收入 2293 亿元，增长 19.3%；地方财政一般预算收入 1381 亿元，一般预算支出 3413 亿元，分别增长 22.6% 和 17.5%。全省城镇化率达到 39.5%，提高 1.8 个百分点。城市建成区面积由 1572 平方公里增加到 2000 平方公里以上。认真落实国家各项强农惠农政策，各类惠农补贴达到 154.6 亿元。启动实施粮食生产核心区建设，改造中低产田 151 万亩，建设高标准农田 25 万亩。优化农产品区域布局，优质粮食种植面积占粮食总面积的 73.6%。粮食产量由"十五"年均 830 亿斤到"十一五"连续五年稳定在 1000 亿斤以上，增加了 200 亿斤生产能力，向省外输出原粮及制成品能力达到 400 亿斤，为保障国家粮食安全，服务全国大局作出了重要贡献。城镇居民人均可支配收入、农民人均纯收入年均分别实际增长 9.6% 和 10.1%。国民经济运行质量和协调发展能力进一步增强，科学发展观得到较好落实。

河南省大部分地区处于平原农区，农业生产基本条件较好。随着人口增长和经济发展，人均土地资源越来越少，虽然高于世界粮农业组织确定的 0.8 亩警戒线，但是工业化和城镇化的强力推进，致使第一农业大省地位巩固难度加大。尤其是每年不同程度发生的干旱、水涝、病虫等自然灾害，对农业生产造成极大影响。2010 年、2011 年连续两年冬夏连旱发生时节，正是农作物成长关键期，中央、地方政府和农户投入大量的人力、物力和财力，才使旱灾得以有效遏制，粮食增产可谓来之不易。省域交界处的山区时有冰雹、干热风等极端对流天气，对水果和木本植物成熟造成严重影响。冷害和霜冻自然灾害也时有发生。河南省总体上属于灾害多发地区，农业生产不利条件较多。

农业是充分暴露在自然气象条件下进行的生产活动，对农业气象具有较强的依赖性。频繁而且影响较大的自然灾害，对农业生产造成重大经济损失和严重社会影响，不但直接影响人们的日常生产生活，降低社会福利水平，而且影响经济增长和社会稳定。而与此同时，人口持续增长、耕地逐步减少、农产品需求刚性增长趋势不可逆转，因此，农业和粮食生产一刻也不能放松。2010年，河南省克服持续低温、暴雨沥涝等不利因素，才确保粮食总产量达到1087.4亿斤，增产9.6亿斤（2010年全国粮食总产量为10928亿斤，河南粮食总产量约占1/10），连续7年创历史新高。可见，农业基础地位重要，粮食生产关系全局，自然灾害制约严重，农业保险支撑不足。所以，重视自然灾害对农业生产的严重影响，采取有力措施对农业风险进行有效管理，已经成为政府和农户的共识。[①]

（二）河南省农村土地流转与农业保险发展情况

河南农村土地流转始于20世纪90年代，与农民工大规模外出务工相伴而生，经历了最初自发无序流转到党的十七届三中全会以来的有序规模流转。流转主体起初以农户间为主，随着工业化、城镇化水平提高，农户间流转比例下降，以工商企业、农业产业化龙头企业为流转主体的比重上升较快。流转形式以农户间转包、出租为主，流转经济效益、社会效益和生态效益明显。实践证明，土地流转不仅充分发掘农村土地使用价值，提升农村土地综合使用效益，也使一部分不愿意或不适合从事农业生产的劳动力解放出来，发挥了解放和发展农村生产力及提高农民收入水平的重要作用，是提高农业效益、提升农民素质、促进农村发展的有效途径。

河南省通过加大财政补贴力度等手段，不断扩大农业保险品种，2300多万户农民购买保险并从中受益。农业保险品种已经扩大到玉米、小麦、水稻、棉花、能繁母猪、奶牛、烟叶和肉鸡，其中玉米、能繁母猪和奶牛保险在全省范围内开展。2010年，中央财政预拨3500万元农业保险补贴。政策性农业保险的保险责任，主要是人力无法抗拒的自然灾害，包括暴雨、洪水（政府性蓄洪除外）、内涝、风灾、雹灾、冻灾、旱灾、病虫草鼠害等对投保农作物造成的损失。保险金额和费率，暂按水稻每亩保额242元，费率8%；棉花每亩保额252元，费率8%，参考生产成本变化而定。保险承担比例为中央、省、市、县财政分别承担35%、25%、5%和15%的保险补贴，其余由农户和龙头企业负担。当发生巨灾时，单个保险品种全省最高赔付总额以当年该保险品种保费总收入的3倍为限。截至2010年底，全省累

---

① 资料来源：2011年河南省政府工作报告。

计投入保险保费补贴 9.5 亿元，完成种植业投保 4299 万亩、养殖业投保 1043 万头，参保农户超过 2326 万户次，获得赔偿 5.18 亿元。[①] 农业保险试点发展取得了初步的明显成效。

（三）河南省农村土地流转制度下农业保险发展情况

河南省基于农村土地流转新形势，支持农户联合成立合作组织，明确投保农户信息表和投保标的明细表，以发挥开展农业保险和规避道德风险的双重作用；基于商业保险公司在农村地区开展农业保险业务缺少相应的组织机构和工作人员，地方各级政府在财政补贴的同时，组成联合督察小组检查各地推行情况，协助开展工作，乡镇和村组安排专人组织联络和管理，发挥联络保险公司和投保农户的关键作用；基于保险机构网络系统优势、经营管理经验和风范化解能力的统筹考虑，保险业务承办、保险条款制定由公司牵头；基于农村社会的地缘、亲缘、血缘关系，以村为单位，村干部利用喇叭宣传、上门动员等方式组织农户，上报名单、协助收费、配合理赔，推进政策性农业保险实施。

主要问题：一是农业保险供给驱动型和需求驱动型并存，以供给驱动型为主。农村土地流转农户风险意识明显增强，农业保险需求已经显现，虽然缴费能力构不成农业保险发展障碍，但宣传工作力度和深度不够，个别农户小农意识和侥幸心理依旧，致使农户得不到充分的信息和保证，对于农业保险的目的、意义、内容和形式的渴求并不明显，"觉得比较合适就购买""多一事不如少一事"的心理在一定程度上存在。二是政策性农业保险与商业保险公司利益取向冲突与融合并存，但表现为利益冲突为主。农业保险交易成本高、信息不对称，投保标的分散、保险费用较低、推行成本较高。保险公司经营农业保险多是出于完成上级和政府任务的"无奈之举"，以借助农业保险提高在农村地区的知名度和美誉度，获得农民认可和接受，利于开展农村财产保险业务。农业保险本意是提高农业风险防范和化解能力，提高农民福利水平，保障农村社会发展，商业保险公司利润最大化的理性追求与政策性农业保险的发展初衷不相契合，不利于农业保险的长期经营和可持续发展。三是农村小户经营与农村土地流转普适性与特殊性并存，以普适性为主。农村小户经营一般以粮食种植为主，农村土地流转则以适度规模粮食种

[①]　资料来源：河南省农业厅、河南省财政厅、人保河南分公司。

植和高附加值经济作物并重。农业保险当前在推行中，政策措施一视同仁，虽然在保护农户积极性方面发挥了重要作用，但不能满足农村土地流转个性需求，政策性农业保险和商业性农业保险也不易区分，实际损失与赔偿标准直接影响农业保险良性循环发展。

上述问题的存在，说明农村土地流转制度下的农业保险发展缺乏相应的有效化解途径。主要原因：一是农业保险承保主体单一。目前以人保保险公司为主模式，降低农业保险市场竞争压力，制约服务水平提升，弱化保险产品创新和组织体系优化动力。单一的农业保险组织形式，弱化对商业保险公司产生的利益引诱，增加农户自治组织发展惰性，减弱利用市场杠杆调控农业保险市场发展的功能。二是激励相容机制设计缺位。在市场经济中，每个理性经济人都会有自利的一面，其个人行为按照自利规则行事；如果能有一种制度安排，使行为人追求个人利益的行为，正好与实现社会价值最大化目标相吻合，即"激励相容"。农村土地流转制度下，商业保险公司也趋向于开展大宗农业保险，但囿于组织基础和法律制度缺失，导致发展实践中激励相容机制设计缺位，增加持续开展农业保险的不确定性，并且产生个性化产品匮乏、保险技术落后和文化传播缓慢等不良后果，增加保险公司在农村土地流转过程中开展政策性农业保险工作难度，难以形成农业保险可持续发展的整体合力。

化解途径及改进：河南省农村土地流转制度下的农业保险发展尚处于探索阶段，对于发现的问题应该及时改进，协调农户、保险人和政府之间的利益均衡关系，以有助于合理评价和正确推进新形势下的农业保险发展。一是依托新型农民专业合作经济组织，建立农户互助合作保险组织。农村土地流转农户是主体，新型农民专业合作经济组织是依靠。合作社在农村存在历史基础，具备现实条件，较之单独依靠商业保险代办，农户互助合作组织更适合在农村地区运作，能够提高灾害预防意识和灾后定损理赔速度，利于政策性农业保险与商业性农业保险结合发展。二是设计激励相容机制。一方面，注重开发区域保险产品和加强技术创新双轮驱动，保险文化传播和科研人才培育双策并举，促进保险公司外部环境与内生动力良性互动和农业保险可持续发展；另一方面，建立政府诱导型农业保险运行机制，注重政府市场结合，地方中央结合，正负激励结合，服务合作经济组织与服务农业保险公司统一，推动农村土地流转制度下农业保险持续快速健康发展。通过建立农户互助合作保险组织、农业保险公司和政府服务相结合，激励相容的政府诱导型农业保险运行机制，努力在政策性农业推进中实现农户获得相当投保利益、保险公司获得一定利润、政府获得良好的经济社会效益的统一。

二　主要结论及政策建议

农村土地流转为农业保险提供了良好的外部发展环境和社会环境。本书主要从农村土地流转制度下的中国农业保险发展路径角度进行理论和实证研究，得出三个结论，提出四个建议。

（一）主要结论

农村土地流转推进有赖于农业保险发展

农村土地流转推进缓慢的一个重要原因是农业保险和社会保障建设滞后。单纯推进农村土地流转，农业保险长期发展难以为继。借助农村土地流转契机，着眼农户组织、保险公司和政府服务三个层面，能够充分发挥分摊风险的整体合力。农业保险能够为农村土地流转保驾护航，提供农业风险保障和资金支持。鉴于农业保险供求曲线无法相交和政策性农业保险的功能定位，政府通过激励和约束机制，建立政府诱导型农业保险运行机制，能够弥补政府失灵和信息不对称引起的市场失灵。

农业保险发展有助于农村土地流转推进

农村土地流转在一定程度上化解了我国农业分散化和小规模经营的不利条件。基于提高组织化程度和维护自身权益建立的新型农民专业合作经济组织，为农业保险发展提供重要组织基础。农业保险发展有助于农村土地流转推进的基础在于组织保障。有效发挥新型农民专业合作经济组织作用，符合农业风险和农户特征，符合制度环境和政府行为，耦合农村土地流转发展环境和农民风险偏好，能够提高内部治理效率，提升外部环境适应效力，有利于实现农业保险相关主体交易成本最小化。

农业保险发展路径关键是激励相容机制

新型农民专业合作经济组织、农业保险公司和政府角色定位要形成整体合力，关键是建立健全激励相容机制，融合三者合法权益和农村土地流转、农业保险的经济效益、社会效益和生态效益。组织形式多样化、组织体系合理化的多元化经营、多主体共济的组织制度模式，为保险公司提供大数法则条件，为政府开展政策性农业保险提供组织基础。保险公司外部环境内生动力良性互动，强化市场主体地位，为增强新型农民专业合作经济组织分保承接能力和政府再保险能力提供重要保障。政府服务合作经济组织与农业保险公司统一，共同推动农村土地流转制度下农业保险可持续发展。

（二）政策建议

发挥新型农民专业合作经济组织作用

2006 年《中华人民共和国农民专业合作社法》颁布后，新型农民专业合作经济组织在市场需求和政府扶持下纷纷成立。农户互助合作保险组织可以依托新型农民专业合作经济组织开展互助合作保险。商业保险公司要对农户互助合作保险组织辅导培训、支持鼓励，提供再保险业务。地方政府要加大财政补贴，支持新型农民专业合作经济组织开展政策性农业保险，融合保险公司盈利性目标与农业保险政策性目标。农户互助合作保险组织要完善内部治理机制，积极主动向商业保险公司分保，政府再保险公司要承担新型农民专业合作经济组织和农业保险公司政策性农业保险的最后财务责任。整合社会各方力量，共同支持新型农民专业合作经济组织在农业保险中充分发挥积极作用。

保证农业保险公司持续较快稳健经营

保证农业保险公司持续较快稳健经营，需要以市场需求为取向，政府支持为外力，区别对待农业保险发展阶段和农村土地流转主体，作出相应科学的政策选择。针对关系国计民生的大宗农产品，大力推进政策性农业保险；对于高附加值的经济作物，有选择地推行商业性农业保险。保险公司以向农户互助合作保险组织提供再保险的方式开展业务，减少道德风险和逆向选择；政府允许一定范围内开展以险养险业务，以达到以盈补亏效果。保险公司要加强产品创新，研发推广适应农村土地流转新形势的农业保险产品；加快技术创新步伐，不断增强农业保险公司内生动力和核心竞争力；传播保险文化、增强风险意识、更新保险观念，共同推动农村土地流转制度下农业保险可持续发展。

实现地方政府和中央政府的联手服务

发展实践一再证明：农业具有明显的正外部性，农业保险是准公共产品，农村土地流转是现代农业发展的必由之路。农村土地流转过程中，建议地方政府和中央政府站在维护农民利益和提高社会保障的立场，联手服务、共同推进农村土地流转制度下的农业保险发展。根据县域经济发展情况，省级财政实行差异性补贴，同时建立政策性农业再保险。中央财政农业保险资金再分配要向农业大省、农业大市、农业大县倾斜。支持在省级层面成立农业再保险公司，代行国家农业再保险公司，使商业保险公司勇于承接分保业务，形成互助合作保险组织、保险公司和政府再保险公司良性互动。

建立激励相容的政府诱导型运行机制

政府应当建立激励相容的政府诱导型农业保险运行机制，以新型农民专业合作经济组织为依托，农业互助合作保险组织为纽带，实现政策性保险与商业性保险相结合，推动开发区域产品和加强技术创新双轮驱动，保险文化传播和科研人才培育双策并举，形成整体创新互动和系统集成模式。农村土地流转制度下的农业保险发展路径设计，应是农户获得相当投保利益、保险公司获得一定利润、政府获得良好的经济社会效益的统一。通过激励相容的政府诱导型运行机制，实现新型农民专业合作经济组织、农业保险公司和政府服务创新的有机统一和有效合作，共同实现农业保险的又好又快发展。

第十章
中国社会保障一体化探析

第一节　社保一体化的意义和原因

一　中国社会保障一体化的意义

　　社会保障事业是由古代的慈善事业、近代的济贫事业发展而来的。19世纪 80 年代，德国铁血宰相俾斯麦制定并执行的一系列有关疾病、工伤、养老方面的保险成为现代意义的社会保障的开端。继德国之后，欧美早期发达国家相继制定颁布实施了一系列有关社会保障的制度。第二次世界大战之后，一系列发展中国家也开始构建具有本国特色的社会保障制度。

　　世界各国在社会保障制度构建之初，首先实现社会保障的都是城市中从事二、三产业生产经营的人口，然后随着经济社会的发展逐步扩大为全体市民，最后才覆盖了农村人口，社会保障实施之初一般都呈现二元结构的状况。发达国家二元社会保障结构的特点一般表现为：保障的理念不同，带来社会财富多，容易造成社会不稳定的群体首先得到保障，如城市里的工人往往首先获得社会保障；获得保障的时间不同，一般是先城镇人口后农村人口，农村和城市人口取得社会保障的时间一般相差 50 年左右；保障的内容不同，城镇人口的社会保障内容比较全，农村人口社会保障的内容比较少；保障的标准不同，城镇人口获得的社会保障比较高，而农村人口获得的比较低。

　　在中国，二元社会保障结构在形成的过程中除了具有上述世界各国的共同特点外，还表现出了中国当时社会自身的一些特征：新中国成立之初，中国城市居民中开始建立社会保障制度，广大农民主要靠土地保障，通过土改，农民都获得了土地，后来实行合作化农民集体使用耕地，只是由于当时的经营制度存在一些问题，农业产出不高，农民的收入有限。同时，为了发展城市工业，用工农业产品价格剪刀差的方式把农民挖得很苦；中国曾用户籍制、供给制、就业制度等将城乡和工农分割开来，城市居民享有较高的社会保障待遇，那些用政策和法律加以肯定的制度，具有一定的刚性特点，形成了一道城乡社保二元化的难以跨越的坎；中国二元社会保障结构的形成深受"左"的思想、计划经济、集权政治全方位的影响。这些都增加了我们走出二元社会保障困境的难度。

社会保障一体化是指基于社会保障的国民待遇和社会保障服务均等化基础之上的，社会保障管理体制一体化；社会保障制度框架的一体化；居民社会保障待遇的平等化。国民待遇是说全体国民普遍享受相同的基本社会保障内容的权利。均等化是指社会保障基本服务均等化。实质是指城乡居民社会保障待遇相同和社会保障基本服务均等化。发达国家和地区社会保障基本实现了一体化，发展中国国家正在努力改变社会保障二元化结构。这里要特别注意的是郑秉文先生在《甘肃社会科学》2009 年 3 月发表的《中国社保"碎片化制度"危害与"碎片化冲动"探源》一文中提到的社保"碎片化制度"，文中所说的碎片化主要指中国的社保"除机关事业单位、城镇企业和农村等几个碎片之外，各种小碎片制度犹如雨后春笋，遍地开花，形成了城市与农村分割、私人部门与公共部门分立的多种退休制度并存状况"①。我们认为中国的社保一体化问题的实质是解决二元化社保的问题。

实现中国社保一体化有积极的意义：实现中国社保一体化，有利于实现社会公平正义，充分体现社会主义制度的优越性；有利于平衡利益结构，抚平居民间的感情鸿沟，构建和谐社会；有利于调动农村居民的积极性，消除他们的后顾之忧，使其安居乐业、发展经济、维护社会稳定；有利于改变居民的储蓄和消费结构，拉动和扩大内需；有利于劳动力和资源的合理流动，优化生产要素和经济结构；有利于清除社会保障二元结构状况，实现社会保

① 郑秉之：《中国社保"碎片化制度"危害与"碎片化冲动"探源》，《社会保障制度》2009年第 10 期。

障的国民待遇和服务均等化。研究中国社保一体化有重大的理论和实践意义：研究中国社保一体化有利于了解我国二元社保结构的基本状况和社会历史原因；有利于总结各国社保由二元到一元的经验教训，使我国社保一体化少走弯路、减少成本；有利于科学的设计我国社保一体化制度，并指导其实施；有利于探索具有中国特色的社保一体化道路，使中国的社保一体化平稳自然地实现。如中国的社保一体化与全部民生改善相关，即与教育、公共设施建设、医疗卫生、住房制度密切相关。又如，中国的社保一体化不是被动地等，而是同扶贫发展相结合，即创造"造血"功能。再如，中国的社保一体化与农业的社会化生产和集约化经营相联系，也就是学界所说的土地换社保。还有，中国的社保一体化是一项创新性的事业，在方法内容、形式和管理体制方面都需要创新，是前无古人的。

二　中国二元社保结构述评

中华民族有济贫帮困、慈善行好、尊老爱幼的优良传统。遇到灾荒年份、生老病死之事，家族、邻里、慈善机构都会帮扶人们渡过难关；对老人、小孩和残疾人都进行社会关照；对于精神受刺激、心理有障碍的人都给予一定关爱。这些都具有社会保障的性质。也许正是由于这种相互扶持、关照和关爱使中华文明得以延续，度过了灾难深重的半殖民地半封建的近代社会，并逐步走上民族复兴之路。早在革命根据地时期，我们就开始了减租减息、慈善募捐、救济救急等方式的社会保障事业探索。

新中国成立后不久，即着手建立面向城镇企业劳动者的社会保险制度，当时城镇各项社会保险的经费由企业与国家提供，个人不缴费。范围覆盖到城镇机关、事业单位和国有企业职工，且以国有企业职工为主体。1949年召开的全国人民政治协商会议通过的起临时宪法作用的《共同纲领》明确规定，要在企业中逐步实行劳动保险制度。据此，劳动部和中华全国总工会在总结革命根据地和解放区建立社会保险经验的基础上，1950年开始拟定，1952年2月颁布实施《中华人民共和国劳动保险条例（草案）》，1953年政务院修订公布了《中华人民共和国劳动保险条例》，以后又相继制定颁布和实施了《革命工作人员伤亡抚恤暂行条例》《国家机关工作人员退休处理暂行办法》和《中华人民共和国女工保护条例（草案）》等法律法规，使城镇社会保障事业逐步建立并走上正常化轨道。① 在广大的农村地区，通过土地改革，实现了耕者有其田。根据中国人民政治协商会议通过的《共同纲领》的规定，当时的土地是农民土地所有制，基本属于私有的范畴，可以自由流转。初级合作社时期，农村土地仍属于农户所有，合作社利用。② 这一时期农村人口的社会保障基本靠土地和家庭，不过当时做到了人人有土地，只是在遇到灾害和疾病时政府提供微薄的救济，没有建立相应的社会保障制度。这一时期我国城乡社会保障的差距已经拉开。

1956 年以后，社会保障制度的内容在完善，管理在改进，待遇标准在修订。1958 年国务院通过了劳动部草拟的《国务院关于工人、职员退休处理的暂行规定（草案）》，1958 年国务院原则批准了《国务院关于工人、职员退职处理的暂行规定（草案）》，并公布试行，统一了退职规定。在疾病保险方面，改进了公费医疗和劳保医疗制度。颁发了《关于改进公费医疗管理问题的通知》等文件。在职业病保险方面，1957 年，卫生部制定和实施了《职业病范围和职业病患者处理办法的规定》，列出 14 种比较明显的职业病。在社会福利方面，对抚恤、救济、优抚等工作作了一系列的规定。③ 应该说这一时期对城镇居民社会保险的框架基本构成，但在十年"文化大革命"中受到了破坏，社会保障许多方面处于无人监督，无人贯彻执行的状况。

1956 年以后，农村经历了高级社和人民公社时期。高级合作社形成的土地物权关系是集体所有，集体统一经营，改变了初级社时期的土地私有性质，土地在农户之间的买卖和流转停止了。为了适应农民生活的要求，集体按一定比例给农户留出一定数量的自留地，由农民自主决定种植自己所需的蔬菜或其他农作物，但后来许多农村农民的自留地也由集体代耕，果实按人口平分给每个农户。人民公社时期土地制度经历了三级所有、公社为基础，三级所有、大队为基础，三级所有、生产人为基础三个阶段。④ 这一时期，

---

① 参阅石宏伟《中国城乡二元化社会保障制度的改革和创新》，中国社会科学出版社，2008，第 126～128 页。

② 参阅孟勤国等《中国农村土地流转问题研究》，法律出版社，2009，第 31～33 页。

③ 参阅石宏伟《中国城乡二元化社会保障制度的改革和创新》，中国社会科学出版社，2008，第 128～131 页。

④ 参阅孟勤国等《中国农村土地流转问题研究》，法律出版社，2009，第 33～35 页。

由于土地经营制度和分配制度的缺陷，导致上班"磨洋工"现象，三个人的活五个人干，土地的产出率极低，特别是在三年困难时期，农村出现了饥荒，农民的生活很少有保障。

尽管如此，1956 年以来在农村努力着手建立以社会救助、社会福利和优抚安置为内容的保障制度。1956 年开始由农业合作社对缺乏劳动能力和完全丧失劳动能力、生活没有依靠的人口实行初步的生产生活照顾，保证他们的吃、穿、烧火供应，年幼者的教育和年老者的死后安葬，后来在五保的基础上又增加了"保住、保医"等内容，一些农村还办了敬老院，初步建立了农村救灾救济制度，对遭到自然灾害从而在吃、穿、住、医等方面遇到困难的农民，由国家或社会提供急需的维持最低生活的资金或物资救济，对大部分救济对象一般实行临时救济措施。农村合作医疗制度的建立。农村合作医疗制度是 20 世纪 50 年代随人民公社化发展起来的一种解决农村居民最基本的医药服务的制度。这种制度以政府组织、集体经济扶持和农民互助合作为基础，基本采取自愿、受益和适度的原则，通过合作方式，民办公助，互助共济。到 20 世纪 70 年代末，全国 90% 以上的生产大队举办了合作医疗，这一制度的推行，基本解决了农村缺医少药的问题，降低了农村居民的死亡率。[①] 改革开放前，我国城乡社会保障的差距进一步拉大，并逐步用制度固定下来。

中国城乡二元社会保障有自身的特点：第一，中国的二元社保结构与经济上的计划化、政治上的集权相联系，农民不仅没有城镇居民那样的社会保障，而且，在国家工业化的思想影响下，通过工农业产品价格剪刀差被挖得很苦，为城市和工业作出 6000 亿元的贡献。第二，中国农村人口社会保障条件差表现为全方位的差，保障的项目少，如失业、工伤、生育保险基本没有；社会福利极少；保障的标准低，如城镇职工享受公费医疗，农村农民合作医疗政府投入极少。第三，中国二元社保结构被强化，主要表现为户籍制度、就业制度、供给制度形成一道难以跨越的坎。除了通过农转非的途径外，农村人口没有任何途径成为市民，而农转非在当时本身就很难实现。第四，政府对城乡居民社会保障承担的责任不同。本来工农业产业比较利益一

---

① 石宏伟：《中国城乡二元化社会保障制度改革和制度》，中国社会科学出版社，2008，第 134～136 页。

般就达 20% 左右，再加上当时的企业不是独立的法人，企业的开销实质由政府为其承担无限责任，因此可以说政府和社会实际为部分城镇居民社保"买单"。而农民的社会保障只能由集体和家庭提供，特殊情况政府给予一定的救济。第五，保障模式及其变迁依赖的制度路径不同。中国社会保障制度沿着城乡两种不同的路径发展演变。城市社保模式依赖于城市工业制度，随企业生产和分配制度的演变而变迁，经历了劳动保险制度向国家责任性企业保障制度的转变。农村社保模式的变化随农村土地制度及农业生产和经营方式的变革而变迁。即由家庭保障加政府和社区扶助向集体保障加国家救助发展。第六，社会保障的模式不同。城乡社保形成了两个相对独立的不同模式的社保体系，即制度保障模式和剩余保障模式。前者是城市社保体系，对保障对象的身份限定准入，保障水平、经费营运都有一定的规范限定。后者是农村社保体系，是一种剩余保障模式。即对劳动成果的分配首先保证国家对农产品的征购，然后是集体提留，集体提留中首先留足生产发展基金，余下的才是集体保障基金。剩余保障模式的保障范围、水平、对象等因集体提留的不稳定性而具有不确定性。①

城乡二元社保结构的存在引发了农村一系列社会问题。第一，农村人口生活长期处于艰难状况，改革开放前，我国约有 2.5 亿人口处于贫困状态，其中的绝大多数在农村。特别是农村的一些老年人口、残疾人口和有病患人口的家庭生活极其困难。社会存在严重的城乡、工农矛盾。第二，农村人口千方百计想跳出农门。特别是农村中一些有一定知识水平和能力的人想离开农村，因为只有这样，他们才有发展的希望，这就造成农村人才奇缺，农业生产力低下，并缺乏发展后劲的状况。第三，使农村处于封闭状态。城乡经济联系被人为阻断，生产要素不能自由流动，城乡的交流受到限制，甚至阻碍了城乡通婚的实现，因城乡青年之间成婚后永远处于劳燕分飞的状况。农村更加封闭，失去活力。第四，积累了农村的贫困和社保问题。本来农村人口多、收入少，农民就贫困，而且长期没有社会保障，农村的贫困问题在一定程度上是积累性的贫困。当经济有所发展后要解决这一问题难度加大了，而且农村没有社保体系，特别是农村实行承包责任制以后，集体经济削弱

---

① 第五和第六参阅石宏伟《中国城乡二元化社会保障制度改革和制度》，中国社会科学出版社，2008，第 136~140 页。

了，农村原有的微薄的社保基础也难以为继。如改革开放之初农村实行合作医疗的村只有 5% 左右。农村社会保障成了我国社保一体化中难以跨越的坎。

对于中国二元社保结构要有一个正确的看法。世界各国在实现社保一体化的过程中，都要经历一个二元化的历史阶段。只是有的时间长，有的时间短，有的程度严重，有的差距小而已。中国就更特殊了，我们是由半殖民地半封建社会进入社会主义初级阶段的。近代中国丧权辱国，民不聊生，争取民族独立和国家主权是当时的主要任务。因此，新中国成立后的主要任务的排序应该是先生存、后发展，最后才是全面社保体系的构建。新中国成立后到改革开放前农村社保体系不够健全，但农民应该说还是有一定的社保基础的，如土地保障，新中国成立初我们已经实现了耕者有其田，只是后来实行农村土地集体所有后，经营体制出现了问题，土地的产出率不高造成农村社保能力差而已。我国选择先在工业和城市实行社会保障也有一定的积极意义。工业是强军和强经济的基础，要强军和强经济必然要集中人力、物力和财力发展工业，必然要先保证城市社会稳定，肯定要有一部分人作出一定的牺牲，经济发展后，再实行工业反哺农业，城市带动农村，这也是世界许多国家社保发展的惯例。问题的关键在于十年"文化大革命"，"文化大革命"期间经济受到很大的破坏，政治动乱，思想僵化，社保事业更难发展。

第二节　我国城乡社保一体化的发展现状

一　农村向社保一体发展的努力

改革开放以来，农村实行家庭联产承包责任制，土地经营制度的变革极大地调动了广大农村劳动力的生产经营积极性，还有大批农村劳动力转向二、三产业，有的进城务工经商，有的创办乡镇企业，乡镇企业异军突起，农民的收入不断提高，农民的富裕程度有所提高，家庭保障的能力增强。

随着农业经营制度的变革，农民承包地在使用权上的流转逐步展开，最初是农民个人之间的流转，逐步地这种流转被党和政府所肯定，成为实现农业规模经营的途径之一。现阶段农民承包地流转的数量实际接近 1/3，在中、西部地区平均流转费约 200 元，东部地区约 400 元，流转承包地的农民的土地流转费够交农民养老保障费用。若以每亩农地流转费 200 元计算，我国现有耕地按 18 亿亩计算，每年国家向农民让渡的利益就有 3600 亿元，国家实行"四减免、四补贴"向农民让利 2500 亿元（四减免指全面推行农村税费改革，取消农业税、牧业税、特产税和其他不合理收费，减轻农民负担；四补贴是指粮食直补、良种补贴、农机具购置补贴和农业生产资料补贴）。[①] 2008 年国家用于"三农"支出达 5625 亿元[②]。这些对农民来说属于具有普惠性的社会保障。

扶贫开发应该说对我国农村社保工作起了很大的推动作用。我国开展扶贫开发工作 30 多年来，农村绝对贫困人口从 1978 年的 2.5 亿减少到 2007 年的 1479 万人，占农村人口的比重从 30.7% 降到 1.6%。主要是通过改革开放体制创新，城乡统筹反哺农村、农业、农民，开发扶贫、自力更生等方式推动扶贫事业的发展。坚持扶贫事业政府主导、社会参与、贫困人口和地区自力更生相结合的方针。做到了贫困人口大幅减少，农民收入稳步提高，基础设施显著改善，社会事业深刻变化，区域经济迅速发展。所扶持的都是农村贫困地区和贫困人口，堪称是我国最成功的农村社保事业。

农村社会养老保险正在全面展开。1992 年，国家民政部在几年试点的基础上颁布实行《农村社会养老保险基本方案》，农村社会养老保险在资金筹集中采取"个人缴费为主、集体补助为辅、国家以政策扶持"；实行完全个人账户，个人缴费和集体补助全部记入个人名义账户；基金的管理和运营以县为单位。参加保险的农民 60 岁以后根据个人账户积累的数额领取养老金。1998 年投保人数达到 8025 万人，占当年农村人口总数的 9.24%，占当时农村劳动力的 17.28%。由于这一制度在实施中存在一些问题，1998 年国务院决定对其进行整改，业务由国家民政部转入劳动和社会保障部管理[③]，1999 年停止接受新业务，有条件的地方逐步向商业保险过渡或转入后来开展的农民社会养老保险。2009 年 9 月《国务院关于开展新型农村社会养老保险试点的指导意见》发布，2009 年在全国 10% 的县试点农民养老保险制度，2010 年扩大为 23% 的县，2011 年扩大到 40% 的县。贯彻广覆盖、保基

---

① 范小建：《中国农村的扶贫事业》，《中共中央党校报告选》2009 年第 9 期。
② 《新华月报》2008 年 4 月号。
③ 石宏伟：《中国城乡二元化社会保障制度的改革和创新》，中国社会科学出版社，2008，第157 页。

本、多层次、可持续原则，加快健全农村社会保障体系。按照个人缴费、集体补助、政府补贴相结合的要求，建立新型农村社会养老保险制度。创造条件探索城乡养老保险制度有效衔接办法。① 从 2010 年开始，从试点单位开始，年满 60 岁的农民，每月可以拿到 55 元钱。②

新型农村合作医疗制度全面建立。1989 年全国连续坚持合作医疗的行政村仅有 4.8%。③ 2003 年开始试点和推广个人缴费、集体补助、政府资助相结合的新型农村合作医疗制度。到 2008 年年底已全面覆盖有农业人口的县（市、区），参合农民达 8.15 亿，参合率为 91.5%。全国累计 15 亿人次享受到补偿，补偿基金支出 1252 亿元。参合农民平均住院补偿金额从试点初期的 690 元提高到 1066 元。④ 2009 年国务院先后召开常务会议，通过《关于深化医药卫生体制改革的意见》，提出到 2010 年对城镇居民医保和新型农村合作医疗的补助标准提高到每人每年 120 元，并适当提高个人缴费标准，提高报销比例和支付限额。⑤ 农村医疗救助制度建设顺利推进。这项制度从 2003 年开始推行，现在已全面覆盖有农业人口的县（市、区），到 2009 年 4 月，已累计资助 9458.3 万人参加新型农村合作医疗，累计直接救助 2024 万人次。⑥ 同年中央财政启动农村妇女乳腺癌、宫颈癌检查，全国农村妇女孕前和孕早期免费补服叶酸，农村实施改水改厕项目。

农村五保供养制度继续完善，最低生活保障制度基本建立。2006 年修订《农村五保供养工作条例》，使五保制度实现了从农民互助共济向政府财政保障为主的重大转变。2008 年年底，全国农村五保对象有 543.4 万人，基本实现了应保尽保。农村最低生活保障制度于 20 世纪 90 年代中期开始试点，并逐步在有条件的地区推广。截至 2010 年年底，全国农村得到五保供养的人数为 534.1 万户、556.3 万人，分别比上年同期增长 0.9% 和 0.5%。全年各级财政共发放农村五保供养资金 98.1 亿元，比上年增长 11.4%，其

---

① 《中共中央关于推进农村改革发展若干重大问题的决定》，《新华月报》2008 年 1 月号。
② 《温家宝总理就当前经济形势和 2010 年经济工作接受专访》，《新华月报》2010 年 1 月号下半月。
③ 石宏伟：《中国城乡二元化社会保障制度的改革和创新》，中国社会科学出版社，2008，第 160 页。
④ 李学举：《国务院关于农村社会保障体系建设情况的报告》，《社会保障制度》2009 年第 10 期。
⑤ 《新华月报》2009 年 3 月号下半月。
⑥ 李学举：《国务院关于农村社会保障体系建设情况的报告》，《社会保障制度》2009 年第 10 期。

中中央财政首次安排五保对象临时物价补贴 3.5 亿元；全国有 2528.7 万户、5214.0 万人得到了农村低保，比上年同期增加 454.0 万人，增长了 9.5%，全年共发放农村低保资金 445.0 亿元，比上年增长 22.6%，其中中央补助资金 269.0 亿元，占总支出的 60.4%；还有 59.5 万居民享受了传统救济。[①]

农村社会福利事业逐步发展，被征地农民社会保障工作扎实推进，农村生育奖励和保障正在展开。截至 2008 年年底，全国农村敬老院有 29452 个，收养孤老、孤残、孤儿 158.1 万人；光荣院有 1336 个，收养 4 万人。农村优待抚恤工作进一步加强，在乡老复员军人、带病回乡退伍军人补助标准进一步提高。到 2008 年年底，有 1300 多万被征地农民得到了不同形式的社会保障。[②] 从 2004 年开始，国家对农村部分计划生育家庭实行奖励扶助制度试点，对农村只有一个子女或两个女孩的计划生育夫妇，每人从年满 60 周岁起享受年均不低于 600 元的奖励扶助金，直到亡故为止，奖励扶助金由中央和地方政府共同负担。到 2006 年，共有 134.7 万人受惠。[③]

我国实现城乡社保一体化首先从落后的一元入手，全面启动农民最迫切需要的社会保障内容的项目，解决了农民社保的燃眉之急。不仅如此，而且开始了城乡一体化社保的管理体制统一、制度框架构建和待遇水平缩小的探索。如公共服务建设向农村倾斜，在农村贫困地区开展扶贫工作，启动了农村计生户奖励扶助工作，并基本实现了城乡居民在低保、社会救助、养老保险和医疗等社保方面的一体化。鼓励和支持江苏昆山、上海浦东、重庆市、广东东莞市等探索全面的城乡社保一体化。

二　农民工对推动社会保障一体化的意义重大

农民工社保逐步从农村中分离，沿着城镇居民或职工的方向发展，意义重大。第一，对 2 亿多作为创业者的农民工的基本权益的落实；第二，有利于推动我国城镇化的进程；第三，实行社保分流，减轻农村社保压力；第四，农民工社保的实施是我国二元社保结构中比较落后的一元的自觉行动，将有力地改变我国二元社保结构的状况，是中国特色社保一体化道路的重要

① 《民政部发布 2010 年社会服务发展统计报告》，民政部门户网站，2011 年 6 月 16 日。
② 李学举：《国务院关于农村社会保障体系建设情况的报告》，《社会保障制度》2009 年第 10 期。
③ 《我国城乡居民社会保障状况调查》，《光明日报》2009 年 3 月 6 日。

组成部分。党中央国务院对此十分重视。《中共中央国务院关于切实加强农业基础建设进一步促进农业发展农民增收的若干意见》指出：健全农民工社会保障制度，加快制定低费率、广覆盖、可转移、与现行制度相衔接的农民工养老保险办法，扩大工伤、医疗保险覆盖范围。① 2009 年温家宝总理在接受专访时指出："农民工基本养老保险关系跨省转移接续办法，是一项重大的制度建设。一是农民工在流动就业时，其个人账户的储存额能够全部转移到新参保地。二是单位为其缴费部分的一定比例也可以随之转移。三是个人缴纳养老保险费满 15 年的，与城市职工享受同等待遇。这样做的目的，是避免农民工退保，使农民工融入城市和城市职工享有同样的待遇。"②

人保部制定了《农民工参加基本养老保险办法（征求意见稿）》。该办法规定了农民工参加基本养老保险适用范围，要求农民工个人应当参加基本养老保险，农民工用人单位应按规定为农民工办理参保手续。要求用人单位和农民工个人共同缴纳基本养老保险费。缴费基数按基本养老保险有关规定确定。单位缴费比例为 12%；农民工个人缴费比例为 4% ~ 8%。对农民工养老保险费用转移接续作了明确规定。农民工跨统筹地区就业并继续参保的，向所就业地社保机构出示参保缴费凭证，由两地社保机构负责为其办理基本养老保险关系转移接续手续，其养老保险权益累计计算，未能继续参保的，由原就业地社保机构保留基本养老保险关系，暂时封存其权益记录和个人账户，封存期间个人账户继续按国家规定计息。对农民工养老保险的待遇作了明确规定。农民工参加基本养老保险缴费年限累计满 15 年的，符合待遇领取条件后，由本人向基本养老保险关系所在地社保机构提出领取申请，社保机构按基本养老保险有关规定核定、发放基本养老金，包括基础养老金和个人账户养老金。还规定农民工基本养老保险金可转入并参加新型农村社会养老保险等。③

2009 年 9 月底，农民工参加企业职工养老保险的有 2464 万人，参加失业保险的有 1563 万人，参加医疗保险的 4292 万人。从 2010 年 1 月 1 日起施行的《城镇企业职工基本养老保险关系转移接续暂行办法》，规定包括农

---

① 《新华月报》2008 年 3 月号。

② 《新华月报》2010 年 1 月号下半月。

③ 《农民工参加基本养老保险办法》征求意见稿，www.mohrss.gov.cn，2009 年 2 月 5 日。

民工在内的基本养老保险关系可在跨省就业时随同转移。《中共中央国务院关于加大统筹城乡发展力度进一步夯实农业农村发展基础的若干意见》指出："健全农民工社会保障制度，深入开展工伤保险全覆盖行动，加强职业病防治和农民工健康服务，将与企业建立稳定劳动关系的农民工纳入城镇职工基本医疗保险。多渠道多形式改善农民工居住条件，鼓励有条件的城市将有稳定职业并在城市居住一定年限的农民工逐步纳入城镇住房保障体系。统筹研究农业转移人口进城落户后城乡出现的新情况新问题。"①

农民工社保的制度在构建；农民工享受的社保的种类在增加，如农民工开始享有社会养老保险和职业病防治等方面的社保待遇；农民工享受的社保待遇的水平在提高，享受到城镇居民或职工的社保待遇水平，同时农民还承包有农村的土地，如果农民工将承包地流转，还收入一笔承包地流转费用；农民工社保方面手续转移接续逐步得以实现。农民工社保已成为高于农民、低于或等于城镇职工社保的中间层，大批农民工将享受城镇职工社保待遇。农民工社保有利于中国实现城乡社保一体化，农民工是我国城乡社保一体化的践行者，农民工社保向城镇居民或职工工社保的过渡十分自然和平稳，应认真总结相关经验和教训，加以推广。

但现实中也存在不尽如人意之事。许多农民工外出挣钱要补贴家中急用，挣的工资较低，经常被拖欠，没有参加社保的要求和习惯；农民工的工作不稳定，流动性很大，经常从一个地方向另一个地方流动，即使较长时间在一个地方，也还在不同企业间进行流动，管理的难度大。农民工个人、用人单位和地方政府都有一定的顾虑，农民工个人对自己参加社会社保障将来能否享受存在疑虑和担心，自觉自愿参加的信心不足。用人单位为农民工社保买单增加了生产成本，负担较重，因此想方设法逃避。地方政府因农民工参加社保要付出一定的补贴和增加管理成本，同时担心因农民工参加社保而影响投资者的信心。加上农民工参加社保的门槛高、费用大、难转移，农民工们参加社保率低，据悉，用人单位缴纳基本养老、医疗和失业三项保险费用平均为工资总额的28%，个人缴费率为11%②，农民工参加社保任重而道远。

---

① 《新华月报》2010年2月号下半月。
② 人社部农民工社会保障专题：《关于农民工社会保障问题研究报告》，《社会保障制度》2009年第4期。

三 城乡社会保障一体化比较

就管理体制来说：目前我国社会福利、优抚、救济主要由民政部门负责，社会保险、工伤、失业方面社会保障主要由人社部负责，生育方面奖励由计生委负责，医疗卫生方面的城镇居民和职工医保由人社部门管理，农村的新型农村合作医疗由卫生部门管理，政出多门，而且各部门之间相互平行而不统辖，容易出现"两张皮"现象，遇事相互推诿扯皮。就社保待遇水平来说：从资金来源看，城镇公务员、职工的社保主要由国家、企业和个人出资，而对农民政府出资甚少，集体由于农业承包责任制实施后财力弱化，无力承担与城镇公务员和职工相应的企业出资部分能力，农民个人收入很少，出资社保的能力有限。政府对城乡居民所承担的社保责任差距很大。从社保项目看，城镇居民项目齐全，医疗保险、养老保险、失业保险、工伤保险、生育奖励、住房基金等比较齐全，还有比较优惠的福利待遇。农村居民没有工伤、失业、住房方面的社保，养老和生育方面还正在试点，更没有优厚的福利待遇。从保障的模式看，城镇职工社保具有一定的强制性，农村居民一般采用自愿的原则，城镇职工采用现收现付或半现收现付方式，而农村居民一般采用完全积累的方式。从与社保有关的民生基础看，政府在教育、公共设施、公共服务、就业机会、住房保障等方面的投入，城镇的投入远大于农村。农村居民从出生起与城镇职工相比可资利用的资源和所享受的社会待遇差距就很大。就是说城乡社保的不公平始于孩子的起跑线上。就社保制度来说：目前基本处于二元的状态，即农村和城镇分别作规定，除了农村现在没有的项目外，即使农村已有的项目，如合作医疗、低保和社会养老保险这些城乡共有的项目仍然是城镇一套、农村一套。事实上有些社保项目的内容城乡待遇水平差距不大，完全可以在制度层面上统一，如城乡居民社会养老保险、城乡居民低保、城乡居民社会医疗保险等，完全没必要各制定一套制度，人为地将其分割开来。城乡社保的差距最关键的因素是城乡居民收入差距大，而且近年来还在拉大。1991 年城乡居民收入比是2.40∶1，1999 年这一比例为 2.65∶1，2009 年扩大为 3.33∶1（详见表 10 - 1），如果加上城乡居民，尤其是农村居民同城镇的公务员和职工的社会保障优待内容，城乡居民的收入差距更大。这应该是引起我们高度关注的社会问题。

表 10-1　中国城乡居民收入差距

单位：倍

年　　份	1991	1995	1999	2003	2007	2009
城乡居民收入比	2.40	2.71	2.65	3.23	3.32	3.33

资料来源：《2010 中国统计年鉴》，中国统计出版社，2010，第 342 页。

我国城乡社保一体化面临的挑战：我国社会保障实现城乡一体化困境之一是深受计划经济影响，计划经济时农民除了没有社保外，还通过工农业产品价格剪刀差被挖走 6000 亿元左右，用于城市和工业发展。实行市场经济后，农村集体经济弱化，社保功能衰落，有的农村连"五保"的基本生活都难以保障，更谈不上对全村人的社会保障了。而城市和工业本身还有一个追赶世界先进水平的问题，不可能拿出更多的财力、物力支持农民。挑战之二是，我国农村人口数量多，而且素质较低，平均比市民少接受 3~5 年的教育，生产经营的能力差，创造的社会财富少，我国农业现代化水平低，在国民生产总值中所占比重下降，农村实行"四减免、四补贴"政策，农村农业创造的财富绝大多数通过社保返还给了农民，农民享受同市民或职工同样的社保难度极大，近期几乎不可能。挑战之三是，历史上一些发达国家在工业化初期，一边对外殖民，同时移民，一边实现城市化，而我国农村劳动力转移的洪锋处在科技进步，各产业由对劳动力的普遍吸纳到全面排斥状态的时期，我们只能设法充分利用农村富余劳动力。发达国家在农村社保启动时，农村人口占总人口比重一般为 30% 左右，我国现阶段农村农业人口仍占全部人口的 60% 左右，而且基数很大，全面实现社保的资金缺口很大。挑战之四是，僵化、封闭的城市社会保障体系难以接纳城乡社会结构转型中出现的新对象。[1] 农民工从事二、三产业生产经营活动，本应和市民享受同样的社保待遇，但我国出现了农民工社保问题，使本来二元化的社保体系三元化了，增加了我国社保一体化的难度。

第三节　世界各国社保一体化的启示

世界各国的社会保障制度最初都是从城市和工业劳动者开始，并逐步扩

---

[1]　李迎生：《社会保障与社会结构转型》，中国人民大学出版社，2001，第 89 页。

至全体市民，当工业和城市经济发展到一定程度后在农村实行社会保障制度。这就是说世界各国的社会保障制度的构建都存在一个由二元到一体化的历史过程。在这一过程中都存在处理好土地与游离农业人口的关系、农民工社保、城乡社保一体化的问题。发达国家已基本实现了城乡社保一体化，部分发展中国家和地区也实现了城乡社保一体化，大多数的发展中国家正在经历这一过程。城乡社保一体化一般是在农业占一国 GDP 的 15% 左右、农业劳动力占劳动力总数 30% 左右，农业开始实现社会化生产和集约化经营，而且工业有能力反哺农业，城市有能力带动农村的情况下启动的，最初实行的一般是城乡的医疗保障和养老保障一体化，用 50 年左右的时间实现城乡社保一体化。

一 城乡社保一体化与农业的关系

农民与土地的关系不仅关系到农业现代化问题，而且与社会保障密切相关。因为农业的生产率远低于二、三产业，是一个自然再生产和经济再生产过程交织在一起的产业，与自然环境的联系密切。要实行社会化生产和集约化经营，必然有大批农民同土地脱离关系。一些发达国家农民同土地脱离关系的情况见下文。

英国是近现代意义上的农民流动与社会结构调整最早的国家。英国 13～14 世纪随着养羊业的发展，出现了"圈地现象"，15 世纪英国的封建行会制度已经解体，16～17 世纪是英国历史上从封建制度开始急剧地向资本主义制度转变的时期。16 世纪英国从事毛纺织业生产的人数占全体居民的50%。1821 年英国农业劳动力占全国劳动力的 32%，1881 年是 13%。事实上，作为小土地所有者的农民在英国 18 世纪六七十年代就消失了。英国农民流动是以"羊吃人"的方式实现的，圈地运动的结果是许多村庄被消灭，大批农民流离失所，沦为流浪者和乞丐，以暴力强迫使农民与土地分离的圈地运动，促进了资本主义市场经济在农村的发展。然后用血腥的立法，将从农业中游离出来的农民赶上劳动力市场。相应的英国的社会保障制度确立的也比较早。[①]

法国 1960 年指导法颁布，即建立土地整治与乡村建设公司，以加速

---

① 吕世辰：《农民流动与中国社会结构变迁》，新华出版社，1999，第 10～11 页。

合理合并土地，收购小片农田或使小型农场转变为有实力的，更富竞争力的新型大农场。1962 年指导法补充规定，年逾 65 岁的老年农民退休或放弃经营并出让土地，或让给一位年轻继承人，可为这些农民发放终身养老金。到 1979 年约有 57.6 万多老年农民接受该法令条件，使约 1100 多万公顷农田（即当时 35% 左右的农业面积）得以集中。通过农业信贷政策促进土地集中，规定耕种面积在 30 公顷以上的农业企业才可获得国家资助。17～45 岁的青壮年农民离开土地从事其他工作，可得到适当的补助金，鼓励他们将集中土地。[①] 法国还规定农场的继承权只能移交给农场主的配偶或有资格继承的一个子女（未继承农场的有继承权的人只能从继承者那里得到一笔补偿金），以防止农场的解体。还将地租控制在极低的水平上，以鼓励农场通过租地扩大规模。同时规定租用土地的租约的最低年限不得少于九年，租约期满后还可延长。当出租人要出让在租的地方时，租借人有优先购买权。这样，就使得租用土地的农场在较长的时期内保持稳定。[②]

　　德国是后起的发达国家，德国发展比英国迟很多年，德国农业走的是"普鲁士式"的资本主义发展道路，由农奴制地主经济缓慢地转化为资产阶级的容克式经济，同时分化出少数"大农"。第二次世界大战后，西德为了改善农户土地经营状况采取了一系列政策和措施，其中主要有：整理土地。主要是消除"插花地"，使许多零碎分散的地块连成一片，以利于机械化耕作。实行迁移政策。为了有利于扩大农户的农业经营规模，使某些农户迁出人口稠密的村子，把某些"无生命力"的农户提高到"有生命力"的水平。即把邻近地块增拨给较大的农户。推行社会政策。如奖励农民提前退休、放弃务农，以扩大农户的经营规模；用发放补助金和减息贷款等方法，直接支持"有生命力"的农户；鼓励私人工商业在农业地区开办企业，或由政府出资修桥梁、道路等，就地吸引农业劳动力，促进农业经营规模的改善。使农户占有土地的平均规模由 1949 年的 7 公顷，提高到 1978 年的 14 公顷。[③]

---

①　〔法〕H. 孟德拉斯著《农民的终结》，李培林译，社会科学文献出版社，2005，第 102 页。
②　胡树芳：《国外农业现代化问题》，中国人民大学出版社，1983，第 150 页。
③　胡树芳：《国外农业现代化问题》，中国人民大学出版社，1983，第 150～151 页。

日本农业用地改革经历了三个阶段：第一阶段进行了消灭地主和发展自耕农的体制改革，并于 1952 年制定了《农地法》，以谋求巩固土地改革的成果。《农地法》虽然有利于自耕农的发展，但又妨碍了土地权益的移转和农业规模经营，于是在 1962 年后政府又对《农地法》进行了修改，废除了对土地借贷、买卖的限制，转而支持土地权益的转让和农业劳动力离农。1970 年对《农地法》进行了修改，通过放宽对农地租赁的各种管制，促进以农地租赁为途径的农地流转。如将禁止出租由政府出售的创设农地之规定，修改为政府出售 10 年后即可以出租。① 并大大放宽了农业生产法人的认证条件，并从根本上放宽了对租赁合同关系的管制条件。还规定对转让减轻其转让收入课税额；而对被转让人则规定减轻其登录审批税及不动产取得税。当经营农业的个人将全部的农地赠与推定继承人之一时，延期课征赠与税。② 以后日本有关农地制立法出现了转向，即由促进农地流转，转向了确保年轻有能力的人留在农业中从事农业生产经营方面。日本农业人养老金制度是在 1970 年制定的，2001 年进行了根本性的修改，其目的是为了对应促进农业经营者的年轻化和农业经营规模的扩大这一农业结构政策上的要求。是基于这样一个判断：由于农业高龄化的进展快速，而年轻的农业承担者出现不足，因此与其通过过去那种通过经营权转让来促进农业经营的年轻化，不如广泛地确保包括中老年在内的农业人。③ 日本农业现代化过程中，先是采取措施，适当扩大农地规模，然后是采取措施在农业中留住有能力的年轻人。

二 处理好农民工与农业和社保的关系

大批的农业劳动力逐步与土地脱离关系，以兼业或全职外出务工、经商的方式转向二、三产业和城镇。使农村的社会保障压力得以分流，并逐步享受城镇社会保障待遇。各国在这方面也有自己的特点。

日本农民工大批游离农业同其经济高速发展基本一致。1920 年日本城市化率为 18.0%，自 1955 年至 1973 年期间，日本每年有 80 万～100 万的

---

① 关谷俊：《日本的农地制度》，金洪译，生活·读书·新知三联书店，2004，第 182 页。
② 关谷俊：《日本的农地制度》，金洪译，生活·读书·新知三联书店，2004，第 104、146 页。
③ 关谷俊：《日本的农地制度》，金洪译，生活·读书·新知三联书店，2004，第 93、98 页。

农村人口转移到城市，极大地缓解了农村家庭剩余劳动力的就业压力。[①] 日本农户的一大特征是兼业经营。目前，日本 80% 的农户为兼业经营。兼业收入约占其总收入的 82% 。在现实生活中，农户面临的各种风险及所需要的社会保障之中，从事非农业劳动的社会保障已成为其主要内容。[②] 就是说在经济腾飞时进城的农民工和以兼业方式出现的农民工主要享受城市社会保障的待遇。

德国用半个多世纪的时间完成了国家的工业化。在此期间，德国农村劳动力迅速转向二、三产业，1871 年德国农村人口占 63.9%，1910 年全国 60% 的人口生活在城镇。1882～1907 年，德国的农村剩余劳动力全部流向了工业、采矿业、商业、运输业以及其他非农业部门。[③] 德国的社会保障制度构建，在一定程度上可以说是因为农民工大量游离农村、农业而出台的。1855 年，"穷人权力法规"在德国生效，根据该法规每个地区依据居民人数，对贫困居民实行生活补贴。普鲁士政府率先用法律形式规定照料穷人的义务，后来北德联盟于 1870 年 6 月 6 日将这项法律规定延伸到除巴伐利亚以外的全德国，到 1919 年时被称作"社会福利组织"，到 1916 年又叫做"社会救济组织"。这些穷人中的许多人是进城农民工。[④] 到俾斯麦统一德国之后，为了维持社会的稳定发展，1881 年德皇威廉一世颁布《黄金诏书》，提出工人因患病、事故、伤残和年老而出现困难时应得到保障，由此开始了社会保障制度的建立和完善。1883 年国会通过《疾病保险法》，规定疾病保险费用由雇主负担 2/3，雇员负担 1/3。此外，只要农民工一个人参保，他的配偶和子女不付保险费而同样享受医疗保险待遇。养老保险方面，德国实行了包括农民工在内的全国养老保险制度。德国还注重对农民工进行文化和职业技术教育[⑤]。德国社会保障方面的一些基本规定，大多数是在德国农民游离农村农业的高峰期制定和实施的。

英国是农民工出现最早，也是农民工消失最早的国家。英国从 16 世纪初期就开始了近现代意义的农民流动，农民最初是被以"羊吃人"的方式

① 宋金文：《日本农村社会保障》，中国社会科学出版社，2007，第 45 页。
② 郑秉文等：《当代东亚国家、地区社会保障制度》，法律出版社，2002，第 115 页。
③ 王章辉等：《欧美农村劳动力的转移与城市化》，社会科学文献出版社，1999，第 155、165 页。
④ 王章辉等：《欧美农村劳动力的转移与城市化》，社会科学文献出版社，1999，第 194～195 页。
⑤ 刘芳：《国外"农民工"社会保障经验及其借鉴》，《观察思考》2007 年第 6 期。

赶出农村，同土地分离的，当时是由于毛纺织业的发展推动的，后来则是由于对外殖民和移民引起的，最后则是由于产业革命和城市化吸引的。1821年，英国的农业劳动力仅占全部劳动力的32%，到1881年这一比例下降为13%。①英国农民工游离农村、农业经历了近150年时间。英国政府对待农民工使用了胡萝卜加大棒的政策。一方面通过血腥方法将其赶往劳动力市场；另一方面推行济贫制度。1601年，英国颁布了第一部《济贫法》，该法对穷困人实行救济措施，如救济无力谋生的人，为失业者寻求就业机会，安排孤儿当学徒，等等。1802年英国颁布执行的《学徒工健康与道德法》就开始关注工人的健康问题，对童工进行保护。1843年推出新《贫困法》，对贫困的救济力度有所减轻，对济贫对象作了一定的限制。英国对农民工的医疗卫生很重视，1840年开始免费使用疫苗防疫，1844年设立卫生委员会，1866年颁布了《卫生法》，1872年颁布了《公共卫生法》。英国对农民工的工作时间作了一定限制，1847年执行10小时工作制度。英国对农民工的住房比较关注，1885年设立了工人阶级住房皇家委员会，颁布了《工人阶级住房法》。英国对劳动保护进行国家干预。劳工保护的政策促使1833年和1844年的《工厂法》出台，它对童工、女工的工作时间进行了限制。1878年、1896年和1898年三次修正《工人法》，对劳动保护的内容逐渐增多，对工厂卫生条件进行了规定，要求对机器的危险部分安装保护装置，规定了最低工资，内容已经涉及职工收入、健康方面的保障。②英国的社会保障制度随农民工的产生和发展而启动和发展。

三 各国城乡社会保障一体化情况

英国是最早实行社会保障的国家之一，也是最早实现城乡社会保障一体化的国家。英国社会保障制度的一大特点是它的普遍主义取向。普遍主义福利往往与公民权利联系在一起，体现着国家与公民之间的直接关系。英国国民保险待遇是与收入脱钩的，无论受保人的缴费多少，都同样地享受定额待

---

① 吕世辰：《农民流动与中国社会结构变迁》，新华出版社，1999，第11页。
② 解炳耀：《当代英国瑞典社会保障制度》，法律出版社，2000，第21页。

遇，在受保人之间存在着明显的再分配，而且政府在福利制度中起主体作用。① 正是由于这种普遍主义的社保价值取向，也由于当时英国的劳动力结构中，较早地转移了农业劳动力，再加上英国在近代以来国力强盛，英国较早地实现了城乡社保一体化的设想。英国早在 20 世纪初就走出了城乡社保一体化的关键一步，即于 1906～1918 年先后推出了《工伤社会保险法》《老年社会保险法》《儿童法》《职业介绍所法》《失业社会保险法》《国民健康法》《妇女儿童福利法》等，这些法律没有明确规定城乡居民区别，因当时英国农村人口约占全部人口的 10%，而且比较富裕。政府对其同市民一样实行社保财政压力不大。到第二次世界大战之前，英国已初步实现了城乡社保一体化，当时"英国福利制度基本上完成了项目扩张过程，已经涉及老年疾病、生育、工伤、失业、残疾、贫困等生活事件，也出现了家属津贴福利以及住房方面的福利"②。第二次世界大战后英国的城乡社会保障实现了一体化。这从英国贝弗里奇提出的社会保险原则就可看到。这些原则有：基本生活资料补贴标准一致，保险费标准一致，社会保险坚持全面和普遍性，管理责任统一等。

德国是高度工业化和城市化的国家，非农就业人口高达 96%，已经形成城乡一体化和农村工业化、农民城市化的格局。③ 德国存在一个第二次世界大战之后分为联邦德国（西德）和民主德国（东德）的历史时期，一般说来当时西德的社保制度比较完善，两德合并之后东德的社保体系原则上统一于西德，在这里我们以西德的社保一体化为主展开论述。德国农村社会保障是德国整个社会保障的一个专门分支。农村社会保障计划应被看做是为农业工作者提供社会保障的所有措施的集合。它集中反映农业的特殊性，并对不受一般的医疗、事故和养老计划承保的自雇农场主、他们的家庭协助成员、退休农场主和雇员进行保险。这种保险主要分三大部分，一是农业事故保险，这是为农林工作设定的法定事故保险。它与为工商业者设立的法定事故保险相似，同属德国社会保障的一个分支。其对所有合法的企业和人员承保，它既不需要以加入声明来建立承保与投保关系，也不能以退出方式终止

---

①　孙炳耀：《当代英国瑞典社会保障制度》，法律出版社，2000，第 155～156 页。
②　孙炳耀：《当代英国瑞典社会保障制度》，法律出版社，2000，第 153 页。
③　《中国农民工调研报告》，中国言实出版社，2006，第 121 页。

这种关系。农业事故保险基金向农场主征收保险税款，担负病人因工作事故或患有职业病而需支出的医疗费用。1884 年《事故保险法》的颁布，奠定了建立农业事故保险计划的基础。第二次世界大战前基本成熟。二是农场主的辅助养老基金。建立于 1957 年 10 月 1 日的农场主辅助养老基金是专门以职业为导向确保农场主及其配偶以及在农场工作的家庭成员及其家属的社会保障，资金由农场主缴纳，政府补助。三是农村医疗保险基金。农村医疗保险是农村社会保障的一部分，于 1972 年 10 月 1 日开始实行。自雇农场主及其配偶，退休农场主首次被纳入法定医疗保险当中。此前只有部分农场主或是由私人医疗保险基金承保，或是法定医疗保险基金的自愿成员。这种保险的资金由保险税款、政府补助或者其他收入提供。[①] 至此，我们认为德国城乡社会保障已走向了一体化。农业从业人员的保障项目比较齐全，人员基本覆盖，政府承担的责任城乡接近，管理以自治管理为主。

第二次世界大战以前，日本农民的生活基本上是由家庭和村落共同维系的，没有现代意义上的社会保障制度。经过努力，到 21 世纪初，日本农村社会保障基本上实现了与城市无差别的一体化目标。日本社会保障制度一开始是根据职业和行业建立起来的。例如，先有大企业和城市劳动者参加的健康保险和厚生年金保险，后来才有农民参加的国民健康和国民年金保险。因为以农民为对象建立的社会保障制度一般较晚，所以才出现了以农民为主的社会保障制度类型。严格来说，日本并不存在按城乡划分的独立的农村社会保障制度。日本社会保障制度一般不是按照地域原则制定的，而是根据公平性和平等享受国民权利的原则建立的。从 1950 年起农村开始试行《生活保护法》《国民健康保险法》《国民年金法》《老年人福利法》《农业者年金法》《老年人保健法》《农业协同组合法修改》《老龄社会对策基本法》和《护理保险法》等社会保障、社会福利制度的法规和法律。农村居民社会保障和福利事业主要建立的制度有：国民年金制度、农业者年金制度、国民健康保险、老年人保健制度、护理保险制度和生活保护以及老年人福利等福利制度。[②] 日本由于岛国的地貌特征决定，土地的坡度较大、地块细碎，农业规模经营程度低，农业的自然风险和市场

---

① 和春雷：《当代德国社会保障制度》，法律出版社，2001，第 220～235 页。
② 宋金文：《日本农村社会保障》，中国社会科学出版社，2007，第 118～180 页。

风险大。所以日本有全面的农业社会保障体系，其内容主要包括 5 个方面：制定农业投入法，强化财政对农业的投入；建立农业风险基金，由政府负责建立、积累、管理与运用；中央与地方互设粮、棉专项储备制度；对从事农用工业生产的企业实行减税、减息政策，努力降低农业生产资料的销售价格，设立最高限价，以维护农民的利益；建立权威性的农业生产监测机构，保护农民的利益。[①] 而日本农民兼业比例很高，约有 80%，兼业农户的兼业收入据统计占其总收入的 82% 左右。日本的社保城乡一体化没有硬坎，能比较顺利地实现。

第四节 大社保：我国城乡社保一体化的发展方向

一 农民大社保的模式

中国构建农民社保体系的背景。中国是发展中的人口大国，而且是农业人口大国，农业人口和劳动力仍占中国人口和劳动力的多数，农业劳动力创造的财富极少，占全国 40% 的劳动力仅创造了 GDP 的 10%；中国历史地形成了城乡二元的社会保障结构，而且这种二元社保结构与户籍制度、就业制度和供给制度结合，表现为全方位的二元社会结构，并一度以法律的形式加以肯定；中国人口是未富先老，农村老年人口 1.05 亿，占农村人口的比重超过 18.3%，农村人口老龄化程度是城市的 2.3 倍。中国农村传统的社保能力在弱化，家庭规模小型化，保障的能力下降，集体经济弱化，对农民的保障能力弱化，农业的自然风险和市场风险加剧；改革开放之初，按当时的贫困标准，我国有 2.5 亿贫困人口，这些贫困人口主要分布在农村。从发达国家实现农民社保和城乡社保一体化的情况看，中国实现农民社会保障是不可思议的，但我国农民初步建立了社会保障体系，农民安居乐业，农村稳定和谐，创造了一项农民社保的奇迹，这就是大社保。

大社保是积极的、全方位的社保，包括发展保障和生活保障两方面，生活保障又包含物质生活保障和精神方面的关照。发展保障以培养农民自我发展和自我保障的能力为主，使其脱贫致富，走上小康之路，如我们在农村实

---

① 郑秉文等：《当代东亚国家、地区社会保障制度》，法律出版社，2002，第 117～118 页。

行的四免四补贴、三农建设、公共服务建设、扶贫等。物质生活保障指近年来开展的新型农村合作医疗、新农保等社会保险；对五保户、低保户等的社会救助；对农村老年人、残疾人等实施的社会福利。精神关照是指中国农村浓厚的人文关怀元素，如农村中家庭保障、亲朋扶持、邻里互助、集体照顾等成为受保障人的心理依托。发展保障是生活保障的前提和基础，生活保障使受保障人有了满意的归属，二者有机地结合形成了有中国特色的农民社保模式。

中国特色农民社保的模式是政府、社会和农民合力推动的结果。政府起主导作用。政府根据农民的意愿和经济社会发展的条件，制定发展保障和生活保障的计划；政府对社保给予一定的投入，如扶贫、补贴、公共设施建设等发展保障项目和新型农村合作医疗、新农保等生活保障项目的投入；政府运用经济的、行政的和法律的手段实施必要的监管；政府对相关的社保项目通过市场实施，如在新型农村合作医疗项目中购买服务，在农村公共设施建设中进行招标，等等，充分发挥市场机制的作用；农民是中国特色社保模式的构建主体。农民通过拼搏和创业增加收入：乡镇企业异军突起，开发扶贫深入发展，农民工在城镇打拼，个体户发展城乡工商业，种地农民将科技引入农业进行艰苦创业、勤劳致富。即使在生活保障方面，绝大多数农民自己缴一部分费用参加新型农村合作医疗和新农保等。社会参与集中体现在工业反哺农业、城市带动农村方面。如各行各业支持农村的扶贫、家电下乡补贴、村村通公路建设，支持和资助贫困农民参加新型农村合作医疗和新农保，救济救灾捐赠，等等，无论在农民发展保障还是生活保障方面都发挥了重要作用。

二 中国特色农民大社保模式的特征、效益和意义

中国特色农民社保模式的特征：首先，超前性。就是说和发达国家构建农民社保和实现城乡社保一体化时的情况相比具有超前性。除了前述的我国农村人口多，人口未富先老等情况外，我国构建农民社保体系时人均产值也很低。日本是建立农民社保体系时人均产值较低的国家，人均 GDP 为 3802 美元（1971 年数据）。我国现阶段人均 GDP 也就是 3800 美元左右，问题是40 年后的 3800 美元的含金量极低。我国农民社保体系的构建具有超前性。其次，激励性。这是中国特色农民大社保模式的核心所在，是一种积极的社会保障。通过发展保障，给农民一种发展经济、脱贫致富的能力，藏富于

民，如仅扶贫工作一项就使 2 亿多农村人口脱贫。现在农村享受五保和低保待遇的人口占 4% 左右，如果发展保障工作做得好，低保人口中还可能有一批脱贫。那样，我国农民生活保障的压力会大大减轻。再次，福利性。在我国，农民生活保障方面实质是社会福利，如对五保户、低保户的救助由政府全额出资。而对农村老年人、残疾人、妇女和儿童福利待遇本身就是福利性的。新型农村合作医疗中农民出资具有象征性，仅为政府出资的 1/10 左右，实质是社会福利，新农保中在政府设计的 5 个档次内缴费也具有福利性。对农村军人、烈属的优抚和计生奖扶资金全由政府出，也是社会福利。即使在发展保障方面，"三农"投入、公共设施建设、扶贫和富余劳动力的培训等均由政府投入，四免四补贴等也是具有普惠性的福利事业。最后，全面性。希望得到发展的农民能得到政府和社会的支持和资助；生活方面有困难的农民能得到政府和社会的资助和帮助；心理和精神上需要慰藉的农民能得到浓厚的人文关怀。可以说，农民社保是一种具有全方位保障的体系。

农民大社保取得了良好的经济社会效益。表现为：一是 27 年来又一次出现农民增收比例高于城镇居民的情况。2010 年农村居民人均纯收入 5919 元，增长 14.9%，扣除价格因素，实际增长 10.9%，既高于城镇居民人均可支配收入 7.8% 的实际增速，也高于 10.3% 的 GDP 增速。二是游离农村、农业的农村劳动力达 2 亿多人，他们创造了 43% 的国内生产总值，既为国家经济发展，也为他们家庭经济发展奠定了基础。三是经过扶贫，使农村绝对贫困人口从 2.5 亿人减少到 1499 万人，低收入人群减少到 2841 万人，贫困地区的农民收入稳步提高。重点扶贫县农民人均纯收入高于农村年均人均收入 0.3 个百分点，而且形成了稳定发展的机制。四是农民的生活保障体系基本建立。新型农村合作医疗的参合率达 95% 以上，新农保在全国 60% 的县开展，本届政府任内将实现制度全覆盖。农村的五保、低保做到应保尽保。农村老年人、残疾人、妇女和儿童的福利工作全面展开。农民计划生育奖励扶助政策、退役军人优抚也已开展。五是推动了农地流转和城镇化提速。据我们调查有 1/4 左右的农地实现了流转，推动了农业规模经营和农业现代化的进程。大批农村务工、经商人员进入城镇，使我国的城镇化率达到 45% 左右。六是促进了农村秩序、稳定、和谐。农民生活安居乐业，农村人口的精神病发病率和自杀率远低于城镇。七是有效地抵御了世界金融危机对农村的冲击，拉动了内需，推动了经济社会的发展。

农民大社保的社会意义。体现了党和国家领导人发展是硬道理，发展要坚持"三个代表"、坚持科学发展的思想，体现了党和政府对农民的关怀，让农民在较高层次上共享改革开放的成果。通过发展保障解决农民社会保障问题，是我国农民社保的制度创新和改变我国二元社保结构的战略举措。找到了农民利益与国家利益的结合点，确立了农民在社会保障体系构建中的主体地位，调动了农民的积极性。农民社保模式的构建具有科学性，坚持政府主导，政府全面运用行政的、经济的和法律的手段监管，政府的计划通过市场实施，增强了项目实施的活力，既改变了等、靠、要的恶习，又不背财政包袱。项目选择科学合理，如发展保障中的"三农"建设、公共服务设施建设、扶贫等抓住了农村发展的"牛鼻子"，注重"造血"功能的培育，起到了四两拨千斤的作用。生活保障中对弱势群体从五保、低保入手，对农民大众从医保、养老保险入手，这些都是农民生活中的急需项目，提高了农民的生活水平。坚持发展保障和生活保障的有机结合，对希望得到发展的农民给予发展的机会和条件，对农民中弱势群体给予生活保障，做到应保尽保，还注重对农民的人文关怀。这一社保模式适应中国国情、尊重农民意愿、推动经济社会发展，提高了农民的社保水平，是社保制度的创新，具有强大的生命力。

三　中国特色农民社保模式的再创新

提高对中国特色农民社保模式的认识。党的十四届三中全会以来，党和政府十分重视社会保障制度建设。党的十七大以来，加快了城乡居民社会保障体系的建设步伐，特别是农民社会保障制度的建设，创立了中国特色的农民大社保模式。只有坚持和完善农民社保模式，才能从根本上解决农民社保问题，改变中国城乡二元社会保障结构状况，实现城乡社保一体化。社会保障要以人为本，以人的发展为本，以人的发展推动经济社会持续发展。发展保障是农民社会保障模式的核心，激活有潜力的农民的发展能力，为农民生活保障提供物质基础，有利于解决效率问题。生活保障主要是保障农民中弱势群体的基本生活，有利于解决公平问题。坚持以发展保障为主，并将发展保障和生活保障有机地结合起来。发展中要坚持多予、少取、放活的原则。

完善中国特色农民社保模式。以科学发展观为指导，根据中国的社保国情，尊重农民的选择，总结各国的相关经验教训，使农民社保模式呈现开放状态。在中国特色农民社保构建中要处理好政府、农民和社会三者之间的关系。政府要在已有农民社保模式的基础上，创造宽松的发展环境，放手让基层和农民探索创新，充分发挥市场机制在农民社保体系构建中的作用，确定科学合理的农民发展保障和生活保障的投入比例，支持农民发展保障，支持农民寻找新的发展突破口。确立农民在社保体系构建中的主体地位，农民要以发展为己任，解放思想、大胆探索，掌握更多发展本领，创造性地开展工作，建立自我保障的基础，减轻社会的负担。社会各界要积极参与和支持农民社保体系构建，发挥各自的特长和优势，在资金、技术和人才方面给予支持。

继续做好已有的农民社保工作。在农民发展社保方面，继续实施对农民的四免四补贴，加大对"三农"的投入，公共设施建设和公共服务向农村倾斜，继续实行开发扶贫，增加农村教育投入，继续对农民工和农民实行免费培训，探索农业社会保险，促进农村农业农民可持续发展。在农民生活保障方面，实现新型农村合作医疗的人口全覆盖，尽快实现农民社会养老保险的制度和人口全覆盖，全面落实农民计生奖扶政策，对五保、低保实行应保尽保，对贫困农民实行社会救助，落实农村老年人、残疾人、妇女和儿童的福利待遇，提高农民的生活水平。

着力促进农民保障的发展。第一，根据国务院《中国农村扶贫开发纲要（2011~2020）》精神，提高扶贫的标准、加大扶贫的力度，实现扶贫标准同国际接轨，对贫困地区实行开发式扶贫的同时，对贫困家庭探索创业式扶贫。帮助贫困地区和贫困人口选择有发展潜力的项目，给予无息和贴息贷款、技术支持、销路开拓的帮助。以培养贫困地区和贫困人口发展能力为宗旨，对初步脱贫的地区和家庭扶上马、送一程。第二，引导农民自愿依法有偿地流转农地，用发展保障和生活保障替代土地保障，发挥农地的稀缺生产要素的作用。农地流转还有利于提高农民社保替代率，提高农民生活水平。对实行规模经营的农地实行农业保险、贷款优惠、科技扶持、农产品营销帮助。规范流转手续，培育农地流转市场。吸引那些土地处于荒芜和半荒芜的承包者和缺乏资金、技术和经营能力的承包者流转农地。实现农业规模经营，促进生产要素的流转，推动产业结构、劳动力结构和城乡结构的调整。第三，推进农业保险。农业保险坚持农业商业保险和社会保险相结合。农业商业保险一切农业经营单位均可自由参加。农业社会保险由政府主导，农业经营单位和政府共同出资缴费，划分每公顷农地缴费的档次，农业经营单位自愿选择缴费档次，政府出资额在出口时给予一定补贴。当风险发生时，根据农业经营单位所选的缴费档次给予一定的补偿。农业社会保险限定经营达到一定规模的单位才能加入，鼓励达到规模的农业互助合作社和农业规模经营单位自愿加入。政府委托农业商业公司办理业务。农业保险有利于农业规模经营和农业现代化。第四，拓展农民就业渠道。国内的一切就业领域尽量向农民开放。鼓励农民从事个体工商业，为城乡居民生活服务。利用中国劳动力成本低的优势拓展海外就业渠道。鼓励国内有一定技能的劳动力走出国门，给农村富余劳动力中水平较高的人腾出岗位。鼓励农民到俄罗斯、加拿大、澳大利亚等人少地多的国家承包土地进行经营。鼓励有一定技能的农民到海外务工、经商。第五，在实践中及时地发现和总结农民在发展保障中的新探索，并因地制宜地给予推广和支持，以促进农民社会保障的可持续发展。

第五节　中国城乡社保一体化的思考

一　中国实现城乡社保一体化的意义和条件

要充分认识构建城乡一体化的社会保障体系的重要性。胡锦涛同志指出："要完善社会保障体系，提高社会保障水平"[1] "保民生的重点难点在农民"[2]。党的十七大报告指出："加快建立覆盖城乡居民的社会保障体系，保障人民基本生活"[3]。可见，改变我国二元社保结构，特别是完善和提高对农民的社会保障水平已提到了我国社保体系构建的议事日程。世界各发达国家和部分发展中国家和地区已实现了社会保障城乡一体化，作为经济社会发展较快的社会主义国家，我们已经到了工业反哺农业、城市带动农村，改变二元社保结构的历史时期。改变我国二元社保结构是充分体现社会公平，让人民共享改革成果的需要；是构建社会安全网，促进我国社会秩序、稳定、和谐发展的需要；是促进生产要素城乡间、地区间流动和优化组合发展经济的需要；是综合解决"三农"问题，促进社会主义新农村建设的需要；是

---

①　《中央经济工作会议在北京召开 胡锦涛温家宝作重要讲话》，《新华月报》2010 年 1 月号下半月。

②　《中共中央政治局进行第十一次集体学习》，《新华月报》2009 年 2 月号下半月。

③　《十七大报告辅导读本》，人民出版社，2007，第 38 页。

解除人民后顾之忧，让人民有尊严地生活，从而拉动内需的需要；也是缩小贫富差距、化解社会风险、发挥对社会收入再分配作用的需要；是实现社保国民待遇和社保服务均等化的前提和保证。

我国已具备了实现城乡社保一体化的条件。经济上，我国人均 GDP 在 3600 美元左右，成为我国建立城乡一体化社保体系的经济支撑力量；农业产值占 GDP 10% 左右，产业结构和劳动力结构得到了优化；我国有 3 万多亿美元的外汇储备和 2 万多亿美元的国有资产①，外汇储备和国有资产都呈现增长的势头，这是我国完善社保体系的经济后盾；我国经济仍有持续增长空间，而且将是转变发展方式的增长，我国的市场潜力巨大，人口红利可以持续，科技进步有发展后劲，正如美国高盛公司预测的那样，我国很可能到 2039 年成为世界第一大经济体。政治社会方面，我国有代表人民根本利益的共产党的领导；有水平不断提高的强大的工人阶级队伍；有充分享受改革开放成果的内聚力不断增强的全国人民的支持；有秩序、稳定、和谐的社会环境。具体到社保方面，我们可以总结世界各国推进城乡社保一体化的经验教训，少走弯路，少付成本和代价；我们已经建立了初步一体化的城乡社保管理体系，作为推进城乡社保一体化的组织基础；我们已经初步实现了工业化和城市化，有利于发挥工业反哺农业、城市带动农村的发展战略；我们正在推进农民工社保建设，农民工社保体系建设的基本取向是城镇化，这是对农民社保的分流，将极大地减轻农民社保的压力，成为中国特色的推进城乡社保一体化的重要组成部分；我们还有 60 多年农村社保建设的基础：农村的五保、低保已经实现，农村的新型合作医疗制度已初步建成，农村的救济和福利事业不断发展，农民的养老保险在全面推进，农村的生育保障也已展开。推进城乡社保一体化已经成为全党、全国人民的共识。我们在城乡低保、城乡社会救助等方面已基本实现了城乡一体化，还有重庆等地方已全面探索城乡社保一体化。推进我国城乡社保一体化，真可谓，万事俱备，只欠东风。

二　推进我国社保城乡一体化的指导思想和原则

实现我国城乡社保一体化的指导思想：坚持以人为本，体现国民待遇和

---

① 中国中央及地方政府拥有企业股份账面价值达到 14.5 万亿元，而其市值远远高出这一数字。汤姆·霍兰：《中国改革养老金制度其实"不差钱"》，《参考消息》2009 年 11 月 5 日。

均等化思想，实现公平正义，让城乡居民共享改革开放成果，体现社会主义制度的优越性。同时要考虑我国人口多、底子薄，农村人口更多、经济社会发展的底子更薄的基本国情。探索有中国特色的城乡二元社会保障结构一体化的现实道路；认真总结发达国家和发展中国家的相关经验教训，在推进城乡社保一体化过程中，政府不能因此而背财政包袱、产生福利病，又要保障无劳动能力和丧失劳动能力人口的基本生活。以市场激励致富，用社会力量保障无劳动能力和丧失劳动能力人口的基本生活，实现公平与效率均衡。处理好公平与发展的关系，发展是硬道理，城乡二元社保结构是历史地形成的，要用发展的方式，在发展过程中加以解决，城乡社保一体化要以发展为前提，而且是可持续发展，只有这样才能从根本上解决城乡二元社保结构的问题。要为发展留有余地，要循序渐进，而不是分光吃尽；要从深层次综合性地考虑城乡社保一体化问题，不仅要输血，而且要给予落后一元造血的能力，要加强落后一元的基础教育、公共财政投入、科技进步，要鼓励和激励广大农民提高自身素质、增强发展能力，自觉主动摆脱二元社保困境；城乡社保一体化是指城乡社保要统筹和协调，而不是绝对平均。要实现城乡社保管理的监督制度的统一，以减少监督管理的成本。政府承担的责任兼顾各方利益，不存在有无问题，而只是多少问题，且差距不能太大。城乡居民所需的保障项目要齐全，如农业风险较大，德国就有农业事故保险法，我们也应实现农业保险，又如我国农民都承包着集体耕地，很少失业，农民短期内没必要设立失业保险，即项目的设置要考虑到产业特点和群体特征；社会保障应先解决有无的问题，再解决城乡差距的幅度问题，先解决管理监督体制的统一和制度统一的问题，再解决社保待遇相同的问题。

实现我国城乡社保一体化的原则。从我国的基本国情出发，社会保障与经济发展的水平相适应，社会保障以国力可持续支撑为前提，坚持社会保障量力而行的原则；坚持社保工作政府主导的原则，即政府要主张和组织，政府要负一定出资责任，政府要采取一系列城乡社保一体化的措施；坚持做到社会保障要保基本、广覆盖、多层次、可持续的原则；坚持责任与权利对应的原则，既要尽社保的义务，又要享受社保的待遇；公平与效率兼顾、城市与农村统筹。不能片面强调公平而牺牲效率，竭泽而渔，也不能为了效率而忽视公平，贫富悬殊太大。不能只顾城市而忽略农村，也不能为了农村而拉平城市，社保水平要与创造财富的能力相关联。坚持政府、企业（集体）

和个人三方分担的筹资原则，对不同项目类型的社保项目确立不同的三方各自的责任比例关系。根据不同的群体特征和所联系的产业特点设置社保项目，确定社保资金筹措和发放的方式，如农民比较现实，对其社保资金可用现收现付方式进行，并逐步向半积累半现收现付方式发展；再加上农业的风险比较大，农村社保应建立产业风险保险；又如城里工人安全风险大，应首先建立工伤保险。坚持业域保障与地域保障相结合，在实现城乡社保一体化过程中，要分别不同的业域和地域，因业制宜，因地制宜，不能一刀切。坚持土地换保障的原则。在土地换保障过程中要做到自愿、有偿和依法进行。但对已经享受城市社保的人，要求其放弃在农村承包的责任田。因为目前农村承包地在一定程度上承担着社保的责任。除残疾人外，享受社会保障各群体所享受的社会保障中政府的出资数不应超过该群体所创造的财富的底线。即该群体可以不为政府和社会作贡献，但要保障本群体的生存。如 2009 年全国占总人口 40% 的农民仅创造了 10% 的 GDP[①]，形成的财政收入会更少。全国农村 60 周岁以上老年居民超过 1 亿人，按现在每人每月 55 元钱的基础养老金进行全国覆盖，需要近 700 亿元，占国家年财政收入的 1%。[②] 连同四免四补、农村新型农村合作医疗和支农建设，农村很少为国家建设作贡献了。

城乡一体化社保管理体制。第一，社会保障体系的构建是市场经济的产物，是保护在市场中的人、不能进入市场的人和退出市场的人的生存条件的。因此，社保管理体制必须适应市场机制的要求。机构的编制和运作要适应市场，人员的选配和管理方式要适应市场，资金的征集和运作要适应市场的要求，保障金的管理和支付要适应市场的要求。我国目前社保管理体制适应市场要求的能力较差，要勇于面对市场。第二，社会保障行政管理体制我们是多部门管理，主要由人社部、民政部、卫生部和计生委等管理，会出现三个和尚无水吃的情况，容易产生漏洞和重叠，也容易产生推诿和扯皮。我们认为在社会保障行政管理方面：将人社部升格为民生委，除继续做好人社部现有工作外，将国务院扶贫办划归人社部，因扶贫是中国特色提高社会保障能力的重要组成部分。将卫生部的新型农村合作医疗业务划归人社部，即

①　倪建伟等：《应全面调整国民收入分配格局》，《文摘报》2010 年 3 月 6 日。
②　贾春娟等：《谁为农村养老埋单》，《国际先驱导报》2010 年 8 月 6 日。

将常规性的社保事务划归社会保障的主管部门；给予人社委以协调民政部、卫生部、计生委、教育部、城乡建设部、财政部、税务局的职权，统一协调有关民生事务相关部委的工作；向国务院提出有关民生的预算，向全国人大报告有关民生事务，提出有关民生的立法和修法的建议。民生委从中央到地方县级设立，在城市的街道办事处和农村的乡镇设立民生办公室，配置民生助理员，负责经办所有有关民生的事务。第三，社会保障的经办模式。应坚持政府经办和政府指导、监督下的社会经办相结合。对于一些缴费容易、比较稳定，且在一定意义上无关全局的社保项目交给社会经办，即政府指导和监督下社会自治机构办理。如失业保险和医疗保险可委托一定社会自治机构办理。政府社保部门经办事关国计民生的社保事业，如农民养老保险，人数多、缴费难、社会影响大，应由政府经办。第四，社会保险费的征收。我国社会保险费的征缴最初由社会保险经办部门负责，现在是税务部门和社会保险经办部门双轨制。在城乡社保一体化过程中对一些已经举办多年，经费收缴比较顺利，并拟交社会自治机构经办的项目的保险费可由社会自治机构征缴。对涉及农民的社保项目的费用征缴应由税务部门经办，这样农民心里比较踏实，也容易实施。

城乡社保一体化的制度建设。社会保障制度建设首先应该是法律体系的构建。因为社会保障关系确立政府、社会和公民在社保关系中权利义务关系；要涉及国民的人身关系和财产关系双重关系；社保关系确立后的运行要法律维护。城乡社保一体化的实现要由法律推动和维护。现在我们已经做到了"同票同权、同命同价、同工同酬"。① 我们现在需要实行的是公民同等的社会保障权利。这种同等的社会保障权利要用法律的形式加以肯定。这样，一方面要修改与城乡社保一体化相抵触的法律，另一方面在今后的立法中要贯穿城乡社保一体化的理念。用法律的形式肯定城乡社保一体化不是不允许存在差别，西方所谓法治国家在城乡社保一体化中城乡社保也存在差别。当然这种差别不是本质差别，即不是有无的问题，就是说各社会群体急需的社会保障都要有，而是多少的差别，也就是说由于国力的原因不能一刀切，分开轻重缓急，"家有三件事，先从急处来"，如农民工可以参加城镇的工伤保险、失业保险、医疗保险和养老保险等，这是由农民工的群体特征

① 袁鲁：《2010 理论热点 18 讲》，红旗出版社，2010，第 167 页。

和社会需要所决定的。在立法方面，国务院、各省市区、国务院各部委制定了一系列推动城乡社保一体化的法规，如 2009 年 9 月制定并试行的《国务院关于开展新型农村社会养老保险试点的指导意见》、2006 年 5 月《国务院关于解决农民工问题的若干意见》等，都是对二元社保结构落后一元社保指导性法规。特别值得一提的是人大常委会公布的《中华人民共和国社会保险法》中，将进城务工的农村居民纳入参加中华人民共和国保险法之中，就是要将 2 亿多农民工纳入城镇社会保险的范围，这是一个具有里程碑意义的进步，将极大地推动我国城乡社保一体化的进程。在我国近期实现城乡社保一体化是不现实的，但我们可以留下活口，也就是说在城乡社保一体化道路上留下缓坡，而不是鸿沟和坎，使相对落后的一元逐步地向上爬，让农民看到希望。

我国城乡社保一体化资金的筹措。目前，我国城乡社保一体化的资金缺口主要在于农民的政府社保财政支出。新型农村合作医疗的报销比例还很低，需要追加；农村计划生育奖励经费缺口很大；农民社会养老保险还需要全面开展。这些都是急需解决的农村社会保障问题。农村目前还有一批社保项目没有开展，如果这些项目全面开展，资金的需要量很大；如果农民社保项目政府出资同目前城镇居民相同，资金的缺口会更大。据前述我国近期有能力承担这样的社保责任。在现有政府财力的基础上，我们可以通过开征所得税、继承税和实行累进税制的收入作为社保资金。还可以把农村集体土地由承包制转为承租制，所得租金的大部分用以支付集体所应承担的农民社保经费，即全面实现土地换社保。这样在城里就业企业为其支付部分社保费用，在农村就业集体为其支付部分社保费用，实现城乡一体化。农民个人绝大部分家庭有支付社保经费的能力，但农民既现实又保守，怕交了社保的钱"打了水漂"，可以考虑对近 3 年要享受社会养老保险的农民实行现收现付制；对近 10 年要享受社会养老保险的人实行半积累制的社保缴费制；对 10 年以后才享受社会养老保险的人实行完全累积制。这样应该说实行城乡社保一体化后农民方面的资金收缴有一定的基础。

推动土地流转，实现农业适度规模经营，流转土地的农民可以用土地流转费交纳社会保障的费用。发达国家中农业劳动都已下降到 5% 左右，我国由于特殊的国情决定农业人口还很多，目前约占全国劳动力总数的 55%。近期我们实行承包地自愿依法有偿流转，不久我们应该将农地由承包制改为承租制。并制定有关《中华人民共和国土地承租法》，集体将所拥有的土地承租给承租人，承租人应该是有农业生产经验、能力和进行投资的人，既可是原有的农民，也可以是城里人。通过竞标的方式公开进行。集体将拍租的费用的大部分用于农业人口的社会保险。集体承担城里企业所应承担的社保义务。这样耕地作为我国稀缺生产要素的作用可充分发挥，并尽快实现集约化经营和社会化生产，农业实现现代化。城乡劳动力自由流动，城乡社保实现一体化。拍租耕地的部分费用用于集体土地管理和监督。拍租的耕地只能用于农业用途。农民也不需要像一些发达国家那样离农津贴和农地经营权转让津贴了。农民工在城里就业就享受城镇社保权利，尽城镇社保的义务；回到农村就业就享受农民社保待遇，尽农民社保的责任。集体所有的耕地从拍租中拿出一部分进行农业保险。

做好农民工社保工作，让农民尽可能参加城镇职工和居民社会保障，以减轻农村社会保障的压力。逐步将农村人口社保工作向城镇分流，以利于城乡社保一体化的实现。2008 年《中共中央国务院关于切实加强农业基础建设进一步促进农业发展农民增收的若干意见》指出："健全农民工社会保障制度，加快制定低费率、广覆盖、可转移、与现行制度相衔接的农民工养老保险办法，扩大工伤、医疗保险覆盖范围"①。2010 年《中共中央国务院关于加大统筹城乡发展力度进一步夯实农业农村发展基础的若干意见》指出：健全农民工社会保障制度，深入开展工伤保险全覆盖行动，加强职业病防治和农民工健康服务，将与企业建立稳定劳动关系的农民工纳入城镇职工基本医疗保险，抓紧落实包括农民工在内的城镇企业职工基本养老保险关系转移接续办法。鼓励有条件的城市将有稳定职业并在城市居住一定年限的农民工逐步纳入城镇住房保障体系。② 在谈到农民工养老保险时温家宝指出："农民工缴纳养老保险费满 15 年的，与城市职工享受同等待遇"③。农民工参加社保的水平迅速提高。从 2010 年 1 月 1 日起施行的《城镇企业职工基本养老保险关系转移接续暂行办法》规定，包括农民工在内的参加城镇职工基本养老所有人员基本养老保险关系可在跨省就业时随同转移。2009 年 9 月

---

① 《新华月报》2008 年 3 月号。

② 《新华月报》2010 年 2 月号记录。

③ 《温家宝总理就当前经济形势和 2010 年经济工作接受专访》，《新华月报》2010 年 1 月号下半月。

底，农民工参加企业职工养老保险的有 2464 万人，参加失业保险的有 1563
万人。[1] 2009 年年底参加工伤保险的农民工有 5580 万人，参加城镇医疗保
险的农民工有 4335 万人[2]，农民工参加新型合作医疗的比例为 62%[3]。目前
农民工社保以参加农村社保为底线，以参加城镇职工和居民社保为希望。农
民工享受了城镇居民基本社保或城镇职工基本社保待遇的应交回在农村集体
承包的耕地和山林地。因为那样他们事实上已经成了市民。交回承包地的农
民工原在农村参加的新型合作医疗、养老保险和生育奖励，相应的转移接续
到城镇，不足部分需要补足。

　　城乡社保一体化的进程。城乡社保一体化要坚持业域和地域穿插推进的
方式。在农村，首先要对承包地定位。2023 年之前，开始试行农地由承包
制转变为承租制，农民工同农地脱钩。将农地经营权货币化，土地作为农民
社保的依托由"暗补到明补"。集体将出租土地租金的大部分用于农业人口
的社保出资，即顶替城镇职工由企业负担的社保资金。现阶段到 2023 年之
间，农地继续作为农民社保的补充，承包地可以自愿、依法、有偿流转，并
将农民工社保逐步从农村分流，使其逐步依法享有城镇社保待遇。在此期
间，从地域角度来说，放手富裕地区进行城乡社保一体化探索，如 2008 年
北京市下发了《北京市城乡居民养老保险办法》，将凡是未纳入行政事业单
位编制管理或不符合参加该市基本养老保险条件的城乡居民，不分户籍性
质，全部纳入全市统一的养老保险体系和老年保障制度，在全国首次将城乡
养老保障统一起来。政府加大对贫困地区农民基本社会保障的投入。此期间
主要解决农村社保从无到有的问题。2023 ～ 2049 年，即我国可能成为全球
第一大经济体时，主要解决农村社会保障从少到多的问题，使城乡居民的基
本社会保障水平基本持平，实现我国城乡社保一体化。

①　陶映荃：《2009：民生一本账 算来心里畅》，《文摘报》2010 年 1 月 5 日。

②　《中华人民共和国 2009 年国民经济和社会发展统计公报》，《新华月报》2010 年 3 月号下半
　　月。

③　《我国城乡居民社会保障状况调查》，《光明时报》2009 年 3 月 26 日。

参考文献

〔美〕埃弗里特·M.罗杰斯等著《乡村社会变迁》，王晓毅等泽，浙江人民出版社。

〔美〕卡梅罗·梅萨·拉戈：《拉美国家社会保障（养老及健康保险）、劳动力市场及覆盖面研究》，《社会保障制度》2009年第9期。

〔美〕约翰B.威廉姆森等著《养老保险比较分析》，马胜杰等译，法律出版社，2002。

《2009中国人力资源和社会保障年鉴》，中国劳动社会保障出版社，2009。

《2009中国卫生统计年鉴》，中国协和医科大学出版社，2009。

《2009中国卫生统计年鉴》，中国协和医科大学出版社，2009。

《2010年中国民政统计年鉴》，中国统计出版社，2010。

《2010年中国统计年鉴》，中国统计出版社，2010。

《列宁全集》第13卷，人民出版社，1987。

《列宁全集》第15卷，人民出版社，1987。

《毛泽东选集》（第五卷），人民出版社，1977。

《农村最低生活保障工作读本》，中国社会出版社，2009。

《农村最低生活保障工作读本》，中国社会出版社，2009。

《新中国劳动和社会保障事业》，中国劳动社会保障出版社，2007。

《政府工作报告学习问答》，中国言实出版社，2010。

《中华人民共和国妇女权益保障法》，法律出版社，2005。

《中华人民共和国未成年人保护法》，中国法制出版社，2007。

阿里木江·阿不来提、李全胜：《新疆新型农村社会养老保险替代率的实证研究》，《西北人口》2010年第5期。

阿里木江·阿不来提等：《新疆农村社会养老保险精算模型及实证研究》，《西北人口》2010年第1期。

包宗顺等：《农村土地流转的区域差异与影响因素》，《中国农村经济》2009年第4期。

鲍海君、吴次芳：《论失地农民社会保障体系建设》，《管理世界》2002年第10期。

鲍海君、吴次芳：《试谈现行征地安置的缺陷及未来改革设想》，《河南国土资源》2003年第6期。

曹普：《1949~1989：中国农村合作医疗制度的演变与评析》，《社会保障制度》2007年第10期。

柴强：《各国土地流转制度与政策》，北京经济学院出版社，1993。

常金海、刘建军：《当前农地流转中存在的主要问题及成因分析——以潍坊市为例》，《理论学刊》2005年第1期。

常兴华：《我国农业保险需要国家政策扶持》，《中央财经大学学报》2007年第5期。

陈弛：《图说〈中华人民共和国老年人权益保障法〉》，天地出版社，2009。

陈和午、聂斌：《农户土地租赁行为分析——基于福建省和黑龙江省的农户调查》，《中国农村经济》2006年第2期。

陈佳贵：《中国社会保障发展报告（1997~2001）》，社会科学文献出版社，2001。

陈娟：《农村社会养老保险替代率的初步探讨》，《当代经济》2009年第2期。

陈立双、官丽、李谢昕：《我国农地使用权流转探析》，《国土资源》2003年第10期。

陈璐：《政府扶持农业保险发展的经济学分析》，《江西财经大学学报》2004年第3期。

陈卫平等：《农户承包地流转问题探讨》，《经济问题探索》2006年第1期。

陈信勇、蓝邓骏：《失地农民社会保障的制度建构》，《中国软科学》2004 年第 3 期。

成辉：《新型农村合作医疗制度创新与实践意义》，《甘肃社会科学》2009 年第 4 期。

崔传义：《农民工社会保障制度的选择》，《新经济导刊》2006 年第 9 期。

戴卫东：《我国社会保障制度改革与消费结构的优化》，《软科学》2006 年第 2 期。

党国英：《当前中国农村土地制度改革的现状与问题》，《华中师范大学学报（人文社会科学版）》2005 年第 7 期。

党国英：《以市场化为目标改造农村社会经济制度》，《中国农村观察》2002 年第 3 期。

德里克·博斯沃思等：《劳动力市场经济学》，中国经济出版社，2003。

邓大才：《试论农村地产市场发育的障碍及对策》，《中国软科学》1997 年第 11 期。

邓大松、刘昌平：《新农村社会保障体系研究》，人民出版社，2007。

邓大松、薛惠元：《新型农村社会养老保险替代率精算模型及其实证分析》，《经济管理》2010 年第 5 期。

邓大松、薛惠元：《新型农村社会养老保险制度推行中的难点分析——兼析个人、集体和政府的筹资能力》，《经济体制改革》2010 年第 1 期。

邓大松等：《新农村社会保障体系研究》，人民出版社，2007。

董国礼、李里、任纪萍：《产权代理分析下的土地流转模式及经济绩效》，《社会学研究》2009 年第 1 期。

董理等：《借鉴国外经验完善新型农村社会养老保险体系》，《现代经济探讨》2009 年第 11 期。

杜静静：《农民工社会保障体制构建的路径选择》，《南华大学学报（社科版）》2007 年第 3 期。

多吉才让：《中国最低生活保障制度研究与实践》，人民出版社，2001。

樊桦：《土地医疗保障功能及其对农户参加合作医疗意愿的影响》，《中国人口科学》2002 年第 1 期。

樊小钢：《促进流动人口市民化的社会保障制度创新》，《商业经济与管理》2004 年第 4 期。

范小建：《中国农村的扶贫事业》，《中共中央学校报告选》2009 年第 9 期。

方菲等：《农村最低生活保障制度运行中的示范效应研究》，《中州学刊》2010 年第 3 期。

方伶俐：《中国农业保险需求与补贴问题研究》，华中农业大学图书馆，2008。

封铁英、戴超：《以需求为导向的新型农村养老保险参保意愿与模式选择研究》，《人口与发展》2010 年第 6 期。

冯登艳、林宝清：《我国农业保险短缺的经济分析》，《福建论坛（社会科学版）》2003 年第 6 期。

冯登艳、张安忠、马卫平：《新农村建设中的农业保险问题》，知识产权出版社，2009。

冯健：《失地农民社会保障初探》，《财政研究》2004 年第 6 期。

冯文丽：《改革开放以来我国农业保险发展历程与展望》，《中国金融》2008 年第 13 期。

冯文丽、林宝清：《我国农业保险短缺的经济分析》，《福建论坛》2003 年第 6 期。

冯小英：《城市人口规模调控政策的回顾与反思——以北京市为例》，《人口研究》2006 年第 5 期。

傅京燕：《我国非正规就业的发展现状与政策措施研究》，《人口与经济》2005 年第 2 期。

甘庭宇：《土地使用权流转中的农民利益保障》，《农村经济》2006 年第 5 期。

高伟：《日本农业保险发展的成功经验与启示》，《WTO 经济导刊》2007 年 3 期。

葛延风：《中国医改问题·根源·出路》，中国发展出版社，2007。

葛永明：《在农村工业化、城市化进程中必须高度重视和关心"失土农民"》，《调研世界》2003 年第 3 期。

谷政、褚保金、应瑞瑶：《农业保险合作制模式的博弈分析》，《农村经济》2007 年第 6 期。

顾昕：《全球性医疗体制改革的大势趋》，《社会保障制度》2006 年第 3 期。

顾昕等：《诊断与处方：直面中国医疗体制改革》，社会科学文献出版社，2006。

官兵：《农业保险是公共产品吗？——既有理论的反思与修正》，《财经科学》2008 年第 4 期。

郭嘉、吕世辰：《土地流转影响因素实证研究》，《经济问题》2010 年第 5 期。

郭正模：《以土地资本化为核心构建农村社会养老保障制度》，《中共山西省级机关党校学报》2008 年第 2 期。

韩江河：《关于农村土地流转的"成都模式"和"温州模式"比较与启示》，《广西大学学报（哲学社会科学版）》2008 年第 6 期。

韩俊：《当前农业和农村经济形势与政策走向》，《发展》2004 年第 4 期。

韩俊：《失地农民的就业和社会保障》，《决策管理》2005 年第 13 期。

韩俊：《推进新农村建设的政策走向》，《税务研究》2007 年第 8 期。

韩克庆：《土地能承载农民的社会保障吗?》，《学海》2004 年第 5 期。

郝书辰：《新时期农村社会保障研究》，经济科学出版社，2008。

何国俊、徐冲：《城郊农户土地流转意愿分析——基于北京郊区 6 村的实证研究》，《经济科学》2007 年第 5 期。

何增科编《社会管理与社会体制》，中国社会出版社，2008。

贺振华：《农户外出、土地流转与土地配置效率》，《复旦学报（社会科学版）》2006 年第 4 期。

胡宏伟、蔡霞、石静：《农村社会养老保险有效需求研究——基于农民参保意愿和缴费承受能力的综合考察》，《经济经纬》2009 年第 10 期。

胡树芳：《国外农业现代化问题》，中国人民大学出版社，1983。

胡树芳：《国外农业现代化问题》，中国人民大学出版社，1983。

黄祖辉、王朋：《农村土地流转：现状、问题及对策》，《浙江大学学报（人文社会科学版）》2008 年第 2 期。

江生忠：《保险企业组织形式研究》，中国财政经济出版社，2008。

江泽民：《论有中国特色的社会主义（专题摘编）》，中央文献出版社，2002。

姜长云：《农村土地与农民的社会保障》，《经济社会体制比较》2002年第1期。

姜春雷：《新型农村社会养老保险制度存在的问题及对策思考》，《劳动保障世界》2010年第12期。

姜玉凯、夏春萍、袁孝言、戚慧敏：《新型农村合作医疗制度运行影响因素的Logistic分析》，《华中农业大学学报（社会科学版）》2009年第6期。

金永丽：《印度农业保险发展状况简析》，《南亚研究季刊》2007年第2期。

晋洪涛：《稳定性地权的养老保险替代效应：理论分析与实证检验》，《社会保障制度》2010年第3期。

孔祥利、王君萍、李志建：《农民失地的路径、成因与对策》，《云南民族大学学报（哲学社会科学版）》2004年第6期。

孔祥智、涂圣伟：《我国现阶段农民养老意愿探讨》，《中国人民大学学报》2007年第3期。

蓝春娣：《关于农民工社会保障问题的思考》，《社会科学研究》2004年第5期。

乐章：《现行制度安排下农民的社会养老保险参与意向》，《中国人口科学》2004年第5期。

冷崇总：《试论农村土地使用权流转》，《上海农村经济》1999年第4期。

黎已铭：《农业保险性质与农业风险的可保性分析》，《保险研究》2005年第11期。

李本公等：《救灾救济》，中国社会出版社，1996。

李果仁：《欧美日等发达国家财政支农的成功经验及启示》，《财政金融文摘》2010年第1期。

李慧娟、米迎海：《南疆少数民族新型农村养老保险试点评析——以喀什地区麦盖提县为例》，《西北人口》2011年第1期。

李剑阁、韩俊：《解决我国新阶段"三农"问题的政策思路》，《改革》2004年第4期。

李军：《农业保险的性质、立法原则及发展思路》，《中国农业经济》

1996 年第 1 期。

李录堂：《试谈农地使用权保险与农地流转集中问题》，《江西农业经济》1994 年第 6 期。

李珊等：《倒置的福利三角：从福利的范式转轨窥视中国社会救济的发展》，《长春工程学院学报》2009 年第 4 期。

李时华等：《农村养老保障国外经验比较及借鉴》，《消费经济》2009 年第 8 期。

李守经：《农村社会学》，高等教育出版社，2000。

李树新：《论我国农业保险的经营模式》，《保险研究》2006 年第 2 期。

李伟：《新型农村社会养老保险的制度缺陷与对策探讨》《社会保障研究》2010 年第 4 期。

李晓云等：《山东淄博新型农村养老保险现实分析》，《财经问题研究》2010 年第 7 期。

李晓云等：《山东淄博新型农村养老保险现状实证分析》，《财经问题研究》2010 年第 7 期。

李迎生：《社会保障与社会结构转型》，中国人民大学出版社，2001。

李迎生：《社会保障与社会结构转型》，中国人民大学出版社，2001。

栗志强：《农村低保制度实施中地位问题研究》，《社会工作》2010 年第 8 期（下）。

梁鸿：《中国农村现阶段社会保障的经济学分析》，百家出版社，2000。

梁坚、黄世贤：《中国共产党农业经济思想的形成和发展》，《江西财经大学学报》2001 年第 4 期。

梁世盛：《从全面建设小康社会的高度认识和解决农民失地问题》，《中国乡镇企业》2004 年第 5 期。

林闽钢：《中国农村贫困标准的调适研究》，《中国农村研究》1994 年第 2 期。

林毅夫：《禀赋、技术和要素市场：中国农村改革中关于诱致性制度创新假说的一个自然试验》，《美国农业经济学杂志》1995 年第 77 卷第 2 期。

林毅夫：《农村现代化与城市发展》，《领导决策信息》2001 年第 9 期。

刘昌平、谢婷：《农村社会养老保险制度评估与反思》，《经济体制改革》2009 年第 4 期。

刘昌平、殷宝明、谢婷等：《中国新型农村社会养老保险制度研究》，中国社会科学出版社，2008。

刘昌平等：《新型农村社会养老保险财政补贴机制的可行性研究》，《江西财经大学学报》2010 年第 3 期。

刘昌平等：《新型农村社会养老保险财政补贴机制的可行性研究》，《江西财经大学学报》2010 年第 3 期。

刘昌平等：《中国新型农村社会养老保险制度研究》，中国社会科学出版社，2008。

刘焕菊：《发展农业保险的对策研究》，《农业经济》2000 年第 3 期。

刘基玲：《中国农村养老保障制度变迁、路径依赖与趋势》，《科学、经济、社会》2009 年第 4 期。

刘京生：《中国农村保险制度论纲》，中国社会科学出版社，2000。

刘书鹤：《农村社会保障的主要问题和对策》，《人口与经济》2002 年第 6 期。

刘晓梅：《农村低保家庭收入核查机制研究》，《农村经济问题》2010 年第 9 期。

刘晓宇、张林秀：《农村土地产权稳定性与劳动力转移关系分析》，《中国农村经济》2008 年第 2 期。

刘雅静等：《我国农村合作医疗制度 60 年的变革及启示》，《社会保障制度》2010 年第 9 期。

卢海元：《创新农村社会养老保险制度：以产品换保障》，《求是》2003 年第 4 期。

卢海元：《中国农村社会养老保险制度建立条件分析》，《经济学家》2003 年第 5 期。

马斌：《农村社会养老保障的现状问题及对策》，《中国农村经济》2001 年第 8 期。

马驰、张荣：《城市化进程与农民失地》，《农村金融研究》2004 年第 1 期。

马驰、张荣：《城市化进程与失地农民》，《农村金融研究》2004 年第 1 期。

马克思：《资本论（第三卷）》，人民出版社，1975。

马克思、恩格斯：《马克思恩格斯选集（第三卷）》，人民出版社，1972。

马小勇：《中国农村社会保障制度改革：一种"土地换保障"的方案》，《宁夏社会科学》2004 年第 3 期。

孟勤国：《中国农村土地流转问题研究》，法律出版社，2009。

米红：《农村社会养老保障理论、方法与制度设计》，浙江大学出版社，2007。

米红等：《农村社会养老保障制度基础理论框架研究》，光明日报出版社，2008。

米红等：《农村社会养老保障制度基础理论框架研究》，光明日报出版社，2008。

民政部社会救济司等编《农村最低生活保障工作读本》，中国社会出版社，2009。

明拥军等：《新疆农地流转不畅的原因分析》，《农业经济问题》2006 年第 3 期。

谬洪禾：《中国农村土地制度六十年》，中国财政经济出版社，2008。

牛银端等：《论我国社会救济的科学发展模式》，《昆明理工大学学报（社会科学版）》2009 年第 4 期。

农业部经济政策研究中心农村合作组织课题组：《中国农村地域性合作组织的实证描述》，《中国农村经济》1989 年第 1 期。

彭希哲、宋韬：《农村社会养老保险研究综述四》，《人口学刊》2002 年第 5 期。

皮立波、李军：《我国农村经济发展新阶段的保险需求与商业性供给分析》，《中国农村经济》2003 年第 5 期。

戚永晔：《发达国家的保护耕地政策》，《观察与思考》2008 年第 6 期。

齐良书：《发展经济学》，高等教育出版社，2007。

钱文荣：《农地市场化流转中的政府功能探析——基于浙江省海宁、奉化两市农户行为的实证研究》，《浙江大学学报（人文社会科学版）》2003 年第 5 期。

钱忠好：《非农就业是否必然导致农地流转》，《新华文摘》2009 年第 2 期。

钱忠好：《农村土地承包经营权产权残缺与市场流转困境：理论与政策

分析》，《管理世界》2002 年第 6 期。

钱忠好：《农地承包经营权市场流转：理论与实证分析——基于农户层面的经济分析》，《经济研究》2003 年第 2 期。

钱忠好：《中国农村土地制度变迁和创新研究（续）》，社会科学文献出版社，2005。

曲天娥：《农民失地的原因分析及对策》，《中国国土资源经济》2004 年第 3 期。

全国人大常委会法制工作委员会行政法室：《〈中华人民共和国残疾人权益保障法〉解读》，中国法制出版社，2008。

人力资源和社会保障部：《中国人力资源和社会保障部年鉴（工作卷）》，中国劳动社会出版社、中国人事出版社，2010。

人力资源和社会保障部：《中国人力资源和社会保障部年鉴（文献卷）》，中国劳动社会出版社、中国人事出版社，2010。

石宏伟：《中国城乡二元化社会保障制度的改革和创新》，中国社会科学出版社，2008。

石宏伟：《中国城乡二元化社会保障制度的改革和创新》，中国社会科学出版社，2008。

石宏伟：《中国城乡二元社会保障制度的改革和创新》，中国社会科学出版社，2008。

石宏伟、朱飞英、金丽霞：《我国农村合作医疗制度现状分析与对策》，《经济纵横》2009 年第 10 期。

史柏年：《社会保障概论》，高等教育出版社，2004。

宋斌文、荆玮：《城市化进程中失地农民社会保障问题研究》，《理论探讨》2004 年第 3 期。

宋洪运：《中国农村改革三十年》，中国农业出版社，2008。

宋士云：《中国农村社会保障制度结构与变迁》，人民出版社，2006。

宋士云：《中国农村社会保障制度结构与变迁》，人民出版社，2006。

孙祁祥：《保险学》，北京大学出版社，2009。

孙亚范：《新型农民专业合作经济组织发展研究》，社会科学文献出版社，2006。

孙佑海：《土地流转制度研究》，中国大地出版社，2001。

孙佑海：《土地流转制度研究》，中国大地出版社，2001。

陶然：《城市化、农地制度与迁移，人口社会保障》，《经济研究》2005年第12期。

田宝玉：《农村土地流转中政府的角色定位与农民利益的保护》，《农业经济》2004年第9期。

童星、林闽钢编《中国农村社会保障》，人民出版社，2011。

庹国柱：《农业保险制度建设的有益尝试》，《中国金融》2007年第15期。

庹国柱、李军：《农业保险》，中国人民大学出版社，2005。

庹国柱、李军、王国军：《外国农业保险立法的比较和借鉴》，《中国农村经济》2001年第1期。

庹国柱、李军、王国军：《外国农业保险立法的比较和借鉴》，《中国农村经济》2001年第1期。

庹国柱、王国军：《中国农业保险与农村社会保障制度研究》，首都经贸大学出版社，2002。

庹国柱等：《制度建设与政府责任》，首都经济贸易大学出版社，2009。

万敏：《五保供养向农村低保过渡的可行性分析》，《农业科研经济管理》2010年第4期。

王斌：《对失地农民社会保障问题的认识及思考》，《国土资源》2004年第8期。

王德文等：《新型农村养老保障制度改革》，《社会保障研究》2010年第1期。

王东进：《关于基本医疗保障制度建设的城乡统筹》，《社会保障制度》2010年第6期。

王国军：《现行农村社会养老保险制度的缺陷与改革思路》，《上海社会科学院学术季刊》2000年第1期。

王景新：《中国农村土地制度的世纪变革》，中国经济出版社，2001。

王克强：《农村土地基本生活保障向社会保险过渡存在的困难》，《社会科学战线》2005年第2期。

王克强：《土地经济学》，上海财经大学出版社，2005。

王克强：《中国农村集体土地资产化运作与社会保障机制建设研究》，上海财经大学出版社，2005。

王克强等:《土地经济学》,上海财经大学出版社,2005。

王翔:《镇江市建立城乡一体化新型农村合作医疗保险制度的研究》,《中国卫生经济》2005 年第 11 期。

韦林珍、钟海:《基于人地关系视角下的"三农"问题管窥》,《中州学刊》2007 年第 2 期。

卫松:《新型农村社会养老保险问题研究述评》,《改革与战略》2010 年第 6 期。

魏建、宋微:《影响我国农民参加农村社会养老保险的因素及对策研究》,《理论学刊》2007 年第 4 期。

温涛:《我国农业保险制度变迁与制度创新框架》,《改革》2007 年第 8 期。

吴仪:《扎扎实实做好农村合作医疗试点工作》,《社会保障制度》2004 年第 5 期。

吴雨才、叶依广:《农村土地制度改革与农村经济发展》,《农村经济》2005 年第 8 期。

向晖等:《中国农村最低生活保障制度运行绩效评价》,《江西社会科学》2010 年第 11 期。

肖林生:《农村五保供养制度变迁研究:制度嵌入性的视角》,《东南学术》2009 年第 3 期。

谢家智:《论我国农业保险技术创新》,《保险研究》2004 年第 5 期。

谢家智:《我国农业保险区域化发展问题研究》,《保险研究》2004 年第 1 期。

谢家智:《政府诱导型农业保险发展模式研究》,《保险研究》2003 年第 12 期。

谢家智:《中国农业保险发展研究》,科学出版社,2009。

信长星:《2008 年中国劳动和社会保障年鉴》,中国劳动社会保障出版社,2008。

徐琴:《农村土地的社会功能与失地农民的利益补偿》,《江海学刊》2003 年第 6 期。

徐秋花等:《关于建立统筹城乡养老保障制度的思考》,《求实》2009 年第 12 期。

徐文芳:《国外农村养老保障实践及对我国的启示》,《社会保障研究》2010 年第 2 期。

许飞琼:《论我国的农业政策保险》,《经济评论》2004 年第 5 期。

许庆、章元:《土地调整、地权稳定性和农民长期投资激励》,《经济研究》2005 年第 10 期。

薛兴利、厉昌习等:《城乡社会保障制度的差异分析与统筹对策》,《山东农业大学学报(社会科学版)》2006 年第 3 期。

严虹霞、张宏:《失地农民社会保障安置模式研究》,《南京社会科学》2007 年第 5 期。

杨生斌:《论中国农村保险组织制度安排》,《当代经济科学》1994 年第 5 期。

杨盛海、曹金波:《失地农民市民化的瓶颈及对策思路》,《广西社会主义学院学报》2005 年第 5 期。

杨盛海、曹金波:《失地农民市民化的瓶颈及对策思路》,《广西社会主义学院学报》2005 年第 5 期。

杨燕绥:《建立农村养老保障的战略意义》,《战略与管理》2004 年第 2 期。

姚海明:《合作保险:我国农业保险模式的理性选择》,《农业经济问题》2004 年第 9 期。

姚洋:《集体决策下的诱导性制度变迁——中国农村地权稳定性演化的实证分析》,《中国农村观察》2000 年第 2 期。

姚洋:《土地、制度和农业发展》,北京大学出版社,2004。

姚洋:《中国农地制度:一个分析框架》,《中国社会科学》2000 年第 2 期。

叶剑平:《中国农村土地流转市场的调查研究》,《中国农村观察》2006 年第 4 期。

叶剑平、蒋妍、丰雷:《中国农村土地流转市场的调查研究——基于 2005 年 17 省调查的分析和建议》,《中国农村观察》2006 年第 4 期。

俞海、黄季焜、Scott Rozelle、Loren Brandt、张林秀:《地权稳定性、土地流转与农地资源持续利用》,《经济研究》2003 年第 9 期。

曾祥炎:《土地换保障与农民工市民化》,《晋阳学刊》2005 年第 6 期。

张德江：《加强农村社会保障体系建设更加有效保障农民基本生活》，《社会保障制度》2010 年第 12 期。

张国海：《关于我国农业保险发展的"冷思考"》，《当代经济研究》2007 年第 12 期。

张红宇：《中国农村的土地制度变迁》，中国农业出版社，2002。

张洪涛：《保险经济学》，中国人民大学出版社，2006。

张启春：《从传统土地保障走向现代社会保障》，《理论月刊》1999 年第 12 期。

张时飞、唐钧、占少华：《以土地换保障：解决失地农民问题的可行之策》，《红旗文稿》2004 年第 8 期。

张巍：《中国农村反贫困制度变迁研究》，中国政法大学出版社，2008。

张跃华：《农业保险需求问题的一个理论研究及实证分析》，《数量经济技术经济研究》2007 年第 4 期。

张祖荣：《论农业保险经营中的技术障碍与技术选择》，《经济问题》2007 年第 6 期。

张祖荣：《我国农业保险经营组织形式的比较与选择》，《浙江金融》2007 年第 5 期。

张惠如：《指数合约保险——农业保险创新探索》，《中央财经大学学报》2008 年第 11 期。

赵德余等：《寻租控制、信念与制衡》，《社会保障制度》2007 年第 1 期。

赵冬缓等：《我国测贫指标体系及其量化研究》，《中国农村经济》1994 年第 3 期。

赵山：《以再保险为核心的巨灾和农业保险体系研究》，《保险研究》2007 年第 12 期。

赵修文：《基于养老保险金替代率分析的多支柱养老保险体系构建》，《商场现代化》2007 年第 5 期。

赵燕：《建立农村经济的保障机制——浅谈我国农业保险立法》，2004 年 7 月 4 日《金融时报》。

赵阳等：《关于农民工的土地承包政策问题》，《中国农民工调研报告》，国务院研究室课题组，中国言实出版社，2006。

郑秉文：《当代社会保障制度研究丛书》18 卷，法律出版社，2001。

郑秉文：《养老保险新政后的深度思考》，《中国人力资源社会保障》2010 年第 3 期。

郑功成：《社会保障概论》，复旦大学出版社，2008。

郑功成：《中国救灾保险通论》，湖南出版社，1994。

郑功成：《中国社会保障改革发展战略》，人民出版社，2011。

郑功成：《中国社会保障论》，湖北人民出版社，1994。

中国赴美农业保险考察团：《美国农业保险考察报告》，《中国农村经济》2002 年第 1 期。

周其仁：《产权与制度变迁》，社会科学文献出版社，2002。

周其仁：《农地产权与征地制度：中国城市化面临的重大选择》，《经济学（季刊）》2004 年第 4 期。

周其仁：《中国农村改革：国家和所有权关系的变化（上）》，《管理世界》1995 年第 3 期。

周其仁：《中国农村改革：国家和所有权关系的变化（下）》，《管理世界》1995 年第 4 期。

周赛阳、海滨：《市场化进程中的农业保险机制设计》，《中国保险管理干部学院学报》1998 年第 6 期。

周舟：《国外失地农民补偿办法》，《农村工作通讯》2007 年第 10 期。

朱冬亮：《土地调整：农村社会保障与农村社会控制》，《中国农村观察》2002 年第 3 期。

朱俊生：《农业保险问题研究综述》，《重庆社会科学》2009 年第 9 期。

朱林兴：《要维护城镇化进程中农民的权益》，《理论前沿》2002 年第 7 期。

朱明芬：《浙江失地农民利益保障现状调查及对策》，《中国农村经济》2003 年第 3 期。

朱琴芬：《新制度经济学》，华东师范大学出版社，2006。

庄东霖：《多层次、多类型的农民养老保障助力日本应对老龄化》，2010 年 6 月 18 日《中国劳动保障报》。

Ahsan, S., A. Ali, and N. Kurian, "Toward a Theory of Agricultural Insurance", *Amer. J. Agricultural Economics*, 1982 (64): 520 – 529.

Bassoco, L. M., C. Cartas, and R. D. Norton, "Sectoral Analysis of the Benefits of Subsidized Insurance in Mexico", In Hazel, Peter, Calors Pomerada, and Alberto Valdes, eds., Crop Insurance for Agricultural Development: Issues and Experience, Baltimore: Johns Hopkins University Press. 1986.

Chambers, R. G., "Insurability and Moral Hazard in Agricultural Insurance Markets", *American Journal of Agricultural Economics*, 1989, 71 (3).

Glauber J. W. and K. J. Collins, "Crop Insurance, Disaster Assistance, and the Role of the Federal Government in providing Catastrophic Risk Protection", *Agricultural Finance Review*, 2002, Fall: 81 – 101.

Glauber, J. W., "Crop Insurance Reconsidered", *American Journal of Agricultural Economics*, 2004, Vol. 86 Issue (5).

Good, B. K, and V. H., Smith, *The Economics of Crop Insurance and disaster Aid*. Washington, DC: The AEI Press, 1995.

Goodwin, B. K. and R. M. Rejesus, "Safety Nets or Trampolines? Federal Crop Insurance, Disaster Assistance, and the Farm Bill", *Journal of Agricultural and Applied Economics*, 2008, 40 (2): 415 –429.

Goodwin, B. K, "Problems with Market Insurance in Agriculture", *American Journal of Agricultural Economics*, 2001, 83 (3).

Jerry R. Skees, "Innovation in Index Insurance for the Poor in Lower Income Countries", *Agricultural and Resource Economics Review*, 2008, 37 (1): 1 – 15.

John Duncan, Robert J. Myers, "Crop insurance under catatrophic risk", *American Journal of Agricultural Economics*, 2000, 82 (4): 89 – 105.

Just, R. E., L. Calvin, and J. Quiggin, "Adverse Selectionin CropInsurance", *Amer. J. Agricultual Economics*, 1999 (81).

Knight, T. O., and K. H. Coble., "Survey of U. S. Multiple Peril Crop Insurance Literature Since 1980", *Review of Agricultural Economics* 1997, spring summer (19).

Liang, Yan and Coble, Keith H., "A Cost Function Analysis of Crop Insurance Moral Hazard and Agricultural Chemical Use," *Agricultural and Applied Economics Association*, 2009 Annual Meeting, July 26 – 28, 2009, Milwaukee, Wisconsin 49485.

Mirada M, Vedenov D. V. , "Innovations in agricultural and natural disaster insurance", *American Journal of Argricultural Economics*, 2001, (8).

Miranda, M. J. , and J. W. Glauber, "Systemic Risk, Reinsurance, and the Failure of Crop Insurance Markets." *American Journal of Agricultural Economics*, 1997, 79 (1): 206 – 215.

Serra, T. , B. K. Goodwin, and A. M. Featherstone, "Modeling Changesinthe U. 5. Demand for CroPInsuranceduring the 1990s." *Agricultury Finanee Review*, Siamwalla, Valdes, "Should crop insurance be subsidized?" In *Crop insurance for agricultural development: Issues and experience*, 1986.

Skees, J. R. , "Agricultural risk management or income enhancement?" *Regulation*, 1999 (22): 35 – 42.

Smith, V. H. and B. K. Goodwin, "Crop Insurance, Moral Hazard, and Agricultural Chemical Use", *American Journal of Agricultural Economics*, 1996, (28).

Wright, B. D. , and J. D. Hewitt, *All Risk Crop Insurance: Lessons From Theory and Experience. Berkeley*, Giannini Foundation: California Agricultural Experiment Station, 1994, April.

图书在版编目（CIP）数据

农村土地流转制度下的农民社会保障/吕世辰等著. —北京：
社会科学文献出版社，2012.10（2013.3重印）
ISBN 978 - 7 - 5097 - 4070 - 5

Ⅰ.①农…　Ⅱ.①吕…　Ⅲ.①农民 - 社会保障 - 研究 - 中国
Ⅳ.①F323.89

中国版本图书馆 CIP 数据核字（2012）第 299647 号

农村土地流转制度下的农民社会保障

著　　者/吕世辰 等

出 版 人/谢寿光
出 版 者/社会科学文献出版社
地　　址/北京市西城区北三环中路甲 29 号院 3 号楼华龙大厦
邮政编码/100029

责任部门/社会政法分社（010）59367156　　　责任编辑/赵　敏　刘　芳　秦静花
电子信箱/shekebu@ ssap. cn　　　　　　　　责任校对/陈　磊　白秀红
项目统筹/童根兴　　　　　　　　　　　　　　责任印制/岳　阳
经　　销/社会科学文献出版社市场营销中心　（010）59367081　59367089
读者服务/读者服务中心（010）59367028

印　　装/北京鹏润伟业印刷有限公司
开　　本/787mm×1092mm　1/16　　　　　印　　张/27.5
版　　次/2012 年 10 月第 1 版　　　　　　　字　　数/463 千字
印　　次/2013 年 3 月第 2 次印刷
书　　号/ISBN 978 - 7 - 5097 - 4070 - 5
定　　价/89.00 元